第二语言习得名著译丛

U0797777

Universal Grammar in Second Language Acquisition: A History

第二语言习得中的普遍语法
——历史钩沉

[美] 玛格丽特・托马斯（Margaret Thomas）/ 著
龙晶晶　宋子聪　/ 译
林嘉新　/ 校

世界图书出版公司
广州・上海・西安・北京

图书在版编目（CIP）数据

第二语言习得中的普遍语法：历史钩沉 /（美）玛格丽特·托马斯（Margaret Thomas）著；龙晶晶，宋子聪译. —广州：世界图书出版广东有限公司，2022.12
ISBN 978-7-5232-0065-0

Ⅰ. ①第… Ⅱ. ①玛…②龙…③宋… Ⅲ. ①第二语言—语法—语言学习—教学研究 Ⅳ. ① H003

中国版本图书馆 CIP 数据核字（2022）第 255544 号

Universal Grammar in Second Language Acquisition：A history 1st Edition / by Margaret Thomas / ISBN：978-0-415-65469-2

书　　名　第二语言习得中的普遍语法——历史钩沉
　　　　　DI-ER YUYAN XIDE ZHONG DE PUBIAN YUFA ——LISHI GOUCHEN
著　　者　[美] 玛格丽特·托马斯（Margaret Thomas）
译　　者　龙晶晶　宋子聪
责任编辑　程　静
装帧设计　书艺歆
责任技编　刘上锦
出版发行　世界图书出版有限公司　世界图书出版广东有限公司
地　　址　广州市新港西路大江冲 25 号
邮　　编　510300
电　　话　020-84453623　84184026
网　　址　http：//www.gdst.com.cn
邮　　箱　wpc_gdst@163.com
经　　销　各地新华书店
印　　刷　广州市迪桦彩印有限公司
开　　本　787 mm × 1 092 mm　1/16
印　　张　18
字　　数　335 千字
版　　次　2022 年 12 月第 1 版　2022 年 12 月第 1 次印刷
国际书号　ISBN 978-7-5232-0065-0
定　　价　45.00 元

咨询、投稿：020-84451258　gdstchj@126.com

总策划：田根胜

《第二语言习得名著译丛》专家委员会

主　任：宫　齐

委　员：（按姓氏音序排列）

蔡金亭（上海财经大学）

丁建新（中山大学）

柯传仁（美国爱荷华大学）

李　兰（香港中文大学）

马秋武（北京语言大学）

冉永平（广东外语外贸大学）

王茂林（暨南大学）

温宾利（广东外语外贸大学）

吴东英（香港理工大学）

肖坤学（广州大学）

徐赳赳（中国社会科学院语言研究所）

张素敏（浙江工商大学）

赵　雯（暨南大学）

周　蓉（华南师范大学）

总　序

一

第二语言习得（Second Language Acquisition，简称 SLA）研究起源于上世纪中叶。当时，由于居主导地位行为主义“刺激－反应论”的影响，人们一向都把语言学习视为模仿和重复的过程。然而，N. Chomsky“天赋论”的提出对前者的理论提出了巨大挑战。天赋论认为，语言能力是人类与生俱来的天赋，第二语言与第一语言在习得上并无本质的差异。这种语言能力说得到了儿童语言习得研究的进一步证实。后来，D. Hymes 在 Chomsky“语言能力说”的基础上又提出了交际能力的概念，为 SLA 研究提供了新的视角。

进入 20 世纪 70 年代末，伴随 S. Krashen 输入假说的提出，研究者将注意力转移至输入和语言接触在习得中的作用方面。于是，语言输入及其对语言习得的影响、学习动机、年龄、社会语境和认知能力等话题便成了 SLA 的研究热点。此后，又有学者提出将心理学家 L. S. Vygotsky 的社会文化论引入 SLA 研究。这些学者认为，语言习得不仅仅是认知过程，更是学习者通过与语言环境互动和交流获得语言的过程。社会文化论强调社会互动和文化语境对 SLA 的重要影响，这就打破了当时认知论主导 SLA 研究的旧有格局，为二语习得提供了新的理论框架和研究方向。

90 年代后（特别是新世纪以来），SLA 研究取得了长足的发展，其研究方法亦呈多样化发展态势，形成了科学而系统的研究范域。同时，许多新兴研究领域如信息辅助语言学习、数字化读写能力研究、个体差异研究和在线虚拟环境研究等逐渐形成。网络数字技术和 SLA 理论的不断发展促进了数字技术在语言学习中的应用。研究者通过实地语境观测、语言学习过程的系统描写、精准的实验分析、实验室计算机模拟，以及教育技术在语言习得中的应用等取得了许多令人振奋的研究成果。可以说，近 30 年是 SLA 研究发展的繁盛时期。继 90

年代 William Ritchie 和 Tej Bhatia 合作主编的《第二语言习得综览》（*Handbook of Second Language Acquisition*，1996）和《儿童语言习得综览》（*Handbook of Child Language Acquisition*，1999）两本大部头专集的出版，进入新世纪后又相继有十余部重量级的综论性专集面世，如 Catherine J. Doughty 和 Michael H. Long 主编的《第二语言习得综览》（*The Handbook of Second Language Acquisition*，2003）、Alison Mackey 和 Susan M. Gass 主编的《第二语言习得中的研究方法》（*Research Methods in Second Language Acquisition*，2012）、Julia Herschensohn 和 Martha Young-Scholten 主编的《剑桥第二语言习得综览》（*The Cambridge Handbook of Second Language Acquisition*，2013）等。此后，国际著名出版社 Routledge 又推出了“Routledge 第二语言习得综览”文库系列，其中包括 Naoko Taguchi 主编的《第二语言习得与语用学综览》（2019）、Paula Winke 和 Tineke Brunfaut 主编的《第二语言习得与语言测试综览》（2020）、Nicole Tracy-Ventura 和 Magali Paquot 主编的《第二语言习得与语料库综览》（2020）、Aline Godfroid 和 Holger Hopp 主编的《第二语言习得与心理语言学综览》（2022）、Kimberly Geeslin 主编的《第二语言习得与社会语言学综览》（2022）；Shaofeng Li、Phil Hiver 和 Mostafa Papi 主编的《第二语言习得与个体差异研究综览》（2022）、Nicole Ziegler 和 Marta González-Lloret 主编的《第二语言习得与技术综览》（2022）、Rosa M. Manchón 和 Charlene Polio 主编的《第二语言习得与写作综览》（2022），以及 Tracey M. Derwing、Murray Munro 和 Ron I. Thomson 主编的《第二语言习得与交际综览》（2022）等。

这些成书于不同时期的概览性专集，分别从各自不同的角度对 SLA 研究的发展历程进行了全面的梳理，并通过历时和共时的考察，清晰地再现了特定历史时期的热点问题和理论演进，详实地总结了前人的主要观点和研究成果。在这些专集中，早期的综览多以综述 SLA 的不同理论和方法、研究问题、研究趋向和成果为主，论题甚为广泛，一般不聚焦于某具体专题；而后期的专集则更多以专题的形式呈现，对 SLA 学科内部的划分更趋深入、系统，更注重跨学科研究方法和成果的介绍。这些《综览》的面世不仅可以使学习者对 SLA 研究的发展历程有一个全方位的了解，还能帮助他们准确把握这一研究领域的最新动态和发展趋向。专集中的所有文章均出自特定分支领域的名家之手，每章或书末都附有完整的参考文献，而这些文献资源恰恰是 SLA 学习者和研究者最为宝贵的资料来源，具有极其重要的学术参考价值。如今，SLA 研究已全面覆盖了儿童和成人对第二（或第三）语言或方言的习得与应用，其中广泛吸纳了心理学、教育学、人类学、传播学等相关学科的研究方法。对第二语言习得的过程、特点、规律及其复杂性的深入发掘，使人们能够更好地预测和阐释学习的过程，并从中获得更加行之有效的学习策略和教学方法。

二

本系列译丛第一辑的 5 部英文原著由世界图书出版广东有限公司从泰勒弗朗西斯出版集团（Taylor & Francis Group）购入汉译版权，它们分别是：《第二语言习得与关键期假说》（*Second Language Acquisition and the Critical Period Hypothesis*，1999）、《第二语言习得中的普遍语法》（*Universal Grammar in Second-Language Acquisition*，2004）、《第二语言习得中的形式－意义联结》（*Form-Meaning Connections in Second Language Acquisition*，2004）、《言语产出与第二语言习得》（*Speech Production and Second Language Acquisition*，2006），以及《社会语言学与第二语言习得》（*Sociolinguistics and Second Language Acquisition*，2014）。以下是这 5 部专著的简要介绍：

《第二语言习得与关键期假说》的主编是美国德克萨斯大学奥斯丁分校语言学教授 David Birdsong，其研究以第二语言习得、双语现象、心理语言学和法语语言学见长。该书共 7 章，详细讨论并分析了第二语言习得中影响人们最终语言输出的各种神经认知和经验的影响因素，探究了关键期假说作为阐释机制的充分性和适度性，旨在对成人第二语言习得关键期假说给予公允的学术评价。该书涵盖了第二语言习得关键期假说的系统阐释和诸多热点问题，其中包括语言规模与关键期的协同进化，第二语言习得关键期年龄与语言表现之间的关系，第二语言学习者发音的最终习得输出，以及第二语言习得年龄差异的语言和认知因素等。这部专著的出版为二语习得机制和认知发展研究开辟了一条崭新的路径。

《第二语言习得中的普遍语法》的著者为美国波士顿学院的语言学教授 Margaret Thomas，其研究领域主要为语言学史、理论语言学、语言学方法论、应用语言学和第二语言习得。她的这部专著共分 8 章，按历史发展进程叙述了人类语言发展及其重要的共性与特性，深入挖掘了第二语言及外语学习的本质和演变进程，特别是语言特性对 17 世纪普遍语言现象的贡献。该书集中讨论了希腊语研究对普遍语法史前研究的贡献、罗马语的双语现象、中世纪早期外语语法的出现，以及中世纪语法学家对人类语言本质特征的界定等。此外，作者还回顾了后索绪尔时代的欧洲语言学、美国结构主义、现代生成语法，及其各自从不同的角度对语言普遍性和语言学习的论述。全书史料丰富，具有重要的理论和学术价值，是一部不可多得的语言学史参考书。

《第二语言习得中的形式－意义联结》一书共有 4 位编者，他们是 Bill VanPatten、Jessica Williams、Susanne Rott 和 Mark Overstreet。其中 VanPatten 是美国密歇根州立大学的语言学教授，二语习得的著名学者，其研究领域主要为应用语言学、第二语言习得，以及把心理语言学和认知心理学应用于 SLA 研究等。Williams 是伊利诺伊大学芝加哥分校语言学荣誉教授，专长于第二语言习得研究。Rott 是 Williams 的同事，现任伊利诺伊大学语言学系日耳曼语研究中心主任。这部文集共收录形式－意义联结相关论文 12 篇，均为该领域具有重要影响的经典之作。自 20 世纪 60 年代语素研究开展以来，对形式－意义联结这一话题的讨论备受语言学家的关注，并取得了丰硕的成果。这部文集为读者展示了不同理论取向的二语习得研究者对形式－意义联结所持的不同观点和研究成果，对促进相关研究产生了重要的影响，这在一定程度上反映了当今二语习得主流研究的一个侧面，具有重要的学术价值。

《言语产出与第二语言习得》是英国兰卡斯特大学语言学系教授 Judit Kormos 的重要著作，其研究成果以第二语言学习与习得、第二语言写作和诵读障碍著称。该书共分 9 章。作者首先讨论了认知科学与言语产出的一些基本概念，总结了认知科学与二语习得 / 产出这一领域的相关研究发现和成果（其中包括词汇、句法和音系编码背后的认知过程和学习者自我监控与交际策略等），最后提出了双语言语产出的融合模式。作者还指出了未来的潜在研究方向和存在问题。总体而言，这是一部极具创新特色的研究著作，对促进认知科学与言语产出的跨学科研究具有重要的指导意义。

《社会语言学与第二语言习得》的作者为 Kimberly L. Geeslin 和 Avizia Yim Long。前者是美国印第安纳大学语言学教授，在第二语言习得和语言学习研究方面建树丰硕，主编有《西班牙语第二语言习得概览》等；后者为美国加州圣何塞州立大学语言学助理教授、SLA 研究专家。这部专著共 10 章，分 3 大主题：（1）社会语言学变异与第二语言习得的若干原则；（2）社会语言学与第二语言习得的研究方法；（3）第二语言中社会语言学能力习得研究的诸多启示。该书在回顾社会语言学基本原则的基础上，概述了用于解释第二语言中社会因素的多种理论路径，详析了社会语言学和第二语言习得跨领域研究的若干问题，探索了社会语境影响第二语言习得的不同范式，对 SLA 的社会因素做出了多元的理论阐释。

作者使用社会语言学的研究方法对传统的认知教学法进行了补充，为SLA开辟了一个全新的研究领域。

三

在过去的半个多世纪里，SLA研究一直是语言学家和语言教育工作者最关注的热点之一。根据笔者近年来对国际著名大学专业排行榜位列前30的语言学科（系）设课情况的考察，我们发现，在这些历史悠久的名牌语言学专业，语言学的课程设置从本科直至博士具有很强的连贯性、层级性和系统性，它们大多都将“语言习得”课程列为除语言学专业基础课外最重要的必修课之一。然而，相对而言，我国大陆在SLA的研究方面仍显薄弱，亟待加快发展。为了弥补这一不足，我们编辑了此套“第二语言习得名著译丛”，旨在为国内对第二语言习得感兴趣的研究者、语言教师和大学学生提供必要的帮助和理论补充。此套译丛的第一辑共选编了5部SLA研究领域的经典名著。这些著作不仅有深入的理论探索和详实的案例分析，同时也提供了极其丰富的文献资源。我们希望，这些译著的出版能够引发国内更多语言学者和教师对第二语言习得理论和研究方法的广泛关注和积极探索，进一步促进我国SLA研究的深入开展，不断提升第二语言学习和教学的质量，以取得更丰硕的研究成果。

在本系列译丛（第一辑）即将付梓之际，我们首先要感谢东莞理工学院校长马宏伟教授，丛书总策划、东莞理工学院图书馆馆长、文传学院院长田根胜教授的鼎力支持，以及学校学科建设经费的资助。在本丛书的编译过程中，我们还得到了世界图书出版广东有限公司程静编辑的大力支持，以及泰勒弗朗西斯出版集团任晴女士在版权购买方面所提供的帮助与指导，在此一并表示感谢。最后，我们还要衷心感谢暨南大学中文系邵敬敏教授和广东外语外贸大学王初明教授所给出的宝贵意见和建议，感谢各位编委对本丛书的汉译出版给予的大力支持和指导。由于编译者的能力和学识所限，丛书的翻译难免会出现漏译或误译现象，承蒙读者给我们提出宝贵的批评和建议。

宫齐

2022年12月

致　谢

感谢美国国家教育学会和Spence基金会分别通过博士后研究资助项目和小额资助项目给予我慷慨支持。这些资助鞭策我苦思冥想，进而促使笔者在本书中论述了思考的问题。也很感谢波士顿学院，于2003年春给予我教师奖助金。

本书得以付梓离不开众人的帮助，其中既有我视为学术榜样的学者，也有对本书内容感兴趣的读者，还有激励我的友人。在此，特别感谢Donna Lardiere，William Rutherford，Catherine Snow，Lydia White。此外，要感谢Talbot Taylor，劳特利奇出版社（Routledge）的两位评论家，以及北美语言科学史协会（the North American Association for the History of the Language Sciences）的成员。该协会的著作使我学到了许多语言学历史的知识。但学无止境，我还要学习很多。我的研究助理的贡献也是无价的，感谢Stephanie Gottwald，Ann O’ Connell，Lauren Mounsey，Kerry Salvo，Elizabeth Silas。最后，感谢我的爱人Dayton Haskin和3个孩子的支持。

本书第一章的部分内容出自期刊《第二语言习得研究》第20卷第3期的一篇论文——《第二语言习得理论中的计划非历史性》（*Programmatic a Historicity in Second Language Acquisition Theory*）（1998: 387–405）。感谢剑桥大学出版社（Cambridge University Press）允许我将这篇论文中的部分内容加入本书。感谢本杰明出版社（John Benjamins Press）允许我在本书的第四、第七章中插入《生成语言学对历史的解读》（*Roger Bacon and Martin Joos: Generative Linguistics' Reading of the Past*）中的部分内容。该文刊载于《语言学史记》第29卷第3期（2002: 339–378）。

玛格丽特·托马斯

（Margaret Thomas）

目 录

第一章 引言 1

基本定义 1

“普遍语法” 1

“第二语言习得” 5

3 个附加说明 6

普遍语法概念的连续和间断 6

第二语言习得的显式和内隐概念 7

本书的史学地位 8

为什么要研究普遍语法和第二语言习得的历史？ 9

计划非历史性 9

非历史性的可能来源 12

实现历史自我意识的好处 16

“失去”自己的历史，那么一门学科失去的是什么？ 18

关于本书 20

第二章 古希腊和罗马 22

古希腊 22

“野蛮人”的语言和古希腊人 23

希腊人对普遍语法前史的贡献 25

古罗马 27

古罗马时期的第二语言习得 30

罗马时期的比较语法......35
总　结......37

第三章　从古代晚期到加洛林文艺复兴时期的语言和语言学习......39

早期基督教中的一种语言与多种语言......39
“巴别塔”与第二语言习得......39
基督教和语言研究......42
Augustine......43
第一外语语法......47
从古代世界到中世纪之间......47
作为第二语言的拉丁语......49
中世纪早期的学习者们学到了什么？......53
总　结......55

第四章　中世纪......57

语法的整编和再定义......57
相邻学科的语法......57
作为一门思辨性科学的语法......61
思辨性语法......64
中世纪的普遍语法......65
Modistae 学派提出的普遍语法和生成性普遍语法......70
Roger Bacon......73
思辨性语法时代的第二语言习得......77
中世纪的外语和外语学习......77
中世纪的第二语言教学法......80
论思辨性语法与第二语言习得的交融......83
总　结......85

第五章　从语言特性的研究到 17 世纪的通用语言......87

文艺复兴时期“对语言特性的研究”......89

抛弃思辨性语法……89
方言地位的改变……91
从文艺复兴到17世纪初的普遍语法和各种语法……95
在自家发现“巴别塔”……96
在国外发现的“巴别塔”……97
重新审视语法传统中的“巴别塔”……99
第二语言习得和外语教学……102
母语与非母语的概念化……102
16、17世纪基于语法和用法的语言教学……106
第二语言教学法及文艺复兴时期的第二语言习得概念……110
对普遍性的再投资：17世纪的普遍语言……113
学习一门通用语言可能意味着什么？……116
总　结……117

第六章　19世纪的普遍语法……119

普遍原则兴起：普遍语法和理性语法……120
波尔·罗瓦雅尔语法作品……121
普遍语法和《Cartesian语言学》……126
欧洲启蒙运动中通用语法和理性语法的阐述与批判……137
Leibniz……137
Locke和Condillac……138
Du Marsais和Beauzée……141
Harris和Horne Tooke……143
正确看待通用和理性语法……146
17、18世纪对第二语言习得的概念化……146
普遍语法之前的岁月……147
第二语言习得的理性主义和普遍主义概念……148
Du Marsais和Beauzée论第二语言习得……151
第二语言习得的理性主义和普遍主义概念在退却……153
19世纪的比较历史语言学……154
Wilhelm von Humboldt……157

19 世纪的语言教学 160
总　结 166

第七章　20 世纪普遍语法和第二语言习得的概念化 167

"Saussure 范式" 168
Saussure 后的欧洲 170
Otto Jespersen 的《语法哲学》 171
欧洲结构主义学派 175
布拉格学派 177
美国结构主义语言学 179
1900—1960 年美国结构主义的双重视角 181
第二语言习得和美国结构主义语言学 190
对比分析 194
20 世纪晚期的语言学理论与第二语言习得的概念化 199
Corder 的洞察力 199
Greenberg 语言共性和 Chomsky 普遍语法 201
20 世纪晚期普遍主义的背景 208
总　结 211

编后记 212

参考文献 215

索　引 253

第一章　引言 1

本书详述了两组思想的历史。其中一组思想的核心术语是“**普遍语法**”（universal grammar）。“普遍语法”在西方语言学传统中由来已久，认为人类各种语言间必然共享着重要的生成性特征。另一组思想的核心是经验，即第二语言（或外语）习得中获得的经验。在人类获得或观察到多样语言经验的漫长过程中，许多仁人志士开始求索这种经验的本质。他们的努力或作为成人语言学习建议明确出现，或隐含地记录在语言学习和教学的记录中。这些上下求索的努力就促成了第二组思想的形成。本书也讲述了它的历史。本书作者对普遍语法和外语学习间的交集颇感兴趣。古代到16世纪左右这段时期，求索努力的关注点在地中海沿岸。自16世纪以来，世界各地相继开展了基于欧洲历史的语言研究工作。直到今天，语言求索活动的地理轨迹更加趋于分散。

基本定义

本书的目标之一是描述普遍语法在过去几个世纪的演变；目标之二是描述西方关于第二语言习得的传统思想。但这两个目标的研究对象都没有连续的发展线索，即一个时代的发现和反思并不总是规整地建立在上一代人的研究基础上。与此同时，普遍语法的概念在发展过程中并不总是研究热点。它每次重新兴起时又以不同的形式出现，相关的各种概念某些时期又呈现出百花齐放的境况。“**第二语言习得**”（second language acquisition）的定义也同样有各种各样的理解。但多样性并不妨碍我们可以从研究伊始就对这两个术语所指代的内容有所了解（事实上也是必要的）。

“普遍语法”

“普遍语法”表达的基本见解：人类语言存在明显差异，但仍具有重要的共 2

同属性。“普遍语法”的相关术语（有时为同义词）是通用语法，在 17 世纪初之前尚未流行。[①] 然而，这个术语所代表的思想版本（各种版本发展程度各异，表达明确度不同）却可以追溯到久远的西方语言传统。这些传统的参与者是如何谈论语言共性的？从实例出发对我们的研究颇为有益。

1270 年，Roger Bacon 写道：“尽管有偶然的变化，所有语言的语法基本上都是一个相同的整体。[②]Bacon 的表述经常被引用为对普遍语法的早期阐述，但最近的几项史学研究从不同的角度对其进行了说明。这一问题在本书第四章中讨论。本书作者在这里引用 Bacon 是因为，不管是否合理，自 Bacon 以来，许多人都认为他的陈述“最清晰、无条件地呈现了普遍语法的基本原则”（Hovdhaugen, 1990: 118）。在 Bacon 时代之后的中世纪，拉丁语取得了卓越的文化和社会地位。中世纪语法学家将拉丁语视为人类认知和现实结构的独特反映，故从拉丁语的类别和特征出发，提出了西方第一个明确的关于语言本质的概念。

相关研究在文艺复兴时期经过一段时间的沉寂后，出现了一系列不再与拉丁语挂钩的普遍语法概念。语法学家反对将人类语言中的普遍性归结为区分不同语言的“特定”或“特殊”属性。Johann Heinrich Alsted 在 1630 年所著的 7 卷本《简明百科全书》中将通用语法定义为“每个特定语法的**模式**（norma）”（Salmon, 1969: 171）。英国语法学家 John Wilkins 将“自然语法（可能同样是哲学、理性和普遍的）”与“制度化和具体的语法”进行了对比（1668: 297–298）。前者“应该包含所有这些理由和规则，因为它们自然地、必然地属于一般的文字和言语哲学”，而后者“提供任何一种语言特有的、适当的规则”。对 Wilkins 来说，语法学家的工作是避免“被他们熟悉的共同语言理论所蒙蔽，以便他们可以根据自然抽象出自己的规则”。在法国，学者们对语言的共性和差异进行了推测，最著名的是 1660 年的**《普遍唯理语法》**（*Grammaire Générale et Raisonnée*）一书。这本书及其同类型的著作为普遍语法奠定了理性主义基础，并试图找出他对于学习一种在人类认知中具有普遍语法根源的语言有何种意义。

3 18 世纪末，在民族主义和浪漫主义的影响下，学者们将注意力从语言间的相似性转移到了单个语言的特点。19 世纪，随着语言的历史比较研究和类型学研究的蓬勃发展，普遍语法逐渐式微。20 世纪初，Ferdinand de Saussure 断言，

---

① Joly（1972: 17）将“普遍语法”追溯到 1522 年；Padley（1976: 157）引用了 Helwig1619 年出版的 Libri Didactici 一书，表达了“第一个具有自我意识的普遍语法”。L. G. Kelly（1969: 352）和 Salmon（1969: 170）认为是 Alstezzd 首次提出“普遍语法”这一术语（1630/1989）。

② 摘自 Gilson 的译本（1955: 781）。

语言可以也应该作为独立于历史的自治系统来研究。历史学家通常视 Saussure 为自主或结构主义语言学的起点。这种观点一直延续到今天。在美国，结构主义的形象通常是 20 世纪上半叶形成的一种坚决反普遍主义的趋势。Martin Joos 对“美国（Boas）传统”的著名表述属于这个时代。他认为“语言之间可以无限制地以不可预测的方式存在差异”（1957: 96）。这一论断的引用频率似乎与 Bacon 在 13 世纪对相反观点的开创性论断一样多。与处理 Bacon 论断的方式一样，本书将探讨对 Joos 观点的传统解释是否合理。

Joos 将极端反普遍主义归因于早期美国结构主义，20 世纪后半叶受到重新考虑。到了 20 世纪 70 年代，有两个致力于发现和识别语言共性的研究流派。一个学派与语言人类学家 Joseph Greenberg 有关。Greenberg 和他的同事致力于通过比较人类语言的音素数组、词序事实或形态学特性来识别人类语言中的共同特征。这种方法是分析许多不同类型语言的特征，识别它们的共同特征以及这些特征之间的关系。由此出现了一个如何定义普遍语法的现代概念。

另一个学派的代表人物是 Noam Chomsky。从 20 世纪 60 年代中期开始，Chomsky 开始在生成语言学中重构普遍语法的概念，将其作为一种“原则、条件和规则的系统。这些原则、条件和规则成为所有人类语言的元素或属性。这不是偶然的，而是必然的”（1975: 29）。Chomsky 认为，普遍语法是一种关于**先天原则**（innate principles）的理论，先天原则构成了语言习得的起点，是“语言学习者的‘初始状态’，也因此成为语言知识发展的基础”（1980: 69）。由于普遍语法定义了语言学上的可能和不可能，所以“所有语言都被裁剪成相同的模式”（Chomsky, 1965: 30）。语言学家的工作是发现这种模式，即认识和规定普遍语法的内容。Chomsky 及与他一起工作的人已经将普遍语法这个版本的形式精确性发展到了前所未有的水平。对儿童语言的研究在生成语言学中起着至关重要的作用，其原因是儿童表现出的语言知识不能通过观察或归纳从他们的语言环境中获得。套用 Chomsky 的话来说，这种语言知识是偶然但必要的。因此，需要研究儿童学习者为语言学习任务带来了什么。这有助于深入了解普遍语法的内容。

在此通过引用 Chomsky 的观点来结束对普遍语法历史的回顾。通过现代视 4
角来讨论普遍语法和第二语言习得，对本书的某些读者来说并不陌生。本书的任务之一是考察 Chomsky 普遍语法的历史背景。比较生成语法和其他版本的普遍语法有时会很方便，但必须冒着扭曲早期语言科学的风险。这种比较并不假定 Chomsky 语言学在某种程度上达到了研究普遍语法的顶点。相反，它只是承认生成普遍语法可以成为一个有用的起点，可以为本书的作者和许多读者所共享。

从 Bacon 到 Chomsky 的整个时期，关于普遍语法的看法都存在明显差异。但一个引人注目的主题是“**必然**”（necessary）或“**必需**”（essential）和“**偶然**”（accidental）这两个术语之间的持续对比，亚里士多德在讨论科学探究的本质时也采用过相似的术语。属于普遍语法的是人类语言中必然存在的部分或属性。也就是说，这些属性形成了语言的确定性或本质特征，前提是这些属性在不同时期形成过不同的概念。某种语言中不受通用语法支配的特征可描述为“偶然”，它们的存在与否并不影响人类语言的一般定义。[①]

当然，还有许多被称为“普遍语法”的假说、推测和断言，它们相互交织，但许多都存在必然性和偶然性特征的区别，这是它们所固有的。而这种区别在生成语言学中的地位有时会被误解。例如，G. Steiner（1992: 104）将“Chomsky 普遍主义”的特点描述为坚持认为“语言之间的差异仅代表‘**表层结构**’（surface structure）的差异。它们是由不同领域知识造成的意外，令人印象深刻，但几乎没有告诉我们任何关于潜在‘**深层结构**’（deep structure）的信息”。[②]

基于这些理由，Steiner 称：“普遍深层结构的公理……不可避免地需要将语言多样性和差异性的事实降级为偶然和肤浅。”（1992：xiv–xv）。Steiner 误解的是，从生成的角度来看，语言之间的差异可能是普遍语法方面的“**意外**”（accidents），并不能使它们有理论上的“**肤浅**”（superficial）或不具信息性。语言的不同之处可以揭示很多关于它们的相似之处。20 世纪 80 年代流行的生成语法版本是“**原则与参数**”（principles and parameters）框架。它试图指定不变的属性（“原则”）。而这种属性与表现出跨语言变异的有限属性（参数设置后的属性）相关。“偶然的”属性需要与“必然的”属性区分开来，但“偶然的”属性对普遍语法的构建是必要的。

5 为了使第一次遇到普遍语法概念的读者受益，说明这个术语不涉及哪些内容可能是有用的。其一，它并不是狭义上的“语法”，即它并不仅仅代表句法。相反，“语法”通常被扩展到包括语言的许多领域：音韵学、词汇、形态学和语义学，以及句法。其二，虽然“语法”和“语言”有时被赋予部分重叠的意义，但“**普遍语法**”（universal grammar）在概念上不同于“**普遍语言**”（universal

① 请注意，Chomsky 提出的普遍语法并不适用于语言的“必然”现象。所有语言共享的一些功能是由于交流的紧急情况、记忆、感知等的限制。有关 Chomsky 对于术语“必然”与“偶然”的例子，参阅 Chomsky（1975: 29; 1977b：164）；关于亚里士多德使用的术语，参见 Apostle（1981: 10–12, 42）。

② Steiner 的批评可能是对 20 世纪 60 或 70 年代初生成语言学的恰当解释，当时《巴别塔之后》的第一版大概正在撰写。在 20 世纪 80 年代中期后，书中的观点就不成立了。当然，从 20 世纪 70 年代到 1992 年，Steiner 发行《巴别塔之后》第二版期间发表了很多生成性语法研究。这在很大程度上满足了他书中的一个主要抱怨，即“（生成论者）未能在自然语言中产生具有‘普遍性’的实际例子”（1992：xv）。

language）。本书叙述了相关观点的历史，而这些观点通常假设（或假定）人类各种语言之间有共通之处，并将这些共通之处作为术语“普遍语法”的不同意义之间的最小共同点。相比之下，Eco（1995）记录了“普遍语言”一词是如何成为各种方式中最完美地用来指代被创造或重建的语言系统。例如，像世界语这样发明的语言，渴望克服语言多样性带来的社会或政治后果，有时被称为“普遍语言”（Salmon, 1996a）。“普遍语言”一词的另一种含义是一些犹太—基督教传统中认为在《圣经》中被创造或在“巴别塔”倒塌之前被人类使用的语言。哲学家们还试图在第三种意义上找到或创造一种“普遍语言”，即一种能够“完美地表达思想，从而发现存在于现实不同方面之间新联系的语言”（Eco, 1995: 3）。某些情况下，普遍语法的历史在这些意义上与普遍语言的历史相邻或交叉。但这两个概念是截然不同的。

“第二语言习得”

本书的另一个研究对象，即第二语言（或外语）习得的概念化，也需要初步加以说明。从古代世界到现在的每种西方文化中，至少有些人可以获得学习某种除母语以外语言的经验（Lewis, 1976）。但在过去的 20 年里，描述这种经历的术语经过改进，可以指出几个有待证实的区别。其中一个区别是成人学习者和儿童学习者之间的区别。关于这种区别的重要性问题已经争论了几个世纪，并一直存在争议。[1] 本书作者通过假设成人和儿童的语言学习之间可能确实存在本质上的不同之处来观察到这种区别。尽管关于儿童第二语言习得的信息，以及儿童母语习得的信息经常出现在本书的叙述中，本书最主要关注的是成人学习者。当代研究有时坚称的第二个区别存在于“**第二语言**”（second languages）和“**外语**”（foreign languages）之间。“第二语言”指的是在另一种语言的本土文化语境中学得的语言（无论它对于学习者是真正的第二语言，或实际上是第三种语言，第四种语言，等等，都算是“第二语言”）。相比之下，“外语”指的是在教育环境中学得的语言，例如，一些在课堂之外自然使用的语言。目前还不清楚这种差异到 6
底会导致什么结果（R.Ellis, 1994: 214–216）。本书中，作者将不加区分地将一种非生来获得的语言称为“外来语言”或“第二语言”。

“**习得**”（acquisition）和“**学习**”（learning）两个术语的定义也同样存在争

① 参见 L. G. Kelly（1969: 316–319）关于该主题的早期历史，以及 Strozer（1994）和 Birdsong（1999）的近期文献。

议。抛开 Krashen（1981）对于“习得”（自然的未经教育的）和“学习”（经受教育的）的区分，本书作者将它们视为同义词。其中“学习”发生在教室内。作者广泛关注成年人遇到非母语时的处理经验及如何理解这些经验，但并不在意其发生的背景。本书作者还把**内隐学习**和**外显学习**之间（implicit versus explicit）有些重叠的问题（N.C.Ellis, 1994）搁置在一边。在对儿童的研究中，过去 20 年的一些生成主义者拒绝了“学习”和“习得”，而支持“**语言增长**”（language growth）这一表达，理由是它更好地代表了 Chomsky 的观点，即对母语的控制似乎是“**语言器官**”（language organ）……这是儿童脑中在强烈、离散的遗传和表观遗传约束下发展起来的（Marshall, 1987: 47）。[①] 第二语言是否也能最好地在成年人的头脑中表述为“增长”是有争议的。一些作者（如 Strozer, 1994：xii）认为成年人的“学习”和“习得”都不完全令人满意。但本书将脱离这些辩论，可交替使用这两个术语。

3 个附加说明

普遍语法概念的连续和间断

这里有 3 个附加说明。首先，上面的概述表明，“普遍语法”一词所蕴含的基本见解已经被详细阐述过，穿插在西方语言科学中。普遍语法的来源也有不同的解释。中世纪的语法学家认为普遍语法遵循现象世界的事实，并且认为它“依赖于现实世界的结构”（Bursill–Hall, 1963: 46）。17 世纪的一些学者将普遍语法与心理概念联系起来，这些心理概念都有相应的语言标签。Chomsky（1980: 56–65）将普遍语法的位置定位在先天机制的而不是概念的能力中，并认为（生成的）普遍语法的独特性在于人类遗传学。

由此，普遍语法在几个维度上有着不同的理解。此外，并不是所有时期都专注于普遍语法。在某些时代，人们对语言问题的反思只是简单否认语言具有重要的共享属性，或者认为普遍语法存在，却忽视了它，进而把注意力放到了语言之间的差异。然而，普遍语法的概念早在西方语言科学产生伊始就已存在，并且有足够的连续性来追溯它的几个变体。Robins（1973: 17）将“与语言结构的明显
7 表面差异之间的语言共性问题”描述为“自中世纪以来就以不同的形式困扰着语

① 关于这一点的阐述，请参见 Chomsky（1987/1999: 42–43）。

言学家”。Itkonen（1991: 165）更进一步，称“西方语言学的历史在很大程度上是一段关于普遍语法概念的历史”（强调为原文所有）。Coseriu（1974: 47）给这一观点提供了最大的范围，认为所有的语言探究都含蓄地预设了一些语言普遍性的概念。“它的音素是什么？”或者“出现了什么语法类别？”这两个关于语言的问题，对 Coseriu 来说，意味着提前接受这个语言，和所有其他语言一样，有音素和语法范畴。然而，关于普遍语法性质、内容和来源的概念是不稳定的。人们无论如何定位普遍语法的核心作用，还是更倾向于对普遍语法的拒绝，通过西方语言学的历史认识到其不稳定是很重要的。Brekle（1986）指出，“语言学”的概念必须放到历史长河中观照，以使对其过去的研究成为可能。同样，“普遍语法”也必须反复重新定义，以反映不同时期的关注点。

第二语言习得的显式和内隐概念

第二个附加说明是关于本书的另一个重点，即第二语言的确认。在大多数文化中，外语学习都以这样或那样的方式发生过。至少，几乎所有的文化都承认了外语的存在。[①]但并不是每个社会都足够重视外语学习，以反思自己对学习另一种语言意味着什么，或什么构成了第二语言知识的假设。此外，并不是每个社会都有这种反思留下的记录。其中一些信息可以从对语言学习和学习者的参考资料中拼凑起来，或者从教学记录中推导出来。然而，教育学并不总是忠实地代表当代对语言学习本质的思维（甚至是无意识的假设）。正如 Stern（1983: 154–155）所指出的那样，语言教学往往没有参考语言学方面的相关工作。教学实践往往会忽略有关语言学习的理论，有时也会对其有反应。Musumeci（1997）叙述了第二语言理论和教学实践之间不同步的案例历史，旨在应用这些理论家的研究。她借鉴了 15—17 世纪的例子，但她认为现代课堂实践同样并没有始终反映出关于第二语言习得的现代学术研究。因此，尽管有必要得出人们如何从教学记录中解释第二语言习得的部分故事，我们必须记住，该记录并不一定提供故事的权威版本，甚至可能不具有代表性。[②]

① 关于现代世界，McArthur（1992: 126）写道，双语至少和单语一样普遍；世界上大约一半的人口（约 25 亿人）是双语的，世界上每个国家都可能存在双语现象。

② Miller 和 Ginsberg（1995: 311）对民间语言学和语言学习的研究得出结论：现代学习者的语言概念“源于教育实践和周围文化”。如果这是普遍的事实，那么教学记录有可能代表学习者如何理解语言学习的本质。但语言理论工作中关于语言学习本质的概念（无论在何种情况下进行这种研究）可能与教学实践不一致。参见 Newmeyer（1996）。

这第二个附加说明的另一个方面是关于研究第二语言习得和普遍语法之间交集的困难。Lewandowska–Tomaszczyk（1986: 78–79）断言，对语言普遍性本质
8 的不同观点必然意味着不同的母语习得理论。虽然在普遍语法和第二语言习得的概念之间很少有明确、正式的关系，但它们之间至少有两种内在的联系。其一，许多关于普遍语法内容的建议都是通过对跨语言事实的探索而产生的，而正是通过第二语言的学习和教学，人们最能直面跨语言事实。因此，对普遍语法的讨论往往产生于第二语言习得的经验。其二，用 Stern（1983: 119）的话来说，“如果一种语言并不具备有关语言一般性质的基本概念，很难想如何教授它”（强调为原文所有）。当潜在的概念包括了对普遍语法的理解，那么普遍语法就设定了无须学习者学习的内容界限，因为（至少根据它的某些定义来说）通用语法是学习者在接触第二语言之前就已经知道的第二语言相关内容。从这个角度来看，无论明确与否，普遍语法的性质、内容和来源与语言学习者和教师的任务密切相关。对内隐关系的分析需要思辨和历史勘察工作。这为此项研究增加了魅力和风险。

本书的史学地位

第三个附加说明是关于本书在语言学史学中的地位。本书作者并非想要创造一个全面描述普遍语法或第二语言习得的历史，原因有二。

第一个原因是作者广泛依赖翻译和二手资料，使得直接解释本书出现的许多语言学历史上的重大事件成为不可能。作者引用了那些读过 Augustine, Dante, Humboldt 或 Jespersen 作品并用自己的语言所进行的描述，来间接窥探原作者的思想如何影响普遍语法和第二语言习得。无论本书能达到什么原创性，都源于它对以上两个主题的投入。

第二个原因与上文所讲的投入有关。作者写这本书的目的并非进行“古文物研究”（Chomsky, 1974: 143），以呼应 Nietzsche（1874/1980: 18）使用这个术语来指代“坚持那些传统和古老的东西”的研究工作。相反，它可能被更好地理解为 Otero（1995）所说的“发展性”（或“追溯性”）史学中的一种实践。Otero 支持一种史学，虽然接受目前的优势，但也“关心拼凑一个特定的线或行的学术发展”，像“一个对古董感兴趣的艺术爱好者把它当成没有失去价值的早期成就”（1995: 150）。[①]Law（1990a）可能更接近描述本书作者所采用的方法。她描述了

① Otero 拒绝通过参与者的眼光来看待过去的尝试。他认为这是不可能的，这个问题有争议。对 Elffers（1988: 18）来说，“以自己的方式”看待历史事件的幼稚的现实尝试实际上具有“刺激而非阻碍时

几种（并非相互排斥的）类型的语言史学。其一，Law 引用了一种“**来源和影响的方法**”（sources-and-influence method）。该方法试图确定思想传播的链（1990a：67）。其二，有一种关于语言学历史的观点（与 Foucault 的追随者相一致），认为它是一种“思想的联系”（1990a：68），似乎独立于人类的活动。其三，本书作者在这里采取的观点可能最接近 Law 的“**投射方法**”（projective approach），即“提前选择某些主题，并在研究者的原始材料中寻找它们”（1990a：68）。这种取向“在史学中最为明显，其中心是在研究期间很少或从不明确讨论的主题”。这恰当描述了第二语言习得相关的默认观点。① 9

简而言之，本书的目的是从“发展”或“投射”的历史学的角度来叙述思想和经验的历史。具体来说，本书作者的目标是研究关于第二语言习得中普遍语法的现代辩论背景：在西方语言传统的其他时代和地方，普遍语法和第二语言习得是如何得到交互理解的？在与其性质相关概念的指导下，两者之间假定了或提出了什么关系？普遍语法的思想和第二语言习得的思想（或经验）是如何明确和含蓄地相互影响的？

为什么要研究普遍语法和第二语言习得的历史？

计划非历史性

只要本书有助于理解早期的语言和第二语言习得的本质，就不需要解释存在的理由，因为“语言学史，和亚里士多德意义上的任何推测性的知识领域一样，不需要外部理由”（Covington, 1984: 3）。但本书作者的直接动机来自于当代对普遍语法和第二语言习得的研究如何呈现自身。许多（尽管不是所有人）研究非母语习得的学者接受 Chomsky 的普遍语法，并提出这样的问题：第二语言语法的哪些方面制定了普遍语法的约束原则？怎样制定的？针对所有学习者吗？普遍语法实例化在第二语言学习者的母语语法中有什么作用？② 目前，我们对这些问题

代错误”的效果。相比之下，Cohen 认为思想的历史学家必须克服一切困难，努力“追随（旧文本），无论他们（走）到哪里”（1977：p. xviii）。

① Law 的第四种史学即“意识史学”，旨在挖掘人们如何对语言进行概念化，因为它“试图超越文本中明确表达的关注，从而得出潜在的思维习惯”。这种方法“不是通过事先确定议程……而是通过允许文本的明确教义向我们传达其中隐含的思维习惯”（强调为原文所有）。讨论见 Thomas（1997: 69）。

② 讨论见 Flynn 和 O’Neil（1988）、White（1989；2003）、Archibald（2000）、R.Hawkins（2001）。

缺乏明确的答案，但许多人认为“基于语言一般概念的（第二语言习得）方法前景远大”（McLaughlin, 1987: 101），因为它“暗合了第二语言习得方面最深刻的领域”（Cook, 1991: 120）。

在本书作者看来，这项研究明显缺乏历史自我意识，尽管在过去 30 年语言史学有所扩张，特别是在欧洲（Percival, 1991）亦是如此。在北美，对这一学科历史的研究并没有很好地融入到其他的语言学研究中。Amsler（1993: 50）曾写
10 道，语言学的历史通常被视为一种“奢侈”；Koerner（1977: 165）曾为其不被重视感到惋惜，称其为“本行当看着好但相当无用的附属品”。第二语言习得的研究从历史上思考甚至还没有达到一个附属品的地位，因为在语言学的历史上，几乎没有任何研究工作对它起过作用。[①]关于应用语言学家准备工作的讨论（Celce-Murcia, 1992；Grabe, Kaplan, 1992）没有提到历史相关训练。对美国应用语言学研究生课程的调查发现，没有语言学或应用语言学历史的相关课程。[②]

第二语言习得的通常起点是 60 年代末到 70 年代中期，其相关的历史意识出现缺失。Rutherford（1988: 404）具有代表。文章的开头：“对第二语言习得的严肃研究，历史相对较短……第二语言习得研究很难追溯到 15 年以上。”[③]根据 Larsen- Freeman（1991: 338）的回忆，1980 年，她把这个领域描述为“从婴儿期到青春期的过渡”，直到 1991 年，才“进入了成年早期”。提到“早期作品”通常只能追溯到 20 世纪中叶。例如，Cook（1993）从 20 世纪 70 年代开始叙述第二语言的研究，他在研究开始时指出，在 70 年代之前，“已经有了利用语言学的思想进行第二语言习得的方法”（1993: 8）。但 Cook 随后对“早期第二语言习得研究”的描述只让时间回到了 1953 年。在 R.Ellis（1994）百科全书式的 800 页的第二语言研究调查中收录了近 1700 篇文献条目，最早的一篇发表于 1924 年，在 1950 年之前只有寥寥 6 篇。Newmeyer 和 Weinberger（1988: 41）坦率地阐述了这个行业中隐含的假设，称第二语言习得的研究是在过去 50 年里“完全不存在”的基础上发展而来。[④]

---

① L.G. Kelly（1969）是个例外。本书探讨了外语教育学的历史，展示了作者在语言史方面的专长。Kelly 的目标与本书的目标有很大不同，因为他的重点是教学实践，而本书重点是学习第二语言意味着什么，以及普遍语法的概念。此外，现在看 1969 年的境况是不同的。

② Marianne Celce-Murcia，个人通讯好友，1995 年 7 月 18 日提出。

③ 关于类似的陈述，参见 Larsen Freeman and Long（1991: 5）、Eubank（1991: 21–23）、McLaughlin 和 Zemblidge（1992: 61）、Sharwood Smith（1994: 22 – 23）。

④ 其他例子包括 Towell 和 R.Hawkins（1994: 17）、Eubank 和 Juffs（1995: 3）、Ritchie 和 Bhatia（1996: 4–6），以及 Gass 和 Selinker（2001：xiv）。“20 世纪中叶是第二语言习得相关研究的终点”这一观点在邻

因此，通常将 20 世纪以前的第二语言习得理论与 20 世纪中叶之前对该主题的研究分离开来。有趣的是，许多关于第二语言理论浅层历史的论述表现为让步语言或一两种类型的限制条件。一种限制条件承认故事可能有更多，但未进行（没有解释）调查。因此，Larsen–Freeman 和 Long（1991: 5）写道：“人们很早就对第二语言习得感兴趣，但……”那是在 20 世纪 60 年代开始历史叙事之前，在那之后他们就再也不会回头了。同样，Gass 和 Selinker（2001: 1）承认“学者一直着迷于外语学习和语言教学本质的问题，但他们没有发展，甚至没有再去关注这种着迷如何被表达出来或可能导致什么。第二语言理论没有历史只是一种主张，而第二种限制条件就缩小了这一主张的范围。一篇题为《第二语言习得：过去、现在和未来》的文章，开头句就是一个例子：“第二语言习得……是一个领域，其目前的研究目标，我们已经坚持了大约 20 年”（Gass, 1993: 99）。假设该 11
领域的“目前的研究目标”被定义为类似于某些“在现在已经阐明的目标”，那么人们就不能期望目前的研究目标在现在之前就存在。在这一解读中，Gass 的陈述使其无可争辩，同时仍在暗示历史谦逊的方向。上面引用的 Rutherford（1988）的文本也说明了第二种让步，因为他明确指出，这是“对第二语言习得的严肃研究”“有相对较短的历史”。这个表述保留了一种可能性，即其他类型的工作或探究可能早于第二语言研究的短历史，但也意味着它不是严肃的研究（至少不是研究，或者不是严肃的）。Rutherford 没有具体说明在“严肃研究”时代之前是什么，也没有说明是什么让我们（现在），而不是他们（当时）成为它的生产者。

为了澄清对第二语言习得理论历史自我表征的批评，本书作者需要解决两个问题。第一个问题涉及上述让步语言或免责声明的作用。这类限制条件可能会揭示出一个怀疑因素——它隐藏在该领域对其自己（非）历史的断言中。更有可能的是，这种语言可能构成（在第一种情况下）修辞繁荣，或者（在第二种情况下）学术模糊（hedging）。这两张情况无疑是学术散文中可以接受的装饰品。但它们的危险在于通过无情地把它纳入附属条款来禁止第二语言习得的研究。因此，“尽管可能有着更早的历史，第二语言理论或始于 1972 年的第二语言理论（至少是值得关注的那种理论）只存在了 25 年”。以这种方式构建问题，并不会破坏该领域对其本质新颖性的信念。事实上，这些限制条件有助于历时性的情绪，因为它们采取方式可以使其简洁地忽略在现在一代人之前的一切。① 因此，

近学科中也很流行：Larsen Freeman（1995: 712）对语言学与语言教师教育关系的分析始于 1945 年；Kaplan 和 Widdowson（1992: 78）对应用语言学中语言教学历史的叙述始于“20 世纪初……”。

① Foster Cohen（1993: 140）的一篇文章开篇写道：“尽管母语习得和第二语言习得（SLA）都是几个世

无论它们的作者阐明它们的理由如何，第二语言理论在 20 世纪中期之前没有历史的论述并没有受到这些条件的严重威胁。

本书作者需要澄清的第二个问题：如果相关的研究工作要进行，如果相关研究得到了本学科的重视，那历史方面的工作在第二语言习得研究中可能扮演着什么作用。当然，并不是每个人都需要对历史感兴趣。作者总是可以自由地转移历史相关（或其他）事情，这样他们就可以继续处理他们认为更紧迫的事情。因此，上面引用的非历史导向的描述中没有一个是单独负责忽视或压制该学科的实际历史（预期它确实存在）。问题是，随着每一次未经检验的迭代，认为第二语言理论起源于上一代的信念变得更加令人信服，并铭刻在非正式的学说中。无论这种信念是否有限制条件，都是如此。在非历史被含蓄传达的情况下更是如此，例如在“历史背景”这样的小节标题中，文本突然开始，没有论证地进行对比分
12 析。在 Corder（1967）、Selinker（1972）或 Dulay 和 Bur（1974b）的著作中可见此类例证。

缺乏历史意识现在已经根深蒂固，它有效并维持自己的存在。因为第二语言理论家一直认为现在与过去是不连续的，没有人试图研究前几代人可能获得的关于第二语言习得的知识，或者他们可能提出了什么问题。这种研究的缺失使过去不可见。在此基础上，该学科自信地通过假设否定了相关历史的存在。因此，非历史性成为该领域自我定义不可或缺的一部分。这恰恰证明了 Amsle（1993: 51）所说的“计划性无知”，即“一门学科或知识家拒绝知道什么”。为了抵消有计划的非历史性，我们需要尽可能地停止用这些术语谈论或写作该领域，并培养一种习惯，至少被动地参与到该学科历史的各种版本中。理想情况下，该领域可以学会为调查过去腾出空间，并在相关的情况下反思调查中出现的任何内容。但这并不比其他领域的学者们所做的更多，因为如果第二语言习得是一门科学，那么它的业务的一部分就是不断地质疑自己的前辈。

非历史性的可能来源

在 20 世纪中期之前，第二语言习得研究与对这一主题的讨论分离，目前在

纪以来人们好奇的对象……。”她引用了一本语言学入门教科书（Fromkin, Rodman, 1988），然后是 Larsen Freeman 和 Long（1991: 5）的评论，大概是在应援后者，“人们自古以来就对第二语言习得感兴趣，但……”。通过这种方式，Foster Cohen 向她的读者传递了 Larsen-Freeman 和 Long 对第二语言研究过去的单一、未经验证的参考。这类言论在未经审查的情况下口口相传，证明了它们作为空洞修辞的地位。

学术文化中根深蒂固，以至于很少有作家阐明其任何原因。但至少有 3 个基础可以尝试为无历史主义辩护。

第一，有人可能会说，在 20 世纪 70 年代之前，对第二语言习得的调查绝大多数都与语言教学有关，这时调查被视为一种不连续的活动，重点是学习一门语言意味着什么。[①] 的确，教学问题是关于第二语言习得的许多讨论（过去和现在）的基础。但不是每种文化都阐明了关于第二语言习得的假设，20 世纪晚期也没有把第二语言学习者作为学术探究的对象，甚至仅仅是简单的好奇对象。更早的时期有自己的方式来提出和回答这个问题：“学习和了解除了母语之外的另一种语言意味着什么？”正如 Stern（1983: 77–78）指出的，在一个特定时代如何教授语言的记录是关于人们对语言学习本质看法的信息来源，尽管只是间接的信息来源，并不是唯一的资料来源。一些关于人们如何解释第二语言习得和学习者任务的信息，至少可以追溯到 Augustine 在 4 世纪对他挣扎着学习希腊语的著名反思。当然，这些信息缺乏现代第二语言习得研究的学科特征。但在不同的时代和地点的不同术语的框架下，它见证了人们对第二语言习得的长期兴趣和猜测。

第二，有人可能会反对以下说法，即 20 世纪 70 年代第二语言习得研究的所 13
谓诞生指的是其制度性而非概念性的起源点。历史记录表明，致力于第二语言习得的机构工具——会议、期刊、研究生课程只能追溯到 20 或 30 年前。但本书作者怀疑这就是提到第二语言研究的“开始”的全部含义，并且只要提到的不仅仅是一个机构起点，说该领域“开始”于某篇特定文章或会议就是误导性的。与另一门学科进行类比可能具有启发意义。正是在同一个时代，即 20 世纪 60 年代后期到 70 年代，生态学领域获得了独立的制度身份。与第二语言习得的研究一样，生态学已经发展了自己的学术领域，包括（除其他外）教师任命、专业组织、会议、本科生和研究生，以及各种出版物。但与第二语言习得不同的是，生态学知道如何识别和利用它的过去。例如，生态学学生在第一次接触该领域时可能会遇到相当详尽的历史叙述。诸如 R.L.Smith（1990）或 Krebs（1978）等介绍性文本明确地承认了亚里士多德，Anton van Leeuwenhoek,Alexander von Humboldt, Charles Darwin and Gregor Mendel 等多元化的前卫生态学家的贡献，甚至认可了该学科最近的制度化。现代生态学家与 Darwin 或 Mendel 之间的不连续性比比皆是，且并没有被最小化。相反，这门学科显然是通过在它所承认的历史中探索不

① Larsen Freeman 和 Long（1991: 5）及 Newmeyer 和 Weinberger（1988）的观点构成了这一论点的重要部分。Gass 等人（1998）和 Block（2003: 11–12）在对 Thomas（1998）的回应中也是如此。第八章会再提到 Gass 等人和 Block 提出的观点。

连续性和连续性来了解自己的。否则，这种材料不会在进入该领域学生的知识社会化中占据如此突出的位置。① 相比之下，第二语言习得研究通常否认它有这样的前辈。但本书作者相信，第二语言习得研究与生态学一样，既有其最近的制度诞生，也有其漫长而多样化的概念历史。

还有第三个基础可以为当前第二语言研究的非历史性进行辩护。从特定生成的角度研究第二语言习得必然开始于从 20 世纪 50 年代末开始传播的 Chomsky 语言观点。但生成语言学关注的是一种普遍语法。这个观点在西方语言科学中由来已久。Chomsky 本人在他 1966 年备受争议的《Cartesian 语言学》一书中提出，现代普遍语法的某些特征系谱至少可以延伸到 17 世纪。（这并不是要否认 Chomsky 普遍语法在某些方面的创新性。）普遍语法有悠久的历史。本书的中心目标是研究这段历史与关于第二语言习得的理论化之间的联系。本书作者认为，第二语言习得的理论化可以追溯到几个世纪前，而不是几十年前。目前关于普遍语法对第二语言习得作用的争论是在 20 世纪中叶之后发展起来的，但争论背后的深层问题有更长的历史。

14 如果这 3 种可以想象到的关于非历史性的辩护都没有说服力，那就必须通过其他方式去理解为什么现代关于第二语言习得的研究否定了它的历史。这门学科运作的社会背景可能有助于非历史性、新奇性的归属为该领域增添某种魅力，而当代文化又经常青睐所有新事物。② 实用主义的力量当然作用于在各个领域中负担过重的学者：如果第二语言理论是在 20 世纪 70 年代发明的，那就会从读者高耸的“必读”堆中删除很多页。此外，非历史性的一个强大动力可能是该领域试图捍卫自己的边界，因为即使是声称没有过去的行为也是一种历史自我评估的行为，因此构成了“肯定 [a] 学科的身份和自主权的一种方式”（Andresen, 1985: 359）。对第二语言习得和语言教学法的研究之间的界限似乎并不牢固。Newmeyer 和 Weinberger（1988: 34）断言，该领域“已经开始脱离仅仅是教师关注的辅助地位”。他们将其描绘成第二语言理论从母学科夺取自己的身份，“这一领域摆脱与教学法联系的努力一直缓慢而艰巨，完全实现还有很长的路要走”

① 生态学有时被置于其下的伞式学科，也就是环境科学。它拥有广泛的历史文献，包括像 Bowler（1992）这样的解释性概述和像 Wall（1994）这样的关键历史文本选集。如果语言学对第二语言习得理论就像环境科学对生态学一样，那么确实存在平行文本：Robins（1997）是语言学史的经典导论；R. Harris 和 T. J. Taylor（1989）及 Joseph 等人（2001）在评论和分析的同时重印了关键文本；Law（2003）的语言学史到 1600 年既可读又有学术价值。另见 Lepschy（1994），Auroux、Koerner、Niederehe 和 Versteegh （2000），以及两本杂志——Historiographia Linguistica 和 Historie Epist é mologie Lanage。

② Rutherford(1992: ix)写道:“历史视角……往往是我们痴迷于通过开拓新领域取得进步的首要牺牲品。”

（1988: 41）。① 不是每个人都认同第二语言习得理论和语言教学关系的观点。但在那些这样做的人当中，历史研究可能会被怀疑地看待，与第二语言习得相比，语言教学法对自己的过去更为重视。② 不同作者的经典文本，如 Titone（1968），L. G. Kelly（1969）和 Howatt（1984），明确地阐述了语言教学的历史，以及语言教学法的概述，如 Mackey（1965）和 Stern（1983）惯常地总结了历史背景。即使是关于教学技术的书籍，偶尔也会包含可以追溯到公元前 2 世纪的历史素描（如 Bowen 等，1985: 3–30）。如果语言教学使用历史材料来定义自己，那么利用这些材料或其他历史数据，对于第二语言习得领域来之不易的自主权，可能被视为威胁。③

第二语言习得中的非历史性可以根据生成语法来建模。在 20 世纪中期之前，生成主义者很少关注语言学。这反映了一种观点，即生成语法对语言的呈现如此新颖而全面，故早期的作品很少与之相关——这种信念似乎与 Chomsky 的一些观点不同。④Strozer（1994）例证了生成主义者的普遍观点，“我们可以毫不夸张地说，语言研究在过去 10 或 15 年里比前 30 个世纪进步更多”（1994: 9）。此外，随着原则与参数框架的引入，“过去几千年的传统语言方法突然过时了”（Chomsky,1986: 94）。⑤

因此，本书作者推测，第二语言习得的研究可能容易受到非历史性的影 15
响，原因是它已经宣布独立于语言教学（一门容易检验其过去的学科），而且分裂出了生成语言学（在许多人看来，这一新生学科的血统只能追溯到 20 世纪 50 年代末）。

---

① 尽管这个领域的确切出身并不总是很清楚，一个成形的隐喻经常出现在第二语言理论历史的描述中。参见上文引用的 Larsen Freeman（1991）文本和 White（1996: 1,13–14），其中第二语言理论被类比为一只丑小鸭，直到最近才拥有天鹅这一成熟身份。

② 这个判断是相对的：例如，Stern（1983: 76–77）认为语言教学史研究是不足的。

③ 1996 年在亚利桑那州图斯孔举行的第二语言研究论坛上进行了一场关于“第二语言习得中的理论与实践”的座谈会（组织者：Susan Gass；小组成员：Lynn Eubank, Jacquelyn Schachter, Michael Sharwood Smith, Elaine Tarone），讨论了第二语言研究与第二语言教学法之间的关系。专家组成员和观众共有 7 次偶然提及（均未受到质疑）该学科已有 25 或 30 年历史。座谈会上对于第二语言理论和教育学间界限的关注，频繁引发了有关计划内的无历史性的断言。

④ 参见 Chomsky（1966; 1972）。Sampson（1980: 159–161）直言不讳地批评了生成语言学家“在研究前人作品时没有承认任何美德”。他将其描述为“在智力上反常地转向自己”。Seuren（1998: 525）以类似的方式抱怨道：“Chomsky 学派形成了一个紧密的、完全内向的引用社区。”Skiljan（2000）认为 Saussure 可能是现代语言学非历史性的来源。

⑤ 尽管如此，Strozer 是个例外。她偶尔提到 20 世纪前的语言学。Rutherford（1987: 27–30）对第二语言习得的历史维度也很感兴趣。

实现历史自我意识的好处

由于这些（或其他）原因，当代关于普遍语法和第二语言习得的争论在发展中没有参考其历史背景。鉴于此，人们可能仍然会问，通过试图恢复这种背景，可能会获得什么。这个问题代表了 Elffers-van Ketel（1991: 327）提出的一般性问题，即科学史学中的工作在多大程度上对科学提供了“有益的影响”？Elffers-van Ketel 评估了史学工作的 3 个好处。她引用并否认了“科学史知识直接产生可用于当下的科学见解”（1991: 327），指出很难通过回顾之前的情况来找到现代科学获得实质性好处的例子。本书发现 Elffers-van Ketel 的怀疑在目前已有的情况中是合理的。对普遍语法和第二语言习得历史的研究不太可能产生特定的数据、假设或工具，以解决目前该领域面临的问题。生成语言学将自己定义为语言科学方法的起源(生成主义之前的美国结构主义，以及 19 世纪结构主义之前的比较历史语言学都做过同样的定义）[Romeo 和 Tiberio（1971: 30）]。在这种信念是不受挑战的情况下，生成语言学只能将以前的语言研究视为非科学和无关紧要的。因此，对过去的检查不太可能挽救缺失的关键拼图，或阻止“轮子的重新发明”。

作为第二个提到的好处，Elffers-van Ketel 引用了这样一个论断，即历史意识在对当前思想的评估中灌输了一种更宽容和平衡的“科学态度”（1991: 327），同样也有怀疑主义的理由。她指出，它可能确实有那种有利的效果；或者，它可能滋养对该领域现状的自我美化（1991: 329），在“英雄”的假设下，只有当前一代实现了有效的语言方法。[①] 但 Elffers-van Ketel 对科学史的第三个所谓好处表示乐观，即它“提供了一种对当前科学思想进行批判性评价的分析工具”（1991: 327）。Elffers-van Ketel 认为，这种研究的真正好处是，它可能会引导我们重新评估对这门学科本身及其基本概念的定义。应用于手头的案例，研究普遍语法的历史与第二语言习得的关系可能会引导我们重新评估两者之间可以存在什么关系，而且确实存在什么关系。从消极的角度说，只要当代研究的发展没有参考其历史背景，我们就会失去更敏锐地“意识到我们在做什么以及为什么要这样做”

① Koerner（1976a：544–545）对史学的影响表达了更广泛的信心。他主张将语言学史纳入语言学家的培训中，理由是它“提供了视角和距离”“可以防止……教条主义”“提高了判断新颖或对立观点的技巧，从而……保护我们不受批评地接受过多主张”。Koerner 继续宣称，历史专业知识对于语言学发展来说是不可或缺的——“（历史）知识决定了科学家和实验室助理之间的区别：科学家知道技术从何而来，以及它们的局限性是什么；实验室助理只掌握行业的机械原理，却没有具备以上知识。”

的机会（Hovdhaugen, 1982: 11）。也就是说，我们可能无法理解当前工作的一些
显著特征；没有认识到我们对第二语言习得中普遍语法的争论添加的限制；没有 16
看到争论所压制的问题的可能解决方案！；也不能准确地评估我们自认为原创的内容。我们也可能无法预见（从而准备好应对）争论的未来。历史研究可能无法从过去检索到可用的工具或想法，或者（必然地）促进对当前成就大致且适度的看法。但它可能会提高我们对如何定义“普遍语法”和“第二语言习得”等概念的认识，以及我们所制定的定义相互之间及与相邻概念之间的联系。[①]

谈到以下问题时，历史意识还有其他的好处，如“为什么关注该领域的历史会有价值？”，或者更简单地说，“为什么现代理论家要关心其他几代人对第二语言习得的看法？”。这个问题与语言教师经常向第二语言研究人员提出的问题有一些共同之处，即“第二语言知识模型（或第二语言处理原理，或关于母语和第二语言关系的建议，等等）如何影响 L2 教学法？”。更直白的问法是“为什么第二语言教师应该关心外语习得的研究”？在这两种情况下，“为什么要在乎？”这个问题值得一问，但目前还不清楚它是否需要一个接受此问题前提的答案。也就是说，如果理解第二语言理论的历史不能解决现代理论的困境——同时，如果母语和第二语言的关系或第二语言处理的模型不能解决教师的问题——这并不会损害对这些知识的追求。想象一下，一个繁忙的、内部有争议的子学科将会出现，它研究了在不同的世纪和地方的第二语言习得的概念。它对第二语言理论构建的明显影响可能很小，正如第二语言理论迄今为止对教育学的实际影响还很小一样（Flynn, 1991；Newmeyer, 1996; Schachter, 1993）。这并不意味着这种影响不会变大，也不意味着重新思考历史的本质是没有价值的。一门学科需要准确地理解它来自哪里，或者更有可能的是，关于它来自哪里的一系列不同的主张。某门学科中工作应有的责任之一是了解这些主张。理解某物的历史并不一定是要理解它的本质，但理解某物的本质，在某种程度上，意味着要努力理解它的历史。

总而言之，本书的论点如下：

第一，从包含普遍语法的角度研究第二语言习得，以及从传统上定义自身，都是在 20 世纪后期出现的；

第二，试图证明这种自我概念的可能尝试并无说服力；

① Lambertini（1989: 134）指出，反过来说，语言史学可以从现代语言学中获益，“对当代理论的了解……正在成为一种‘分析工具’，有助于更好地理解（中世纪）概念分析的微妙之处”。

第三，非历史性可能源于该领域从语言教学中分离出来的驱动力及其对生成语言学的依恋；

第四，对历史的关注可能有益于该学科。

17 “失去”自己的历史，那么一门学科失去的是什么？

Newmeyer 和 Weinberger（1988: 41）在其论述中称，“从过去 50 年里的完全不存在”发展出来的第二语言习得概念化至少以 3 种不幸的方式扭曲了这门学科。Percival（1976）在讨论将 Kuhn（1970）关于科学史的重要著作扩展到语言学史的后果时，阐述了其中两个问题。在许多方面，Percival 发现 Kuhn 的科学范式观点不适用于语言学。他虽然承认生成式语法可能推动了一场 Kuhnian 革命，但以几个理由否定了 Chomsky 的研究体现了一种新的科学范式的观点。（请注意，Kuhn 的科学反抗并不一定需要范式的转变。）Percival 建议，语言学家们“如果不从 Kuhnian 的角度来看待自己的活动会更好”（1976: 292）。[1] 他最后引用了两种可能的负面观点，即 Kuhn 意义上的范式变化将生成语言学与早期的工作区分出来。

> 如果语言学家开始把他们自己职业中的所有理论分歧看作是竞争范式之间的冲突，即不相称的观点，并以此为借口，不遵守理性讨论的基本规则，就可能会出现不健康的情况。此外，由于（根据 Kuhn 的说法）任何真正的范式注定不可避免地被整个职业接受，一些语言学家可能会感到被迫同意他们观察到获得广泛支持的新理论，原因是害怕最终成为一个被抛弃的范式的孤立追随者。
>
> （Percival, 1976: 292）

目前，关于第二语言习得的研究经常使用术语“范式”和“革命”，尽管目前还不清楚这在多大程度上构成了对Kuhn思想的引用。[2] 然而，在本书作者看来，第二语言的研究含蓄地认为自己封装在一个 Kuhn 的范式中，其早期边界大约在 20 世纪 70 年代，对第二语言习得的研究显示出 Percival 谈论到的两个不愉快的后果。如果该学科的历史仅止步于过去 30 年（或 15 或 20 或 50 年），而之前对

---

① Chomsky（1982: 40）也批评了对 Kuhn 作品挪用的行为。参见 Saporta（1994: 175）和 Hymes（1974）的讨论。

② 参见 Huebner（1991: 13）、Gair（1995: 13）和 Gass（1995: 7）。Sharwood Smith（1988: 207）将目前该领域的状态描述为“前范式阶段”。

第二语言的考察必然来自“沟通的观点”，且可以被视为无关紧要。对过去工作
不可用的感觉嵌入到了对 20 世纪晚期的第二语言习得理论起源的引用中，并一
直延续下去。①Percival 的第二个结果也表现在当前第二语言研究：只要一个相
信自己的工作接近范式鸿沟的边缘（对话是徒劳的），到目前为止的解决方法是，
人们必须无情地追求最新的想法或建议，以代表新范式的本质，并同时无情地避 18
开任何与过去不可通约的东西。作为结果之一，这促进了一个研究群体的诞生，
处于其中的知识商品（“模型”“理论”“方法”）拥有非常短的保质期。② 除了产
生制度和社会的不稳定之外，第二语言习得的研究结果，就像语言学研究一样，
很可能“降低而不是提高科学标准”（Percival, 1976: 292）。

认为第二语言习得没有历史的观点还有第三个不愉快的研究结果：它有助于知识隔离。本书作者认为，忽视历史背景的部分原因是，该学科在努力定义一种独立于语言教学法的身份。然而，该领域的许多人更愿意研究的更大的学科，即语言学理论，并没有与来自第二语言习得的见解迅速结合。在某种程度上，该领域处于学科的边缘，既不与语言教育学有关，也不与语言学有关。Gass（1993）和 Schachter（1993）等人指出了这种脆弱地位的知识和制度上的矛盾，并对第二语言研究和学科之间缺乏交流表示遗憾，而这些学科可能是它的自然盟友。在某种程度上，这种孤立是自我强加的。本书作者相信，如果该领域停止想象自己生活在一个岛上，它就不那么需要自觉地与邻近的学科“建造桥梁”（Gass, 1992）。以前对第二语言习得的研究都是在哲学或修辞的庇护下进行的，最近是在心理学或教育学的庇护下进行的。从相互借鉴的历史记录和第二语言习得的研究可以发现这些学科的现有桥梁。但只要第二语言习得认为它没有明显深度的历史，这些借鉴就无法被评估，因此无法通过历史反思来实现学科的自我理解。

作为对这些问题的长期解决办法，本书作者认为我们需要重新概念化第二语言习得的历史。从普遍语法的历史来看待第二语言习得的历史是恰当的。原因是它让人们注意这样一个事实，即两者之间已经保持了几个世纪的不同且丰富的关系。这与传统的假设相反。

---

① Gregg（1995: 90）的观点十分惊人。他不认可有关第二语言习得理论的历史。本书作者认为是一种截断。在对 Cook（1993）的一篇评论中，Gregg 将 Cook 从 20 世纪 50 年代起对第二语言理论的叙述视为“标准的历史重述”，并这样评论：“坦白地说，我真的不认为有必要对旧领域进行这种仪式性的覆盖。”Gregg 认为这构成了“死肉”。如果 Gregg 的判断是普遍的，那么随着时间的推移，该学科对自己历史的公认版本可能会越来越短，而不是越来越长。

② Ferguson（1991: 430–431）承认这一特点。

关于本书

本书面向不同的读者。它的中心受众是关注第二语言习得理论含义的语言学家。本书作者的同事和朋友，可能会受益于他们自己工作的历史背景。西方语言学可能不是一条充斥着完全发展但已经灭绝的理论尸体的道路。这些理论有关学习第二语言的意义（当然不是我们今天所承认的“理论”）。但如果我们坚
19 称第二语言理论的起源是在 20 世纪 70 年代，如果我们不去考察那些不熟悉的过去，也就是说，我们可能就没有机会研究更早时期和文化对第二语言习得本质的看法。

本书作者给语言教师和教师教育工作者做过演讲。作者认为第二语言习得理论确有其历史渊源的观点对他们来说很重要，有两个原因。其一，关于语言本质的想法，以及关于语言教学和学习的想法，语言学家的关注和语言教师的关注可以而且确实多年来保持着各种各样的关系。认识到这一事实可能有助于防止语言教师将自己定义为语言理论家的被动客户。其二，尽管这让它显得过于戏剧化了我相信语言教师的知识拯救取决于他们如何在教室喧嚣的环境中，把学生非常微妙和复杂的语言习得努力放入一个可识别的语境中。教师们对这种努力本质的隐喻越丰富、越多变，他们就越容易察觉到它就是在他们眼前进行的事情。人类一直在观察语言学习者的精湛技艺，一直在思考语言学习的本质，一直在为此寻找隐喻。

为利于以上两种读者阅读，本书作者假设其并不熟悉语言学的历史。第三种潜在的读者是语言学的历史学家。对他们来说，本书可以作为一个例子，来说明该领域新手发现的东西中哪些是有巨大价值的。

本书的结构并不严格按照时间顺序，原因是材料的获得可能或早或晚，故有必要推迟或提早时间线。第二章评估了古希腊和罗马的贡献。第三章描述了大约在 1000 年之前的后古典世界中第二语言习得的概念和实践。第四章进入中世纪，普遍语法的概念那时首次在西方提出，当时第二语言习得成为教育的基础。第五章叙述了文艺复兴早期对普遍语法兴趣的下降，随后是一段时间对语言多样性的高度关注，以及人们对第二语言习得本质的概念变化。第六章以讨论 17 世纪晚期的作品（这些作品通常被认为是早期现代普遍语法全盛时期的产物）开始。这一章接着叙述了普遍语法史上的低迷时期（至少在语言学术的主要领域内），以及对外语兴趣的高潮，都是由 18、19 世纪的比较历史语言学驱动的。第七章将

这个故事延续到 20 世纪，展示了 Saussure、欧洲结构主义者、美国描述主义者、Greenberg 和 Chomsky 在语言学中对普遍语法的不同观点，以及这些观点是如何与关于第二语言习得的不同假设同时存在的。第八章是编后记。

因此，根据所有的常识，本书作者选择调查西方语言学的整个历史，而不是 20
狭隘的研究。这种选择源于这样一种认识，即计划非历史性主义在第二语言习得领域中太过引人注目，所以在 20 世纪中叶之前，对过去历史的好奇心很少出现在作家和研究者的意识中。本书试图回答一些问题——关于普遍语法的历史，关于第二语言习得概念的历史，以及它们在不同时代和地方的互动。这些问题目前甚至没有在该学科提出。鉴于历史意识的休眠状态，本书作者提出了这些问题，并在尽可能最广泛的区间内寻求它们的答案，采用的途径是讨论我们所不知道的内容。由于本书涉及范围太大，作者得到的一些答案肯定是不完整或不准确的。作者的目标不是要成为权威，而是要把一些相关的问题公开出来。

在总结他们对美国结构主义的分析时，Hymes 和 Fought 明确地阐述了什么可能构成一种历史学家的信条。他们的论断值得借鉴。

> 我们意识到在本研究中必须出现的许多事实和解释有很多错误。我们希望能找到足够多真实且相关的内容，以证明获得正确历史的价值。就目前所知，我们所说的话似乎是正确的，但我们意识到，以全面的支持性研究为基础来书写历史时，可能会出现大有不同的东西。期待它们很快到来。
>
> （Hymes, Fought, 1975: 1146）

第二章　古希腊和罗马

古代地中海世界对于讲述西方普遍语法和第二语言习得的历史是一个有用的出发点——虽然不是最明显的出发点。有用的原因在于以下几个方面：其一，古代地中海文化圈密集地使用了多种语言，不同语言的使用者会直接接触；其二，有证据可以表明，人类对语言的好奇心可以追溯到很久以前（最早的记录是公元前 1600 年左右对苏美尔和阿卡德形态学语料进行对照的词汇表）[①]；其三，希腊哲学家非常关心普遍性的概念，尽管他们没有将这种关心扩展到语言上。罗马人以其他方式破土动工，希望能在文化上使用双语，还首次创造出了零碎的比较语法。希腊人和罗马人都没有留下关于普遍语法或第二语言习得的反思记录。这在几个世纪以来都没有出现。但当他们开始反思时，这些反思就得建立在古希腊和罗马的经验和知识产品之上，而故事便从这里开始了。

古希腊

西方语言学通史的叙述通常始于希腊人，相信“从古希腊（语言学）的起源开始有一条连续的发展路线”，因此“每一代欧洲语言学家都会从先行者及其工作中掌握一些知识”（Robins, 1997: 7）。更简明扼要的是，Hovdhaugen（1982: 19）将公元前 2 世纪的希腊描述为“一切的起点”。在公元前 500 年之前，希腊人已经在撰写有关语言的文章，即使他们的思辨方式是相当笼统的，还带有猜测性质。西方语言哲学和描述学语法的第一次尝试可以追溯到 4 世纪。在柏拉图（公元前 428—公元前 347）的著作中，Cratylus 是与语言最相关的。柏拉图的学生亚里士多德（公元前 384—公元前 322）开始通过对各种单词和句子元素进行分类来开发用于语言分析的语言。在希腊文化时期，当学习希腊语的热潮传播到

① 参见 Jacobsen（1974），Swigers 和 Wouters（1990），Van Lerberghe（1990）。对于古代世界语言的一般研究，Law（2003）提供了引人入胜的介绍，Lewis（1976）调查了双语现象。

地中海时，第二语言学习者想要有人能对希腊语进行描述。这样的需求刺激了各种与语言相关的学术研究。斯多葛派的哲学家们第一个分析了希腊语格、数、性 22
和语音属性，详细阐述了公元前 2 世纪希腊语的词类系统。在亚历山大港（今埃及海岸）和别迦摩（今土耳其西部的一座古希腊文化城市），学者们则致力于希腊语的词源学、词态学、文本分析和语音描述方面的研究。

两位重要的语法学家的著作揭示了这几个世纪以来希腊语语言学术的范围。第一个幸存的希腊语语法研究，可以追溯到公元前 2 世纪，在狄俄尼索斯·特拉克斯的 *Téckne Grammatike* 中有提到。[①] 狄俄尼索斯·特拉克斯仔细研究了希腊语的词态学，对词类的子类作了定义和举例说明，并对希腊语的语音系统给出了评价。狄俄尼索斯·特拉克斯在宣称“诗歌的批判性评估……是（语法）最崇高的部分”（Kemp, 1987: 172）时，就已经揭示了他对语言研究目标的假设。第二位重要的希腊语语法学家狄斯考鲁生于狄俄尼索斯·特拉克斯 4 个世纪之后。他生活在 2 世纪的亚历山大城。这时的世界已截然不同。其流传下来的作品表明：狄斯考鲁与狄俄尼索斯·特拉克斯一样关注词态学和词性的定义。但狄斯考鲁也对句法和解释语言结构感兴趣。他的作品“以对原则的不断追求为标志：‘我们必须调查是什么导致了语法错误，而不仅仅是举出语法错误的例子’‘为什么有些动词要用属格而不用宾格？’”。（Hammond，Scullard 1970: 86）

“野蛮人”的语言和古希腊人

希腊人在军事和外交上的冒险让他们接触到了邻国的语言，其中就有 Hovdhaugen（1982: 48）列出的卡里亚语、吕底亚语、吕西亚语和弗里吉亚语。可以肯定的是，他们意识到了语言的多样性。历史学家 Herodotus（公元前 484—425）根据语言对非希腊民族进行了分类，并承认了希腊语的拼字法衍生自腓尼基文字。在柏拉图的 Cratylus 中，Socrates 标注了希腊语中“火”“水”“狗”这些词的外来起源。（Fowler, 1926: 93）希腊人还收集并分析了他们自己的语言中共时变化的例子。Homer 的研究是教育的基础。因此，他们注意到了 Homer 的研究和当代希腊语之间的历时差异，还进行了评论。[②]

① Kemp（1987）提供了 Téckne Grammatike 的英文译本。Kemp（1996）、Pinborg（1975a：103–106）和 D. J. Taylor（1987）讨论了它的年代和真实性。

② 参见 Swiggers 和 Wouters（1990: 30–33）。Versteegh（1987: 273）认为，双语从公元前 4 世纪开始盛行，以阿提克希腊语与口语版本共存为标准。

尽管希腊人熟悉语言的多样性，还对语言的本质进行了哲学探究，奇怪的是，希腊文学缺乏对我们现在所说的“语言障碍”的认识。Gehman（1914: 61–64）引用了关于军事信息传输、留学及出国旅行的描述。这些记录没有提到如何实现跨不同语言进行交流。Lejeune（1940/1948: 51–53）则挑出了一些证据，认为这些足以证明希腊文学忽略了跨语言之间存在的问题。例如，在 Homer 的 Odyssey（公元前 700 年之前）中，英雄在他的旅行中不仅遇到了许多种族的
23 人类，而且还遇到了怪物和神灵。然而，书中这些人与 Odysseus 谈话都用的是希腊语。在 Aeschylus（公元前 525—公元前 456）的戏剧《阿伽门农》中，Clytaemnestra 用希腊语向被俘虏的特洛伊人 Cassandra 提问。当 Cassandra 没有回应时，Clytaemnestra 说道：“如果你对（希腊语）一无所知，就不要说话，像个野蛮人一样打手势也可以。”（Lattimore, 1953: 67）Lejeune（1940/1948: 53）指出，如果站在现代人的角度下审视 Clytaemnestra 的言论，会是多么“离奇”，因为 Cassandra 本来就不懂希腊语，对于 Clytaemnestra 的命令他又要如何（以手势或其他方式）回应。外语在希腊教育中无足轻重，也不被认为有学术价值。事实上，希腊人认为外语仅仅是“野蛮人”的语言，与鸟叫声不相上下。（Sluiter, 1990: 206）

因为希腊人没有培养学习多种语言的能力，并且对希腊语以外的语言几乎没有兴趣，所以他们没有留下任何关于第二语言习得的想法也就不足为奇了。不是只有他们会对其他的语言不屑一顾：Brekle（1989: 41–42）认为这种态度普遍存在于一些“**天真的人**”（l’ homme naïf）中。古希腊文化并不是一种幼稚或者缺乏反思的文化，但它为“语言上以自我为中心的单一语言”社会设定了早期标准。（R. Harris and T. J. Taylor, 1989：xii）希腊的单语主义不是因为对其他语言的存在一无所知，而是基于其文化优越性的假设，或者正如 Dubuisson（1981a：282）直言不讳的那样——民族中心主义。①

① 希腊人对外语的漠视早于亚里士多德，但可能从后者关于名字是“自然”还是“传统”这一著名争议的立场中得到了支持（Allen, 1948; Joseph, 2000）。R. Harris 和 T. J. Taylor（1989: 25）写道：“亚里士多德的传统主义认为，无论是研究语言的地理差异还是时间差异，都没有什么收获。（不同的语言惯例）都有着完全相同的目的，即为表达理性思想提供稳定的基础，同时也是表达和交流思想的手段。”

希腊人对普遍语法前史的贡献

古希腊人不仅不学习外语，也没有将他们对希腊语的分析扩展到其他语言，更没有研究语言间的共同点。Langendoen（1966）参考了各知识领域的经典方案，为理解希腊人对语言的了解情况提供了背景。希腊人将知识按等级进行分类：从最低类型“peîra”，即技能；到“empeiría”，即实用知识；然后到“téckne”，即科学；再到最高的“episteme”，即理解。斯多葛和按照帕加马地区传统写作的学者认为语言学习仅仅是实用知识（empeiría），而亚历山大派学者则将其地位提升为科学（téckne）。[1] 但根据 Langendoen（1966: 33）的说法，“没有一个希腊语语法学家声称语言研究可以达到 episteme（即理解）的水平”。根据定义，episteme 必须建立在普遍、无误的原则之上，而希腊人并没有提出语言的普遍特点，也没有反对语言普遍性的存在。事实上，他们根本就没有提出过相关问题，如“人类语言在多大程度上或以何种方式（必然地，或至少一般性地）相似”。斯多葛派的哲学家们进行了相当深入的语法分析，却没有参考过希腊语以外的其他语言。他们中的许多人甚至母语都不是希腊语，但他们还是这么做了。Zeno（公元前 364—公元前 263）被称为斯多葛派的创始人，是塞浦路斯的腓尼基人。他成年后学习了希腊语。其他斯多葛派的人则来自地中海的各个地区。[2] 不幸的是， 24
我们不能得到斯多葛派的第一手资料，只能通过评论和注释来了解其作品。人们想知道，斯多葛学派的原始文本是否引用了其他语言，或者说，当母语并非希腊语的语法学家分析希腊语属性时，希腊语的威望能否压制住他们任何进行语言间比较的冲动。我们将在后面的章节中看到，西方文化有时过于专注普遍语法的性质，而忽视了第二语言习得。在对语言普遍性不感兴趣的情况下，一种文化中能存在丰富的第二语言习得经验，这是更为难得的。但希腊人既没有研究外语，也没有进行跨语言分析，去探求语言间的差异或相似之处。

尽管如此，就普遍语法而言，古希腊仍然是“一切的起点”，因为希腊哲学传统发展了一些基本概念和术语。这些概念和术语已被应用于阐述普遍语法。例如，柏拉图认为理想形式或理念是具象（如“树”）和抽象（如“美德”）的基

---

① Langendoen（1966: 33）指出，我们所知道的可能不是作者给它取的名字，特别是因为它包含了一个著名的段落，将语法识别为（唯一的）实用知识。狄俄尼索斯·特拉克斯所在的亚里士多德学派的学者对这段话提出了异议，“他们觉得（这）贬低了语法科学”（Robins, 1957: 79）。因此，即使对狄俄尼索斯·特拉克斯来说，语法是实用知识，其他人认为语法应提升为科学。

② 参见 Hovdhaugen（1982: 48）。Zeno 见 Ronbins（1997: 22）。

础。他的这一观点在普遍语法的某些版本中发挥了作用。Salus（1976: 85）断言：“普遍语法的一种概念间接地借鉴了柏拉图式（和新柏拉图式）的概念。而在这种概念中，真实语言中的各种（不完美）语法可以从中得出其词态特征和句法特征。”将柏拉图的理念扩展至语言研究，则开辟了一个难题，即柏拉图式的型相与其相关的可感知事物之间存在何种关系。（Cornford, 1935: 10–12）用柏拉图著名的类比（Cratylus, 389B; Fowler, 1926: 25）来说，就像织工有着不同的梭机，这些梭机能否组成一个理想化的、不同寻常的梭机模型，木匠在修理破碎的梭机时是否会按照这个模型进行修理。那人类使用的各种语法能否参与到构建理想化的普遍语法之中呢？中世纪时期的拉丁语被理想化了，人们认为通过学习拉丁语就能探寻到人类语言的一般性质，而其他语言则不能完美地反映这一性质。尽管早期中世纪的许多语法学家无法理解柏拉图的著作，但 Salus（1976: 85–86）推测，经过一个个学者不断地影响另外的学者们，形成了一条长长的“概念链”，柏拉图的思想也就传播到了 12 世纪的欧洲。如果说柏拉图式的型相影响了中世纪的语法学家，那么创造这种联系的学者们则将理念这一理论扩展到了古希腊人不感兴趣的那一部分上，也就是说，扩展到了语言的一般属性上。希腊人对普遍语法前史做了这一点贡献是值得肯定的。

亚里士多德对柏拉图型相的批判可能构成另一个类似的贡献。亚里士多德拒绝了柏拉图的理念，理由是完美、分离形式的概念无法对任何事物给出解释，还会歪曲属性和实体之间的关系，即“实体是个体，具有属性，但它们不能是属性本身”。（Woozley, 1967: 197；强调为原文所有）对亚里士多德来说，普遍性不是独立的实体，而是特殊性中的共同元素。[①] 也就是说，它们构成了一个阶级成员所共有的一切：织布者的梭子的本质就是所有梭子中都包含的一组特征。将亚
25 里士多德版本的型相理论应用到语言，本书就得出了第一章中介绍的普遍语法的可行性定义，即普遍语法由所有语言共有的语言属性组成。尤其是自 17 世纪以来，这一定义在普遍语法概念的历史中得到了不同程度的阐述。亚里士多德对柏拉图理念的重新表述可能激发了这种普遍性的概念。这种概念后来才扩展到语言学领域。

Pinborg（1975a）暗示了亚里士多德和普遍语法之间的另一种联系。希腊语法学家认为他们对希腊语的描述“反映了世界和人类思想的普遍结构”。这是

① Wick（1967: 149）认为“普遍”一词是亚里士多德发明的。但亚里士多德并没有将“普遍性”与更古老的“语法”（参见 Matthews, 1994: 1–14）联系起来。

根据“亚里士多德式理论”得出的，即“这些概念在人类思想中普遍存在着”。（1975a：112）亚里士多德在《解释篇》（*On Interpretation*）中写道：“正如字母在任何地方都不相同，读法也不相同；但所有这些形式（无论是书面形式还是口头形式）最初都是精神表象，无论在哪儿都是相同的。”（Arens, 1984: 21）随后对普遍语法的许多讨论都依赖于类似的假设，即语言代表了自然思想，因此也会是普遍思想的概念和类别。这是希腊人留下的另一个宝贵的遗产。

最后，亚里士多德对科学本质的刻画对语言研究产生了重大影响。在 12 世纪下半叶的西欧，他的《形而上学》（*Metaphysics*）、《论题篇》（*Topics*）和《后分析篇》（*Posterior Analytics*）被重新发掘价值，并进行研究。根据亚里士多德的说法，一门学科合情合理的目标是去理解研究对象背后的一般性原则，而不是该研究对象的一些特定实例的属性。因此，只有将自己的研究对象重新定为语言的一般性原则，中世纪的语法学家才会觉得自己的研究是科学的。亚里士多德没有提出普遍语法这一概念，但中世纪的亚里士多德式语言学必然包含了这个概念。①第四章会回到这个问题上。

然后，希腊人创造了一种用于语言分析的语言，并发展了一些概念。这些概念被之后的语法学家广泛使用。这些都为普遍语法的前史做出了贡献。

古罗马

与古希腊的情况一样，公元前 2 世纪至公元 6 世纪的罗马文化提供了一些思想和材料。这些思想和材料随后被纳入普遍语法的各种版本之中。与希腊人一样，罗马人并没有产生任何有关第二语言习得或语言的一般属性的观点。但罗马人在外语学习方面确实有丰富的直接经验。这让他们留下的文化遗产与众不同。这些成就与本书也有着一种特殊的相关性。

在语言方面，和其他领域一样，罗马人“欣然承认希腊人卓越的智力和艺术成就”。（Robins, 1997: 58）希腊人的成就和关注的事物都深深地影响了罗马人。后者从希腊人那里继承了斯多葛学派的语言学说，某种分析语法的元语言，还有 26
希腊人对某个问题的兴趣（即语言在多大程度上是基本规则的或不规则的），②以

① Stéfanini（1977）以这些和其他理由论证了亚里士多德在西方语言学史上的中心地位。Shay（1981）讨论了亚里士多德对中世纪语法的影响。

② 这是关于“analogy”和“anomaly”这两个词哪一个更能体现希腊形态学形成性原则这一问题的著名争论。对这一争议现代的传统观点是，尽管直到 Varro 才明确观点，希腊人已经卷入这场争论之中，亚历山大学派和亚里士多德站在“analogy”的一边，Pergamum 和斯多葛派站在“anomaly”的一边（Robins, 1997: 25–28）。Blank（1982）挑战了这一观点，淡化了这场辩论在古代世界的重要性。

及狄俄尼索斯·特拉克斯和狄斯考鲁（同其他人）开创的一种框架，用于分析语言的不同板块。但罗马人也有自己感兴趣的部分。他们从关注哲学学术转向关注实践，尤其是对教育目标的重视，使得他们将希腊语语法分析扩展到了另一种语言，也就是拉丁语。

以上所描述的罗马语言研究的总体图景凸显了 Marcus Terentius Varro（公元前 116—公元前 27）研究的独创性。他的《论拉丁语》（*De Lingua Latina*）是现有的第一部罗马语法文本，只有一部分现存。与大多数其他罗马语法著作不同，与其说它是用于辅助教学的，不如说它是一种创新的描述性语法。现存的 6 本书（最初有 25 本）涉及了词源和词形变化。Varro 宣称单词是最小的语言单位，然后着手探索拉丁词的属性及该语言“操纵其（必然是有限数量的）词素……（从而正在）呈现一种有限度的无限过程”。（D. J. Taylor, 1974: 10）Varro 区分了我们现在所说的衍生形态和屈折形态，详细说明了前者的随意性与后者的规则性及操作上的严谨性，并将两者作了比较。他还引入了词性的分类，根据词语能否进行屈折变化进行了分类：能变化格的词（名词和形容词）；能变化时态的词（则是动词）；能变化格又能变化时态的词（分词）；既不能变化格也不能变化时态的词（副词）。可惜的是，Varro 对句法的讨论不在《论拉丁语》（*De Lingua Latina*）现存的这几本书中。[①] 尽管 Varro 对拉丁语动词系统的处理明显借鉴了斯多葛派的一些思想，与其他罗马的语法书相比，他的作品总体上受希腊模式的影响较小。现代的许多读者认为 Varro 的思想还是独具原创性的，但在某种程度上，这些思想很难对主流罗马语法学术造成影响。[②]

主流罗马语法的研究遵循希腊模式，将该模式应用于不同语境（语言教学法）中使用的不同语言（拉丁语）里。Aelius Donatus 和**凯撒利亚**（Caesarea）的 Priscian 是两位流芳百世的罗马语法学家，在他们的作品中就体现了这种趋势。在 Donatus 的主要作品《语法艺术》（*Ars Grammatica*，约 353 年）中，则显示出了狄俄尼索斯·特拉克斯对他的影响。这通常分为两个部分。简短的《小艺》（*Ars Minor*）以教学问答的形式开始讨论词性（the partes orationis）：“有多少种

① 一些片段得以幸存下来，包括 Aulus Gellius 在 2 世纪所著《阿提卡之夜》中的一个片段。D. J. Taylor（1996b：7）将其描述为“在很大程度上，硬核的斯多葛辩证法”。希腊人和罗马人将我们现在称为“语法”的东西归入辩证法或逻辑，因此 Varro 所称的“语法”在今天不一定会被归类（D.J.Taylor, 1996b：10–30）。

② Varro 与斯多葛学派参见 Hovdhaugen（1982: 76）。关于 Varro 的独创性和有限的影响力，参见 Romeo 和 Tiberio（1971: 33–36）及 D. J. Taylor（1996a：340）。Varro 生活在狄斯考鲁之前的两百年内。为了方便区分古希腊和罗马的贡献，本书作者在 Varro 之前讨论了狄斯考鲁的工作。

词性？ 8 种。哪 8 种？名词、代词、动词、副词……”①Donatus 对词性进行了细分，并提供了每个子类的示例，例如单数和复数代词，或者像“felix”这种普通名词的6种不同的格的形式。在一些例子中，他归纳了子类之间的一些关系：“那些以‘a’或‘o’结尾的离格名词，它们的属格复数要怎么变？属格复数词尾要变成‘rum’，与格和离格复数词尾则变为‘is’。”更为典型的是，《小艺》还标记和说明了每个子类：“（动词）又有哪些语态？ “lego”是一个直陈动词；“lege”是它的祈使语态；“utinam legerem”是它的祈愿语态；“cum legam”是它的虚拟语态；“legere”是它的不定式；“legitur”则是它的无人称形式。”Donatus 的《语法艺术》（*Ars Grammatica*）的另一部分，叫做《大艺》（*Ars Maior*）。它的篇幅相对更长，呈现了语音单元的层次结构。这个结构包括了字母读音及单词和句子 27
的音节；讨论了不同词性之间的各种语义、词源和分布的子类；列出了句子结构中的常见错误；给出了诗歌规范和各种修辞格。

Donatus 写《语法艺术》（*Ars Grammatica*）是想教会 4 世纪时的罗马小学生对拉丁语词汇进行剖析、标记和分类，便于他们初期的演讲训练，也便于他们理解每个单词在他们的母语中的作用。（Law, 1984 ： 212）很久以后，Donatus 的《语法艺术》（*Ars Grammatica*）在第二语言习得的历史上也发挥了重要作用，因为它“在 1000 多年以来都是最受拉丁语初学者青睐的工具书”。（Chase, 1926: 5）我们将在第三章讨论这个问题。在 Donatus 生活的这段时间里，许多语法学家都创作出了类似的文本，② 大多数是教师的参考书目，也就是说，教师口述书中的内容，然后再给学生详细解释这些内容，学生们则会熟记这些内容。（Hovdhaugen, 1991: 380–381）除了 Donatus 之外，另一位名声大噪的作家则是 6 世纪来自凯撒利亚的语法学家 Priscian。Priscian 的作品包括短篇集《名词、代词和动词的构成法》（*Institutio de Nomine et Pronomine et Verbo*），描述并举例说明了拉丁语屈折词在形态上的子类，并列出了一些例外情况。③Priscian 还是另一本著作的作者，即《语法惯例》（*Institutiones Grammaticae*）。《语法惯例》全书共 18 卷，开篇便有 16 卷（也就是 *Priscianus Maior*），涉及拉丁语的发音和音节、词形变化过程、格和词性等主题。《语法惯例》的最后 2 卷，即 *Priscianus*

① 在 Chase（1926）的译本中。Keil（1864: 355–402）中包含了 Donatus 语法的文本。Holtz（1981）是一本评论版。

② 参见 Hovdhaugen（1982: 87–100）和 Law（1982: 11–29）。

③ Keil（1855, Vol. II）和（1859, Vol. III）收录了 Priscian 的两部作品。Percival（1987）讨论了《语法惯例》的最后两卷。

Minor，讨论了拉丁语的句法。他的句法分析方法显示出了狄斯考鲁对其的巨大影响，例如，Priscian 将复杂的句法结构简化为结构上更简单但语义上平行的单元。

Priscian 写《语法惯例》留下了将近 1000 份手稿。它们存留到今天就是巨大的成功。Priscian 生活在 6 世纪初的君士坦丁堡，在靠近罗马帝国的地理边缘和时间边缘创作。他的作品将古代语法研究传统推向了顶峰，因为这些作品不仅发展了多种语法分析的风格（这些风格由希腊人开创，再由罗马人继承），而且还更为详尽地分析了语法。Priscian 的研究也为语言研究指明了一个新方向。Donatus 和他那个时代的拉丁语语法学家以学习母语的学童为目标读者进行写作，而 Priscian 的目标读者群体则是母语为希腊语但第二语言为拉丁语的学者。《语法惯例》本质上是第二语言习得者学习的高级语法：它使用希腊语示例来教授拉丁语，并在某些部分对两种语言进行了广泛的比较。我们稍后将会了解到，《语法惯例》（*Institutiones Grammaticae*）和《名词、代词和动词的构成法》（*Institutio de Nomine et Pronomine et Verbo*）都影响了拉丁语第二语言习得教材的演变。因此，在 Priscian 作品的内容中能看出，“古代语言学走到了尽头”（D. J. Taylor, 1996a：348）。而在其目标读者群中，它预测了希腊罗马传统语法在中世纪将如何使用。

28 古罗马时期的第二语言习得

罗马的语言环境与希腊所处的语言环境明显不同。两种文化之间的社会和知识关系必然使得罗马人难以接受希腊人这种漠视外来语的态度。与希腊人的文化优越感不同，一些罗马人会贬低他们的母语拉丁语，认为拉丁语与希腊语相比而言是那么的粗鲁又小家子气。还有一些罗马人承认他们的母语对希腊人来说只是另一种“野蛮人”的语言。相反的，他们也会觉得拉丁语和希腊语比起来更为简洁与质朴。（Dubuisson, 1981b）无论是在哪种情况下，受过教育的罗马人还是必须学习希腊语知识。因此，至少从公元前 2 世纪到公元 3 世纪或 4 世纪，西地中海的上层罗马人完全自觉地生活在一个双语社会中。①

了解这种双语环境的本质很重要。罗马社会并没有成为传统意义上的双语社

① 尽管拉丁文是官方语言，直到 6 世纪，很少有希腊人学习拉丁文，罗马东部地区也从未像西方采用希腊语那样相互采用拉丁文。Marrou（1948/1956: 256）声称，除了军队，“罗马从未认真尝试将拉丁语强加给其东方臣民”。

会，原因是希腊语在罗马的地位并没有那么“德高望重”。相反，希腊语发展出一种“双重社会特征”（Kaimio, 1979: 322），因为它不仅是教育界和高雅文化中使用的语言，也是被罗马人征服的民族所使用的语言，也可以理解为罗马奴隶和仆人使用的语言。开始公历纪元后，这样的情况就导致了罗马儿童在第二语言习得时有着能说希腊语和拉丁语的双语传统。罗马精英家庭的孩子自然能学会希腊语，因为他们由一群母语为希腊语的本地奴隶、导师和教师陪同长大。这些人在贵族家庭的家庭和公共事务中扮演着各种角色。[①] 许多上流社会的孩子们从出生起就同时掌握了希腊语和拉丁语。对于一些孩子来说，这种习俗会导致他们的母语是希腊语，而拉丁语则是他们早期习得的第二语言。佩拉城的 Paulinus 是罗马诗人和语法学家 Decimus Magnus Ausonius 的孙子。他可能就是这些双语孩童中的一个。Paulinus 在回忆录中称其上学时已经掌握了家庭佣人说的希腊语，而对拉丁语则知之甚少。[②]

在公元前后交替之际和 1 世纪之间的某个时期，出现了语法学校，“教育的场所逐渐远离家庭，进入到学校”（Kaster, 1987: 153），希腊语的学习正式纳入学校课程。著名教育家 Marcus Fabius Quintilianus（35/40—97）认为，无论孩子更擅长哪种语言，希腊语都应该是学校的首选语言。根据 Quintilian 的说法，希腊语在读写和语法教学方面都应保持首要地位。（Marrou,1948/1956: 262–263）评论了在罗马人如何以希腊语为中介来教孩子们用拉丁语阅读，以及直到 17 世纪的法国学校如何以拉丁语为中介来教孩子们用法语阅读之间存在的一些相似之处。用 Quintilian 的话来说，这样做的目的就是要“对两种语言给予同等重视，（这样的话）任何一种语言都不会成为另一种语言的绊脚石”。[③] 因此，小学课程不仅包括了用希腊语授课的《希腊语语法》（*Grammaticus Graecus*），相对应的，当然也有《拉丁语语法》，然后是《希腊语演说》（*Orator Graecus*）及《拉丁语 29
演说》（*Orator Latinus*）。（Marrou, 1948/1956: 263）

通过这一套教学课程，罗马学童从文化层面习得了这两种语言。出国留学的习俗将这种文化层面的习得带到了更高的水平，因为在公元前上个世纪，在最后的教育阶段前往雅典或罗德岛留学在罗马青年人里流行了起来。毫无疑问，这些

① 参见 Bonner（1977: 34–46）和 Dubuisson（1984）。

② Eucharisticon（verses 75–79, trans Moussy, 1974: 63–65）。Moussy（1974: 126）曾评论，Paulinus 童年时期对希腊语的专业知识是过时的，原因是自 1 世纪左右以来，在家里就接触希腊语的传统一直在消退。Paulinus 出生于 376 年。到那个时候，可能很少有孩子在开始上学时的希腊语比拉丁语更好。

③ 参见 Institutio Oratoria（Book I, i, trans. Butler, 1920, Vol. 1: 27）。

做法取得了成效，许多人对希腊语的学习达到了母语水平或近乎母语的水平。例如，Marcus Tullius Cicero（公元前 106—公元前 43）的著作中展示了这两种语言，称其就像“一对完美的配偶在翩翩起舞”。（Marrou, 1948/1956: 258–259）罗马教育实践旨在产生理想的“掌握了两种语言的人”（vir utriusque linguae）。Caesar 的直接继承人 Augustus（公元前 63—公元 14）可能已公开（也像是不自觉地）宣称了这一理想。Augustus 在罗马建了两个图书馆，都“包含了一个独立的希腊语图书藏馆和拉丁语图书藏馆，各有一个大厅和阅览室，可以在里面对话”。[①] 这个建筑的设计似乎将罗马版本的平衡双语概念投射到了 3 个维度中，其中脑海容纳了两个独立但同等的语言系统，并构成了“一间可以对话的房间”。这样的对话可以是单语的，也可以是跨语际的。

当然，致使儿童掌握双语的传统并未普遍，也未能根深蒂固。只有相对富裕的家庭才有奴隶或家庭教师，不太富裕的孩子和生活在罗马帝国边缘的孩子在上小学时才开始学习希腊语。Aurelius Augustinus 出生于罗马帝国管控下的塔加斯特省（Thagaste，现归阿尔及利亚管辖）。他的父亲是个“小乡绅”（P. Brown, 1993：xiv）。他在家中就没有接触过任何说希腊语的人。Augustine 的《忏悔录》（*Confessions*）中有一段著名的论述（在本书第三章中）。他在那一段论述中抱怨他在小学时被迫学习希腊语。随着时间的推移，即使是处于罗马文化中心的家庭，也逐渐放弃了用两种语言教育孩子。事实上，Cicero 所处的时代可能是罗马对双语教育投资的“弧顶”（Marrou, 1948/1956: 259），就是说这种投资在公元前上一个世纪或 1 世纪的某个时期开始减少了。到 376 年，甚至很难找到称职的语言教师。Gratian 大帝试图任命一位希腊语教师，但他却悲观地说，这项任命取决于“是否还能找到能胜任此职位的人”。（Haarhoff, 1920: 221）

许多因素导致了罗马放弃希腊语和拉丁语双语制度，其中包括以下这条：用拉丁语写作的文学作品出现时，学生们难以深度理解这两种语言，也很难在脑海中控制这两种语言。佩拉城的 Paulinus 毫不掩饰地抗议道：“必须同时学习两种语言对聪明的人来说没问题，而且效果不错；但对于像我这样的普通人来说，努

① Hammond, Scullard（1970: 608）。他们引用了 Gellius 的《阿提卡之夜》（e.g. trans. Rolfe, 1927, Vol. 2: 460–461）。引文似乎有误，对《阿提卡之夜》的计算机搜索没有发现 Augustus 图书馆的这种描述。但希腊语和拉丁语图书馆藏书的版本在其他地方得到了证明。Kaimio（1979: 50）写道：“公共图书馆总是包括一个希腊区和一个拉丁区。”会有某种空间将拉丁语和希腊语分开收藏：Clark（1901/1973: 13–14）描述了 Augustus 的一个图书馆中的“对话厅”，以及另一个图书馆，位于希腊语和拉丁语房间之间的“阅览室或前厅”。另见 Boyd（1915: 8）。

力掌握两种语言真的很辛苦。”[①]Haarhoff（1920: 220–231）还提到以下内容：希腊语与异教的联系；某项政策，即强迫那些没有提前接触过希腊语的学童用外语而不是母语接受教育；一些教学法，有“死板地专注于语法枯燥的外壳”（1920: 226）。[②]最重要的是，随着他们知识分子自信心的增强，罗马人学习双语的热情似乎在逐渐消退：一旦他们拥有了本土的拉丁语文学可以吹嘘，希腊语就不再那么“德高望重”了。到5世纪末，只有最保守的贵族家庭中才存在那种理想中的“能掌握两种语言的人”（vir utriusque linguae）。而在其他地方，Augustus修建的图书馆的一部分已经关闭。

无论是出现还是消失，罗马的双语制都揭示了古代第二语言习得的某些东西。双语制作为一种文化理想，也是远离希腊语言世界观的重大创新。希腊人不褒扬“能掌握两种语言的人”（vir utriusque linguae），所以即使在罗马人狂热追捧希腊语的同一世纪，也很少有希腊人学习拉丁语。Augustus的两院制图书馆让“对话成为可能”。这样的时间节点象征着罗马文化对第二语言习得历史做出的原始贡献。但更重要的是要认识到这种贡献的局限性。罗马人并不是想全盘接受外语，甚至都不想有外语意识。而他们在一段时期内会对一种特定的外语感兴趣则是因为它的文化价值。罗马人很少注意他们征服的其他边缘地区的语言（如日耳曼语、凯尔特语），又或者是意大利半岛其他居民的语言（如伊特鲁里亚语、翁布里亚语、奥斯坎语）。[③]Kaimio（1979: 316）评论道：对罗马人来说，就整个古典世界而言，“语言知识的概念是相当模糊的”，以至于“古代作家对（特定语言的了解或漠视）问题不感兴趣，就和对一般的社会语言问题的态度一样”。尽管罗马人追捧希腊语，Kaimio在这里所说的模糊性可能使他们无法将外语知识视为一种人力资本。这种人力资本不单单只是掌握一门特定的外语。在这种情

① Paulinus的Eucharisticon（verses81–84, trans. Moussy 1974: 65）。在Marrou（1948/1956: 259）译本中，Paulinus是一个罗马人，母语是希腊语。故他在读Virgil的时候特别指出后者是令人厌烦的，而不是Socrates和Homer提出的（Verses72–79, trans, Moussy, 1974: 63–65）。

② 在古罗马的文化和教育环境中，这样的专注可能不那么“愚蠢”。Law（1997: 18）的警告似乎与此相关：“我们应该时刻记住，在一个死记硬背是常态的社会中，教学需求与我们自己的教学需求之间存在巨大差异。”

③ 也有例外：Ahlqvist（1992: 107）提到Tiberius Claudius大帝（公元前10—公元54）研究了伊特鲁里亚语，Ovid（公元前43—公元17）在Augustus将他从罗马驱逐到托米斯（现代罗马尼亚黑海上的一座城市）时学习了色雷斯语、格蒂克语、伊朗语、萨尔马提亚语。但至少在Ovid的案例中，没有证据表明这种经历导致他意识到多语言的价值。Ovid在有关托米斯的著作中详细抱怨了当地语言的野蛮性。他轻蔑地将其与“驴交配时发出的声音”（Tristia, V, 12, Slavitt, 1990: 113）和“生病山羊的肠道声音”（ibid, V, 7, 1990： 104）相比较。无论如何，Oivd显然只能初步运用这些当地语言（Epistulae ex Ponto, III, 2, trans. Slavitt ,1990: 174）。

况下，和希腊人一样，罗马人自然也无法得出第二语言习得的一般性质。

罗马人很少反思语言学习的另一个原因来自于他们双语制的初体验。在罗马双语制的鼎盛时期，教育者不必解决对于学习者来说学习外语意味着什么这个问题，因为孩子们进小学前对这两种语言的掌握程度就已经达到了（或接近）母语水平。从那时起，教育系统着手培养学生的读写能力、分析能力，以及研读拉丁语和希腊语经典文学的能力。罗马的教学法似乎将语言（希腊语或拉丁语）研究概念化为习得有关语言的其他知识，即习得元语言能力。在《雄辩术原理》（*Institutio Oratoria*）中，Quintilian 建议首先给幼儿使用象牙雕刻的字母，作为对这些字母形状的触觉介绍，然后要他们继续另外一种模板。之后，孩子们便会学会按特定顺序通过死记硬背去识别音节。（Book I, i, 25–31; Butler, 1920: 33–35）
31 当 Quintilian 关注到希腊语和拉丁语之间的差异时，他就两种语言间不同的字母表、词性与格给出了评价。[①] 因此，罗马的学校便集中精力学习语言（还是两种语言），还认为熟练掌握希腊语和拉丁语是理所当然的。只要罗马的教育以识字为中心，而不是以语言本身为中心，就可以认为学习者在学习希腊语和拉丁语上的任务是一样的。[②]

因此，Quintilian 在第一世纪的教学法是针对那些双语掌握到（或接近）母语水平的人提出的。当然，他没有预料到生活在 300 年后的学习者的情况，像 Paulinus（他在学校里因为不懂拉丁语而苦苦挣扎）或 Augustine（他的老师强迫他学习希腊语）这样的情况。但 Quintilian 假设：语言学习本质上是元语言训练，这样看来，学习第二语言能学到的知识基本上在学习母语时就已经学到了。这些假设在他之后时代的许多教学法材料中得以延续。在那个许多罗马儿童在家就开始接触希腊语的时期，用于教授初级希腊语的教学材料无一幸存（即使确实存在过这种材料）。[③] 然而，从 4 世纪开始，就有了名为《教学法阐述》（*Hermeneumata Pseudodositheana*）的双语教材的复刻本。它们包含了希腊语和拉丁语的词汇表，

---

① 摘自 Instituteo Oratoria 第一册：关于这一信件，见 iv, 7–9（trans. Butler 1920, Vol.1: 65– 67）；关于词类，见 iv, 18–20（71–73）；案例见 v, 59（p. 105）。

② 一个特殊例外证明了这一点。Quintilian 主张儿童比成人语言学习者更优越，理由是儿童学习速度更快：一方面，孩子在开始正确构词后的两年内，几乎可以说所有的话，而不会受到外界的任何压力。另一方面，我们新引进的奴隶需要多年才能熟悉拉丁语。（Book I, xii, 9, trans. Butler 1920, Vol. 1: 195 – 197）在将儿童母语学习者与成人第二语言学习者进行比较时，Quintilian 只关注年龄差异，而不关注他们在任务中的任何原则性区别。

③ Hovdhaugen（1991: 383）。Bonner（1977: 20 – 33）表明，一些附属于贵族家庭的家教和学徒都是有成就的人，他们将希腊文学翻译成拉丁语。但我们缺乏关于他们如何教授希腊语的记录，也缺乏他们对第二语言习得的本质持有什么概念（无论多么默契）。

还有一些散文，包括轶事、寓言和（在某些情况下）听起来很自然的对话或记叙文（它们是很好的文化信息来源）。每节课的文本在页面的两个平行列中弯弯曲曲地排列了出来，以便两种语言中的相对应短语可以并排显示出来。（Marrou, 1948/1956: 263–264）我们不了解要怎样在课堂上使用这本《教学法阐述》，但它的内容也明显没有讨论希腊语的语言特性。从这个意义上说，它们看起来像母语读写入门，但却假设读者们已经掌握了这种语言的句法形态和基本词汇。事实上，Marrou（1948/1956: 263）评论说《教学法阐述》“可能最初是为希腊人写的”。到了 4 世纪，很少有学生在入学前就已经掌握了两种语言，但为了让学生同时具备读写母语和第二语言的能力，教材则成为了学生习得第二语言的副产品。《教学法阐述》用两种语言呈现文本，还在排版上鼓励对两种语言进行比较，满足了第二语言学习者的需要。因此，即使罗马儿童在入学前只会拉丁语，他们仍然在学习读写希腊语，就好像他们早已掌握了这种语言一样。尽管有双语基础，罗马教育从未正视过一个问题，即真正理解一门外语意味着什么，因此也从未思考过第二语言习得的本质。[①]

总而言之，罗马双语制是一项重要创新。不同于古希腊所处的语言环境。而古希腊所处的语言环境（就和当代美国的语言环境一样）是“世界级的单语社会”。（Bialystok and Hakuta, 1994: 2）罗马人的第二语言习得经历是短暂的。他们只专注于一种外语，没有清晰的概念基础。但双语社会作为一种文化理想得以保留，并留下了对儿童进行母语和第二语言读写平行教学的传统。

罗马时期的比较语法 32

希腊人在西方开创了语言哲学，并推出了描述性语法。而罗马人对语言哲学的贡献不大。他们的描述性语法的研究大多还是追随斯多葛学派、狄俄尼索斯·特拉克斯和狄斯考鲁的步伐。[②] 然而，罗马人却尝试着比较语言。希腊学者 Didymus（公元前 80—公元前 10 ）大肆宣称：“希腊语法的每一个特征都可以在拉丁语中找到。”（Robins, 1997: 67）但罗马人知道事实并非如此。他们通过比较

① Prischian 为讲希腊语的拉丁语学习者写作，这样他的作品就可以被纳入罗马第二语言教材。本书作者推迟到第三章才分析 Prischian 的语法，原因之一是他生活的时代在较晚的 6 世纪，他的作品是针对高级学习者的，并且具有母语语法的特点；原因之二则是它最大的相关性在于它在第一个千年的最后几个世纪的修改方式。

② 罗马世界对语言哲学贡献甚微这一说法，让 Augustine 这样的早期基督教学者陷入了不同的境地。见第三章。

两种语言之间的异同来证明这一点。我们将在下面看到，通过比较分析，Varro的作品中出现了一些有趣的跨语言概括。有了比较分析，罗马时期的比较语法朝着概念化普遍语法的方向迈出了一步。

教学材料中时常会出现对跨语言差异的认识。① 我们已经知道，Quintilian 在他的《雄辩术原理》中指出了希腊语和拉丁语之间可以进行对比的角度。到 4 世纪，许多教材开始对两种语言之间的差异给出评价，初期的对比语言学便成为了“学科存在的一个事实”（DJ Taylor 1996a：347）。例如，罗马对名词格的描述表明，他们的语法学家们认为希腊语体系不具有普遍性，就像希腊语有 5 个格，而拉丁语有 6 个格。他们还承认拉丁语是没有冠词的。这一点也与希腊语大相径庭。因为这些不同，一些人将感叹词挑出来构成单独的一类词，以两种语言保持一致，都有 8 个正式的词类。此外，4 世纪后期，Ambrosius Theodosius Macrobius 在《论希腊语和拉丁语动词的差异和联系》（*On the Differences and Connections of the Greek and Latin Verb*）中称：拉丁语没有中间声部，也就是说，两种语言的语音系统并不完全对应。② 与 Macrobius 同时代的 Flavius Sosipater Charisius 对比了希腊语和拉丁语中含义相似但词性不同的词，来说明两种语言间的词汇差异。

语法学家虽然在许多方面对拉丁语和希腊语进行了比较，但罗马人从未发展出全面的比较语法，也没有发展出一个框架去设想语言间的共同特征与特殊特征。③ 罗马人尽管只是收集了一系列零散的比较，也能呈现出希腊罗马语言研究的延伸。从第二语言习得的经验中可以得出对拉丁语和希腊语之间差距的认识。如果是这样，我们就有了第一个第二语言习得和普遍语法前史路径交叉的例子。普遍语法尚未出现，但在罗马人对希腊语的习得中，比较语法可能已经开始了。④

在罗马对第二语言习得和通用语法的历史所做贡献中，Varro 的观点有其新
33 奇之处。回想一下，他的《论拉丁语》（De Lingua Latina）写于公元前 1 世纪，在很多方面前人都无所涉及。在书中，Varro 提出了一个主张，也是首次提议人

---

① 参见 Hovdhaugen（1982: 97–98）和 Malmberg（1991: 91–95）。

② Macrobius 是拉丁语的学习者，“n é sous un autre ciel” Dubisson（1981b：30）。他的比较兴趣揭示了 500 年来的变化。这一变化发生在自斯多葛学派（许多也是第二语言学习者）对希腊语进行了密切、复杂的研究而没有（明显）提及其他语言之后。

③ Malmberg（1991: 94）将此归因于语言之间缺乏历史关系的概念。

④ Amacker（1990）提出了 17 世纪罗马普遍语法的一些起源，试图将希腊语语法与拉丁语相适应。这一点本书将在第六章中再次讨论。

类共享语言。他的文本明确阐述了 Humboltian 概念，即经过 Varro 称之为“变格”的这一过程，一种语言“从有限数量的元素中产生了无限数量的实体”（D. J Taylor, 1974: 12）。Varro 直截了当地指出：“‘变格’不仅被引入到了拉丁语中，而且还被引入到了全人类的语言中。”（VIII.3, D. J Taylor, 1974: 13）这段话通常认为是 Varro 的地方主义的体现。狭义上来说，人们会假设“变格”指的是词态改变，如格或时态的变化。并非所有语言都有屈折变化，“在这种解读下，‘变格’就不可能是普遍的。但 D. J. Taylor（1974）反对这种解释，理由是 Varro 后来表示腓尼基语和埃及语中是没有词形变化的。（VIII.65, trans. Kent, 1958: 423）对 Varro 来说，“变格”有两种：一种是“自然变格”，也就是屈折变化；还有一种则是所谓的“自主变格”。自主变格不仅包括词汇的衍生过程，还包括“词的构成，（以及）用语言符号指代事物”。（DJ Taylor, 1974: 117）Varro 对这两个术语给出了解释：奴隶主通过“自主变格”将名字强加给了奴隶，然后通过“自然变格”，母语为拉丁语的人都会直接不采用这个名字。（VIII.21–22; trans. DJ Taylor, 1974: 21）Varro 的“变格”理论包含了这两个过程。以此为基础，他宣称“变格”是普遍的。

Langendoen（1966: 34）对 Varro 的观点的解释：语言第一次在西方被当成是希腊罗马知识体系中最高级的知识。在这种情况下，“变格”是具有普遍性的。但如果所有语言都能“变格”，那么语法就会包含认识论中特有的普遍性、无误性原则。更有意思的是，Varro 用母语习得的紧迫性来论证“变格”的普遍性：“（‘变格’是普遍的）要不是因为这个，我们完全无法掌握这么多的词汇（因为它们的衍生形态和屈折形态简直无穷无尽）。”（VIII.3, trans. D. J. Taylor, 1974: 36）也就是说，在 Langendoen 的解释之下，Varro 以他对语言学习本质的认识为基础，开创性地提出了对于普遍语法内容的一些看法。

总　结

从古希腊开始讲述这段历史似乎为时过早。古希腊人既不学习其他外语，也不思索第二语言习得的本质。在他们有关语言的著作中，既没有讨论语言之间的差异，也没有阐明普遍语法的概念。尽管如此，希腊人有关语言的著作总体上是西方语言学的基础，特别是普遍语法史的基础，原因是后世将希腊人产生的观点扩展到了语言问题上。希腊哲学和其语法传统被学者们广泛解读，是“一切的起点”。

罗马人就其中的一些观点进行了解读。用 Marrou（1948/1956: 255）的话来
34 说，罗马人对双语的投资，“为以第二语言为基础的现代人文主义形式铺平了道路”，并且在进行语言间的比较时，它（已经）为现代“希腊语和拉丁语的比较语法铺平了道路”。在罗马语法传统的边缘，Varro 对其“变格”理论的解释可能最接近语言普遍性这一观点。Varro 的研究对紧随其后的语法学家影响不大，但随后几个世纪的语言科学在不同方面都受益于古希腊和罗马的语言经验，以及这些有意思的观点。

第三章　从古代晚期到加洛林文艺复兴时期的语言和语言学习

本章描述了从4世纪或5世纪到第一个千年末这段时期第二语言习得的发展，以及语言普遍属性的概念化。因为基督教在这段时期内影响了这两个主题的演变，所以第三章首先回顾了基督教刚出现时期人们对这种文化在语言上的经历和态度，然后探讨了一位有影响力的思想家所做出的贡献，即 Aurelius Augustinus。10 世纪末，希腊罗马语法传统开始被第二语言习得者应用。这种应用一直持续到了中世纪，所以本章以展望其在中世纪的发展作为结尾。

早期基督教中的一种语言与多种语言

“巴别塔”与第二语言习得

在《圣经》里著名的“巴别塔”(《创世记》第十一章）这一故事中，西方已经形成了语言意识，因为这个故事既回答了有关语言的重要问题，也提出了一些其他有关语言的重要问题。在第二语言习得概念的历史上，“巴别塔”这一故事扮演了一个有趣的角色。这个故事看起来和第二语言习得没有什么直接的联系，原因是信仰犹太教和早期信仰基督教的读者明显就没有从“巴别塔”这个故事中提取到任何能特用于解释第二语言习得的内容。

几个世纪以来，《创世记》第十一章一直被当成是语言多样性起源的描述。这一章中讲述了美索不达米亚土地上的土著人自作主张地想去建造一座高塔，一座直通天堂的高塔。上帝对此不满，作为惩罚，上帝对建造者施加了“语言混乱”，使交流成为障碍。最终上帝的目的达到了，人们“停止了建造高塔”。①这座塔以希伯来语的“balal”命名。这个词是“混乱”之意，“因为上帝在那儿让地球上的语言处于混乱状态”，之后它就被称为“巴别塔”（Babel）。在人类无法理解对方之后，上帝“将他们分散在了地球上的各个地方”，然后让其“群分”了，且大概是根据人类新创造的语言里的相似性进行分类。R. Harris 和 T. J. Taylor（1989: 43）写道，“巴别塔”被当成一种“寓言性的解释，用来解释为什么上帝不希望我们的祖先能够相互理解”。如果语言没有处于混乱，人类就可以
36 “控制希腊人所说的‘logos’”——这个术语“在其含义上结合了言语和理性”（Hammond, Scullard, 1970: 617），并且“在希伯来传统中，‘logos’是一种最高级的神圣属性”。（R. Harris,T. J. Taylor, 1989: 43）在对《创世记》第十一章的这种解读下，上帝希望直接让人类互不理解对方的语言，以限制人类的野心。长期以来，“巴别塔”一直被用来阐明西方语言科学的基本态度。这里要强调的一点是，这一态度否定了第二语言习得（显然未表现出来）的潜力。如果上帝干预了历史，强制让跨语言的人们互相难以理解，那么为了理解对方的语言而习得一门外语就可以被视为是在试图夺回对 logos 的控制——这种尝试表现出了一种普罗米修斯精神，也就是这样的精神最初在指引着人们建造“巴别塔”。因此，这样一种态度对《创世记》第十一章的合理解读就是在谴责外语习得，将它视为对神圣意图的故意颠覆。

无论是犹太教传统还是基督教传统，似乎都没有在这些方面拒绝外语习得。②相反，正如《圣经》翻译的历史所显示的那样，早期的基督教和犹太教文化都以多种语言发家，而且很容易跨语际传播。公元前 6 世纪，就有人用亚拉姆语来解释希伯来语版本的《圣经》。从 3 世纪开始，就有了希腊语的《圣经》译本。这一译本是为埃人及犹太人翻译的。这一版本被称为“70 士译本”。在 1、2 世纪，古叙利亚语版的《圣经》出现了。然后，各种《圣经》“姊妹篇”译本得以出现，拉丁语版《圣经》（393）被翻译成了各种语言，有阿拉伯语、亚美尼亚语、科普特语、格鲁吉亚语、波斯语、粟特语和斯拉夫语等。即使承认希伯来语在犹太人的宗教和文化身份上有独特地位，犹太人也不认为他们的经文（或文

① 所有引文均来自 King James 的版本。

② 本书作者调查了大约 20 篇解读或评论《创世纪》第十一章的文本。这些文本是为不同的读者和目的而写的。没有人用这个故事来说明第二语言习得颠覆了上帝在“巴别塔”施加的惩罚。见 Thomas（上文已提到）。

化）就要和这种单一语言不可分割地结合在一起。① 相反，“自古以来，犹太人的历史经验就涉及语言的多元化，这使得犹太人不可能忽视（希伯来语以外的语言）的重要性、力量和声望”。（Loewe, 1994: 102）

基督教则首先出现在了这种社会语言学的背景下。基督教早期的许多传教者除母语外，都会一种或一种以上的语言。对《福音书》（Luke, 23: 38; John, 19: 20）的引用象征性地促进了多语种的开放交流。他们还把福音用希腊语、拉丁语和希伯来语刻在基督的十字架上，即 3 语圣言（tres linguae sacrae）。在 2 世纪末之前，叙利亚语和科普特语等白话被用来传播福音（Bardy, 1946：iii），《新约》也已经被翻译成拉丁语和古叙利亚语。Percival（1999a：12）引用了 794 年的一份主教会议文件，上面宣称“不要想着只用（希腊语、拉丁语或希伯来语）来崇拜上帝，因为上帝能听到各种语言的祈祷”。到了 10 世纪，大部分地区可能都有了自己的福音版本，因为《希伯来圣经》被翻译成了各种语言。②

因此，《创世记》第十一章没有被解读为是在谴责外语习得，其中的一个可能原因是，对犹太教和早期基督教读者来说，跨语言交流在文化上是根深蒂固的——它可能在政治和经济的交流上也是必不可少的。另一个原因可能存在于 37
《创世记》第十章，也就是“巴别塔”之前的一段。它显著地模拟了人们对语言多样性的接受。《创世记》第十章里描述了 Noah 的儿子们在洪水之后如何按照不同的语言分成不同的群体：“（Noah 的后代们）将外邦人的海岛划分为他们的土地，形成了自己的语言，组成了自己的家庭，建立了自己的国家。”书中重复记载着 Noah 3 个儿子的后代都分散了开来，但“他们的后代都有自己的语言”。（Genesis, 10: 5, Revised Standard Version）《创世记》第十章虽然没有第十一章里的色彩和道德趣味，但自然而然地将不同语言的存在看成是人类文化的事实。因此，它可能已经在犹太教和基督教传统中先入为主了，不再将语言多样性视为人类无法向上帝合法诉诸的惩罚，人们都抢先阅读“巴别塔”，也不把它当成禁止第二语言习得的禁令。③

---

① Loewe（1994: 102－106）承认关于希伯来语地位的传统存在冲突。有传统坚持其在宗教仪式中的优先地位。也有传统承认，几个世纪以来，犹太人一直在用自己的方言祈祷“上帝是一个多才多艺的人”（Telushkin, 1991: 650）。

② 关于犹太和基督教《圣经》翻译，参见 Brock（1993: 752－754）；早期基督教多语言主义，参见 Percival（1999b: 24–26）。Richter（1975）叙述了中世纪基督教在教会使用拉丁语和方言方面的摇摆不定。

③ Gordon（1971: 165－166; 1988）综合了《创世纪》第十、十一章，认为由于塔楼的建造者是 Noah 的后裔，他们讲不同的母语，但一定是作为第二语言共享一种通用语。上帝在“巴别塔”摧毁的是通用语，只留下了建造者彼此无法理解的母语。在这种解读下，上帝重新主张对人类的控制的手段恰恰是删

在基督徒中，《五旬节》这样的戏剧性故事也间接验证了外语知识。在《使徒行传》中，基督的门徒奇迹般地获得了“说其他语言”的能力，听他们说话的人都能明白这些门徒在说什么，就好像门徒说的是听众的母语一样。在基督教传统中，“巴别塔”可能会被扣上污名，将第二语言习得与外语能力看成是传教的工具，但《五旬节》这一故事就可以有效地消除“巴别塔”带来的任何污名。

另一个原因使“巴别塔”进一步突出了本书的关注点。这一故事将语言多样性描述为脱离理想化的语言统一体，因此在 17 世纪，像 John Wilkins 这样的“语言顾问”们将“巴别塔”称为“混乱的诅咒”。(Dedicatory , 1668: 4) Eco (1995) 阐述了欧洲试图恢复或重建一种“完美语言”，也就是“巴别塔”建立失败前的那种。他们在寻求建立这种完美的、前“巴别塔”式的语言时，有时会与寻求建立普遍语法的过程相交叉。因为在这两种尝试中，人们都在试图阐明“语言混乱”背后的共同点。Eco 写道，当语言差异意识在 11 世纪盛行时，欧洲艺术中对“巴别塔”的表现也是如此。随后在手稿中出现了“塔楼泛滥”(Eco, 1995: 17) 这一局面。这是对语言多样性的图像性认识。再之后的下个世纪，西方首次明确地提出了普遍语法。

总而言之，犹太教和基督教对外语的接受，与希腊人自满的单语制，以及罗马人对双语（vir utriusque linguae）的狭隘追求形成鲜明对比。尽管“巴别塔”具有潜在的威胁性，基督教最初发展的文化能挖掘出不同语言的知识并不是个例外。[①]

基督教和语言研究

对多种语言更加开放是基督教用多种语言传教的结果之一。它还产生了一
38 些其他的影响。在第一个千年的下半叶，社会和政治变动极具戏剧性。这也极大地刺激了第二语言习得。罗马帝国解体后，欧洲和地中海地区经历了相当大的动荡。在此期间，中央集权当局对希腊和罗马知识资本的投资减少了。大部分知识资本被基督教会保存了下来，成为了欧洲文化的主要力量。修道院设有图书馆并鼓励学术。因此，在此期间基督教在学习上是有所进步的。然后，从 8 世纪末开

除一种共同的第二语言。这使得“巴别塔”的故事没有导致对第二语言习得的道德颠覆性的批评变得更加引人注目。

① Joseph 对基督教的语言影响有不同的看法。他认为一神论有助于大众相信一种语言必然有一种单一的、“永久不变”的形式（1989: 246）。

始，“法兰克国王”Charlemagne（742—814）将整个欧洲大陆的学者都招募到他的宫廷之中，以帮助复兴基督教形式的古典教育。[①] 在加洛林文艺复兴的其他改革中，Charlemagne 下令修道院和大教堂开设学校。

这些事件影响了第二语言习得和普遍语法的概念化。由于神圣文本的中心地位，读写是基督教宗教生活中不可或缺的一部分，因此基督教也就在语言研究及对语言一般性质的探究上进行了投资。《圣经》的作者对语言展现出来的好奇已经引起了几代读者对语言问题的关注。不同语言版本《圣经》的读者对其有着不同的理解，人们对这一话题也一直很感兴趣。（R. Harris, T. J. Taylor, 1989: 35–45）基督教在语言研究上投资的第二个原因也有所显现，即它的传教义务。从一开始，基督教就觉得有责任让所有人都能理解它想传达的信息。因此，对于基督教的这种自我定义的使命来说，外语知识曾经是（并且仍然是）至关重要的。[②] 此外，教会以一种复杂而迂回的方式将第二语言习得制度化了。直到 2 世纪末，无论是向母语是希腊语的人传教，还是向母语不是希腊语的人传教，教会都会用希腊语。然后从 3 世纪中叶开始，西方基督教采用了拉丁语。到了 5 世纪，讲希腊语的东方基督徒和讲拉丁语的西方基督徒实际上是理解不了对方的，从而引发了一种制度分裂。这种分裂一直延续到了现在。最终，西方人也不再使用拉丁语了。因此，到了 10 世纪，西方基督教的传播还是以拉丁语这一第二语言的形式进行，这就或多或少地与当地方言之间有了隔阂。尽管第二语言习得为传教带来了负担，教会仍然使用拉丁语，并将其作为保持凝聚力的必要条件。

由于这些原因，基督教就必然致力于语言研究。教会则通过赞助学校这一方式来表达其对语言学习（及其他事项）的态度。东欧的教育受基督教影响的程度较弱。那里的宗教团体不怎么参与教育事务，总体上保持着更加超凡脱俗的特征。但在西方教会内部，“修道士与文字之间则存在一种自动关联”（Marrou, 1948/1956: 333）；修道士读、写、抄、学、译的文字都来自不同的语言。

Augustine

在这种文化背景下，Aurelius Augustinus（354—430）的工作就很值得关注。

---

① Vineis（1994: 136 - 141）描述了这一时期的文化和教育机构。Law（2003）提供了一个特别容易理解的关于加洛林文艺复兴文化的描述，与语言科学有关。

② 威克利夫《圣经》翻译家是基督教福音语言学领域最大的组织之一，目前支持在 70 个国家工作的 5180 名翻译家（资料来源：http://wycliffe.org)。

Augustine 对语言十分关注。这也证明了他担得起“古希腊和古罗马第一个现代
39 人”的声誉（R.P.G. de Rijk, 1968: 94）。他的著作不仅涉及语言习得和语言的普遍性，甚至可能还涉及两者之间的交集。

Augustine 所处的环境、从事的职业及他的智力气质都让他对这些话题产生了兴趣。他完成了古典罗马文学教育，然后教了 13 年的修辞学。因此，即使在他皈依基督教之前，语言就已经既是他工作的工具，也是他研究的中心对象了。Augustine 写了大量关于语言的文章，尤其是在我们现在所说的语义学和符号学方面。他还创作了许多解释《圣经》的作品，以及一些可能幸存到现在的拉丁文语法方面的作品。[①] 最重要的是，Augustine 以前所未有的方式反思自己的认知，使“人的内在现实成为了热切研究的主题”（R. P. G. de Rijk, 1968: 94）——他在晚年担任希波的主教时，是那么德高望重，“他十分坦率地描述自己，不受任何外界的影响，他对自己的描述连酒保听了都会很吃惊”。（Sheed, 1942：vii）

Augustine 与本书主体最相关的著作是《论教师》（写于 389 年，当时他 35 岁）、《忏悔录》（c.397）和《三位一体》（约于 399 年起笔）。《论教师》是他与他 15 岁儿子的对话。在这本书中，Augustine 阐述了他关于知识来源和性质的新柏拉图主义理论。他拥护这样一种观点，即知识不是通过从外部思想传递而获得的，而是通过激活学习者内部的一种灵感而获得的。对 Augustine 来说，学生们能学到东西的时候是当“内在的真理已经了然于心了的时候”（XIV, Leckie, 1948: 394），而不是当老师把真相直接告诉他们的时候。这种认识论为《三位一体》中的一些段落提供了依据。这些段落认为词代表了潜在、普遍、有意义的元素：“表面要发声的词标志着这个词的内容也是丰富多彩的。”此外，“我们心中所说的话……既不是希腊语，也不是拉丁语，也不是任何其他的语言”。（XV, 10–11, trans McKenna, 1963: 476–477）也就是说，对 Augustine 来说，语言就是一个存在于头脑中的普遍概念。[②]

在《忏悔录》开头有一段关于他童年的著名叙述，Augustine 将他的知识理论作为内在的启迪，用于语言学习。

> 现在的我不是个婴儿，不会说话，而是一个会说话的男孩。我没

---

① Law（1990b）阐述了该语法的真实性，以及 Swigers（1992a：78）的内容。Augustine 关于语言的著作见 Ayers（1979: 61–81）和 Malmberg（1991: 100–105），Augustine 的一生见 P. Brown（1967）和 Marrou（1957）。

② L. G. Kelly（1969: 310）将 Augustine 的理论归因于“一种基于希腊普遍性观念的理论”，即“一个人听到的东西是根据一组明确的心理概念来处理的”。见《关于教师》（XI–XII, trans. Leckie, 1948: 389–392）。

> 有忘记这一点。从那以后，通过观察，发现了我是如何学会说话的。长辈并没有以任何系统的方式教我单词，但之后我很快就学会了阅读和写作。但后来我开始想用我的心智，用哭声和各种声音，用我的四肢能做出的许多动作来表达我的心声——所有这一切都是为了达到我自己的目的。那时我并不会设法向特定的人表达特定的意思。于是我开始反思。（我观察到）我的长辈会发出某种特殊的声音。当他们发出这种声音时，它会指向或朝向某种特殊的东西：由此我意识到，他们想引起我的注意
> 时，他们就会发出声音说出那个东西。从他们身体的运动中可以清楚地 40
> 看出他们的意图。这是一种所有种族共有的自然语言，包括面部表情、眼神、手势及声音。这些声音有着能表达他们心理状态的语调——例如，他们是否要寻找、保留、丢弃或避免某些事物。因此，当我一遍又一遍地听到相同的词在不同的短语中被恰当地使用时，我逐渐掌握了它们的含义，并强迫我的嘴发出同样的声音。我开始用它们来表达我自己的意愿。就这样，我学会了向身边的人表达我的想法。
>
> （I, 8, Sheed, 1942: 9）

这段文字让 Augustine 成为“第一位评论儿童语言习得的哲学家”。（RPG de Rijk, 1968: 93）Augustine 关于母语习得的观点与他对语言本质概念的观点是一致的。后者表示存在着一种通用的内在语言，能超越语言发音之间的差异。对 Augustine 来说，孩子们从开始语言学习时就可以明白词义，因为内在语言“与任何（外在）语言一样丰富”。（Erneling, 1993a：341）孩子的任务是将词语的发音与其所指对象联系起来，当成年人在孩子生活的环境中标记这些对象时，这个过程就会启动。①

在 Augustine 写下的这些话过了 15 个世纪之后，哲学家 Ludwig Wittgenstein 在其《哲学研究》（*Philosophical Investigations* 1958）的开篇便提到了他的这段话，这段话也就此闻名。Wittgenstein 批评 Augustine 提出的概念“过于简单”（I, 4, Anscombe, 1958: 4e），即词语就可以指代事物，儿童通过“表面定义”就可以将词语映射到具体事物上（I,32, Anscombe, 1958: 15e）。他的这种评论本身

① Vecchio（1995: 271）写道，Augustine 会否认任何儿童所称的概念是与生俱来的，原因是它构成了“回忆理论”。根据 Vecchio 的说法，Chomsky 认为：“人性赋予我们‘攀登’自由这一概念……（学习一门语言）我们只需学习与现有概念相匹配的标签。”（Chomsky, 1988: 191）也许区别在于，单词是否标记了孩子学习语言前通过经验习得的一些概念（Augustine），而不是一出生就有了这些概念（Chomsky）。

也受到了批判，理由是低估了 Augustine 观点的精妙之处。[①] 这里最明显的就是 Wittgenstein 认为 Augustine 将儿童的母语习得同化为了成人的第二语言习得。他写道："Augustine 描述人类学习语言的样子就好像一个孩子来到了一个陌生的国家，不懂这个国家的语言；也就是说，（这个孩子）在这之前好像已经习得了一种语言，只是习得的不是这个国家的语言。"（I,32, Anscombe, 1958: 15e–16e）Wittgenstein 认为通过表面上的定义来进行第二语言习得是可行的："进入陌生国家的人们有时会从当地人提供的词语表面定义去学习该国的语言。"（I,31, Anscombe, 1958: 15）然而，让 Wittgenstein 感到震惊的是 Augustine 提出了将儿童的母语习得和成人的第二语言习得等同起来的假设。Wittgenstein 认为这种等同"显然是荒谬的"。（Fodor, 1975: 64）

Augustine 是否像 Wittgenstein 所说的那样，将儿童的母语习得和成人的第二语言习得同化了起来？ Augustine 没有剖析（成人或儿童）第二语言习得的本质，但在他对自己小时候学习希腊语的叙述里，可以收集到他对此的一些看法。我们知道，作为一个第二语言习得者，Augustine 没有取得任何成就：他不能熟练
41 地使用希腊语，也从未尝试学习希伯来语。Augustine 晚年殚精竭虑地为《圣经》做着注解，但这些注解都基于拉丁文译本的《圣经》，他本人也满足于这种做法。Eco（1995: 14）则讽刺道："St Augustine 虽然是诠释学之父，但他注定不会成为语言学之父。"[②] 在《忏悔录》中，Augustine 直截了当地说，他并非是自愿学习希腊语的，而且他内心是轻视它的。他觉得希腊语的基本知识"又难学又令人憎恶"。他喜欢读用他的母语拉丁语写的 Aeneas 的冒险故事，但当谈到用希腊语写的文学作品时，"学习外语这一苦差事，让我阅读希腊故事这一过程'甘尽苦来'"。（I, 13–14, Sheed, 1942: 13–14)。他将自己在学校的这段第二语言习得的经历与他在家里母语习得的记忆进行了对比，并从中进行了反思。

> 幼年时期的一段时间我还完全不懂拉丁语。但我并没有被胁迫学习它，也没有像受罚般地学习它。相反，在侍女的夸奖和长辈的嬉笑中，我耳濡目染，慢慢被他们引导着学习。就这样，我学会了拉丁语，没有

① 参见 Ayers（1979: 67–78），R. P.G.de Rijk（1968: 95），O' Donnell（1992: 58）。Erneling（1993a; 1993b）认为 Wittgenstein 对 Augustine 的批判较为充足。她详细阐述了 Augustine 对母语和第二语言习得的同化，认为当代的语言学习理论也有类似的错误。

② 尽管 Augustine 很可能是柏柏尔人的祖先，但他的母语是拉丁语（P. Brown, 1967: 22）。而 Frend（1942）将他描绘为参与了对古代流行的希腊语或拉丁语以外的语言的指涉。尽管有自己的局限性，Augustine 还是提倡语言学习，敦促基督教教学中的学生学习希伯来语和希腊语，"这样他们就可以回到（《圣经》）的原始语言"（II, 11, trans Gavigan, 1947: 73）。

> 被强迫而感受到痛苦和压力，唯一的压力就是我十分渴望去表达我脑海中的东西。但如果不会这些词语，我就无法表达出来：人们也没有专门教过我词语，我就在他们的谈笑中学会了这些词，我也尽力向他们表达了自己的感受。这一切都证明，在学习中，发自内心的好奇比苛刻的训练更有价值。
>
> （I, 14, Sheed, 1942: 14）

这段话的显著特点之一是 Augustine 描述了他在习得拉丁语（母语）与习得希腊语（第二语言）的过程中，所处的语境是如此不同，这也是他在这两种语言习得中看到的区别。在他看来，“发自内心的好奇”自然会激发母语习得的积极性，因此母语习得会更容易，而用“苛刻的训练”来进行第二语言习得必然失败。与他的外在语言反映内在语言的概念一致，对 Augustine 来说，孩子学习母语并“不是通过人们的教学”。他没有谈到从内部语言来看，第二语言习得处于何种状态。但这段话留下了这样一种可能性，即 Augustine 认为母语习得和第二语言习得在认识论上是相同的。正如 Wittgenstein 所说的那样，母语习得和第二语言习得结果的差异源于习得发生的不同环境，以及激励它们的不同因素。

当然，将母语习得和第二语言习得概念化在性质上是基本等同的。这与古罗马教育提出的假设是基本一致的，而 Augustine 自己也是这一种教育制度下的产物。但 Augustine 还是发展了这些假设的。他明确了语言习得这一概念，将其与读写的习得区分开来，并明确区分了母语习得和第二语言习得的社会背景。对 Augustine 来说，母语习得就应该要将“词语的发音”与“词语丰富的内含”相关联。如果他关于母语习得的认识论延伸到了第二语言习得上，那么对 Augustine 来说，两种语言对于其内含的外在表现形式可能会一样，也就会产生一种通用语言——它“既不是希腊语，也不是拉丁语，也不是任何其他语言”。因此，“古希腊和古罗马第一个现代人”以惊人的复杂性反思了母语习得和第二 42
语言习得，并发展了一种观念，即每种特定的语言都有一个抽象的共同点，且这一共同点超越了它们的外部差异。

第一外语语法

从古代世界到中世纪之间

在第一个千年的最后几个世纪里，语法学家将古希腊和古罗马传统应用到了他们所处时代的语言环境。这种应用构成了对第二语言学习者需求的第一次持续性反思，并刺激了“第一外语语法”的产生。这是第二语言习得史上的一个标志性事件。[①] 这些发展为中世纪第二语言习得取得的成就奠定了基础。

要了解这是如何发生的，我们首先就要了解中世纪早期的语言和文化背景。随着基督教的传播，人们对外语的接受度越来越高，这也就产生了几个影响。第一个就是动摇了希腊语和拉丁语作为早先语言研究对象的实际垄断地位。虽然人们对希伯来语从未进行过像对拉丁语和希腊语那样规模的研究，但它属于3种神圣语言的一种，这也能拓宽人们的语言视野。在早期的基督教知识分子中，Augustine未能掌握外语是个例外，并不是理所当然的。与他同时代的Jerome（Eusebius Hieronymus, 348—420）翻译了希腊语和希伯来语的《圣经》，以此编写了《拉丁通俗译本》。[②] 后来的一位教会学者，塞维利亚的Isidore（560—636）对跨语言表现出了狂热的（尽管还有些肤浅的）兴趣。他雄心勃勃地编写了一本关于当时语言知识的百科全书，叫《词源》（*Etymologiae*），又名《辞源》（*Origines*）。在书中第九卷《语言、民族和官方称谓》中，Isidore用了一些传统术语大力夸赞希腊语、拉丁语和希伯来语，称它们为“全世界最优秀的（语言）”。他在这一卷里讨论了希腊语和拉丁语中的方言变体；提到了叙利亚、迦勒底和希伯来之间的历史关系，并概括为“所有地中海国家的口音都像印在了人们嘴上一般”“所有西方国家都像意大利人和西班牙人一样，人们都会咬牙切齿地表达自己的言论”。[③] 这些言论也基本上与希腊历史学家Herodotus的沉思相契合。但Isidore也对母语习得和第二语言习得提出了一些明确的主张：

> 每个人都可以通过聆听掌握任何语言，无论是希腊语、拉丁语还是任何其他民族的语言，也可以通过阅读或者从老师那里学到。尽管学会人类所有的语言知识对任何一个人来说都很难，但没有人会懒惰到连自己本国的语言都不学。
>
> （IX, 1, 10, Hovdhaugen, 1982: 111）

43 Isidore认为“每个人都可以……掌握任何语言”，表明他对第二语言习得

① 引文是Law（1984）的标题。Law（2003）以特别丰富的内容处理了第三章所述区间的文化和语言问题。

② Jerome也处理过亚拉姆语文本，但J. N. D. Kelly（1975: 285）认为，他还是为此雇佣了一名翻译。

③ 《词源》（IX, 1, 3–10，Hovdhaugen, 1982: 110–111）。Isidore的文本有Reydellet的法语译本，旁边还有拉丁文注释。Sandys（1958: 458）指出，尽管Isidore对语言感兴趣，实际上他和Augustine一样，对希腊语只有一点点了解。希腊人和希伯来人的地位与学者的实际能力水平之间的差距越来越大。McNally（1958: 397）得出结论，在爱尔兰，到了7世纪或8世纪，这两种骶部语言实际上已经成为了无知的语言。

（至少在原则上）有着无限的接受度，也承认这项任务的难度。这段话还有一点值得关注——它将母语习得归因于人们“懒惰”的天性（在拉丁语中表示懒惰用的是 desidiosus 一词，这个词包含了“迟钝”“无所事事”“懈怠”这几个意思）。这个术语也将习得概念化为一种刻意努力得到的（或不可避免的）结果。相比较而言，200 年前 Augustine 对母语习得是这样表述的，因为“我唯一的压力就是我十分渴望去表达我脑海中的东西”“在侍女的夸奖和长辈的嬉笑中，我耳濡目染，慢慢被他们引导着学习”（Confessions, I, 14, trans. Sheed, 1942: 14），最终完成了母语习得。Isidore 和 Augustine 的观点形成了鲜明的对比，但两者都超越了“模糊（性）”来反思母语和第二语言习得。Kaimio（1979: 316）提出了“模糊（性）”是古代世界语言意识的典型特征。

基督教对这一时期语言研究的另一个重要影响——它削弱了罗马语法学家的权威。令受过教育的基督徒感到不安的是，早期教会的《圣经》译本并没有如他们所愿使用拉丁语版译本。基督徒没有将《圣经》拉下神坛，而是让其凌驾于经典判断标准之上，拒绝学习任何其他教派的经典。Augustine 在《基督教要旨》中写道：

> 对于一个追求真旨的人来说，我们说“在众人之间”（inter homines）还是说“在男人之间”（inter hominibus）差别都不大。对一个乞求上帝宽恕他的罪的人来说，我们将“原谅”（ignoscere）这个词的第三个音节用长音发还是用短音发也不是什么大问题。
>
> （II, 13, Gavigan, 1947: 77）

教皇 Gregory 大帝（540—604）宣称：“让神圣神谕的语言服从 Donatus 的规则完全不值得。”（Sandys, 1958: 444) 这种防御性的言论并没有导致古罗马否定其标准语法。但 Augustine 和 Gregory 追求独立的主张在一定程度上动摇了《圣经》的地位，使其更易于重塑。

作为第二语言的拉丁语

在重塑语法传统的过程中，涌现了一股强大力量，即希腊语和拉丁语地位的变化。古罗马理想中的希腊语和拉丁语并重的双语制在 6 世纪或 7 世纪逐渐消亡。了解希腊语的人已所剩无几，以至于罗马学者 Boethius（480—524）设法将亚里士多德著作中的几个片段翻译成了拉丁语。直到 12 世纪，西方都得靠这些片段去了解希腊学者某些思想。更重要的是，拉丁语正在成为一门外语，这在两个方面有所体现。第一个方面，通过自然的历时变化，Cicero 的每一代后裔所用的方言都和古典拉丁语相差甚远。同样的是，在前罗马帝国的边远地区，古老
44 的斜体字不可避免地演变成了人们相互之间无法理解的语言。也有过改革拉丁语的尝试，例如 *Appendix Probi*（一本 3—6 世纪纠正拼写的书）列出了拉丁语中要避免的常见错误。但就和大多数想要阻止语言变化的尝试一样，这些努力收效甚微，而且“到了 5 世纪末，人们不再说拉丁语，而是说法语版罗曼语、意大利语版罗曼语或西班牙语版罗曼语”。（Eco, 1995: 16）从 7 世纪开始，我们就有了法语早期发源的例子，而从 9 世纪或 10 世纪开始，就有了西班牙语的起源。到了 12 世纪，甚至意大利半岛的方言也与古典拉丁语分道扬镳（Malmberg, 1991: 107–109），拉丁语不再是任何人的母语了。

在此期间，拉丁语作为第二语言还有第二个方面的体现。基督教已经传播到了日耳曼语和凯尔特语的使用者那里，这就包括了北欧和中欧人民。他们的骚乱加速了帝国的灭亡。对他们来说，拉丁语是一门彻头彻尾的外语，但如果没有拉丁语，他们就无法接受教育和进行宗教生活。因此，在新近融入基督教世界的人群中，那些愿意用闲暇时间进行自我提升的人尽其所能地学习拉丁语。许多人都学得相当好。特别是在不列颠群岛（在罗马帝国末期，该群岛较少受到骚乱的影响），拉丁语研究蓬勃发展，以至于到了 9 世纪，许多教师就从那儿出发，前往欧洲大陆教拉丁语。

因此，有两个群体将拉丁语作为第二语言学习：拉丁语使用者的后裔，他们的白话已经与古典拉丁语大相径庭，更多的是与相对较新的拉丁语教育和文化相关。Vivien Law（1982; 1992b; 1997）最近的研究为我们重新展示了拉丁语教学是如何适应 7—9 世纪这些学习者的需要的。研究的起点就是古罗马晚期的语法文献，Law（1986b; 1994）为此提出了一个有用的分类法。Law 划分的第一类是教学语法（Schulgrammatik）。这些文本定义了词语的性并指出了它们的属性，但没有提供太多示例。Donatus 的《语法艺术》（*Ars Grammatica*）就是教学语法（Schulgrammatik）的原型。它在一个连贯的层次结构中列出了拉丁语词汇的大类和子类，但没有表现出这些类别所包含的范围。根据 Law 的说法，Priscian 撰写的 18 卷《语法惯例》基本上也属于教学语法一类。Law 划分的第二类是正则语法，其覆盖范围较窄，但提供了拉丁语中词语的词形变化表和示例。一些正则语法只涉及一两个词语的性。而在诸如 Priscian 的《名词、代词和动词的构成法》（*Institutio de Nomine et Pronomine et Verbo*）这样的作品中，表述则更为全面。他们的组织形式基本上是任意的，词形变化表是按字母顺序或按词语的性、语尾

变化或动词的词形变化列出的。这使得它们更像是参考手册，而不是学习者的课本。[①]

记录了教学语法和正则语法的现存文本还是不足以满足 7、8 世纪的第二语言习得者的需求，虽然它们最初是写给古罗马学龄儿童的。语法传统需要依据新参与者的不同文化和认知环境做出改变。它做出的第一个肤浅的改变则是将语法 45
“基督教化”，以满足教育的新宗教背景，并将古典文学中非基督教经典的参考和引文清除了。《圣经》和基督教的引用都被替换了，因此“罗马”和“台伯河”都得给“耶路撒冷”和“约旦”让位；“最博学的诗人”也被替换成了“最杰出的先知”。（Law, 1984: 213）

一个更困难但也更重要的改变是其重新定位了语法材料，以满足第二语言习得者的语言需求。教学语法类型的作品本身就是不够的。为了给说拉丁语的人提供一种能够描述他们母语的元语言，他们标记了词语的性，但没有说明在他们的这种分类学主张之下，词形又该如何变化。例如，Donatus 在《语法艺术》（*Ars Minor*）中将词语“legunt”标记为第三人称复数形式，也是动词“legere”现在时下表主动的直陈式。类似地，罗马学童就可以这样认识“amant”“docent”和“audiunt”等词。（Law, 1986b：369）但对于拉丁语的第二语言习得者来说，还是得有人教他们还存在着“amant”“docent”“audiunt”这些词，而教学语法中根本不会提到这些。对于说日耳曼语和凯尔特语的人来说，尝试以这种方式学习拉丁语就相当于“一个亚马逊部落试图通过转换句法来学习英语”。（Law, 1984: 213）[②] 与此同时，正则语法确实让读者接触到了多种词形，但在其他方面，它们还是不适合第二语言习得者。正则语法通常限定于特定的词语的性，其内容是任意排序的，因此不容易习得。它们无法让读者明白每个词形变化表中的词是如何融入更大的语言单元里的。此外，正如 Law（1990c：799）指出的那样，在正则语法中，长期旁边存在的语言模式将单词视为不可分割的最小单位，而不是将（在很大程度上）可预测的词根和词缀集合视为最小单位。正则语法这一设计并不是为了揭示拉丁语背后复杂的词形模式。这种模式其实对第二语言习得者来说

① Law（1994: 89）增加了第三种体裁，即语法评论，通过提供示例和解释来充实简洁的 Schulgrammatik。就一般人而言，他们结合了 Schulgrammatik 和 regulae 的优点，期待看一种解决第二语言学习者问题的方法。

② Law 的比喻向第二语言学习者传达了罗马 Schulgrammatik 文本的不适合性，而不是实际内容。对转换语法的描述建立了语言形式性质的理论，但对语言单位的分类却很少像 Schulgrammatik 那样。也许我们可以更好地将用不适应的 Donatus 来表达中世纪早期日耳曼语或凯尔特语使用者的无效，与用 Greenbaum 和 Quirk（1990）这样的语法来表达现代英语第二语言学习者的无效进行比较。

是最有用的。

随着这些问题变得越来越明显，不可能按传统将第二语言习得同化为母语元语言知识习得。7 世纪的学者试图修改或补充语法文献，以满足第二语言习得者的需求。Law（1984; 1992b; 1997）对此进行了叙述，许多努力都要归功于海岛的（爱尔兰和盎格鲁撒克逊的）语法学家。例如，一本改编自 Donatus 的《小艺》的书，名叫《阿斯坡罗斯语法问答》（*Ars Asporii*, 6—7 世纪？）。在 Donatus 举出的有关拉丁语词语的性的示例中，这本书的作者 Asporius 合时宜地插入了一些基督教化名词。但 Donatu 只是在假设而不是在教授 5 个语尾变化，因为这还得靠读者的母语知识才能让这些知识应用到具体的文本中。在这一方面，Asporius 则提出拉丁语中的正式用法，就像 Priscian 在他的《名词、代词和动词的构成法》（*Institutio de Nomine et Pronomine et Verbo*）中说的那样。由于缺少整合名词词尾变化的框架，Asporius 给出了一些例子。这些例子涵盖了他能想到的不同性名词在不同情况下的语尾变化。但他所想到的这些形式并没有让他得出一个关键性的概论，即拉丁语名词在形态上随着性和语尾变化的维度发生变化。

46 其他语法学家也遇到了类似的问题，并开始发明类似于正则语法的文本，称为“名词形变”（Declinationes Nominum）和“动词集合”（Coniugationes Verborum）。它们里面就包括了各种整合好的、完整的拉丁语名词和动词变位集合。下一步则是将这些集合与有关拉丁语词形的具体陈述一一对应起来，就像 Priscian 在 6 世纪整合正则语法那样。最终，这些材料被放到了像教学语法那样的文本之中。这些文本对拉丁语的词语列表进行了标记和细分。这项工作在 7 世纪末时完成了，“外语语法也就应运而生了”。（Law, 1984: 214）

中世纪早期，各海岛上产生了拉丁语的语法。这是第二语言习得史上的一个里程碑。它们并不复杂，因为在分类上，这些语法还存在解释不清的空白地段，以及一些当时还未引起注意的重叠地带（Law, 1984: 214–215），同时还有点过度指定拉丁语词形变化的范围。但它们解决了罗马教育传统从未面临过的问题，即第二语言习得者不懂怎样进行第二语言习得，但又需要第二语言习得。各个海岛上的语法学家没有阐明他们是如何概念化第二语言习得的。当时没有多少文本是写给母语为拉丁语的人们的。语法学家对此的回应就是要承认母语习得和第二语言习得之间的区别。当他们改变语法传统时，他们必须（也是无意识地）明确第二语言习得意味着什么，并在此基础上想象要怎样进行第二语言习得。

中世纪早期的学习者们学到了什么？

加洛林复兴（Carolingians）就是在海岛语法学家的洞察力和文本基础上进行的。从幸存下来的教学法材料中，我们可以重现中世纪早期的语言课堂，从而推测这种文化是如何解释第二语言习得的。

在学习的初级阶段，学生要背诵短寓言、谚语和诗歌。他们还以对话的形式进行口头练习，话题通常是有关宗教的。他们要回答老师提出的问题，如“谁出世了两次又死了两次？”（Lazarus）；“谁是以色列的第一位国王？”（Saul）；“谁蔑视了主的存在？”（Peter）；“有多少士兵瓜分了基督的衣服？”（4个）。（Riché, 1979: 229）还有一种重要的教学法，就是“解析语法”，将问答交流这一实践推向了更高水平。它主要用于解析古典文学或语法文本中段落的语法，还有识别传统语法类别中每个单词的属性。[①]Law（1994）引用了8世纪比萨的Peter提出的解析语法。Peter也是Charlemagne大帝的语法导师。

> 我们应该这么问：“poeta”是什么？一个词。它属于哪个词类？它是一个名词。这个名词有多少属性？5种。它们分别是什么？特质、性、数、简单/复合状态、格。“poeta”有何种特质？它是常见的。 47
>
> （Law, 1994: 94）

这种高度思辨的方法让古罗马人对语言单位分类保持着关注，正如Holtz（1988: 139; 1992: 100）说的那样，他们将语言视为一种能够合理整合的现象。中世纪早期对第二语言习得的概念化强调了元语言知识的习得。这在语言的整体概念中也是有序且合理的。

解析语法的问答形式还表明，学习者要做的不仅是将第二语言中的单元分类，而且要用第二语言交流有关这种语言的知识，还必须得十分详细地交流。约克的Alcuin（735—804）应该是Charlemagne大帝宫廷中最有影响力的盎格鲁撒克逊学者。他提出了一种鲜活的初级语法，模拟了将拉丁语作为一种元语言学练习工具应用到课堂教学上。Alcuin的语法通过两个学生之间的对话展现。他们分别是15岁的Saxo和14岁的Franco，“他们最近闯入了语法知识遍布的荆棘篱笆”。（Hovdhaugen, 1982: 121）[②]这两个男孩在复习拉丁语语法中的一些传统难

① 加洛林人发展了解析语法，但并没有发明解析语法，原因是Priscian解析了《埃涅德》12部书的第一句话。语法分析一直流行到中世纪。Law（1990：801）引用了一个充满讽刺的版本——Nummus Quae Pars：什么词类是“coin”

② Migne（1841—1890）再现了Alcuin的《弗朗西斯与萨克森对话》”（*Dialogus Franconis et Saxonis de Octo Partibus Orations*）。

点。其中，年长一岁的 Saxo 会先开启对话。当遇到特别棘手的问题时，他们还会咨询老师。

Saxo：第五变格的属格和与格单数用词尾“ei”区分开来。宾格在就用词尾“em”区分。呼格与主格词尾类似。离格词尾发音是“e”。像“hæc res”这个词，意思是“这个东西”，变格是“hujus rei, rei, a re ...”。Franco，你现在就学会这个词了。

Franco：老师家的小虫子太多了。它们一直在我耳边嗡嗡叫。要不是因为这个，我应该学会了的。如果你愿意的话，我们聊点别的吧。我先把这些小虫子甩掉。你想聊什么就聊什么吧，我会跟上你的。

（trans. Hovdhaugen, 1982: 121）

在另一节中，Saxo 和 Franco 回顾了不定式动词：

Saxo：“iri”词尾（在被动的动词不定式中）表将来，像“amatum iri”，意思是“即将被爱”。Franco，这就是你刚刚想问的，但你真的太好奇了，你这样将来是不会“被爱”（amatum iri）的。

Franco：而你的嫉妒会让你将来不会“被珍视”（gratum iri）的。

Saxo：小心点，这样他就听不到我们的讽刺了。但我们继续吧。

（trans. Hovdhaugen, 1982: 121）

48 在许多古典语法中，教师会询问学生（Holtz, 1981: 100–102）。但在 Alcuin 提出的这种语法中，学生们会互相测验，并向老师提问。即使这看起来有点理想化，Alcuin 的文本也揭示了加洛林文艺复兴者们期望学生做的不仅仅是记住术语分类。同时，他们也应该要获得元语言知识和交际技能。Bayless（1993）在 *Beatus Quid Est* 中还分析了 11 世纪早期的解析语法。页面空白处的一些注释大概记录了老师在当天课程中的即兴评论，显示出他们在用第二语言进行交流，并以这种方式教授元语言知识。在一个注释中，老师谈到了名词的指称能力：

如果你说“给我，给我”，即使你整天重复这句话，我也不知道你在要求什么。如果你说“给我面包”，你就讲出了事物的名称，我也就明白了。因此，当每个名词都有所指代时，你会知道你在说什么，别人也会明白你要干嘛。

（Bayless, 1993: 76）

这种无意识的阐述好像是是司空见惯的。人们期望第二语言习得者能掌握更多有关拉丁语的知识，并通过拉丁语的听说读写来实现这一点。

加洛林文艺复兴时期的教学法似乎在这种教育环境中取得了成功。到了 8 世纪，人们的拉丁语能力蒸蒸日上。（Law, 1986b：378）像 Priscian 的《语法惯例》[“如果当时有大学，应该是大学水平的语法”（Law, 1992a：28）] 这种复杂的作品不仅可以作为学习拉丁语的工具书，而且本身也成为了语法分析中逐字剖析的对象。[1]H. O. Taylor（1911/1962, Vol. 2: 150）引用了一封写于 900 年左右的信。这封信是一个修道院学校学生写的。这孩子当时写信给他的父母，要求他们从家里寄一些（未指明的）物品给他。他先是写下了一句有点俏皮的题名。这题名有点花言巧语，还像是巧妙设计过的。他这样写是为了确保他的请求能成功。题名是这样的：“*Parentibus suis A. agnus agnus ablactatus pium balatum*”（“致爸比妈咪，不在你们身边的小绵羊，附带一声充满爱意的‘咩’”）。[2] 到第一个千年末，古希腊罗马的语法传统已经变成了一种用于培养拉丁语作为第二语言的有效手段。

总 结

从古希腊、古罗马、古代后期，到第一个千年末，基督教扩大了语言学习的范围，使得第二语言习得制度化。Augustine 思索了语言学习，并提出各种语言可以具体化为一种通用的内在语言。各海岛的语法学家和加洛林文艺复兴时期的语法学家成功地将古希腊罗马语法传统应用到了第二语言习得教学上。

在第二章和第三章涵盖的时间间隔内，普遍语法和第二语言习得的概念化中还有一些未完成的部分。继续研究这些部分是有价值的。

第一，有一个普遍的假设，即语言本质上是由单词组成的。学习一门语言意味着记住一组新的单词，那比较两种语言也就意味着比较两组新单词。对单词词形的各种关注则让这一假设更为具体化了。它在语言教学技术中以不同的方式出 49
现：在《教学法阐述》中，希腊语和拉丁语放在了平行列中对齐展示；在解析语法中，文本被逐字剖析；在 Priscian 的《语法惯例》中，最后两卷往往被忽视了，因为它们是关于句法的。所有的这些事实都表明，语言研究并未将语法概念按模

[1] Hovdhaugen（1982: 124–125）给出了一个例子。

[2] Migne（1880）提供了原文。

式强加于单词之上。[①]

第二，这个时代的语法传统本质上是规范的。对于古希腊人和古罗马人来说，学习语法是练习修辞的第一步。在中世纪早期，学习语法对学习者来说就是在为宗教生活和学习生活铺路。在这两种情况下，语言知识都被当成了工具，而不具有内在价值。语言习得的程度用来衡量对课程的掌握，课程的内容则是预先已经确定的。

第三，第二语言习得没有考虑学习者的母语。Bayless（1993: 75）指出，在早期的中世纪课堂中，第二语言习得还是要以母语为立足点，但也只是小学阶段的临时需要。母语和第二语言的比较在教学中没有任何作用。这个时代的语法学家认为罗曼语是拉丁语的退化形式，不值得用于比较。Hofman（1993）研究了 Priscian 在 7 世纪写下的手稿中有关古爱尔兰语的注释。Hofman 的研究表明注解者“错过了对拉丁语和爱尔兰语进行对比分析的机会”（1993: 114），注解者在阐明教学点时甚至都没有用过母语的参考文献。

从现代的角度来看，在第一个千年的语言世界观中，这些就是人们在普遍语法和第二语言习得概念上明显没有关注到的一些问题。这不是一个问题清单，而是一种基于现代假设的提醒，提醒我们必须细心研究，不要再走以前的老路。

① Baratin（1989: 490–491）认为，拉丁语和古希腊罗马时代人们使用的语言的复杂形态导致了人们对单词属性的关注，并转移了人们对语法的注意力。他引用了 Desbordes（1987: 350–353）关于母语识字训练影响的推测：罗马学生和希腊学生一样，先是备忘录字母，接着是音节，然后是单词。这种教学法源于并强化了这样一种假设，即语言单位是其各个部分的总和。如果句子同样构成了其元素的积累，那么语法就没有什么作用。另见 R. Harris 和 T. J. Taylor（1989: 64–66）。

第四章　中世纪

到目前为止，我们已经回顾了古希腊、古罗马和中世纪早期在普遍语法和第二语言习得发展历史上的贡献。在第一个千年的最后几个世纪里，根据中世纪早期以拉丁语作为第二语言的学习者的需求，海岛上的学者和加洛林的学者改编了传统的语法材料，也就出现了最早的外语语法书。当时，在很大程度上，没有几个人是能读懂希腊哲学文献的，但当亚里士多德的作品在 12、13 世纪被重新拿出来研究时，对普遍语法的讨论也随之蓬勃发展起来了。中世纪的语法学家根据拉丁语的特性，也就是他们的第二语言的特性，构建起了他们的普遍语法概念。此外，他们大部分阐述概念的语言及元语言词汇都借鉴了古希腊罗马的语法传统。因此，古希腊、古罗马对此做出的贡献和紧随其后的后古典时代的贡献都在中世纪汇合了。

第四章大致围绕 11—14 世纪初中世纪语法理论的兴起、演变和产生的后果，以及它与第二语言习得之间的联系这几个话题展开。对中世纪语法理论的批评最终也导致了它被抛弃——始于 13 世纪。对于这一话题的阐述会留到第五章。本书也会在后面的章节再对 Dante Alighieri 在 14 世纪早期创作的《论俗语》（*De Vulgari Eloquentia*）进行讨论，因为它的内容和影响会与文艺复兴时期的思想更加契合，与中世纪的语言科学则没有那么契合。

语法的整编和再定义

相邻学科的语法

在中世纪，语法在其相邻学科中的地位发生了变化，发展方向也有了改变。这种转变始于 1000 年之前，但其实也可以追溯到更早的时候。古希腊人打着哲学的幌子研究了语言。这个术语广泛地指代了多种学习背后的一般性原则。到公

元前 1 世纪中叶，学者们将语法视为几个（半）独立的知识分支之一，也就是文
51 科之一。Varro 列举了 9 门文科，将语法放在了首位。5 世纪，Martianus Capella 是近现代依旧传承 Augustine 思想的一人。他精心设计了一个寓言。在这个寓言中，7 个文科被拟人化了，变成了参加 Mercury 与 Philologia 婚礼的 7 个伴娘。这 7 个中领头的伴娘便是语法了。后来，Boethius 将已成为规范的 7 门文科组织成了两个小组，围绕着这两个小组组织着学校课程。中世纪的学生开始学习 3 门课：语法；逻辑学，也可以叫“辩证法”，“是一门辨别真假的艺术，（它）教授论证的技巧，其中还包括制定定义”（Law, 1992a：30）；还有修辞，“它能有效地使用语言，特别是用于辩护（和）……除其他外，句子节奏和词序的选择”（Matthews, 1994: 3）。随后，学生会进入四年级，然后开始学习算术、几何、天文学和音乐。① 几个世纪以来，7 门文科的身份略有不同，但从 Varro 开始，语法是每个课程计划中的首要。其基础性的主题，也就是“所有自由文化的总结”（le ressumé de toute laculture libérale ）（ Holtz, 1989/1990: 173）。

从中世纪早期开始，语法与 3 个学科中的其他两个学科的关系发生了变化。Charlemagne 大帝的导师，也是 8 世纪的一位学者 Alcuin 则重新介绍了 Priscian 的《语法惯例》（*Institutiones Grammaticae*）的最后两卷。这两卷都涉及拉丁语语法。Priscian 在很多方面都借鉴了逻辑学的内容，就连我们现在所说的语义学，在当时也是属于逻辑学范畴的。到了 9 世纪，语法学家们随心所欲地从逻辑学中借用了概念和术语。亚里士多德著作的第一波复兴浪潮则加速了语法学和逻辑学的融合。Boethius 在 6 世纪早期翻译了亚里士多德的《解释篇》《范畴篇》和 Porphyry 的一些作品，还翻译了 Tyre（232—301）的《范畴导论》。但 Boethius 大部分的译作一直都被忽视了。这种现象持续到了 9 世纪或 10 世纪。后来，塞维利亚的 Augustine、Martianus Capella 和 Isidore 开始重新关注 Boethius 的译作。这也促进了对亚里士多德提出的逻辑学摘要的传播。在这一传播中，亚里士多德的 10 类范畴引起了很多关注。这 10 类范畴是 10 种“存在模式”。除了要达到其他目的外，这 10 类范畴还被当成了分类工具。这 10 类范畴是物质、数量、质量、关系、地点、时间、位置、状态、行动、激情（也就是“被影响”的程度）。

① 参见 Sandys（1958: 178, 241, 670）的 Varro，Martianus Capella 和 trivium/quarivium。H.O.Taylor（1911/1962, Vol. 1: 90）将“四边形”一词归因于 Boethius。

（Luhtala, 1993: 150）[①] 在中世纪，一个这样的假设无处不在：现实、思想和语言共享了一个统一的基础，人们认为亚里士多德的范畴学不仅理清了世界万物，而且理清了人们对世界万物和语言的感知，因此（例如）每一个有道理的主张都必须从属于这 10 类范畴中的一个。在分析语言时，学者们其实在不同程度上都用到了亚里士多德的范畴学。有些人试图将这 10 个范畴类别与传统的 8 种词性配合起来使用，或者用这 10 类范畴来对词性进行排序，或者用它们来解释这种词序排列。还有一些人则使用“物质”“质量”等术语来阐明单个词的属性，定义语法术语，或用以解释一种定义为什么会优于另一种定义。[②]

一份 9 世纪的手稿就体现了 10 类范畴这方面的一次应用。一位作家认为亚里士多德的 10 类范畴比 Priscian 划分的 8 种词性更为重要，因此认为辩证法的地位比语法的地位更为基础。有趣的是，观察儿童的语言就可以证明这一点。 52

> 8 种词性清楚地显示出了词语在不同词性下的含义。亚里士多德提出的 10 类范畴与逻辑学息息相关。它首先表明了词语在这几种词性之外的意义，然后展现了词语不同词性的意义。在儿童身上，我们也能看出同种顺序。这则是自然赋予的：他们要先理解“man”这个词的意思，然后再学习这个词在形式上的变形。（拉丁语中“man”的几类变形为“homo, hominis, homini , hominem, ab homine”。）从语言出现以来，每个人最初都是在试图理解话语的含义。直到后来，一些人才开始研究话语的形式。
>
> （trans. Law, 1994: 98–99）

在这段文字中，语法不仅从逻辑学中借用了术语和概念，而且也将其部分地位让给了逻辑学。语法还借鉴了 3 个学科的第三个成员，也就是修辞学的内容。例如，一些语法学家也会用**“7 种情况”**（seven circumstantiae）。这是一种修辞公式，最早是从希腊人那里学的。这公式有很多种版本，Quintilian、Augustine 和塞维利亚的 Isidore 就提出了几种版本。（Frakes, 1988）在其中一种版本中，“7 种情况”就是组织文本面临的 7 个问题：人、事物、地点、原因、时间、手段、材料，或谁、什么、为什么、如何、何时、何地、干了什么。一位 9 世纪的语法

① Isidore 通过将每一个类别与一个句子成分联系起来来说明这 10 个类别：“Augustine（物质），a geart（数量），orator（定性），the son of that person（关系），standing（姿势），in the temple（地点），today（时），adorned with a headband（状态），having a dispute（行为），gets tired（受影响）。” II, 26, 11, trans. Marshall, 1983: 120–122）。这里的版本来自 Luhtala（1993: 150）。

② Law（1992a）阐述了逻辑学对定义的关注如何影响语法。

学家将“人”与（语法中）“主语”的概念等同了起来，“事物”则与“谓词”的概念等同了起来，而其他 5 种情况——地点、原因、时间、手段、材料则用可选的谓语成分来区分。Luhtala（1993: 172–174）则对此进行了讨论。因为主语和谓语的概念起源于逻辑，而不是 Priscian 的语法传统，所以这份手稿更像是“各种辩证法、修辞法和语法来源的混合物”。（Luhtala, 1993: 173）

简而言之，早期的中世纪学者在语法分析中结合了 Priscian 对逻辑学的使用和亚里士多德的范畴学，也借鉴了修辞学的内容。在 11 世纪，坎特伯雷的 Anselm（1033—1109）和 Peter Abelard（1079—1142）写了大量关于语言和逻辑的文章，加速了 3 个学科的重新排序，以至于语法的地位“（降）到了辩证法的地位下”。（L. G. Kelly, 1979: 159）Holtz（1989/1990: 173）时而认为语法、逻辑学和修辞学关系的变化体现了语法地位的降低，时而又觉得这一变化体现了语法的地位在这 3 个学科中理应要高一点。Covington（1984: 9）则认为，语法与逻辑学内部都在并行发展着。这一发展的动力就是要重新建立它们之间的联系。然而，人们可能会在 9—11 世纪将这些变化概念化。语法（根据规则和用法正确连接单词）和逻辑学（判断对错）仍然保持着它们的独立性。例如，语法把词性分成了 8 类，逻辑则只把它们分成了两类（主语和谓语），因为逻辑更多地是面
53 向命题，而不是句子[1] 但这两个领域的共同追求是显而易见的——都对词进行了分类，对词性进行了研究，并且都努力复兴亚里士多德的范畴学。

对普遍语法的历史而言，3 个学科之间的重新排列有重要意义，因为在逻辑学和修辞学的影响下，语法更有可能理论化。到了 12 世纪，古典语法沉迷于对词进行分类并添加标注。这一行为显得十分武断、盲目及没有根据。Conches 的哲学家和神学家 William（1100—1154）发表了一番著名言论，抱怨 Priscian“只是给出了晦涩难懂的定义，却没有标注说明。对不同词的词性及属性在功能上的解释，他也直接忽略掉了”。（Covington, 1984: 9）当语法学家试图将 Priscian 的分类法与逻辑的“心理 / 现实世界”类别协调起来时（Law, 1992a：35），他们提出了一些新问题。这些问题是有关语言和现在所说的认知的，还对传统的定义提出了挑战，即如何定义语法研究。

① 关于语法和逻辑的独立性，参见 Hunt（1941–1943/1980: 22）；关于逻辑和语法词性，参见 Covington（1984: 11）。L. G. Kelly（1979）显示了语法在 13 世纪期间如何从逻辑中独立出来，同时保留了逻辑术语和概念。R. Harris 和 T. J. Taylor（1989: 85）认为，在 14 世纪初，对于埃尔福特的 Thomas 来说，语法是“心理学优先于”逻辑的。语法的文化威望根深蒂固：Alford（1982）说明了语法术语在中世纪对宗教、道德和性的讨论中的隐喻性延伸。

作为一门思辨性科学的语法

因此，语法的地位随着逻辑学与修辞学的发展发生了改变，人们开始重新定义语法，将其视为中世纪语言科学的标志。早在重新定义语法之前，狄俄尼索斯・特拉克斯在公元前 2 世纪就宣称“语法是对诗人和散文作家标准文法的实际研究”。（Kemp, 1987: 172）狄俄尼索斯・特拉克斯的这一定义留存了几个世纪，因文学内容与规范内容各有所异，给出定义的重点也在不断变化：对 Quintilian 来说，语法是“一种确保言辞正确无误的艺术及诗性的阐述”；塞维利亚的 Isidore 则称语法为“一门确保言辞正确无误的科学和文科的基础”；Franco 和 Saxo 的老师将语法定义为“字母科学，发表正确言辞和进行无误写作的守护者”。[①]Luhtala（1993: 147–148）认为，到了 9 世纪，学者们则很少会给语法赋予一个具体的含义，因为它的定义已经定下来了。

但 9 世纪人们认为语法的定义已经是理所当然的这一观点，在 12 世纪被人们否认了，这其中至少有两个原因。一个原因是人们觉得可以借鉴逻辑学，发展出语法理论。在这种观点之下，给单词做标注并分类可不会是一个令人心满意足的目标。另一个原因是亚里士多德的《工具论》（*Organon*）其余部分的再次问世。Sandys（1958: 527）将 1128 年作为一个转折点，因为在此之后《前分析篇》（*Prior*）、《后分析篇》（*Posterior Analytics*）、《论辩篇》（*Topics*）、《辨谬篇》（*On Sophistical Refutation*）的译本逐渐流传了开来。之后，亚里士多德的《形而上学》（*Metaphysics*）和《论灵魂》（*De Anima*）也被证明是至关重要的两本书。到了 13 世纪初，伊斯兰哲学家 Avicenna（Ibn Sinna, 980—1037）和 Averroes（Ibn Roshd, 1126—1198）的评注出了拉丁语版本，亚里士多德的作品也从希腊语翻译成了阿拉伯语，再翻译成了拉丁语。阅读这些“新版本亚里士多德”的人经常被谴责为异教徒。但中世纪的学者扫除了这些顾虑，接受了这些材料在许多知识领域的权威地位。

亚里士多德在《后分析篇》（*Posterior Analytics*）和《论辩篇》（*Topics*）中 54
对科学本质的讨论对于语法的重新概念化尤为重要。对亚里士多德来说，一门科学的对象必须是一类现象，也就是一个种类。此外，研究对象中会存在一些有用

① 关于 Quintilian，参见 Institutio Oratoria（I, iv, 2, trans Butler, 1920: 63）；关于 Isidore，参见 Etymologiae（I, v, 1, cited in Fontaine 1959: 53）；关于 Alcuin，参见 Dialogus Franconis et Saxonis（trans. H.O.Taylor, 1911/1962, Vol.1: 218）。语法定义的传统化仍然承认了有趣的变化。即 Alcuin 学生 Rabanus Maurus 的变化。对他来说，语法是“解释诗人和历史学家的科学，以及正确写作和说话的艺术”（Sandys, 1958: 483）。

的原理，将这些原理普遍化并进行研究，这才算科学。[①] 探究物体的个体属性及其偶然性，不是科学的工作。例如，植物学关注“是什么原理决定了不同植物的不同生长环境，而不是植物在不同花园中的任意排列”（Covington, 1986: 25）；物理学关注的是“适用于所有可能发生的变化的原理……而不仅仅是那些实际发生的变化”。（Covington, 1984: 19）因此，亚里士多德式的语言科学只是在强调笼统地分出所有语言的属类，而不将任何一种语言分类。它的研究对象是这样一种原理，能定义这些属类的必要属性。也就是说，是什么让一门语言能成为一门语言。

古典语法传统也还是不符合亚里士多德在科学上的定义，即使它已被各海岛上的语法学家和加洛林的语法学家重新塑造，然后在 9、10 世纪以理论为导向进行了发展。12 世纪初的语法也不过是发展了 Quintilian 对于语法的定义，即“确保言辞正确无误的艺术”。这时候的语法旨在“解读诗人”——那时的艺术作品基本上都是拉丁语，诗人们也完全用拉丁语进行创作。在 12 世纪，学者们重新审视了语法这一学科，以满足亚里士多德提出的有关科学的标准。他们断言人类语言作为一个属类存在一些通用的原则。更重要的是，中世纪的语法学家将语法重新定义为一门思辨性科学。亚里士多德对 3 类科学进行了区分，即思辨性（或理论性）科学、实践性科学和创作性科学。思辨性科学以追求知识为内在驱动，而不是为了付诸行动或生产某种东西。[②] 根据狄俄尼索斯·特拉克斯、Quintilian 及 Isidore 的定义，语法为学生准备学习文学或演讲打下了基础；而思辨性语法则主要探究语言的普遍原理，不会涉及文本的解释或创作。[③]

这有两个例证说明了中世纪语法的重新概念化。Dacia 的 Boethius 在 1270 年左右写下了这样一段文字，讨论了语法是否为“人类天生自然拥有的”：[④]

> 如果有些人在沙漠出生并长大，这样的话，他们可能永远听不到其

---

① 关于属的概念，参见亚里士多德的后验分析（trans. Apostle, 1981: 41）。Covington（1984: 19–21）给出了清晰的结构。

② 三方知识划分来自专题（IV, 6），参见 Edel（1982: 383–388）、Copleston（1946: 277）和 Kerferd（1967: 154–155）。中世纪学者还将语法细分为一门辅助科学，因为它“与世界无关，而是反映在我们的描述中”（Pinborg, 1982: 256）。

③ 现代有时会把“思辨语法”解释为对语法的一种参照（拉丁文：speculum），可以是人类语言的镜子（L.G. Kelly, 1971: 225），可以是宇宙结构的镜子（Huntsman, 1983: 64），也可以是反映在人类头脑中的世界的镜子（R. Harris, T. J. Taylor, 1989: 76）。Covington（1984: 139）没有发现任何证据表明，规范语法学家利用了窥探和推测语法之间的词源联系。然而，语法作为语言、思想或世界的反映的形象是恰当的，因为它指出了中世纪语言科学所假定的三者的基本统一。

④ Boethius of Dacia 不应与罗马学者 Boethius（480—524) 相混淆，参见 Bursill Hall（1976）。

> 他人说话，也不会有人教他们要怎么说话，他们自然会以同样的方式相互表达自己的情感。因为说话是一种天生的能力，这一能力的标志是我们身上存在着这样一种产生语言的工具。因此，正如一个人天生就能做许多其他的事情一样，（他）天生也会语言或语法，因为人们要用语言去表达他们想要去指代的东西。
>
> （Boethius of Dacia, 1270/1980, Q. 16, trans. McDermott：57）

Lambertini（1989: 107）为这段话做了注解。这是为了表明：无论是谁，即 55
使他们是在与世隔绝的环境中长大的，也必然“用一种语言说话，并且这种语言的语法和其他语言的语法是毫无差别的”。对于 Dacia 的 Boethius 来说，语法是一种“天生的工具”，符合亚里士多德关于必然则真的标准，即人类的语言是浑然天成的这一原则。

第二个例证则来自英国哲学家和牧师 Robert Kilwardby 对 Priscian 的《小艺》的评论。Kilwardby 断言语法是从个别语言的属性中抽象出来的产物，而几何学差不多就是从个别线条的属性中抽象出来的产物。因此，他认为语法与几何在这一层面上相差无几。（Thurot, 1868: 127）Kilwardby 的这一比喻将语法视为一门亚里士多德式的思辨科学：语法与几何学一样，研究一个属类中的一般属性（人类语法，相当于几何形状），而不是该属类中任意一个样本的属性（拉丁语，相当于任意一条特定的线）。

因此，在加洛林文艺复兴和中世纪盛期之间，语法发生了巨大变化，以至于 1000 年的语法学家“即使能了解到 200 年后他们的同僚们在分析语言时使用的术语方法，也几乎看不懂这些内容”。（Hovdhaugen, 1982: 133–134）语法的重新概念化对普遍语法和第二语言习得的历史产生了重大影响。显然，它推动了人们对普遍语法原理的进一步发掘与阐述。此外，它还对理论型语法和应用型语法进行了区分。思辨性语法（*Grammatica speculativa*）不再是文学研究的基础，而是成为了一门理论性科学：William of Conches 的学生 Peter Helias（1140）宣称“仔细考量事物的具体性质并发掘语法的压根都不是语法学家，都是哲学家”（Robins, 1997: 90），由此也阐明了思辨性语法的中心原则。研究个别语言的属性，即实证语法（Grammatica Positiva），则包含了语言教学与学习。Fredborg（1980: 74）描述了 12 世纪的语法学家（*Grammaticus*）和语言艺术家（*Artifex*）之间的分工，前者教授普遍语法，而后者则“将普遍语法原则应用于一种语言上”。[1] 思辨性语法与实证语法的互不干涉，以及语法学家和语言艺术家之间的明确分工，就可以将这两对之间的关系概念化。也就是说，一旦将其区分开来并进行了命名，就可以设想将普遍语法原则应用于个别语言上，还可以在中世纪普遍语法的背景下研究实证语法。下面，我们就要回过头来说一说中世纪是如何利用这个机会的。

思辨性语法

思辨性语法，通常被认为是西方的第一个句法理论，在 13 世纪下半叶的中世纪各大学里蓬勃发展，尤其在巴黎大学。那是在欧洲刚出现大学的第一个世
56 纪，当时的社会和经济环境允许大批学生聚集在繁华的大学城里，人们有时还会从各地长途跋涉过来，在特定老师的指导下进行学习。中世纪知识分子统一将拉丁语作为学术语言，因此，在 12 世纪，“西欧的整个教育界形成了一个单一的、无差别的文化单位”。（Knowles, 1988: 73）宗教敏感性限制了一些辩论的主题，但学者们依旧享有相当大的知识自由，特别是在我们现在称之为科学、数学、哲学和神学的学科领域里。[2] 语法，在那时就与经院哲学相结合，仍然是文科课程的基础。不仅如此，在 Robins（1951: 80）的评论里，语法融入经院哲学——用他的话说，也是一种“入侵”——这让语法为公众所熟知。他引用了一位叫 William of Nogent 的当代观察家的话（这些话可能有一点夸张）。这位观察家声称：“看到人们无论是住在村庄、城镇还是城市，都在狂热地进行语法研究。”

在这样的环境下，13 世纪初出现了一批思辨性语法学家，后来被称为“Modistae 学派”。这一学派蓬勃发展到 14 世纪初，首先集中在巴黎，然后发展到了 Bologna 和 Erfurt。Modistae 学派的著作并非在每一个细节上都趋同，但幸存下来的数百份或更多的手稿中显示出了一致性，足够对这些手稿进行统一阐述。[3]Modistae 学派许多的论述都以对 Priscian 的评论这一形式出现，以问答的形式组织内容，机械性地提出诉求、支持诉求，以及反驳那些与诉求相斥的观点。Modistae 学派还制作手册，有时这些手册的内容会成为当时评论或摘要的主

① L. G. Kelly（1977：xv－xvi）提到了 Prischian 的规范性“ars 语法”和思辨性语法学家的“scientia 语法”之间的平行区别。

② 参见 Knowles（1988）和 Lindberg（1992: 190–213）关于中世纪大学的论述。

③ Bursill Hall（1971: 32）引用了 90—260 份可能被归类为修改的手稿。Covington（1984: 23–24）、Huntsman（1983: 65）、Law（2003: 174）提供了修改者、他们的前辈及他们之后的一代人的名单。许多作者未知的修改文本幸存下来。

题。一篇典型的 Modistae 学派文本包括以下几个部分：第一部分是元理论介绍；第二部分是对“partes orationis”的处理，即“词性”或“句子成分”的处理，这些都放在“Etymologia”这一标题之下；第三部分则是“Diasynthetica”，这一部分讨论句法和词形。人们不断引用 10 个范畴和 4 个因素（导致变化的因素，分为形式、物质、有效、最终的），不断地发扬这种普遍的分析精神，还在论证时应用三段论。在这一过程中，对亚里士多德思想的新型解读比比皆是。Modistae 学派认为每种语言的语音都是它特有的，因此不在通用范围之类。他们似乎对形态句法最感兴趣。Modistae 学派用复杂的术语进行语法分析，其中就包括了 *modi significandi* 这一复杂概念。它们的名字 Modistae 也是取自这一术语，并成为了中世纪普遍语法的代表性学派。

中世纪的普遍语法

中世纪发展语法的核心是提出了普遍语法存在这一假设，并且将其作为了语言研究的真实对象。William 可能是第一个承认普遍语法中心地位的人。他认为，没有普遍语法，语法必然会缺乏作为一门“艺术”的统一性，因为“艺术是普遍存在的，对每个人来说都是一样的，尽管（和拉丁语相比）希腊语对各类艺术的解读有所不同，而且还会用不同的声乐作品（voces）来展示这些差异”。[①] 后来的语法学家大多不承认 William 提出的普遍语法和个别语言语法之间的特殊关系，
我们之后会再讲到这点。但 William 的许多追随者都同意他的观点，即构思一种 57
普遍语法是必要的。对 Modistae 学派的众多先驱者们来说，如 Kilwardby，普遍语法是他们共同的知识财富；对那些反对 Modistae 学派的当代学者来说，也是一样。（Trentman, 1976: 280）甚至一些人文主义者，还有一所与批判思辨性语法相关的学校，认为特定的语言也是存在普遍性的。（Percival, 1982: 815）从 12 世纪开始，人们认为普遍语法是理所应当存在的。哲学家兼神学家 John of Salisbury 评论道，到他那个时代，“人们每天都在讨论语言的普遍性，在这个话题上花的时间比 Caesars 征服世界所需的时间还要久”。（Shay, 1981: 93）

那么，Modistae 学派提出的普遍语法的内容是什么呢？在某种程度上，它重新定义了古希腊罗马语法文献中的概念，在语言普遍性这一背景之下对其意义进行了延伸。其中一个例子就是 Modistae 学派提出的一个假设，即语言（每

① Fredborg（1980: 71）在 Maieru 的译文（1994: 280）中引用。Bursil-Hall（1963: 48）表明，修饰性 vox 可以被翻译为“表达”。

一种语言）由 4 个级别组成，且这 4 个级别内部还会越趋复杂。这 4 个级别分别是 *littera*、*sillaba*、*dictio* 和 *oratio*，即“语素（包括书写体字母、字母名称和单个音标）、音节、单词和句子”。依据语法的传统，人们长期以来一直使用这些术语来解释拉丁语，并设想着每个术语都是从其他术语逐步衍生出来的。中世纪的语法学家补充道，组织语言的这 4 个等级是通用的，尽管正如 Fredborg（1980: 73）所察觉出的那样，这些语法学家也还是没有为这一补充说法提供详细的理论支持。[1]

在对 Modistae 学派文本的介绍中，往往会引用组织语言会用到的 4 个层面。（Bursill–Hall, 1963: 48–49）其文本第二部分，也就是“*Etymologia*”，将词分成了 8 种词性（partes orationis）。这个例子又能说明中世纪普遍语法和语法传统之间的发展是连续的，因为双方的观点甚至词性的列举这一做法，可以追溯到 Donatus 和 Priscian 那里，甚至可以追溯到希腊语法学家。[2] 但研究思辨性语法的语法学家们对这些思想做了进一步扩展。他们假设词性在各种语言中是通用的，认为所有语言中的词都有这 8 种分类。但有这样一个事实（它是众所周知的），即希腊语有定冠词，而拉丁语却没有。思辨性语法学家们认为冠词只是用来表示词语单复数变化（pars orationis），从而否认了这种潜在的反证。相反，他们又认为希腊语中的冠词表示词语的格发生了变化，并（虚假地）坚信希腊语中的名词是不可变化的。

值得注意的是，对“希腊语冠词问题”的认识和解释这一问题所采取的手段都没有起源于 Modistae 学派。但重要的是，他们的确关注了这一问题，因为只有凭这一点，才能预见他们研究对象的转变，即转向拉丁语以外语言的研究。[3]Modistae 学派作品中对跨文化独到的观察及这种不经意间的驳斥显现出了这一学派的一个批判性假设。这一假设主要涉及方法论层面，即没有必要在推导语言的普遍属性之前研究每种语言的特点。相反，他们的目标：“先找到一种大家耳熟能详的、有着丰富的研究背景的语言，再费尽心思地研究这种语言的属性
58 是如何从语言本身里面提炼出来的。”（Covington, 1984: 21）对 Modistae 学派来说，普遍语法不是经验问题，而是先验问题。因此，无论是在其原理上还是在实践上，又或是在语言的多样性上，Modistae 学派都提不起兴趣。

① Thurot（1868: 131–135）讨论了另一种替代方案，有时是共存的，中世纪的语法划分为正字法、韵律和语法。

② Rosier（1983: 87–92）回顾了各种词性（partes orationis）的数量和地位的不同说法。

③ 参见 Covington（1984: 26–27, 139）、L. G. Kelly（1977: 5, 168）和 Thurot（1868: 125–126）。

中世纪普遍语法还有着真正意义上的概念创新，例如“modi significandi”，即“表意模式”。词性的处理变成了一个讨论“modi significandi”的传统起点，也是一个标志性概念。它也给人们提供了一个机会，让人们得以接触到 Modistae 学派独特且错综复杂的语言分析。

他们首先否定了对词性的经典定义：回想了 William 的抱怨，即“Priscian 给出了晦涩难懂的定义”，并忽略了“对不同词性的解释”。为了解决这个问题，他们特意创造了“表意模式”（modi significandi）这一概念来定义词性的内在语义和逻辑属性。对于“表意模式”这一概念，史学家有不同的定义。有的史学家将它定义为“说明单词要如何负载其含义的参数”（Covington, 1986: 27）。还有史学家将它定义为“构成语法类别的语义成分”（Pinborg, 1982: 256）。在 Boethius of Dacia（1270/1980, McDermott：51）的经典例子中，“dolor”这一词的概念，即“疼痛”意，可以用不同的方式表示——“dolor”表示“疼痛”；“dolere”表示“感到痛苦”；“dolenter”表示“痛苦地”；“heu”则是痛苦时发出的语气词，即“哎哟！”——这都取决于不同语式想要如何强调这一概念。“疼痛”这一单一概念却统一了这 4 种表达方式，但“dolor, dolere, dolenter”和“heu”相关的“表意模式”还是各不相同的。因此，一种“表意模式”会事先存在一个语义单元，再由这个语义单元发挥其特定的语言功能，能“把一个词变成一类词”。（Pinborg, 1982: 258）在另一个著名的例子中，Pseudo-Albertus Magnus 写“Ego te amo”，也就是“我爱你”，以及“Te amaris a me”，也就是“你被我爱”。它们含义是相同的，但在不同的表意模式下传达出来的含义又是完全不同的。（L.G. Kelly, 1977: 149）

Modistae 学派认为表意模式决定了单词的语法类别是否为“基本的”表意语式。基本语式也对词性进行了细分，如细分成了专有名词、普通名词、序数与基数。这些词又可以（进一步）分类：专有名词又与不同的语式相关联，以区分“nomen”（全名）、“praenomen”（名字）、“cognomen”（姓氏）、“agnomen”（谥号）。（Covington, 1986: 29）除了基本模式外，还有“偶然出现的”表意模式。它们赋予一个词诸如格、数、性、人称、派生形式、语音、情态或时态等属性。一些偶然出现的模式，如性，也代表了单词的固有属性。而其他的一些偶然出现的模式则只是表现出一个单词在特定语法文本的上下文中所具有的属性，就像动词数的变化取决于动词主语的单复数这样。单词被赋予了各种表意模式，共同构成了语义和句法特征的集合。Modistae 学派也无法就特定的语音属性匹配特定的模式，因为他们认识到，语音的不同的变形可以实现相同的语法格；相反，单个变形也可以表示不同的表意模式。①

59 重要的是要认识到Modistae学派提出的“表意模式”这一概念是从世界上各类事物的属性中衍生出来的，但也只是间接的。“名词”这一词性的存在是因为物质的存在，也是亚里士多德的10类范畴中的第一个，即存在。与代词和形容词一样，名词也与“物质模式”（Modus substantiae）有关。相比于代词，名词和形容词还是有很大的不同的，因为前者还与“质量模式”（Modus qualitatis）有关。但Modistae学派并没有天真地认为每种模式能有实体对照物。因为如果是这样，人们就无法想象出像“虚无”这样的名词，因为它在现实世界中完全不存在。相反，世界上的物体又与特定的“modi essendi”，即“存在模式”相关联。这就触发了“modi intelligendi”，即头脑中的“理解模式”。“表意模式”和“理解模式”是相对应的。也就是说，Modistae学派认为，大脑会对词所指的对象产生一个概念，然后词的语义特征也就由此产生了。（Pinborg, 1982: 261）对早期的Modistae学派来说，文字是通过头脑中产生的概念来表示世界上的各种事物的。（Covington, 1984: 30–31）②他们认为，就算没有“语言、思想和现实是具有相同的逻辑连贯性”这一观点，“表意模式”“理解模式”和“存在模式”（modi essendi）也理应统一起来。（L. M. de Rijk, 1982: 161）

在Modistae学派的一篇典型文本中，对词性和表意模式的阐述放在了“Diasynthetica”这一部分之前，还都是关于句法的。就其本身而言，在Modistae学派的理论中，一个词“对语法无能为力”（Bursill–Hall, 1963: 50），需要“委托”另一个词来表意。要想将单词连接在一起，必须遵循以下3个原则。其一，成对的单词（但不是短语）要受构造原则（constructio）的支配。这一原则定义了词的及物性、附属性及“regimen”，也就是语法上的支配关系。其二，词语的恰当搭配受协议原则（congruitas）的支配。这一原则会将思辨性语法的一些注释与当代一些排版工整的注释进行比较。（Covington, 1984: 62）在协议原则下，一个词只能和其“表意模式”中的另一个词组合起来使用，完全不考虑其逻辑和语用上的可接受程度。举一个经典的例子，“cappa nigra”（黑色帽子）和“cappa categorica”（分类帽子）都来自同一个表意模式，同时也都符合协议原

① 充分发展的修饰理论有一个相当复杂的修饰意义分类系统。参见Bursill Hall（1971）、Pinborg（1967）和Rosier（1983）。

② 后来的修改完善了词语、概念和事物之间的关系，以解释诸如“无”之类的词语。对他们来说，物体由名词表示这一事实并不意味着所表示的物体属于物质范畴。然而，这确实意味着我们把它想象成一个独特的物体，某种程度上类似于一种主要物质。（Pinborg, 1982: 263）

则。(Rosier 1983: 193 – 194) 逻辑学家反对 “cappa categorica” (分类帽子) 这种说法，而语法学家却接受了这种说法。① 其三，Modistae 学派在句法上的完美原则 (perfectio)。这一原则要求将词组组合成一个句子，能完全体现出主谓关系，完整地表达观点，还能起到交际的作用。

Modistae 学派经常引用亚里士多德的 10 个范畴和 4 个因素来激发自己分析语法的普遍性。例如，他们将完美原则与亚里士多德的最终原因 (也可以说是最终目的) 联系在一起，因为他们认为句法的最终目的是传达完整的思想。这一目的的达成就得靠完整的主谓论证结构表现出来。(Bursill–Hall, 1971: 296) 通过将语法与逻辑概念联系起来，Modistae 学派认为他们用于分析句法结构的所有工具都是通用的，包括构造原则、协议原则、完美原则、表意模式。他们并不是从跨语言比较中衍生出了普遍语法，而是从他们坚信不疑的观点中产生了这一概念。这一观点便是人类的认知和世界的本质塑造了语言——“所有语言只有一种逻辑，60
因此它们也只会有一种语法。” ②

这种观点的提出也催生了一个问题，即如何解释人类语言的多样性。这个问题是不容小觑的。不同语言间是存在共性的。而相对于共性来说，各种语言又有着什么样的特性呢？就此问题，中世纪的语法学家提供了几种思路。12 世纪，有一种观点表示不同语言属于同一种类下的不同分支。William 对这种观点持反对态度，因为在他看来，这会威胁到语法的统一性。然而，他的学生 Peter Helias 接受了这一观点，并且提出了一个明显和 William 的主张相斥的假设，即种属关系确保了所有物种的最基本的共性。Peter Helia 的观点成为了 Modistae 学派的基石。Maierù (1994: 280) 引用了 Dominicus Gundissalinus 在 12 世纪中叶的著作中的一句话：正如 “属于相同种类的事物 (也就是各种语言) 存在于整个大类中，当然也存在于整个语法体系中” 。

诚然，在体现单种语言和普遍语法的关系这一方面，种属这一隐喻无疑占了上风。但要如何处理是什么让希腊语和拉丁语成为了两种成文的语言这一问题仍然没有解决。Modistae 学派的一些学者回避了对跨语言差异的研究，将其置于科学研究范围之外。讲希腊语的人理解不了讲阿拉伯语的人说的是什么，因为这两种语言有着 “不同的表达方式和语调” (Boethius of Dacia, 1270/1980, trans.

---

① 对 cappa categorica 的修改处理似乎重新确立了逻辑和语法之间的界限，语法承担了句法的责任。参见 L. G. Kelly (1979: 176) 。

② Boethius of Dacia 写的 *Modi Significandi Sive Quaestiones Super Priscianum Maiorem* 一书被 Henry (1980: 86) 引用。

McDermott：29）。这也正是思辨性语法毫不关心的属性。在另一种解释语言多样性的尝试中，Modistae 学派的一些学者则强调了存在模式和偶然模式之间的区别。前者必然存在于所有语言中，因为对所有说话者来说，它们代表了现实世界和人类认知的一些核心属性，而且现实世界与人类认知对于说话者来说其实是没有什么差别的。所有的语言都要执行表意模式这一基本模式定义的功能，即使各种语言会用不同的方式“发挥”这些功能。（L. G. Kelly, 1977：xix）与此同时，偶然模式发生的情况因语言而异。一种语言可能（例如）不需要因为时态而改变动词，因为在这种语言中，时态变化只是偶然发生的，而不是必然发生的。

因此，无论是将特定语言的事实排除在科学范围之外，还是将这些事实分配给固有理论的可变领域，Modistae 学派都坚定不移地相信普遍语法是处于中心地位的。①Boethius of Dacia 就特定语言的共性与差异性发表了一段评论。这段评论与上面的观点尤为相关，因为它关系到第二语言知识在中世纪语法理论中处于何种地位。

> 一个说拉丁语的人（说话者）不懂希腊语语法。反之，这是由于这些语法模式是后天习得的，是通过教学习得的而不是天生就会的。（由此得出的结论是）如果语法上的每一个后天习得的差异都被消除了，那
> 61 么所有人（他们）天生就都会产生一种自己独特的说话方式。
>
> （Boethius of Dacia, 1270/1980, trans. McDermott：5）

对 Boethius 来说，习得语言者必须学习语言中任何不属于普遍原则的东西。通用原则可能会在元语言分析的背景下由语法学家们教授，但他们在习得这种语言之前就已经学会了。那么，一个成功的语言习得者所拥有的东西是双倍的：不用教也不用学就能得到的普遍原则知识，以及后天习得的目标语言知识。

Modistae 学派提出的普遍语法和生成性普遍语法

在研究思辨性语法和生成语法的过程中，现代语言史学提出了两种观点。一种观点认为这两种理论之间有很多共同点，所以认为研究重点应该放在阐述它们的异同上。另一种观点则谴责这样的研究，认为它们是毫无根据的，这样的研究太过时了，可能会扭曲中世纪的语言科学，并对这种语言科学进一步产生“肤浅、天真和过分的热情”。（Vineis, 1994: 134）在本节中，本书作者阐述了第一

---

① 尽管他们明确的目标是定义语言的种类，修改者们利用他们创造的分析工具来解决传统语法中几乎所有的角落和裂缝，因此 Modistae 学派成熟的观点解释了拉丁语的全部偶然性。

种观点中的一些思想，对那些认为 Chomsky 普遍语法是语法起点的读者们，作者希望这样的阐述也可以让他们明白中世纪普遍语法的性质。要对推测性和生成性普遍语法进行比较，意味着要接受它们是有足够的共同点来进行比较的。作者的目的不是争论其任何具体的相似性，而是将比较作为一种手段来让大家加深对 Modistae 学派所取得成就的认知。此外，比较为现代普遍语法打开了一个新的视角，还对一个目标起到了推波助澜的作用，即对现代第二语言习得中使用的基本概念进行重新评估。

L. G. Kelly（1971: 227）曾对思辨性语法和生成语法形成机制之间的相似之处发表了评论。早期的思辨性语法学家的研究主题围绕着 William 对 Priscian 的批评展开，认为他只是对拉丁语进行了语法上的分类。同样，早期的生成语法学家不满当时美国结构主义学家的分类学取向，认为结构主义学家只是根据“一组随机的描述性标签”进行了“数据分类”。（Lees, 1957: 377）因此，思辨性语法和生成语法都自觉地不采用“数据导向”，而采用了“理论导向”（Robins, 1973），并渴望创造一种新型语言科学，致力于对语法进行解释而非只是描述语法。L. G. Kelly（1971: 227）进一步指出，在这两种情况下，发展的动力则来自对另一门学科的接触。对思辨性语法来说，推动它发展的则是逻辑学。Kelly 则认为数学为 Chomsky 早期的研究提供了一个模型。

要对思辨性语法和生成语法进行比较，还要基于它们的普遍语法概念。这对两种理论来说是同样重要的。两者都认为要用普遍语法定义人类语言的必要属性 62
[或“字符之外的意义”]。此外，这两种语法都想要阐明生成理论中提出的内容普遍性和形式普遍性这两个概念（Pinborg, 1975b：7–8）：对 Modistae 学派来说，协议原则体现了形式的普遍性，而词性（partes oration）则体现出了内容普遍性。此外，这两种理论都没有将不同语言的属性作为其生成机制的核心进行比较，这也是它们在方法论上的一个共同点。现代生成语法重视不同类型的语言有助于定义普遍语法这一观点。但在实践中，大部分理论都是在对个别语言的深入研究中建立起来的，“如同遗传学家们对果蝇进行了极其详细的实验，然后又从这些研究中得到了对一般遗传性的重要见解”。（Lightfoot, 1982: 35）同样，中世纪的语言学术也没有进行跨语言比较，用于发现协议原则的普遍性，或语素（littera）、音节（sillaba）、单词（dictio）、句子（oratio）这 4 个等级的普遍性。①

① Bugarski（1974: 161–162）在这一点上对这两种传统进行了同样的批评，指责它们“经验上的无知”，将所有语言同化为最熟悉的语言。Newmeyer（1980: 48–49）为生成语言学辩护，不受这种批评的影响。

中世纪普遍语法和生成普遍语法至少具有这些共同特征。但这两种理论还是为普遍语法提供了非常不同的来源。Chomsky 提出的普遍语法有一个生物学上的基础，即基于一种与生俱来的语言能力。Modistae 学派提出的普遍语法不是与生俱来的，而是植根于人类对现实的感知的。正如 Itkonen（1991: 229–230）所指出的，Boethius of Dacia 将语言描述为“自然的操作”。这与 Chomsky 提出的先天主义也有所不同。Boethius 认为，在一个与世隔绝的环境中长大的人类会创造出一种有着与人类语言相似语法特性的语言。这只是因为他们的认知与那些在传统环境下长大的人们的认知其实是没有区别的。这就一方面体现了 Boethius 所说的“所有语言只有一种逻辑，因此只有一种语法”。

Trentman（1976）提出了一种方法用以表示中世纪普遍语法和现代普遍语法之间存在的不连续性。他将中世纪的普遍语法描述为一种“知识语言”（1976: 285）。至少在两个层面上，这一表述是恰当的。其一，它是一种知识语言，因为它的特征是由人类认知强加的：它的范畴是思想的范畴，因为这一范畴包括了世界上的所有物体。其二，人们认为普遍语法最完整、最准确的表述就是拉丁语语法，而拉丁语也是中世纪所有学术、所有知识使用的语言。在这些意义上，中世纪的“知识语言”与现代普遍语法形成了鲜明对比。Chomsky 自 1986 年以来就一直使用“语言知识”这一绰号来称呼普遍语法。Chomsky 提出的“语言知识”是生物学里所说的一种计算能力，对人类语言的设计施加了特定的限制。认知和普遍语法是不同的，尽管语言（是普遍语法的实例化）和认知相互作用，语言和记忆、语言和感知力等也是这样相互作用的。Chomsky 提出的“语言知识”包含了所有人类语法的生成机制，而不只是与任意一种语言特定地联系在一起。中世纪和现代普遍语法都属于唯心论，因此它们才与知识和语言有关。但在这些重要
63 的方面，中世纪“知识语言”的认识论基础与生成“语言知识”还是形成了鲜明的对比。

要对中世纪普遍语法和现代普遍语法进行比较，还要基于它们的特定术语及技术设备。这种比较会产生不同的结果，但不太能体现这两种理论的本质。一个原因是生成语法技术设备的快速更新，因此曾经小有成就的比较点可能很快就会失去其相关性。Breva-Claramonte（1977a：17）和 L. G. Kelly（1971: 241）认为，思辨性语法的深层结构中，只包含了一个浅层次的（如果有）概念。而 Trentman (1976: 293) 则认为表意模式和句法转换的生成概念之间有一些共同点。然而，在

进行这些比较之后的几年里，生成语法还是放弃了比较这两个概念。[①] 还有一些其他谣传的相似之处，像什么协议原则和 Chomsky 的输出约束之间的相似之处（Salus, 1971: 531），以及可接受性和语法之间的共同差异（就像"分类帽子"与"无色的嫉妒想法在疯狂沉睡"这种表述一样）（Godfrey, 1965: 255）。L. G. Kelly（1971: 240–242）看到了思辨性语法和生成语法之间的区别是它们在句法和词形之间建立的关系。Modistae 学派提出的理论用形态学派生句法。也就是说，它从偶然事件中推算出了单词的特定组合。Kelly 将此与（之前被抛弃的）生成语法的实践进行了对比。这一实践就是在转化规则中穿插形态学知识。[②]

因此，尽管在对比 Modistae 学派提出的思辨性语法与生成语法时有争议，无论是承认其相似性，还是否认其相似性，人们都进行了大量研究。L. G. Kelly（1971: 250）得出了结论，这两者是"同一类型下的不同理论"。这里最突出的是，思辨性语法学家提出了一种普遍语法的概念。它肯定不同于 Chomsky 所提出的普遍语法概念，但它的存在（在进行大规模外语研究的背景下）为在与现在截然不同的知识文化中探究普遍语法与第二语言习得之间存在何种关系这一问题奠定了基础。

Roger Bacon

一位中世纪早期学者将普遍语法和第二语言习得中的一些主题联系起来进行了研究。根据他所处的时期（1214—1292）及他在当代的声誉，比起探讨中世纪语法，人们可能会想先了解一下 Roger Bacon 这位学者。但将 Bacon 视为 Modistae 学派的对立面进行研究更有意义，因为 Bacon 的贡献要通过他与 Modistae 学派的差异来评估。出于这个原因，本书将对 Bacon 所做的研究的讨论延后到了这里。

在现代语言学中，Bacon 在普遍语法方面遗留的思想在他一部不知名著作中得以体现，即《希腊语法》（*Greek Grammar*）。他在里面写道："所有语言的语法基本上是相同的，变化也是偶然发生的。"（II, 1, 2, eds Nolan and Hirsch, 1902: 27; Gilson, 1955: 781）语言学史学家将这一表述视为中世纪普遍语法的缩影。许多

① 与 Trentman 不同，L. G. Kelly（1971: 249）将修饰语法表示为生成语法，而不是转换语法。

② 21 世纪早期的生成论在这一点上可能比 L. G. Kelly（1971）所预见的更与中世纪语法有共同之处，参见 Hendrick（1995）。推测语法也被与非生成主义语言学理论相比较，如依赖语法（Covington, 1984: 59–61）、Firthian 理论（Bursill Hall, 1971）、认知语法（Swigers, 1988）、直接成分分析（Salus, 1971: 532）、格语法（Dinneen, 1985）。参见 Bursill Hall（1971: 327–341）和 Lambertini（1989）.

语言学家，尤其是生成语法学家，也把其当成一种支持普遍语法这一“老祖宗”
64 的口号。① 不幸的是，Bacon 的学术研究总体上并不为人所知，因此他的现代声誉就仅仅基于这一个小小的段落之上。最近对 Bacon 著作的几项重新评估认为，将这段话视为对中世纪普遍语法要点的总结是一种严重失误。Bourgain（1989）、Rosier（1984）、Hovdhaugen（1990）都拒绝接受对 Bacon 这一表述的传统意义上的解释，理由是他对普遍语法有非常不同的见解和兴趣，他对语言学习的态度也和 Modistae 学派的观点大不相同。有一些证据表明 Bacon 思想的提出是在 Modistae 学派之后。这样的证据还是需要我们进一步详细调查，因为这些证据还反映了中世纪的普遍语法概念、单种语言的语法和语言学习。

Roger Bacon 是一名方济各会士，在牛津和巴黎都接受过教育。他脾气暴躁，是一位令人生畏但又特立独行的学者。他在哲学、数学、光学、地理、炼金术、占星术和语言方面都有著作。“拥护了这么多有价值但都以失败告终的事业”是 Bacon 的命运。（Paetow, 1910: 44）特别的是，他还孜孜不倦地论证了第二语言习得的重要性。Bacon 声称，学习外语知识是重中之重，外语知识是“通往智慧的第一道门”。（Hirsch, 1914: 103）他直截了当地谴责了在他之前的翻译家和作家的语言技能：他说作家和翻译家是“最糟糕的又最愚蠢的”；整个作家群体被他斥为“全是骗子”；翻译家则被他称为“诈骗犯”和“傻子”。② 根据 Bacon 的说法，希伯来语、希腊语、阿拉伯语和理想化的迦勒底语知识对于弥补对《圣经》、哲学和科学经典的漏译，以及对这些经典的评论的漏译至关重要。Bacon 的思想与他所处的时代背道而驰。他认为拉丁语不足以用来传达宗教和科学知识，并指出拉丁语从未像希伯来语、希腊语和阿拉伯语那样，能体现神旨。此外，拉丁语缺少艺术类词汇，因此翻译者翻译不出许多单词。对 Bacon 来说，语言知识是进行精神生活和智力生活的前提。这促使他探讨了各种语言问题，并进行了记录。这些问题的主题涉及从比喻语言一直到音韵方面。在对外来词和方言的讨论中，在对语言之间历史关系的推测中，以及在编写希腊语、希伯来语和迦勒底语的比较语法的计划之中，他表现出了“真正的语言学本能”。（Hirsch, 1899: 65）

Bacon 撰写的《希腊语法》（*Greek Grammar*）显示出了他热衷于比较语言。这个具有高度原创性的文本涉及语音差异、拉丁语中的希腊语外来词和希腊语形

① Thomas（2002b）分析了 Bacon 文本的 50 次引用及其所起的作用。

② 引自 Hirsch（1914: 105,119,112,120）。Hirsch 冷淡地评论：“Bacon 并没有对他批评的主题不屑一顾。他向他展示了敌意。他从不嘲笑，他会鞭笞。”（1914: 118）

态，但几乎没有涉及句法。这本书很重要，有两个原因。

一个原因是它展示了 Bacon 在第二语言知识概念上的一些思想。在其他几部作品中，Bacon 提出了外语知识的 3 个等级。第三级也就是最高水平则要求人们有自由发言的能力。[①]Bacon 警告说，只有“当一个人从年轻时就开始努力学习一门外语 30 年，他才可能会达到（第三级）”。（Hirsch, 1914: 114）要达到这个水平，还需要训练有素的老师，而不仅仅是会母语的教师。[②]Bacon 所说的的 65
中等知识水平则要求学习者要具备翻译第二语言文本的能力。这既需要能读懂两种语言的能力，还需要能理解文本主题的能力。最低水平包括能够阅读第二语言，理解其他语言文本中出现的第二语言标注，以及熟悉该语言中的基本知识。Bacon 始终认为，这一最低水平的能力可以在 3 天内获得，学生“在有能力的老师的指导下就能密切应用……在一本好手册的帮助下也可以习得”。（ Nolan and Hirsch, 1902：xlvi）这也阐明了 Bacon 写《希腊语法》最基本（也可以说是第一级）的意图。从这个意义上来说，该文本也说明了他认为语言学习者在学习一门语言中应该要掌握的最基本的能力是什么。

Bacon 的《希腊语法》如此重要的第二个原因便是在引文部分就已经提到的著名段落。当 Bacon 写“所有语言的语法基本上是相同的，变化也是偶然发生的”时，他想表达什么？为了对这段话进行反驳，Hovdhaugen（1990: 124–125）一般会给出这样的解释——会列举 Bacon 与 Modistae 学派在语言观上截然不同的三点。第一，与 Modistae 派不同，Bacon 对比较不同语言的语法很感兴趣。第二，Modistae 学派喜欢从语言结构上研究普遍语法的性质，而 Bacon 很少从这一角度出发研究普遍语法的性质。第三，Modistae 学派没有研究任何一种语言的特性，而 Bacon 基本上研究的都是一种语言的特性，至少他对希腊语和希伯来语的研究就是这样的。[③]

Bacon 作品的这 3 个特征都与上文提到过的一成不变的那段话有关。在 Bacon 用方言阐述了语言构成之后，这段话便出现了：希腊语包含了雅典语、伊欧里斯语、多利安语及爱奥尼亚语，法语也就包含了勃良第语、佩皮利昂语和诺

① 参见 Bacon 的 *Tertium and Compendium Philosophiae*（1267–1272/1859: 310, 393–519），以及 Bourgain（1989: 327）、Hirsch（1914: 114）和 Wukitsch（1942）的讨论。

② Bourgain（1989: 327–328）指出，Bacon 可能预设了第四个层次，即对母语的科学或元语言知识，因为只有具备这种语言知识的人才能将其作为第二语言教学。

③ Rosier（1984: 25）通过指出 Bacon 对个别语言的语境化细节的兴趣，对比了 Bacon 和 Modistae 学派的观点。例如，Modistae 学派将不符合一致性标准的比喻词排除在考虑范围之外。Bacon 致力于研究比喻语言，因为它展示了语言是如何表示 ad placitum 的，但又是有限的。

曼第语。Bacon 随后重点提出了他要将希腊语与拉丁语进行比较的计划。原因：他认为他的读者大多都会拉丁语，而不会希腊语；拉丁语源自希腊语；因为“所有语言的语法基本上是相同的，变化也是偶然发生的”。然后他继续写道，要想理解希腊语，就必须进行比较，这也是“为了理解拉丁语语法，也就是写这篇论文的主要原因”。（Hovdhaugen, 1990: 124）在这种情况下，Bacon 没有在任何地方提到像表意模式这样的由 Modistae 学派提出的先入之见，也没有提及语言必然属性中语法的科学基础，更没有提到现实、认知和语法在现实生活中的反映。[①]在此基础上，Hovdhaugen 认为 Bacon 所说的语法这一概念与 Modistae 学派说的语法这一概念完全不同。相反，语法这一词在这种情况下应该被阐释为“语言学，（一种）语言研究，对语言的描述，描述和分析语言的科学”。（Hovdhaugen, 1990: 127）从这些观点来看，著名的“基本上是相同的”这一言论说明了语言研究方法的普遍性：它的意思是“分析和描述语言这一技巧适用于所有的语言，但具体操作起来还是有一些细微变化的”。

66 因此，Bacon 在这段话中可能没有体现出 Modistae 学派提出的普遍语法的特征。Bourgain（1989）给出了相应的解释。他认为，对 Bacon 来说，语法的普遍性是一种学习语言的方法，包括基于词性的希腊罗马元语言分析，一种用于解释“是什么让语言变得有理有据”的方法。（Bourgain, 1989: 328）如果是这样，Bacon 声称可以在 3 天内习得第二语言的第一级知识，虽然令人惊讶，但也说得过去。但一个学生在 3 天内能掌握的应该只有 Priscian 提出的分析框架和词汇。对 Bacon 来说，这是一种通用的语言分析方法，适用于任何语言。在《希腊语法》中，他将这一分析方法应用于希腊语中，也在用这种方法引导读者将其应用于拉丁语分析中。

因此，尽管 Bacon 将中世纪普遍语法提炼成了著名的词句，现在人们依旧认为他这一表述还是考虑不周。但在第二语言习得思想史上，他提出了 3 种等级知识，这是至关重要的。这 3 种等级直接向我们阐明了在 Bacon 所处的那个时代外语知识的用途，以及人们重视的是第二语言知识的哪些方面。Bacon 还对第二语言习得这一概念有了自己的许多看法。这一概念与其他所有的语言概念也是息息相关的。Bacon 提出的普遍语法是一种基于传统元语言分析的语言描述技巧。要想习得一门外语，首先就要习得该描述性框架，并将其应用于第二语言中。

---

① 《希腊语法》是在思辨语法的全面发展之前写成的，但已经有人试图定义类似于 modi significandi 的概念，例如 Boethius 在 1270 写的 *Modi Significaandi Sive Quaestiones Super Priscianum Maiorem*。

Bacon 在他的《希腊语法》中就这一方法提供了一个样板，用以展示如何做到这一点。因此，作为一种第二语言语法的创造者，Bacon 在语言学史上发挥了重要的作用——他创造的第二语言语法通过呈现一种跨语言的且有效的描述性框架来教授第二语言。

思辨性语法时代的第二语言习得

中世纪的外语和外语学习

Bacon 对语言的兴趣（一般与 Modistae 学派语言研究上的重点不同）在他那个时代是不同寻常的。但这也并不是独一无二的。在中世纪，人们对外语和习得第二语言的机会充满好奇，至少在一些社会阶层中是这样的。我们现在也可以重建他们当时的活动。在中世纪，因特定第二语言社会角色的不同，第二语言习得的经历也会有所不同，因此这些经验可以进行分类处理。分类有 4 个标准：习得学术型的外语；习得具有异国情调的白话；习得当地（即欧洲）方言；习得拉丁语。

学术型外语知识（不包括拉丁语，它有自己的一套）并不普遍。很少有学者会希腊语，他们基本上只认识希腊字母。Bacon 则抱怨道，在他认识的人里，掌握了希腊语、希伯来语和阿拉伯语的语法的人不超过 4 个。（Hirsch, 1914: 115）Bacon 自己对于希伯来语和阿拉伯语方面的专业知识也并不是全知全会的。
Hirsch（1914: 143）就指出过 Bacon 以为传统希伯来文字中没有元音，然后又在 67
希伯来语单词中插入了“元音字母”，这其实是一种误解。在 Bacon 所在的方济各会中，有一位熟知阿拉伯语的人，也就是 Ramon Lull（1232—1316）。他用加泰罗尼亚语和阿拉伯语创作了大量著作，这也是为了向阿拉伯世界传播并推广他自己发明的数学语言。这一数学语言也极具神秘性。（1995: 53–69）除了这种用于展现学术技能的偶然案例外，还有一些专业翻译人员的案例，他们的成果对中世纪的语言学习非常重要。其中一些翻译人员是西班牙人，从小就学过阿拉伯语。其他的一些翻译人员则是成人第二语言学习者，如 Gerard of Cremona（1114—1187）。他们前往西班牙寻找翻译成了阿拉伯语的著作，再与以阿拉伯语为母语的人合作进行翻译。[①] 还有一些学者生活在现在的意大利。他们也是翻

① Lindberg（1992: 203–206）讨论了中世纪翻译家。

译人员，利用自己生活的地区与拜占庭帝国之间存在的文化联系，来进行从希腊语到拉丁语的翻译。

这些活动表明，希腊语、希伯来语和阿拉伯语在中世纪并不为人所知。但这几种技巧却非常优越。一个原因可能是他们与异教有关。以希腊语、希伯来语和阿拉伯语为母语的人住在大学城，有时还会担任语言教师。但如果他们对这些语言产生浓厚的兴趣，可能会公开威胁基督徒的宗教正统观念。回想一下，甚至连亚里士多德的作品也偶尔会成为禁书。因此，许多中世纪时期的学者无法习得希腊语、希伯来语和阿拉伯语的原因不仅仅是缺乏机会而已。

第二种外语研究对象则是真正的外语，即“具有异国情调”的白话。旅行、商业，尤其是十字军东征，为学习此类第二语言提供了机会。Bischoff（1961: 213–219）引用了 9—15 世纪旅行者指南和其他语言记录中的一些节选内容，尽管这些文本中大多是数字列表、一年中的月份列表及一些实用性单词和短语的列表。此类中世纪语言学的“战利品”可能归属于 Arnold von Harff of Cologne。他在 15 世纪的旅行回忆录中列出了一些单词（“是”“否”“好”“坏”“上帝”“魔鬼”）和短语（“早上好”“旅馆在哪？”“这个多少钱？”）在克罗地亚语、阿尔巴尼亚语、希腊语、阿拉伯语、希伯来语、土耳其语、匈牙利语、巴斯克语、布列塔尼语中是如何表达的。因为商业发展与福音派传教对语言感兴趣，人们对异国语言进行了更为深入的研究。威尼斯商人 Marco Polo（1254—1324）和荷兰方济各会士 William 都在现在的中国和蒙古地区游历了数年。回到欧洲后，他们对中亚和北亚的语言进行了一番描述。Bischoff（1961: 223）鼓励传教士习得传教地的方言，就像在《库曼语汇编》（*Codex Cumanicus*）这样的手稿中所记录的那样。这本大约于 1303 年编写的汇编不仅包含了宗教文本的库曼语译本（一种曾在摩尔达维亚使用的语言），还包含了拉丁语——波斯语——库曼语词典和语法内容。由此可见，人们似乎普遍对遥远国度的语言产生了好奇心，并认真研究了它们，尽管在这两个方面，人们都没有进行大规模研究。

在习得欧洲方言时也呈现出了类似的迹象。Bischoff（1961: 211）评论说，比
68 起现代欧洲，在中世纪时期的欧洲，说不同语言的人都住得很近。因为欧洲语言在现代才出现分支，所以“当时同一群人进行交谈时会从一种语言转换到另一种语言，现在人们要做到这样并不容易（好比说意大利语的人能听懂西班牙语）。（Richter, 1980: 211）然而，就是意大利语和西班牙语之间存在的这种差异，也使得外语学习成为了必要。有一些临时数据收集的记录（如朝圣者指南中出现了 15 个巴斯克语单词），以及一些全文文本，用来帮助说英语、佛兰德语和德语的

人学习法语，以及说罗曼语的人学习德语。（Bischoff, 1961: 211, 217–218）因意大利语、加泰罗尼亚语和希腊语方言存在着一定的商业价值，人们也开始对其进行研究。尽管如此，直到中世纪末，人们才扎根于对欧洲方言的学术分析，且持续了很久。事实上，这一现象的出现通常被人们当成一种标志，即中世纪时期和文艺复兴时期语言世界之间产生了界限。[①]

考虑到其他的这些经验，中世纪的第二语言习得主要还是拉丁语。绝大多数的语言研究也还是在研究拉丁语，因为拉丁语不仅是中世纪教育的媒介，而且是研究的中心对象。这并不是说所有的欧洲人都学过拉丁语，因为那时的正规教育也不过是凤毛麟角。Richter（1980）用1339年公开调查过程中收集的数据评估了在当今的波兰人们对拉丁语的掌握程度。参与了这项调查的40名神职人员都识字（这里的字当然指的拉丁语的字）。但在其他83名非神职人员中，只有13%识字，其中城市居民和社会地位较高的人占更高的比例。Richter还提到了1307年的另外一个研究。该研究调查了那时英格兰人的读写能力。在这项调查中，没有找到一个“完全掌握了拉丁语的英格兰非神职人员”。（1980: 216）相比较而言，平民百姓没有什么机会能接触到拉丁语。但任何接受过教育的人首先都要学拉丁语，然后其他所有的教学都会用拉丁语进行。从这个意义上说，拉丁语其实无处不在。在学习拉丁语的总人数中，会拉丁语学术语言或者拉丁语方言的学生也只占一小部分。

Percival（1975）提出了一个极具挑衅性的问题。这个问题有关拉丁语在中世纪时期的地位。他写道：“使用拉丁语的人很早就学会了这种语言，并且使用频率如此之高，以至于……拉丁语对他们来说就像他们的第二门母语一般。”（1975: 247）我们知道，中世纪时期的人普遍精通拉丁语，有的人六七岁就开始接触拉丁语了。但当他们进入学校时，他们并不看重拉丁语，就像Augustine不重视他的第二语言希腊语那样。而Donatus的学生却十分注重拉丁语学习，他们会通过阅读Donatus的《小艺》学习拉丁语。[②]也就是说，中世纪学生习得的语言在某些情况下会和他们的母语是相关的，但不会是他们（或任何人）的方言。许多人的生活会因为掌握了拉丁语而更加便利，因此他们最终还是会生活在一种

① 中世纪欧洲语言的语法倾向于超越古典传统，如“语言独立且古怪”（Law, 1990c: 806）的爱尔兰语法、Auraicept na nEces、“诗人的指示”（编纂于7—11世纪），以及12世纪的冰岛语文本，称为《第一语法论》。其作者熟悉希腊—拉丁语传统，尽管直到19世纪，欧洲主流学术界对该文本仍然一无所知。

② J. J. Murphy（1980）将12世纪拉丁语的习得与Augustine对希腊语的习得进行了比较。Murphy描述的（下文讨论的）归纳性、情境化教学实践表明，拉丁语确实是一种第二语言。

“持续性的双语”环境中。（Maierù, 1994: 280）这种双语制是不对称的，因为一些欧洲方言只有一些最基本的文学传统。这些文学传统也尽可能地被翻译成了双语。通过不断地攀登教育系统的顶端，学者们进入到了一个与他们本土文化完全不同的知识世界。但这并不是说，拉丁语，那个能打开知识世界大门的第一个也
69 是最基本的钥匙，成为了他们的母语。相反地，出于某些目的，他们用拉丁语这门外语时可能比用母语时更加自在。

中世纪的第二语言教学法

对第二语言习得的反思在中世纪很少见，人们在解释 Bacon 提出的学习第二语言知识的 3 种等级时，也没有对第二语言习得进行反思。然而，尽管中世纪时期对语言教学法的研究很少，语言教学的规模和其明显取得的成效表明，对现存材料和教学实践的调查也能洞察中世纪时期人们对第二语言这一概念的感知。[①]

英国神学家 John of Salisbury（1159/1955 /1982: 67–71）的《元逻辑》一书中记载了 12 世纪初期的拉丁语课堂。该文本还描述了法国学术哲学家 Bernard of Chartres 的教学法。Bernard 会教授拉丁语的用法，要求学生每天熟记并背诵部分文学作品，还要求他们创作诗歌和散文。Bernard 重视沉浸式接触和模仿经典。因此，虽然用基督教化拉丁语写的祷告和诗篇是课程的一部分，但他教学用的例子大多来自传统罗马文学。Bernard 采取的方法和选用的课程与加洛林时期的校长用的几乎一模一样。后者（在基督教化之前）从罗马人那里继承了大部分教学法。在此基础上，J. J. Murphy（1980）主张中世纪的教学实践应该延续之前的教学法。他列举了 12 世纪拉丁语教学法的 8 个特征，将其称为 progymnasmata，是一种至少自 Quintilian 时代以来经过几代人改进过后的教学法。中世纪时期的 progymnasmata 详细地安排了第二语言习得时要完成的任务：学生从语音开始学习（通过在教会接触拉丁语）；在学习语法之前，要通过理解、解析和记忆来学习词义（尽管年轻的学习者采取的顺序会完全相反）。根据 Murphy 的说法，中世纪时期的 progymnasmata 表现出了一些其他的特征：语法是依据词性变得更加系统化的；“从一开始就形成了优秀的写作模板”；在学习语言的过程中，语法学习与逻辑和修辞学习同时进行，口语练习与写作和听力练习也是同时进行的。此外，还有一种至关重要的方法，即“当时的社会宗教背景将拉丁语当成一种实用

① Bursill Hall（1975: 188；1977）和 Bonaventure（1961）评论了现代研究的缺乏。

工具”。学生在这样的背景下“吸收着语言知识”（1980: 173），因此能清楚认识到他们所学的知识有何种效用。

Murphy 描述的教学计划和 Bernard 的教学法与以往的教学方法相比还是相当保守的。人们对第二语言习得本质这一概念的认知也可能具有连续性。也就是说，对于第二语言习得的某些假设，Bernard、8 世纪的 Alcuin 及 1 世纪的 Quintilian 都会表示赞同。其中就包括这样一个假设，即第二语言习得需要掌控一个详细的元语言系统，用于对第二语言的各个成分进行标记和分类。进行第二语言习得还需要一个有记忆功能的语料库，最好能通过模仿平行文本来达到这些要求。

另一方面，中世纪的第二语言教学法在某些方面偏离了早期的教学实践。 70
Thurot（1868: 94–95）描述了 12 世纪之后教学材料库存的缩减。在北欧，只有 Donatus、Priscian、Isidore of Seville 和 Remigius of Auxerre（841—908）的作品才大受欢迎。到了 13 世纪，他们的作品也黯然失色了，人们开始支持一种新的体裁，即语法文摘。两个核心范例就是 1199 年的诺曼底语法学家 Alexander of Villedieu 编写的《教义》（*Doctrinale*），以及 1212 年出生于法兰德斯的 Eberhard of Béthune 编写的《希腊主义》（*Graecismus*）。① 为了便于记忆，这两本书都以诗句的形式呈现。《教义》中包含了许多部分，大多关于词源（名词和动词的子类及其非本质变体）、句法、韵律和修辞格。《希腊主义》则服务于更高水平的读者，书中的材料与《教义》中的大同小异，但它特别关注希腊语对拉丁语的影响。14 世纪时，欧洲的大学将 Alexander 和 Eberhard 的语法制度化，制作了大量的副本，以至于今天都有数百份副本留存了下来。（Bursill–Hall, 1977）许多学者对它们做了评论和注释，试图解决语法失误和文本前后矛盾的问题。Thurot（1868: 105）认为这种问题都是些扭曲的论点及“虚假的微妙之处”。

虽然《教义》和《希腊主义》一直流行到了 16 世纪，但即使在作者的有生之年，这两部作品也面临着批评。Bacon——这位典型的语法学家没有对这两部作品留下深刻的印象。与 Bacon 同时代且比他年幼的 John of Garland 就提到《教义》和《希腊主义》，还将这两本书称为“双胞胎猿宝宝”。② 人们主要批评这两本书上教授的拉丁语是腐败的，因为书上的例子都是关于教会拉丁语及其当代用法的，与古典文学完全无关。在这方面，不同于遵从传统来源，《教义》和《希

① 关于教义和感恩，参见 Law（2003: 179–182），Paetow（1910: 36–46），H. O. Taylor（1919/1962, Vol. 2: 152–155），Thurot（1868: 99–109）。

② 参见 Paetow（1910: 41–42）。Vineis（1994: 182）还评论 Eberhard 希腊语水平不高。

腊主义》都顺应了中世纪晚期的一般趋势。Bonaventure（1961: 5）指出，在英语语法中，书中并没有引用经典文献，而是引用了一些说明性材料。这些材料的形式大多是“道德劝诫、《圣经》引文及对当代事件的引用”。这种趋势可能会打破这样的假设，即学习拉丁语意味着学习静态、封闭的文学主体，由此又会延伸到另一个假设，即拉丁语不过是由一组静态、封闭的词形，以及一些管理这些词形组合的规则组成的。然而，如果当代语言的使用已经对第二语言习得的概念化产生了如此大的影响，那么它很快就会受到挑战，即文艺复兴时期语法学家提倡要回归经典这一挑战。

中世纪晚期教学法的第二个创新是在课堂上会使用学生的母语。至少在学习拉丁语的初级阶段，老师们长期以来还是会一直使用母语上课。在《教义》中，Alexander 承认使用了通用语（lingua laica）澄清文本含义（J. J. Murphy，1980: 160）。但随着中世纪向前发展，方言的作用也越来越大了，尤其是在某些地区。Thurot（1868: 92）写道，在意大利，在介绍如何将意大利语翻译成拉丁语的文本中，就夹杂了方言。Murphy（1980: 170）注意到在一个传统的课堂练习中，出现了“德语小插曲”：当老师问“‘sum’（即拉丁语中的‘I am’）是什么意思？”，一名学生回答“是‘Ich bin’（即德语中的‘I am’）的意思”。在英国，法语首先被用在一些“解释”拉丁语的练习上。但到了 14 世纪中叶，英语开始
71 取代法语。到 15 世纪初，出现了一种主要用英语写成的拉丁文语法。这种语法一般以“In how many maners schalt thou bygynne to make Latyn？”（你可以用多少种方法写拉丁语？）开头。[①]

母语作用的扩大表明古英语、古德语和古意大利语的地位正在上升，开始被视为独立的语言系统。拉丁语教学中方言的出现也表明了中世纪时期人们对第二语言习得的理解发生了转变。这与“用方言打开（意义），（使文本）更为清晰”是一回事。[②] 而将拉丁语的语法与学生母语语法进行比较就是另外一回事了。Thurot（1868: 119–120）指出，《教义》上的一条名为“*Admirantes*”的著名注释就直接对拉丁语和法语进行了比较。人们可能在不动声色地比较自己的母语和第二语言。根据 Vineis（1994: 182）的说法，在一篇宣称主谓宾是拉丁语自然语序（ordo naturalis）的文章里，“*Admirantes*”这一注释将一个学生（也有可能是作者）母语的主谓宾正常语序投射到了第二语言上。像这样的证据表明，在当时人

① Bonaventure（1961: 4–5）。关于法语被英语取代的问题，参见 Hunt（1964: 187）。

② Alexander 的 *Doctrinale*，Vineis（1994: 182）译本。

们的视野里，拉丁语教学材料开始包含两种语言，即母语和第二语言。学习者母语的作用不断增强，这也成为了中世纪晚期教学法的一项创新。这还可能反映了一种不断加强的信心，即学习者的母语可以促进第二语言习得。

第二语言教学实践，即实证语法，也以另一种方式进入了新领域，即与思辨性语法的互动。

论思辨性语法与第二语言习得的交融

Bursill–Hall 和 Ebbesen（1990: 7）将外语的习得和教学描述为“（Modistae 学派）在语言学习上似乎完全忽略的一个方面”。随着语法在 3 个学科中地位的变化，它还被重新定义为一门思辨性科学，成为一种追求。这种追求和习得拉丁语完全不同。但事实上，思辨性语法和实证语法展现出了它们的不同之处。这也加大了它们之间交融的可能性。它们表面看起来毫不相关，但实际上还是有证据表明其影响是双向流动的。任何研究思辨性语法的学者都必须长期学习实证语法。这两种语法的研究存在着许多共同点。这些共同点很难忽视。Modistae 可能“完全忽视”了第二语言习得，但他们也还是会受到第二语言习得现象的影响，进而也会对其产生影响。

本书作者将从第二个主张开始说起，即思辨性语法影响了第二语言习得。Covington（1984: 131–132）告诫道，Modistac 学派对拉丁语教学的影响是有限的。其一，他们最关心语言的特性。而对于语言学习者来说，这些特性并不是其学习过程中最有用的知识。其二，当时有关语言的理论屈指可数，他们在理论层面的影响又是及其有限的，在拉丁语教学的大型文化产业层面的影响就更加有限了。然而，还是有零散的证据表明思辨性语法渗透到了教材之中。语言也成为了科学研究的对象。这一普遍倾向的形成得益于思辨性语法产生的一些影响。Bonaventure（1961: 6）发现了一名作者的匿名手稿。这份手稿为第二语言习得者分析了词性，但这位作者“不可避免地陷入了逻辑分析及语法哲学概 72
念的分析”。此外，回想一下，早期的思辨语法学家反对他们前辈漠视语法解释，并将这种反对作为一个集结点，用于定义一门新的语言科学。在 Eberhard of Béthune 写的《希腊主义》的序言中，他提到了语言教学法，也提出了一些反对意见。Eberhard 评论说，Priscian“给出了许多结构化的东西，但没有给出划分这些结构的理由。……因此他不应该成为教师，因为只有那些可以为自己的言论提供理由的人才能教书育人”。（trans. Paetow, 1910: 35）后来，Boethius of

Dacia 重申了这一观点：必须要对语法进行解释，语言教师也必须有解释语法的能力。（1270/1980, trans. McDermott, 1980: 41）[①] 同样的反对意见也再次出现——从 William of Conches 到 Eberhard 再到 Boethius，都认为语法描述无论是在科学上还是在教育学上都不再适用了。

此外，Modistae 学派创造的特定术语和概念偶尔也会出现在第二语言材料中。根据 Covington（1984: 24）和 Bursill–Hall（1975: 219）的报告，至少可以看出一些学习者是如何在他们的拉丁语课程中接触到思辨语法理论的。Hunt（1964: 177–179）指出，牛津中世纪晚期的教材区分了名词和形容词。这是很重要的，因为 Donatus 和 Priscian 都将这两种词性混为一谈了。一直到中世纪，人们才将这两种词性分开来研究。

因此，中世纪的实证语法已经受到了思辨性语法的影响。相反，它们之间也有一些交融。回想一下，语法的理论化完全是在拉丁语中进行的。此外，在 Fredborg（1980）的编年史中，他分散性地引用了欧洲方言，但在构建语法理论上还是基本完全依据拉丁语数据。因为“无论在何时何地，拉丁语都是一门外语”（J. J. Murphy, 1980: 159），所以 Modistae 学派提出的普遍语法是基于外语数据的，而不是基于任何人母语的数据。语言理论家是高阶第二语言学习者。用现代术语来说，他们发展了一种语言理论，服务于他们的第二语言习得现实。他们用第二语言呈现自己的观点，主要受众为能讲第二语言和能读懂第二语言的人。

中世纪以前，人们习惯于从古典文学中援引语言例子。在中世纪，人们抛弃了这一做法，语法的理论化也让这一做法更有意义。Law（1986a：44）写道，直到 8 世纪，文法家才开始煞费苦心地从真实的古代文本中提取出所有的说明性材料。但 Modistae 学派会使用一些“伪造”的例子（Rosier, 1983: 34）。这些例子都是他们自己发明的，例如“Socrates videt Platonem”（苏格拉底看着柏拉图）、“Socrates albus currit bene”（苏格拉底跑得快），甚至“Socrates legit Vergilium”（苏格拉底读维吉尔）。[②] 这种做法表明他们拒绝将语法描述作为科学研究的目标。更重要的是，这还表明他们没有质疑他们的第二语言能力是否具有自然语言的特性。相反，他们认为拉丁语是“一种理想（基础）形式的最完美的倒影”（Salus, 1976: 86）。与此同时，他们认为其环境中的各种本土方言在本质上是无规律可

① 摘自 McDermott 版本的问题 9；参见 Henry（1980: 89）中的问题 2。

② Robins（1973: 16）引用了第一个例子，Covington（1979: 472）引用了第二个例子。关于第三个例子，Covington（1984: 18, 137）指出，它的时代性“似乎没有困扰中世纪语法学家”。

循的，在结构上是有缺陷的，而且相对于拉丁语而言内容更贫瘠。中世纪的语法 73
学家并不认为古法语、爱尔兰语、古英语或中古英语及中古高地德语容易受到形式化分析的影响，因为它们先天上的形式就是变化无穷的。相反，他们自己的拉丁语知识表现出了一种更易于处理的基础。这一基础可以用于定义普遍语法的属性。

现代就第二语言知识的认识论基础进行了辩论，而中世纪语言科学的这一特征为这一辩论带来了有趣的反转。目前，人们普遍认为，人们的母语知识来源于 Chomsky 意义上的语言能力。像 Bley–Vroman（1989）这样的语言学家认为，第二语言知识与母语知识是完全不同的。在中世纪，对人类语言特性的讨论离不开拉丁语，因为只有拉丁语被当成适合用于分析的对象。因此，中世纪的语法学家一边依赖着他们对第二语言（拉丁语）的直觉，一边又怀疑着对其母语的分析能否引导他们深入了解语言。这些态度在文艺复兴时期消失殆尽。当时的语法学家对母语和非母语的看法发生了根本性的改变。但在他们的看法改变之前，语言学理论还是建立在第二语言知识的基础上的，并服务于第二语言知识。

与中世纪语言理论之间存在另一层关系。这一层关系则基于思辨性语法学家进行分析所依据的材料及使用的词汇。这些材料和词汇均取自实证语法的文献中。例如，中世纪普遍语法理论的一些基本组成部分 [像日益复杂的语言单位层次结构（语素、音节、单词、句子），以及 8 种词性的列举] 都是传统教学法中的重要组织原则。Bursill –Hall（1981: 72–73）指出了思辨性语法学家在多大程度上往 Donatus 的作品上“挂上了”评论。用 Modistae 学派的论述评论 Priscian 的作品则更为常见了。Modistae 学派发展了新的目标（解释语法而不是描述语法）和新的理论工具（如表意模式），但他们却将第二语言教学法中的基本元语言和分析类别据为己有。中世纪普遍语法是由第二语言学习者根据第二语言的数据精心创造出来的，并通过第二语言的媒介将它呈现了出来。它通常被构想为发展理念。这种理念是要呈现给第二语言学习者的，普遍语法还要使用第二语言习得的元语言词汇。在这些方面，中世纪的语言理论与第二语言习得是密切相关的。

总　结

在中世纪，语法被重新定义为一门思辨性科学，以“理论导向”取代了早期的“数据导向”。Modistae 学派将人类语言的共同点进行了理论化，创作出了普遍语法的初稿。由于思辨性语法被当成一门理论科学，语言教学和学习被单独定

74 义为实证语法。然而，由于共享了一个框架（这一框架基于彼此对一般文献的共同分析），它们之间是有一定联系的。

这种联系的一个方面揭示了中世纪时期到文艺复兴时期之间的一个重要转变。思辨性语法学家依据第二语言的数据对普遍语法进行了理论化。从21世纪的角度来看，中世纪语言科学的这一特征很突出，原因是现代语言学理论很容易将人们对其母语的了解作为研究数据，很少采用第二语言学习者对其第二语言的了解作为研究数据。本书作者将这一事实描述为中世纪态度与现代态度的一种颠倒。但这种明显的颠倒就会面临一个重要的挑战。对于一个质疑语法理论相关性的语言学家来说，打个比方，第二语言是西班牙语的学习者学习西班牙语法，人们会认为西班牙语语法理论是不相关的。这会被归咎于西班牙语的非母语地位，而不会被归咎于西班牙语本身的某些属性。相比之下，中世纪的人们认为方言是不系统的（因此理论上也是不相关的），这是源于它们作为语言的属性，而不是它们的母语地位。也就是说，思辨性语法学家一定会觉得佛罗伦萨意大利语和中古法语都是毫无系统可言的，不论这两种语言对某一个人来说是母语还是非母语。

从这个意义上说，两个时代对母语、第二语言和语言理论的观点是完全颠倒这一说法是不成立的。事实上，也得不出这一观点。与第二语言知识所处的地位相反，12世纪的人们并没有将母语知识放到一个特定的位置上。普遍语法这一概念现在已经有了，但中世纪的学术界并没有根据语言的习得情况来概括语言。这就提出了一个挑战性的问题（会在第五章中进行讨论）：西方语言科学是什么时候开始公开比较母语和第二语言的认识论基础的？

第五章 从语言特性的研究到17世纪的通用语言

第五章讨论的时间节点是14—17世纪末的400年，即从文艺复兴运动早期到启蒙运动早期。语言学史学家对这一段时间的评估多种多样。Law（1990c：807-808）想要突出西方语言学发展的开端，将其发展分为两个时代，即文艺复兴之前的发展及文艺复兴之后的发展。他继续声称，自16世纪以来，语言科学以150年为周期交替出现了两种研究方法：一种是对“语言特性”的研究方法，更加关注语言之间的实质性差异；另一种则是对“通用语言”的研究方法，更加关注一般基本原则。Robins（1973; 1984）与Law一样，认为钟摆在两个这样的极点之间摆动。然而，他认为，在古希腊人辩论语法是**技术**（téckne）还是**经验**（empeiria）时，这钟摆就已经开始摆动了。

R. Harris和T. J. Taylor（1989）对西方语言学关键文本的调查则呈现了不同的观点。这些文本只轻描淡写地记载了100—1650年语言的发展。这两位学者评论：“如果这些文本中能提到更多中世纪或文艺复兴时期的作家，这些作家无法保证原创性的其他作品就会变得更加重要。”（1989：viii）[①]Itkonen（1991）提供了另一种评估方法。他高度评价了中世纪的语言科学，但又断言“（中世纪后期语法理论的）成就被高估了”。撇开他不关注的历史语言学不说，“这些在20世纪之前的中世纪后期出现的语法理论也完全没有取得什么新的成就”（1991: 252）。[②]

Percival（1986）提出了更基本的问题：承认“文艺复兴时期的语言学”有

---

① 然而，Harris和Taylor将欧洲方言的兴起描述为“西方语言传统历史上最重要的分水岭”（1989: 87）。

② Itkonen（1991）实践了他所宣扬的。在他的语言研究中，33页的篇幅涵盖中世纪，6页的篇幅涵盖16世纪，12页的篇幅涵盖17世纪，6页的篇幅涵盖18世纪，15页的篇幅涵盖19世纪，29页的篇幅涵盖20世纪。

意义吗？如果有意义，它是什么时候开始的，又是什么时候结束的呢？（它结束了吗？）文艺复兴将自己描述为是对传统的一种“学习复兴”，那这个时代的语法研究与传统语法研究之间又有什么样的关系呢？Percival 指出，中世纪的语法学家没有忽视古希腊罗马的传统，因此不能说文艺复兴时期的语言研究也表现出一种回归古典的模式。事实上，他认为文艺复兴时期的语法学家表现得更加独立和“自信……相比于古代语法学家来说”。（1975: 57）Percival（1975: 231）克服
76 了这些困难，接受了“文艺复兴时期的语言学”这一说法，设想是 15 世纪后期出现的两个趋势标志了它的开始：一个是对语法传统批评的出现；另一个是方言语法的出现。但 Percival 通过对这两个预期中的里程碑进行了陈述，让它们听起来更加具体。他以这种粗略的方式说明了一些问题，也就是单凭这两种趋势就定义这一时期语法之间存在的问题：15 世纪对语法传统的批评实际上可能已经预见了 17 世纪的哲学和理性语法的出现（在第五章结尾会提到），而最早的方言语法可以追溯到一百多年前，甚至还可以追溯到中世纪。

本章开头会提到这些当时的人们用来辩论的术语。本章结尾则会谈到 17 世纪晚期通用语言的构建。这一构建也是值得评论的。在 1661 年和 1668 年，英格兰先后出版了两本文本，在当时最全面地展示了人们要指定一种通用语言的尝试。鉴于在 1653 年就已经出现了一本阐述法国普遍语法传统中的关键文本，在讨论普遍语法之前，史学家通常会先阐述普遍的语言传统。但本书将两者分开来讨论，将对这两个话题的讨论分别放到了第五章和第六章，在这里先讨论普遍语言。这么做是因为，在对语言学习的反思上，比起一般的语言学家，规划着形成通用语言的语法学家们基本上没有进行什么方式，反思也不太明确。在 17 世纪末，人们就不再执着于普遍语言，而人们对普遍语法的讨论一直持续到了 19 世纪后期。因此，将这两个主题分开是有意义的，尽管两者在时间和空间上的发展都很紧密，都在同一个钟摆上摆动。这个钟摆则是在远离对语言特性的研究。

无论人们如何描述 14—17 世纪末这段时间的起点与终点，这段时期对于普遍语法和第二语言习得概念的历史具有巨大的意义。这其中就包括了中世纪普遍语法的消亡，以及之后人们对个别语言兴趣的激增。后来，人们又重新投身于理解不同语言的共有属性，尽管在 17 世纪，人们对这些属性及其基础下了不同的定义。这与中世纪时期人们下的定义不同。因此，第五章则涵盖了 Laws 所说的钟摆的第一个完整摆动，即从通用到特殊，然后再回到通用。此外，第二语言习得也有了新的发展：第二语言习得更多地牵涉文化层面的学习，人们生活在多样的环境下，学习语言的目的也日趋多样化，因此越来越多的人开始学习多种多样

的语言。这同时也让人们下意识地学习怎样进行第二语言教学。由于这些原因，14—17 世纪这一时期的发展在普遍语法和第二语言习得概念的历史中发挥了关键作用。

文艺复兴时期“对语言特性的研究”

Law（1990c：808）将文艺复兴时期（通常从 1350 年到 16 世纪后期）的语言研究描述为“在语言特性上的发现”。出于几个原因，该表述适用于本文所关注的问题。其一，在很大程度上，文艺复兴时期的语法学家与中世纪时期的不 77
同，他们不再那么关注语言的通用性。其二，因为语法学家的注意力从通用性转移，促使他们重新评估了通用语言拉丁语的地位与文化作用，而没有评估个别地方和群体特有方言的地位和文化作用。这一部分将依次讨论这些主题。

抛弃思辨性语法

Modistae 学派在 13 世纪下半叶蓬勃发展，将语法重新定义为了一门思辨性科学。但在 14 世纪，他们不得不放弃发展他们独特的句法和语义学说，以保护自身理论免受攻击。也还是出现了一些批评。Maierù（1994: 302）在所有批评中都感觉到了一个共同的抱怨，即思辨性语法缺乏经济性。

其中一位批评家是英国神学家和哲学家 William of Ockham（1285—1349）。Trentman（1976: 29）写道：“众所周知，Ockham 热衷于简化事物。”他被当成中世纪唯名论的拥护者。该主义认为语言的通用性纯粹是主观的心理结构导致的。对 William 来说，表意模式不是词语的实际属性，只用来隐喻词语表示不同事物这一事实。此外，对于 Modistae 主义关于语言和思想同构的假设，他也进行了驳斥，认为说出来的语言和心里想的语言有很大的不同，通用性只能归因于后者。例如，他声称，只有那些一不小心说出来的话才能真的体现出心理语言。Covington（1984: 124）引用了 William 的例子，即“homo est alba”[这人（男性）是白人（女性）]，这个句子显然是“不合语法的，（但）这个句子与正确形式，也就是‘homo est albus’[这人（男性）是白人（男性）]处在完全相同的语法状态之下”。根据 William 的说法，心理语言也会省去一些词性，尤其是分词，因为分词与动词其实是没有区别的，在没有分词的情况下，任何命题也都可以成立。这种对 Modistae 学派观点的批判是在 14 世纪晚期的一部文本中发展起来的。该文本以“Modistae 派毁灭性表意”（*Destructiones Modorum Significandi*）为标题，很可能是法国神学家 Pierre d’Ailly（1350—1420）的作品。它承认像**协议原则**和**构造原则**这样的原则是存在于心理语言中的，但认为**表意模式**并没有存在的必要——名词之所以是名词，仅仅是因为它代表“类似名词的概念”。（Covington, 1984: 125）

在这些方面，思辨性语法提出过现实、认知和语法是相统一的这一假设。14 世纪的学者则对这一假设提出了挑战。另一位评论家还采取了不同的策略。大约在 1333 年，一场公开辩论在莱比锡以西的埃尔福特举行，辩论中似乎对思辨性语法进行了审判。对于控方，Johannes Aurifaber 宣称，他将“（首先证明）表意模式不存在，然后提出和确认它们的标准方法是行不通的；最后将消除各种怀疑我观点的原因并解决它们”。（trans. Covington, 1984: 121）Aurifaber 列出了 6 条反对意见如下：

78 1. 模式不是语言符号的属性，因为符号只涉及声音和意义，因此这一模式不能具有属性；

2. Donatus 和 Priscian 都没有采用这些模式；

3. 如果语言符号是任意的，那么模式也是任意的，因此两者都不是很科学；

4. 这些模式对词语形式没有什么明显的影响；

5. 逻辑学家可以仅通过意义来区分部分词性；

6. 心理概念的实体化还是取自物质，所以理解模式没有存在的必要。

（Covington, 1984: 121−122）

面对 Aurifaber 的攻击，思辨性语法的整个复杂理论装置开始显得“笨拙又蒙昧”。（Robins, 1997: 103）更糟糕的是，唯名论者认为口语和心理语言结构完全不同，使得 Modistac 学派普遍原则的追求无效，而这些原则大多基于认知与语言。随着思辨性语法的魅力消退，“语法学家就只剩下一项任务了，即确定不同语言中实际使用的规则，构建普遍语法的任务就（被）留给了逻辑学家和形而上学者”。（Pinborg, 1982: 268）根据这些观点，语法不应该再继续“装模作样”，把自己当成一种思辨科学，并“满足于被当成一门实用的且‘表面性的’科学，用来描述‘某事是如何完成的’”。（Maierù, 1994: 303）因此，反对思辨性语法就为实证性语法的发展奠定了基础。

尽管如此，中世纪语法和随后的语法之间还是有连续性的。Modistae 学派提出的一些术语和概念经久不衰，例如，人们偏爱用“代理”和“患者”这两个术语，而不是旧术语，尽管旧术语的意思更接近于“主语”和“谓语”，并且专注于代词的前置词。早期的人文主义者继续使用像《教义》这样的双语教学文本，甚至在这一传统中创造出了新的语法。一个是 Guarino Veronese 的《语法规则》（1418）。这本书没有思辨性语法一贯采用的元理论上层结构。除此之外，它也几乎没有什么创新。①Covington（1984: 128–132）记载了 16 世纪 Donatus 对 Expositio Donatii Nominalis 的评论。该评论引用了《教义》作为权威文本，并且不再关注思辨性语法关注的句法及其大部分研究工具。与此同时，该文本“为一些词格给出了定义，这些定义实际上是从 Thomas of Erfurt 那里复制来的……但附加了一个唯名论的警示”（1984: 129），因为作者指出，“模式”不存在词格变化，术语本身的词格变化除外。在这些方面，中世纪语法的某些方面被保留了下来，尽管人们普遍不接受 Modistae 提出的这一具有哲学性的普遍语法。

方言地位的改变

除了放弃研究普遍语法外，文艺复兴时期在语言特性上的研究还包括了所谓的“方言的兴起”（Percival, 1975），也可以叫“方言的解放”。（Tavoni, 1998: 79
14）这种巨大而复杂的文化变革的核心是人们重新认识了他们的母语的语言特征，以及相对于拉丁语来说他们母语的地位是怎样的。语法学家认为，从罗马人使用拉丁语开始，该语言天生就具有系统性、有序性和分析能力。（学者们将这一假设扩展到了所有的 3 种神圣语言，但没怎么将其应用于希腊语和希伯来语上。）② 思辨性语法让语言和认知的融合成为了可能：语法必然是理性的，因为它以系统为基础，即在计算、计划、原因的思维能力中推导出来。然而，这个“但是”是中世纪语言科学的一个标志——这种理性是由拉丁语决定的，而不是古法语、中古高地德语或托斯卡纳、意大利中部或南部方言决定的。中世纪的语言理论化了拉丁语，而不是方言，因为人们认为方言本质上是不守规矩、贫穷和在结构上有缺陷的。用一句话来说，方言是不系统的，“方言在定义上是不合语法的”（Tavoni, 1998: 30）。因此，与中世纪时期人们的母语相比，拉丁语的字符非常不

① Modistae 学派的术语遗产见 Percival（1986: 60–62；1982: 813–814）；Doctrinale 的长度和 Guarino 的 Regulae 见 Percival（1975: 238–240）。

② Percival（1995b：48）指出，由于罗马人认为拉丁语是希腊语的一种变体，因此他们没有质疑将希腊语语法传统扩展到拉丁语的合法性。

同。前者是连贯、可分析的；后者缺乏固定性和规律性。

在 14—16 世纪，人们逐渐不再认为方言是不系统的，这是一个非常显著的变化。[①] 这一切得从希腊罗马语法框架扩展到方言上说起。不列颠群岛 Eynsham 修道院院长 Ælfric（955—1020）的一篇文章表明，早在 11 世纪初，有理有据的拉丁语和混乱的方言之间的绝对区别开始逐渐减少。依据 Priscian《语法惯例》一书的摘要，Ælfric 为年轻的修道士们编写了拉丁语语法。编写这样一种文本并不是什么新奇想法，但 Ælfric 在两个方面进行了创新。他的第一个创新是用学生的母语盎格鲁撒克逊语写作，将拉丁语例子翻译成了学生们的母语。我们已经看到过学习者的母语被用来解释拉丁语，但就 Ælfric 将母语融入他的教学计划的程度来说，这也是不同寻常的。Ælfric 的第二个创新是一个更为激进的转变。他在序言中指出，使用两种语言这一方法表明：这些语法概念和术语（他还创造了这些概念的方言名称）在盎格鲁撒克逊语中也是适用的。因此，用 Ælfric 的话来说，“将语法艺术转化为英语”是有可能的。（trans. Wilcox, 1994: 130）Robins（1951: 72）评论说 Ælfric“假设了古代学者为希腊语和拉丁语设计的范畴框架在另一种语言中也会适用”。一种说法是，可以在以拉丁语为第二语言的材料中加入一些有用的母语用于解释。另一种说法是，正如 Ælfric 所言，分析拉丁语的框架是可以应用于学生的母语中的。[②]

如果 Ælfric 已经在原则上提出了将语法扩展到方言上的可能性，那么其实真正解决这个问题还需要很长时间。Law（1986a）讨论了中世纪晚期的语法学家是如何慢慢开始研究的。典型的例子是普罗旺斯语，其语法是在 12—14 世纪发
80 展起来的，以满足那些用第二语言（也就是普罗旺斯语）唱歌和创作抒情民谣的行吟诗人的需求。1356 年的一篇名为《爱的法则》（*Leys d'Amors*）包含了普罗旺斯语的语法草图。该草图努力在基于拉丁语的框架内解释语言的特殊属性。例如，普罗旺斯语名词只有两格变形，而拉丁语有 6 格。为了解决这种差异，《爱的法则》的作者引入了形态学和句法格之间的区别，承认即使格没有明确的变形，格在抽象意义上也可能是相关的。因此，在将古典语法传统应用于不同的语言系统时，《爱的法则》还是要详细阐述这一语法传统。

---

① Giard（1984）讨论了拉丁语与方言的社会和智力角色。Percival（1999a）分析了这些角色是如何转变的。

② 与 Robins（1951）或 Sisam（1953: 301）不同，Law（1987: 61）轻描淡写地强调了 Ælfric 的创新。在她的阅读中，Ælfric 使用白话文只是为了让课文易于理解，而没有试图“为英语的语法描述创建一个框架”，也没有想象课文可以用来教授学生的方言。作为证据，Law（1987: 68）指出，Ælfric 只为每个词形变化中的第一个名词提供方言翻译，降低了语法作为盎格鲁撒克逊语教科书的任何用处。另请参见 Bullough（1972）。

这就是西方语言科学如何跳出思辨性语法学家假设的这一故事的一部分了。当学者们开始研究他们的母语和他们的邻近地区的语言时，他们得出了一个推论，即语法传统是可以用来解释他们发现的语言特征的。但这并不是说这些语言被授予了与拉丁语同等的地位。语法学家可能会将传统的分析术语应用于普罗旺斯语，与此同时，他们仍然会认为普罗旺斯语具有与拉丁语非常不同的本质性质。

正是在 15、16 世纪的意大利，作为著名“语言问题”（questione della lingua）的一部分，方言相对于拉丁语来说所处的地位及整体特征开始被重新定义。在整个欧洲，拉丁语作为学术和文学的统一语言正在衰落，而各地的方言逐渐获得了公众关注和学术认可。在许多地区，区域政治中心地区的方言更是鹤立鸡群。但由于意大利各州没有政治中心，在这种情况下，就还尚不清楚要将哪种方言推广到文学标准。（Stankiewicz, 1981）在解决这个问题的过程中，意大利的学者们推测了各种方言的性质，以及它们历史渊源之间的关系，还有它们与拉丁语的关系。因此，有关“语言问题”（questione della lingua）的辩论成为文艺复兴时期语言科学的丰富信息库。

在有关“语言问题”（questione della lingua）的故事中，前几章内容绝对是丰富多彩的。这几章也可以从一份文件中重建出来。这份文件诞生于 1435 年 3 月佛罗伦萨市发生的一场著名争吵之后。一天，在教皇 Eugene 四世的宫殿里，一群使徒秘书在等待与教皇会面的间隙进行了讨论。对于正在讨论的这一问题，他们的意见出现了两极分化，于是这群使徒秘书分成了两个阵营来回辩论这个问题。在还没有任何一方占上风之前，一方的领导人就被传唤与教皇谒见了。之后，每个阵营的成员都开始互相起草相当刻薄的信函，还会发布一些散发他们的立场的宣言，试图以这种方式来推进案例的发展。双方制作的文件都幸存了下来，因此我们有机会通过它们去“窃听”文艺复兴早期双方有关语言的争议。

他们争论的问题：古罗马的平民使用的是什么样的语言呢？争议双方都承认
罗马学者和演说家的语言是拉丁语。但普通人呢？一方阵营的领导者是人文主义 81
者 Leonardo Bruni（1369—1444），也是最权威的参与者。Bruni 认为，在古罗马，文学和粗俗语言之间存在着不可逾越的鸿沟，就和它们在 15 世纪时所处的情况一样。Bruni 声称，无论古罗马平民说什么语言，都不是拉丁语；它可能，也许，已经被拉丁语剥夺了它的语法——如果你可以想象。但对 Bruni 来说，Cicero 的拉丁语和罗马市场上使用的语言之间有质的区别——对 Bruni 来说，就是“烘焙师和剪羊毛的工人”“女店员和奶妈”之间语言的区别。（1435/1987: 230, 232）

Bruni 所拥护的观点，本质上与中世纪提出的拉丁语和语法之间的关系是一致的。方言，顾名思义，是没有语法可言的。①

Bruni 的反对者中有一位年轻的使徒秘书，名叫 Biondo Flavio（1388—1463）。Biondo 认为拉丁语一直是整个古罗马社会的语言，尽管拉丁语的用法可能在整个社会范围内有所不同。在他看来，Biondo 自己所处时代的古意大利方言是一群连续入侵者，破坏了通用的罗马语言（Mazzocco, 1993: 41）。但 Biondo 坚持认为，方言、古罗马各个阶层人们的讲话，以及学者和演说家使用的古典语言，都有着一个共同的基础。在将方言描述为是对拉丁语的一种破坏时，Biondo 否认了 Bruni 关于方言与古典语言本质上是不可通约的这一断言，并且含蓄地否认了拉丁语和语法一样排他这一说法。②

年长的 Bruni 享有很高的声望。正是 Biondo 的职位让他在佛罗伦萨公众中占据了一席之地，并为文艺复兴时期的语法工作开辟了道路。在这场著名辩论的几年后，与 Biondo 同时代的 Leon Battista Alberti（1404—1472）创作了《托斯卡纳语法》。Alberti 在序言中敦促当代作家在他们的家乡托斯卡纳作曲。他声称在文学上使用方言是存在先例的，因为古罗马作家使用了他们那个时代的普遍语言。Alberti 的目的是"表明（托斯卡纳）具有与拉丁语相似的规律性"（Grayson, 1963: 305），因此可以进行传统上的语法分析。也就是说，Alberti 创作这一语法的目的是证明语法并不是拉丁语的专有领域。

Law（1990c：809–810）引用了 Alberti 的文本，还引用了 Johannes Clius 在 1578 年创作的语法。该语法主张德语是有固有规律性的，这代表着中世纪以来语言科学假设的一项重大转变。另一项转变则与学者兼诗人 Pietro Bembo（1470—1547）等人有关。他们引进了思考语言特征的这一新方法。Bembo 认为方言已经从拉丁语中挣脱了出来，演变成了全新的语言。也就是说，它们与其说是对拉丁语的破坏（Biondo 的观点），不如说是从拉丁语中衍生出来的语言，在本质上是完全不同的。根据 Faithfull（1953: 281–286）的说法，这导致语言出现了一种特征。这一说法首次出现在 Alessandro Citolini 于 1540 年写成的著作中。
82 他在著作中将语言描述为"活的"（新创造、成长中的），而不是"死的"（仅存

① 这是 Tavoni（1982）对 Bruni 立场的解读。Mazzocco（1993: 189–208）对此提出了挑战。另见 Baron（1966: 339–343）、Faithful（1953）、Padley（1988: 10–19）。

② Bruni，而不是 Biondo，更重视"方言与拉丁语共存的权利"（Mazzocco,1993: 33）。在 Tavoni（1982: 241）看来，Biondo"完全不喜欢方言"，而 Mazzocco（1993: 45–50）则认为 Biondo 欣赏了它的效用，而不是以此作为防御。

在于书面形式中的）。

将语言分类为“活的”或“死的”会产生以下几种后果：一是它为比较语言学的发展奠定了基础；二是它导致一些学者声称，由于活的语言仍在变化和发展，就不可能将它们的规则整合起来或进行简化。语言学领域最近才承认了方言的合理性。这一主张似乎与这一事实相悖。但这并没有让人们无法接受方言，而是让方言代表了活生生、可变的实体，扭转了其地位，以维护它们相对于拉丁语来说存在的优越性。Stankiewicz（1981）强调 16 世纪的文本体现出了“活语言”的完整性、创造性和微妙之处，而不是缺乏表达力，虽然拉丁语这种“死语言”一直声称“活语言”是缺乏表达能力的。在一些语法学家看来，拉丁语“形式松散……像是拼凑而成的，缺乏任何连贯性”。（Stankiewicz, 1981: 187）就这一观点而言，它标志着中世纪和文艺复兴时期人们对拉丁语和方言的态度发生了矛盾性的逆转：与方言的“完整性和独特性”（Stankiewicz, 1981: 181）相比，拉丁语现在（至少在一些作家眼中）被贬为是不连贯、杂乱无章的，还是缺乏表达能力的。

因此，人们对其母语的评价也发生了变化，学者们对母语的兴趣也随之增加。Faithfull（1953: 288）承认，只有少数人认为“活语言”是无法将其语言规律进行整合的。这一观点是一种衍生产物，产生于某些“革命理论”的传播之中。这些理论则是在语言问题发酵后形成的，而不是从那些要融入主流语言观的观点中产生的。但无论这一概念的影响如何，方言的新地位对普遍语法概念的发展产生了影响，因为它剥夺了拉丁语作为人类语言典范这一地位。相反，“拉丁语和方言在同一个通用领域开始被视为竞争对手”。（Moss, 1994: 62）尽管这一时期很少有人关注语言的共同属性问题，当这个话题重新流行起来时，拉丁语已经失去了它“最接近普遍语法”的地位。（Haastrup, 1990: 96）取而代之的是，1542 年的一篇文本断言“没有一种语言天生就可以呈现出脑海里想表达的概念”。[①] 该声明表明一些文艺复兴时期的语法学家已经偏离了 Modistae 学派的假设。

从文艺复兴到 17 世纪初的普遍语法和各种语法

从更广泛的角度来看，人们对方言新产生的关注也构成了语言态度的更大转

① 被 Nuchelmans 引用（1992: 113）。Grayson（1960: 22）认为这是一种反人道主义立场，人文主义从中世纪野蛮的化身中恢复古典拉丁语的运动预设“真理和雄辩相同”。人文主义者对方言的兴起做出了贡献。他们声称白话文有可能达到与拉丁语相同的准确性和威力，但他们并没有声称所有语言都是平等的表达工具。

变。这种转变则促成了“巴别塔的发现”。(Firth, 1937: 59)16 世纪和 17 世纪初期的欧洲人至少以 3 种不同的方式直面了语言的多样性。其一，在当地人们发现
83 了混乱的语言。也就是说，欧洲人开始对描述和学习他们周围的“活语言”产生了浓厚的兴趣。其二，人们开始在远处关注这些混乱的语言，因为他们了解到了亚洲和美洲以前不为人知的语言。其三，欧洲人重访了早已熟知的“巴别塔”遗址，并产生了新的兴趣。也就是说，他们重新考虑了如何最佳概念化和表示拉丁文的语法。最终，他们也将这些表达应用于其他语言中。下面将讨论语言多样性意识进入欧洲意识的每一种方式。它们产生了一些重要后果，其中一个则是一些关于跨语言共性的问题再次出现，人们也因此开始重新思考学习语言的意义。

在自家发现“巴别塔”

欧洲人在自家后院发现“巴别塔”，既是方言地位变化的原因，也是结果。人们在重新评估现存欧洲语言的性质时，创造出了几种语法。其中，第一种语法旨在驳斥一种假设，即中世纪时期人们假设方言是不系统的。毫不奇怪地说，这种类型的语法与传统语法的模板是密切相关的。例如，它会强调所描述的语言确实展示了预期的词性或带有格属性的形式。这种类型的语法则是 Alberti 的托斯卡纳语法的一种，也是上面提到的 Claius 用“拱的拉丁化”(Padley, 1988: 267)发展出的德语语法的一种。①

第二种早期的方言语法是为了不同的目的而创建的，这其中就有为了第二语言教学。16 世纪的范例就包括用英语编写的法语语法(1521)，以及用拉丁语编写的波兰语语法(1568)和德语语法(1573)。到 17 世纪末，第二语言语法已经出现在 20 种欧洲语言中，包括威尔士语、匈牙利语、芬兰语、冰岛语、布列塔尼语、格鲁吉亚语、爱尔兰语和俄语。② 一般文本中描述的语言与标记为第二语言语法文本中描述的语言又是不同的。最常见的用来解释语法的语言是拉丁语，但一些第二语言语法也会使用方言，大多是(或绝对是)读者的母语。这些文本的标题大多会表明它们是为学习者设计的，而不是哲学类或参考语法类

---

① 参见 Padley(1988: 25, 262–263)。Blatt(1957)讨论了借用的作用，以及拉丁语语法对欧洲方言的影响中的历史关系。

② 这些数据来源于 Rowe(1974: 372–373)。对于每种语言，Rowe 只列出了第一个现存的成文文法。它涵盖了语言的不止一个方面，而只列出了发音或正字法方面的工作。他排除了拉丁语和古希腊语的语法，也没有记录第一篇之后出版了多少文本。他也没有提到 1500 年以前产生的方言语法，如爱尔兰语、冰岛语和普罗旺斯语，以及 1409 年 Donat François 给讲英语的人教法语。另请参见 Tavoni(1998: 29- 44).

的。这清楚地表明一些欧洲人在学习彼此的母语。Swiggers（1992b：218）引用了 1532 年的一本名为《学习正确法语阅读、法语发音、法语交际的入门书》（*An Introductory for to Lerne to Rede, to Pronounce*）的文本。他还引用了 1576 年的一篇名为《利特尔顿法语：学习法语的最简单、完美和绝对的方法》（*The French Littelton. A Most Easie, Perfect, and Absolute Way to Learne the Frenche Tongue*）的文章。

在这一时期开始出现了第三种语法：母语语法。这种语法针对母语读者，并以母语作为描述语言进行编写。母语语法似乎比第二语言语法出现得晚一点。直到 17 世纪末，Rowe（1974: 372–373）的目录仅列出了 7 种具有母语语法的语言：西班牙语（1492）、意大利语（1516）、捷克语（1533）、葡萄牙语（1539）、荷兰语（1584）、英语（1586）、瑞典语（1696）。① 创建母语语法的最常见动力是 84
解决语言标准化问题。印刷术的引入使欧洲人面临更为紧迫的语言问题，特别是这两个问题，即在印刷品中应该用哪种语言版本作为代表？② 如何选出这一种语言版本？ Kibbee（1991: 119）写道："每个国家的语法学家都必须决定要'剪断'哪个（语言变体），浇灌哪个。"关于方言和拼写标准的辩论是这一时期语法写作的强大动力，也是对语言其他类型的反思。（R. Harris, T. J. Taylor, 1989: 86–93）

"巴别塔"以这些方式侵犯了欧洲人的意识，甚至只考虑了语言多样性的本地来源。人们探究母语的语法完整性；研究邻近地区文化的语言；关注母语的不同版本，并思考如何以书面形式呈现。总之，这些对欧洲方言的调查提供了语言多样性的第一手经验，使语言研究远离了中世纪（近乎）对拉丁语（近乎）的独家关注。

在国外发现的"巴别塔"

人们在这一时期对已知世界边界重新划定之后，随之对语言多样性产生了一种更为激进的体验。16、17 世纪的探险家周游西半球，还发现了从欧洲到亚洲和非洲的新贸易路线。在这样做的过程中，欧洲人确实发现了新的民族和新的语

① Auroux（1992a：53–56）似乎也加入了这个列表，但他并不总是指出给定的文本是为母语还是第二语言读者设计的。

② Percival（1986: 64）提出了一个重要的观点，即文艺复兴时期识别和标准化民族"方言"的努力往往针对宫廷或古代方言，而不是大多数公民的语言。

言世界。出于政治、商业、宗教或科学目标的驱使，很多人研究了这些具有“异国情调”的语言，还撰写了许多有关于这些语言的文章。其中一些最早幸存下来的语法描述了中美洲和南美洲的土著语言，包括塔拉斯坎语、印加语、纳瓦特尔语、萨波特克语和米斯特克语，都是在16世纪后期用西班牙语写成的。在下个世纪，（除了以上语言）其他语言也出现了语法，像日语、他加禄语、马来语、越南语、刚果语和马萨诸塞州语。到17世纪末，人们已经为大约30种外来语言编制了语法，超过了当时同样需要语法解释的欧洲语言的数量。①

日益壮大的外来语法队列表明，在国外发现“巴别塔”可能对文艺复兴时期的语言科学产生了重大影响。但许多外来语言的语法在海外印刷仅供当地使用（如给传教士用），并且在欧洲几乎没有得到流通。此外，在他们对异国语言的描述中，语法作者坚持他们和读者最了解的语法传统——Donatus 和 Priscian 的语法传统。有时这会限制语法作者的洞察力并扭曲他们的描述。但 Rowe（1974: 365）警告说，尽管“拉丁化这一趋势非常强烈……但不应被夸大”。至少还有
85 一些16、17世纪的传教文法学家很清楚这一陷阱。Percival（1992: 231）引用了纳瓦特尔语语法书的作者 Antonio del Rincón 的话术。他尖锐地指出，必须采用新的描述方式来描述纳瓦特尔语是从哪里开始和拉丁语不一样的。W. Cowan（1984）记录了 John Eliot 于1666年编写的马萨诸塞州阿尔冈昆语语法是如何引入各种概念创新的——一些从语言角度来说是成功的，另一些则不太成功。当 Eliot 面临不熟悉的特征时，如人称名词的变形，以及为了实现第三人称名词、代词和动词的同构，标记有生命名词。②

因此，虽然拉丁化趋势限制了一些文艺复兴时期的语法学家，但其他人还是在试图扩展或调整语法传统以适应外来语言。无论有没有改编，传统术语和类别被应用于新发现的语言这一事实十分重要，因为它表明：到了16世纪中叶，语法的系统性和连贯性不再被认为是学术经典语言所独有的。Percival（1986: 62）引用了 Theodor Bibliander 于1548年出版的文本。该文本断言每种语言都可以转换为书面形式，依据一些语法规则，都可以对它们进行描述。一篇同时期的报告还称“当伊斯帕尼奥拉岛的10个当地人被带回西班牙时，他们会发现其语言可

① 参见 Rowe（1974: 372–373）。Percival（1992）和 Simone（1998: 160–163）分析了其他早期语言学工作。

② 与此同时，Auroux（1992a: 31）提到了 Gabriel Sagard。他在1632年的《休伦词典》中将该语言描述为“野蛮的，几乎没有规则的”。Auroux 同情西方语法学家在发现非印欧语言的语言模式时所面临的困难（une problème intelligence considérable）。Percival（1999b）讨论了欧洲语法传统和16世纪传教士语法之间的关系。

以毫无困难地用拉丁文字写下来”。在将他们熟悉的语法工具扩展到亚洲、非洲和新世界的语言时，欧洲人（至少在原则上）接受人类语言总体上可以用这些术语进行分析这一说法。

重新审视语法传统中的“巴别塔”

因此，在知识环境也开始普遍承认语言系统性时，人们对语言多样性的认识也有所提高。因此，Rowe（1974: 361）提出了一个有趣的问题：为什么 16、17 世纪产生的比较语法如此之少？特别是在这种其他领域的学者都从事比较研究的环境之下，在动植物的分类上也出现了比较研究，在文化实践和制度的分类上甚至也出现了比较研究。Rowe 推测，除了外来语法的有限流通和拉丁化趋势外，没有出现跨语言研究的另一个原因是语法学家之间还存在着“反文艺复兴运动”（1974: 366）。这就引起了人们注意力转移，普遍不再对个别语言的细节感兴趣。

Rowe 的反文艺复兴运动被视为欧洲直面语言多样性的第三种方式。在这种情况下，并不是新数据的涌入增强了语言变体意识，而是对熟知数据产生的新观点增强了这一意识。反文艺复兴时期的语法学家反对人文主义，人文主义本身（或部分）就是对思辨语法和它所在的中世纪时期拉丁语的一种反抗。人文主义者强调修辞训练，还强调通过记忆和模仿经典习得典雅的文风。[1] 他们争取回归到那种他们认为是原始、正确的用法，也是在古典文学和语法传统中表现出来 86
的用法。他们还不顾中世纪时期评论家和注释者的语言积累。反文艺复兴时期的语法学家们开始重新讨论那些被遗弃的议题，并重新采用之前的术语，借此来引入他们自己的创新，并批判了长期以来被人们毫无疑问地接受的那些材料，例如 Donatus 和 Priscian 的文本。他们所做的这一切都是为了反抗人文主义。他们没有形成一个连贯的学派，但他们的作品总体上构成了对拉丁语分析，乃至整个语言分析的“新起点”（Padley, 1976: 58）。

出生于意大利的医生 Julius Caesar Scaliger（1484—1558）是一位著名的反文艺复兴语法学家。Percival（1975: 241）称 Scaliger 是“对语法传统进行毁灭性批判的最高典范”，并指出 Scaliger 于 1540 年写成的《论拉丁语的成因》（*De Causis Linguae Latinae*）是围绕他纠正的错误列成的表展开的。事实上，书中就有超过 500 个这样的错误（Stéfanini, 1976: 319）。通过重新采用亚里士多德的术语和分类及一些思辨语法学家的思想，Scaliger 试图纠正传统的语法知识，包括

① Padley（1976: 5–57）对人文主义语法学家的工作进行了可读的描述。

这样一个概念，即语言和心理概念会反映自然现象的结构。他还从文艺复兴时期的语言科学中分离了出来，更加看重系统性，而不是用法及权威文本的说法。（Breva-Claramonte, 1977b：9）Scaliger 拒绝采用动词的传统分类（主动、被动、中性、同相或异相），在亚里士多德类别的影响下，创造出了二元分支分类法，其中主动动词和被动动词又分别分了两个子类。他利用亚里士多德对物质和形式的区分，声称词类源自名词和动词之间的原始对比。在此基础上，Scaliger 为 8 种词性划分了等级，参照名词对代词进行了定义（即“名词替代”），并参照动词对副词和分词进行了定义。[①]

法国人 Pierre de la Ramée（1515—1572）的名字被拉丁化为了 Petrus Ramus。和 Scaliger 一样，Ramus 嘲笑传统语法是自相矛盾的，还提出了替代方案。但他的贡献是与众不同的，因为他认为语法科学必须基于形式而不是语义标准：“科学是建立在经验上的，（以及）规则是基于观察之上的。”（Padley, 1976: 83）因此，Ramus 依据数、性、格、人称等在形式上标注的范畴区分了各类词性，还摒弃了普通名词和专有名词等传统语义上的划分。Scaliger 用基于事物本质的人类系统代表了语言的组织原则，而 Ramus 则试图将用法与逻辑协调起来。Swiggers（1989: 133）认为 Ramus 的作品是一维的，这使他无法超越单词的线性顺序去发展短语结构理论。相比之下，Scaliger 自由地假设了语言组织的潜在层次，从“Caesar fights”（Caesar 打斗）和“Caesar writes”（Caesar 写作）中推导出一个类似于“Caesar fights and writes”（Caesar 打斗又写作）的句子。（Breva-Claramonte, 1977b：10）尽管他们的观点存在差异，两人都影响了方言语法的编写。Ramus 在他 1562 年编写的法语语法中就应用了他对拉丁语的看法。虽然
87 Scaliger 的《论拉丁语的成因》（*De Causis Linguae Latinae*）主要针对拉丁语，但还是有人将他的建议扩展到了方言之中。

Ramus 和 Scaliger 都影响了第三位学者，即西班牙人 Francisco Sánchez de las Brozas（1523—1601；也被称为 Sanctius 和“El Brocense”）。他将批判语法传统的火炬带到了 16 世纪末。Percival（1975: 243）将 Sánchez（1587/1976）的《拉丁语原理》（*Minerva seu de Causis Linguae Latinae*）描述为“一部极其复杂的作品，组织得很糟糕，其写作风格是具有争议性的，有时几乎是谩骂的”。Sánchez 本人将其视为对标准语法传统弱点的揭露，还认为这一揭露方式是极具创新的。

---

① 了解 Scaliger 的语言分类法参见 Percival（1975: 242），了解亚里士多德的影响参见 Stefanini（1976,1982），了解名词和动词之间的区别参见 Padley（1976: 70–73）。

与 Scaliger 一样，Sánchez 借鉴了亚里士多德具有权威性的逻辑学，并且非常重视系统。他也提出了数、格等术语的正式定义。这些定义与 Ramus 提出的相类似（Padley, 1976: 101），但他的句法是创新的。特别是，Sánchez 提出了一个详细的省略概念，反对传统的说法，即在“magni emi”[“(我)以贵(价格)买了(它)”，其实就相当于“large”的名词所有格] 加上了“buy”的一般过去式，“magni”的名词所有格受“emi”支配。相反，Sánchez 提出在这个句子里，名词“price”被省去了，这个词则支配着形容词的属格。[①] 此外，他断言拉丁语之所以没有主语也是因为省略，因为“没有主语，动词表示不了任何东西”。他消除了及物性和不及物性之间在传统语法中的区别，认为不及物动词明显就应该被分析为潜在的宾语（或主语）:“Pluit”的意思是“(It) is raining”（下雨了），它就可以代表“Pluuit pluuia”，即“(It) is raining rain”（雨点掉下来了），也可以表示“Deus pluit”，即“ God rains”（天下雨了）。[②]Sánchez 的省略概念既不只是在简单地反思一些经典作品作家的用法，也不是在“为不厌其烦的分析师提供便利”。（Collinge, 1986: 42）相反，他提出的语言学理论需要省略这一概念，因为理论必须以逻辑为基础，而逻辑则要求每个主句都要有主语、动词和宾语。

Breva-Claramonte（1977b：8）将 Sánchez 提出的省略概念描述为“打破了语言的范式”，而 Breva-Claramonte 则继承了这一范式。在这些寻找生成语法的前身的历史学家中，Lakoff（1969）就声称 Sánchez 比皇家港口的语法学家更早使用省略这一概念，他的这一概念是 Chomsky“深层”与“表层”结构的先驱。Sánchez 会随意地使用其他语言的数据。这也揭示了他的理性主义：在构建他对拉丁语的分析时，如果拉丁语体现不出具有决定性意义的对比，碰巧另一种语言可以体现出来，他就会用另一种语言举例，因为所有语言都会映射出同一个系统。无论反文艺复兴的语法学家与现代语言学可能存在何种关系，在他们自己所处的时代，他们都将注意力从语言特性上的细节重新转移到了语言的普遍性上。这种全神贯注最终使 Law（1990c）的钟摆方向发生了变化。Nuchelmans（1992: 115）断言，Sánchez 的语言哲学表现出了普遍主义和理性主义的连续性：这些思想并没有随着思辨语法的出现而黯然失色，只是在文艺复兴时期，人们开始研究语言的特殊性，它们也暂时被掩埋了。

---

① Percival（1975: 244）讨论了这个例子。在 Sánchez 中可以看到它的西班牙语翻译（1587/1976: 112）。

② 无主语参见 Padley（1976: 105），Pluit 参见 Sanchez（1587/1976: 179）。有关 Sanchez 的更多信息，参见 Breva Claramonte（1977a; 1977b）；另一种观点见 Otero（1995）。

88

第二语言习得和外语教学

从本书的关注点来看，Sánchez 的语法是至关重要的，不仅因为它是对普遍主义文化的一种反向投入，还因为它激发了人们尝试改革第二语言教学法。Ramus 的研究同样适用于第二语言教学中，即使他的不同方法可能要应用到不同的课堂之中。文艺复兴时期的语言教学十分多样，反映出了这个时代人们已经意识到了语言的变体。随着教学法的创新，有关第二语言本质的新概念也不断出现了。

母语与非母语的概念化

在文艺复兴早期，人文主义者找出、编辑并传播了 200 年前写成的文本，丰富了自己对语言的看法。*De Vulgari Eloquentia*，即《论俗语》，是一篇简短的且未完成的文本，其作者可能是一位与方言兴起有关的名人，也就是 Dante Alighieri（1265—1321）。从生活的年代及总体上的大部分观点来看，Dante 更应该是处于中世纪而不是文艺复兴时期。然而，他在《论俗语》中对“母语”与“非母语”这两种语言的概念化是超前的。直到 16 世纪早期，也就是 Dante 过世的 200 多年后，一直到该文本被重新找出之前，这两种语言的概念化都不受重视。（Padley, 1988: 42）

Dante 卷入了他那个时代动荡的政治事件之中，迫使他一生大部分时间都在流放，都不能回自己的家乡佛罗伦萨。如今，他的诗人这一身份被人们熟知。当然，他作为著作《喜剧》(《神曲》的旧名）的作者这一身份更是家喻户晓。《论俗语》写于 1303—1305 年，是用拉丁文写成的。编写这一文本的目的是希望文艺复兴时期能够对方言重新评估。Dante 关注的是要如何定义一种文风高雅且精炼的媒介。他引入了“杰出方言”（vulgare illustre）这一概念。Mazzocco（1987; 1993: 108-158）对这一术语进行了分析。其中的一种具体解释认为，Dante 这一“杰出方言”是一种共同语言基准，整合了各种意大利方言。照这样说，如果要充分说明“杰出方言”的性质，那 Dante 就可以基于这些解释在《论俗语》第二卷中发展出全新且高级的语言。[①] 与 Dante“杰出方言”这一概念的具体解释形成对比的是 Corti（1981）讨论的“抽象”解释。Corti 声称 Dante 受到了思辨性语

① Ewert（1940）提供了一种更为“具体”的解释，将庸俗的幻觉视为一种特定存在的泛意大利的口语。Ewert（1940: 365）声称，Dante “” Padley（1988: 45- 47）对 Ewert 的解释提出了异议。

法学家的影响，也对普遍语法产生了兴趣。在抽象的解释上，Dante 想要创建的“杰出方言”会将一组原则实例化，从而形成所有人类语言的词汇、词形变化及句法。这些原则构成了一种形式，即“locutionis”（言辞）。这本来应该是上帝给 Adam 的，Adam 则创造了第一种语言，也就是希伯来语。

在这种解读下，在伊甸园产生的这一原始语言既是自然的（由 Adam 自主创
造的），又是普遍的（因为它完全符合语言的形式，并反映了事物的本质）。在 89
“巴别塔”之后，上帝从人类精神中抹去了语言形式（Corti, 1981: 33），导致人类语言的既混乱又多样，还必然使单词与事物之间关系的常规化了。[①] 因此，后“巴别塔”时代的人类语言是自然产生的，但不再是通用的。与此同时，拉丁语是通用的，因为它是固定、规范的，且几乎没有什么变化。但它是人们创造出来的语言，不是自然产生的语言。Dante 的“杰出方言”既是自然产生的，也是通用的，因此会成为文学表达的有力工具。为了让“杰出方言”出现，Dante 必须进行文化复兴，或以某种方式获取现有意大利方言背后语言形式的生成原则和结构原则。（Corti, 1981: 32）

Scaglione（1988）反对 Corti 对《论俗语》的解读，理由是 Dante 采用的方法与思辨语法学家采用的方法根本不同，Dante 对普遍语法本身不感兴趣，只是对意大利方言中的表达感兴趣。无论是否在普遍语法概念的历史中发挥了作用，Dante 通过以牺牲拉丁语为代价推崇方言的价值，否定了中世纪时期关于方言与拉丁语地位平等这一假设。当《论俗语》于 1529 年被 Giangiorgio Trissino 重新发现时，它所处的语言环境问题肆虐，人们正在阐明“活语言”和“死语言”之间的区别。Dante 的文本则推动了这两个问题的发展。

《论俗语》在第二语言习得的概念化中也发挥了作用。这一文本的初篇便对比了拉丁语和方言，Dante 也描述了母语与第二语言知识的性质。值得注意的是，文中没有区分具体的语言（如拉丁语与佛罗伦萨语），而是区分了语言的种类——人为创造的语言（拉丁语和其他古典语言）及自然产生的语言（方言）。值得注意的是，这两者之间的区别在于它们的习得情况。用 Dante 的话来说：

> 我称婴儿在开始分辨声音时从周围的人那里获得的语言为“方言”。或者，更简洁地说，我觉得方言是模仿奶妈说话时习得的语言，在这种情况下，我们没有受到任何的正式指导。还存在另一种语言，与我们相

① Cremona（1965: 149–151）等指出，Dante 在 10 年后的（《神曲》中的《天堂篇》）中持有不同的观点。在中，Dante 认为自然语言的变化侵蚀了亚当语言的完美性，以致早在修建“巴别塔”之前，原始语言就已经随着伊甸园的驱逐而开始消失。

> 距甚远，罗马人称之为“语法”。希腊人和一些（但不是全部）其他民族也有这种次要语言。然而，很少有人能完全流利地掌握它，因为只有通过长期的学习，才能掌握其规则及理论知识。
>
> 在这两种语言中，更崇高的是方言：其一，因为它是人类最初使用的语言；其二，因为全世界都在用它，尽管发音不同，用词也不同；其三，因为它对我们来说是自然的，而另一个则相反，是人造的。
>
> （1305/1996：I, i , 2–4; Botterill 1996: 3）

90 Botterill（1996：xviii）将这段话描述为“在意大利乃至西方文化史上具有非凡意义的时刻”，因为 Dante 的这段话使得我们现在所谓的“现代语言”的研究合法化了。这段话还具有其他意义——它将“次要语言”与方言（“我们的主要语言”）区分开来。（I, ii, 1; Botterill, 1996: 5）前者是“人创造的”，是通过自觉学习获得的；而后者是自然、普遍的（基于“全世界都在使用它”），并且无需指导即可获得。因此，Dante 以一种方式对比了母语和第二语言习得。这一方式自他所处的时代以来就在西方文化中具有非常强大的持久力。回想一下，在 1 世纪的罗马，Quintilian 曾说“我们新进口的奴隶需要很多年才能熟悉拉丁语”，对比而言，儿童习得语言的速度明显会快一点（Institutio Oratorio, I, xii, 9, trans. Butler, 1920: 195–197）。对 Quintilian 而言，引起母语习得与第二语言习得的相关区别的原因是习得者的年龄。300 年后，Augustine 将母语习得中有趣、引人入胜的环境与第二语言教学教室的冷酷、强制性氛围（他的亲身经历）进行了对比。在 7 世纪，Isidore of Seville 认为语言习得一般都是困难重重的，尽管所有人都克服了母语习得上的困难。 Quintilian、Augustine 和 Isidore 都无法呈现出母语习得者所知道的内容与第二语言习得者所知道的内容在本质上有什么显著的差异。但对 Dante 来说，存在两类语言：一类是自然、活生生、初级的，孩子们“通过模仿（他们的）奶妈”轻松掌握；另一类则是次要、人为创造的语言，其“规则和理论只能通过长期学习来发展”。通过这种方式，Dantc“将方言和第二语言尖锐地对立了起来，这一对立还是基于本体论形成的，也是自然语言与人造语言的对立”。（Tavoni, 1990: 241）。① 西方语言研究中的大部分内容都理所当然地认为：第二语言是人造的语言，其知识都需要指导后才能获得，母语是自然语言，其知识通过模仿就可以获得，因此就应该对比这两个概念。

① Danesi（1991）认为，Dante 认为罗马方言不是拉丁语的分支，二者在本质上是不同的语言。因此，与许多现代人对的解读相反，Dante 没有预料到两种语言的同源关系。这一关系在现代才得以出现。

当然，Dante 并没有看到问题的每一个方面，例如：将语言的“自然”知识与母语习得获得的知识混为一谈；将“人造的”知识与第二语言习得获得的知识混为一谈。他没有考虑在学习基础方言阶段之后学习自然、生动的语言（通过直接接触或正式的课堂学习）的状态。这并不奇怪，因为在 Dante 所处的 14 世纪，习得一种非母语仍然意味着绝大多数情况下习得拉丁语。但当《论俗语》在 16 世纪重新流行时，欧洲人的语言视野发生了变化。佛罗伦萨人文主义者 Benedetto Varchi 的 1570 年文本《埃尔科拉诺语》（*L'Ercolano*）为母语习得与第二语言习得的概念增加了一个新维度。① 这是在 Dante 的文本被重新发现之后新一代出版的涵盖多种语言问题的对话。在一节中，Varchi 提出了一种复杂、交叉的语言分类法，包括（除了其他区别外）“活的”与“死的”语言，具有文学传统的语言与缺乏文学传统的语言，以及与母语相关和与母语无关的语言。Varchi 分类法的一个分支的根源是“母语”和“非母语”语言之间的区别。他将其定义如下：

> 母语，我们称之为“我们的”或“我们自己的语言”，是那些自然 91
> 而然地说出来的语言。也就是说，人们在听到奶妈、母亲、父亲和所处地其他人的讲话时，就开始不自觉地学习那些语言了。简而言之，人们通常说他们是在吮吸牛奶时或在摇篮中学会（语言）的。非母语，我们称之为“外来语”或“外语”。人们天生就不会这些语言。人们要花费时间、不断努力或者通过语言教学，以及阅读书本才能习得这些语言。
>
> （Varchi, 1570/1804: 211）②

这段话的最后一部分是相当有趣的。Varchi 和 Dante 都概括了母语和第二语言的属性。Dante 将非母语学习等同于“人工”语言的习得。对 Varchi 来说，非母语语言对学习者来说是“外地的或外国的”，但他认为这些语言的特点与母语并无差别。在这段文字之后的文本中，依据非母语与母语之间的假定相关性（不同定义）或缺乏的相关性，Varchi 继续对非母语进行细分。这清楚地表明，Varchi 认为在母语之后学习的语言不一定会是一种本质上不同的语言。更确切地说，正是因为某种语言“是在吮吸牛奶时或在摇篮中学会的”，对特定的习得者来说，这一事实则赋予了这一语言的独特地位。Varchi 提到人们可以从以非母语

---

① Izzo（1976a; 1976b）提供了 Varchi 的背景。

② 本书作者感谢 Laurie Shepard 翻译了这段话。Varchi 的意大利语使用了 natie 和 non-natie 这两个术语来表示母语和非母语。有趣的是，Blatt（1957: 135）引用了一些来源，认为拉丁语是从一些（未指明的）“国家习语”（即欧洲方言）借来的拉丁语翻译。

作为母语的人那里学习这一语言。他这一说法增强了这一种感觉，即他并不是基于学习语言属性的方法来定义母语习得和第二语言习得的。他的定义基于学习者所学知识的认识论地位：对一个人来说，这一语言可能是“在吮吸牛奶时或在摇篮中学会的”；而对另一个人来说，同样的语言可能是“外地的或外国的”，因此不是“与生俱来的”。

因此，Dante14 世纪早期的文本概念化了母语和非母语，断言前者的自然性是与后者的人为性相对立的。Varchi 在 1570 年编写了一份文本，作为白话兴起的见证。这一文本将注意力从学习者所学语言的特征转移到了学习者习得的知识类型。随着第二语言习得机会的增多及对语言变体认识的增加，像 Varchi 这样的学者更密切地反思了第二语言知识的本质。

16、17 世纪基于语法和用法的语言教学

除了第二语言知识的这种新概念化外，在新的语言数据下，以及反文艺复兴语法学家提议丰富的这一环境中，外语教学变得更加多样化。历史学家将 16、17 世纪基于规则和语法的语言教学法与基于会话和用法的教学法区分开来。前
92 者通常用于教授古典语言，后者则用于教授方言。但这两个方向都有交叉，还出现了方言语法教学和拉丁语用法教学。有时人们也会把这两种教学结合起来。

基于语法的教学是第二语言教学的公认传统，其中大部分的教学从中世纪甚至更早就已经开始了。Donatus 和 Priscian 编写的拉丁语语法（或它们的摘要）继续被使用。像《教义》和《希腊主义》这样的中世纪文本已经不再那么受欢迎了，因为它们被认为是该语言的腐化版本的例证。教育学强调元语言知识和单词的记忆。Grendler（1985）描述了 16 世纪威尼斯的小学生是如何通过基于语法的方法来学习拉丁语的。他生动的描写证实了他们所接受的指导与早期的是相似的。他也承认这一描述在虚化 Modistae 学派的理论。威尼斯学校的校长使用的一本教科书以 Donatus 的《小艺》为蓝本，以问答的形式呈现各类词性及其子类。书中也用了 Guarino 的《语法规则》里的观点。它强调了 8 个词类及其偶然变体，在字母、音节、单词和句子层次上的语言组织，以及格和动词子类的复杂关系。学习者要先记住规则和单词列表及它们的变形形式，根据词性开始组织知识：先是名词，然后是代词等。两三年后，学生开始按子类排列动词，然后练习“语汇”，即两三个单词单元的书写和记忆。这些书写和记忆会呈现出一致性。在下一阶段，他们背诵谚语并将短文从母语翻译成第二语言。最高级的学习者则要阅

读 Cicero、Virgil 和其他古典作家的文章。

简而言之，在 4 世纪，Augustine 就已经了解到了这些 16 世纪威尼斯学童的大部分语言学习经历，Bernard 在 12 世纪也对沙特尔学生学习语言的情况有一定的了解。但 Augustine 了解到的内容甚至比 Bernard 了解到的还要多。然而，基于语法的第二语言教学形式没有那么保守，而是有了更多的创新，其中之一就是对母语和第二语言进行了更多的比较。Copeland（1987）讲述了从 14 世纪中叶开始出现了更多的比较材料。这些材料主要针对讲英语的法语学习者：动词范式的母语和目标语开始对等并排出现，并且词性的定义和举例也参考母语给出了。Sanchez（1987: 47）提到了 16 世纪为意大利语学习者提供的西班牙语语法，其中“解释常常与（母语……的特征相对应，并且）示例总是带有相应的（母语）翻译”。Salmon（1996b：182–183）在之后发表了一篇文章。他写到了 17 世纪晚期的英国学生参与“融合”，直接对比他们第二语言与母语的特性，以及教师会使用英语化的拉丁语举反例进行说明，如“I am short of money”不能直接翻译为“Brevis sum pecuniae”（这一翻译不符合拉丁语语法）。简而言之，一旦方言 93
的兴起使学习者的母语合法化，文艺复兴时期的第二语言教学法就会将母语和第二语言之间的比较视为一种重要资源，并自由地加以利用。

基于语法的教学法的一个相关发展是翻译承担了核心角色。Kibbee（1991: 183）评论说，在 16 世纪，人们一致承认翻译的效用，“在这一点上，实践的统一性非常显著”。Breva–Claramonte（1990）描述了西班牙学者 Pedro–Simón Abril（1530—1600）是如何在他的拉丁语和希腊语教学材料中推广翻译的。Abril 让早期学习者比较拉丁语、希腊语和西班牙语版本的《伊索寓言》。后来，第二语言到母语的翻译成为课程的基石：首先是逐字逐句，然后是对更大段的文本进行逐词翻译。之后，Abril 的学生会将老师在母语中创建的句子翻译成第二语言，还会在格式上模仿散文的模式。只有在最高级别的教学，他们才不用进行翻译练习，而是用第二语言进行自由创作。

因此，文艺复兴时期基于语法的语言教学法结合了母语和第二语言的比较和翻译。在将基于语法的实践应用于欧洲方言教学这一方面，它也进行了创新。[①] 有这样一个法语语法文本值得一提，因为它是文艺复兴时期教育学文献的一个亮点：John Palsgrave（1480—1554）于 1530 年编写的《法语基础识字本》

① Swigers（1992b）分析了 3 个 16 世纪学习者为德语母语者设计的法语语法，试图将这些材料定性为一种体裁。

（*Lesclarcissement de la Langue Francoyse*）。这本书是为说英语的人而写的。《法语基础识字本》是“无与伦比的”（Stein, 1997: 448），因为它对两种语言进行了全面而有条理的对比。例如，以传统的语法类别为框架，Palsgrave 十分敏感地分析了法语和英语中的否定：

> 当句子在我们的语气中是否定时，那就是说动词后会加一个“nat”，就比如“I will nat/ I see nat/ I write nat whether to go”，以及诸如此类：在法语里表示否定时，我们会把否定词提到动词前，在动词后还要紧跟“pas/poynt/mye”这样的词。如果动词带有指示性或者它是句子中的最后一个词，就必须得加上这些词。在这些情况下，“pas/poynt/mye”这样的词也是为了更加清楚地表达否定，即使有时这些词会被说话者想要否认的事物所取代。这样的情况也是数不胜数。如果说话者不确定是不是要否定一件事，他们就会省略“pas/poynt/mye”。
>
> （Stein, 1997: 465）

通过这些方式，基于语法的第二语言教学一直持续到了 16 世纪，并进行了一些调整。更重要的是文艺复兴时期基于用法的教学法也独立了出来，一般用于方言教学，但不限于此。基于用法的教学法的第一个目标是培养交际能力。语法要“通过实践来习得”（Titone, 1968: 9），尽管在这一过程中可能会需要进行一些解释和更正。① 基于语法的教学法通过训练元语言和记忆单词表来追求准确度，而基于用法的教学法通过口语交流和模仿母语教师来追求流利度。（Sanchez, 1987: 49）对基于用法的第二语言教学来说，其学习者使用的传统文本中有一个先驱，统称为《语言礼仪》（*Manières de Langage*）。这一文本可以追溯到 1350
94 年。（Kaltz, 1992: 126）这些书籍为第二语言学习者提供了实用的短语、对话的范例和字母，以及词汇表。与基于语法的教学材料形成鲜明对比的是，《语言礼仪》的内容通常依据交际功能组织，例如：如何用第二语言问路，如何惩罚迟到的员工，如何协调两个孩子之间的争吵，甚至如何进行一场“关于狗的优点的辩论”。（Kibbee, 1991: 81）

一些文艺复兴时期基于用法的教学法声称其具有权威基础，即 Quintilian 的《雄辩术原理》。这一文本于 1416 年被重新研究。回想一下，Quintilian 曾提倡让孩子在家中直接接触拉丁语和希腊语，以此来培养他们的双语能力。后来的孩

① 两位与文艺复兴时期基于用法的第二语言教学法最为相关的学者是 Desiderius Erasmus（1466—1536）和 Juan Luis Vives（1492—1540）。Breva-Claramonte（1990: 276）指出，他们都提倡翻译，但没有像基于语法的教学法那样广泛地将其纳入。另见 Caravolas（1995）。

子们在学校学习了基于语法的课程。这些课程不仅向他们灌输了元语言知识，还培养了他们两种语言的读写能力。只有在古罗马，家庭中会存在受过母语教育并会说相关第二语言的住家奴隶。也只有在这样一种社会环境下，Quintilian 的建议才能得以实行。而这样的社会环境早已消失。但文艺复兴时期的一些人试图重建类似的第二语言沉浸式学习条件。法国散文家 Michel de Montaigne（1533—1592）讲述了他的母语为法语的父母是如何从他婴儿时期就计划让他能完全接触到拉丁语。父母、导师和仆人在 Montaigne 面前只讲拉丁语，所以用他的话来说，“我们都被拉丁化了，以至于邻近的城镇都受到了我们家的影响”。（Montaigne, 1580/1899: 78）在制度层面上，耶稣会学校要求课堂内外的交流都要用拉丁语进行，而其他教育家则提议建立以古罗马城镇为蓝本的学校。此外，富裕家庭也像以前一样，将家中的应届毕业生送往国外留学，在以他们的第二语言为母语的国家里完善他们的第二语言技能（Caravolas, 1995: 294）。（但请注意，多年的课堂学习和随后的海外沉浸式语言学习颠倒了双语的经典课程学习顺序，其中自然主义的接触先于第二语言教学。）

因此，文艺复兴时期基于语法和用法的第二语言教学不仅内容不同，适用于的第二语言也不同。他们还充斥在不同的教育和社会领域。尽管拉丁语的地位正在下降，基于语法的拉丁语教学仍然被认为是学术性的，而且是一种高雅文化。Ong（1971）认为这种教学法像是文艺复兴时期的一场“成人礼”：学童们被严格要求牢记拉丁语变格和口头范式，最终组成了一个受过强力教育的班级。以语法为基础的方言教学因为与拉丁语相关，可能也获得了一些声望。相比之下，基于用法的语言教学主要针对那些需要马上使用语言的成年人，如商人、军人、传教士、旅者等。例如，《语言礼仪》主要用于正规教育环境之外，通常由女性使用（Kaltz, 1992）。

除了这些特殊情况，基于用法和语法的教学法也经常结合在一起使用。在这 95
样的情况下，教师的课程或理论家的建议就可能会表现出两者的特征。事实上，17 世纪最有影响力的语言教学改革者 Czech Jan Amos Komensky（1592—1670）就提倡将这两种教学法结合起来使用。Comenius（也就是众所周知的 Komensky）出生在摩拉维亚。但由于他的学术兴趣所在，以及当时紧张的政治和宗教局势，他在波兰、瑞典、匈牙利度过了大部分时间，在荷兰安享晚年。Comenius 的著作涉猎极为广泛，涉及教育、宗教和语言教学这几个领域。他坚持将语言与意义对等——每个词“必须在（学生的）头脑中与一个具体、有名字的实体形象联系起来”。（Privratska, 1996: 143）Comenius 的一项关键性创新是围绕图片组织教科书。这些图片不仅是插图，而且是让学习者在充满感官体验的世界中扎根的手段。（Howatt, 1984: 46）Comenius 会推荐第二语言演讲、用第二语言表演的戏剧表演及第二语言阅读材料。他不再强调对范式和例外情况的记忆，但并没有废除语法规则，因为他认为语法会“帮助和加强从实践中获得的第二语言知识”。（1657/1967: 206）Comenius 在课堂上广泛使用学习者的母语，部分原因是为了确保学习者能充分了解目标语言的含义，还有一部分原因是他投身于母语和第二语言的对比研究。

Comenius 的语言学习计划与 Grendler 描述的 16 世纪威尼斯学校拉丁语教学形成了鲜明对比，但他们都没有放弃所有的古老传统。例如，Comenius 就结合了基于语法的教学及基于用法的教学。作为语言教学 8 项原则的巅峰之作，Comenius 写道，所有语言“都可以……通过实践，结合非常简单的规则来学习，这些规则也只会涉及已知语言的不同点”。（1657/1967: 207 ）在一位现代学者的判断中，Comenius 提倡实践加规则（强调“性质非常简单”的规则），使他的计划又“混乱”又“不连贯”。（Musumeci, 1997: 100）但对 Howatt（1984: 40）来说，Comenius 是“一位天才，可能是语言教学史上唯一可以称得上天才的人”。在他自己的时代，作为一名语言教师、课程设计者和教科书作家，Comenius 很有影响力。在整合文艺复兴第二语言教学法的两个分支方面，他的作品做出了重要尝试。①

第二语言教学法及文艺复兴时期的第二语言习得概念

文艺复兴时期的语言教学法揭示了这一时期第二语言习得的概念化。基于语法的教学与基于用法的教学产生的分歧尤其具有启发性，因为它表现出了人们对第二语言多种知识的认可。在现代认知科学术语中，有一种知识是“陈述性的”（关于事实或概念的知识，也就是关于语言形式和内容的知识）。基于语法的教学的中心目标是习得陈述性知识，其重点是培养分析能力和获取元语言技能。
96 另一种知识是“程序性的”（关于如何做某事的能力，即如何在第二语言中交流）。② 基于用法的教学法旨在引出这些程序性知识，即获取完成第二语言语言任务的能力，例如在《语言礼仪》中详述的——惩罚迟到的员工，或“辩论……

① Chevalier（1968: 385–388）将文艺复兴时期的用法和基于语法的方法之间的传统对比降至最低，认为前者试图将教学实践与规则体系相结合。

② Chamot 和 O’ Malley（1994）讨论了语言学习背景下的陈述性知识与程序性知识。

一只狗的优点”。这种区别并非没有先例。它在 Quintilian 的教学计划中随处可见，即儿童通过在家中接触习得第二语言（程序性的知识），然后在学校习得第二语言（陈述性）知识。但在了解一种语言和知道如何使用它之间的区别上，文艺复兴时期的语言科学似乎有了新的认识。

文艺复兴时期的语言教学法越来越多地使用翻译教学，还对母语和第二语言进行了比较，这些都很能说明问题。这两种做法都承认第二语言学习者学习行为的重要性，并呼吁学习者注意母语和第二语言习得之间的差异，因为儿童学习母语时既不翻译也不进行比较。人们就“活语言”与“死语言”、“自然语言”与“人造语言”、“母语”与“非母语”进行了持续的反思。在这一反思的刺激下，教学法也在不断增加教学活动。如果是这样，语言教学就已经了解到了关于第二语言习得本质的新思想，或者至少了解到了那个时期的概念词汇中新表达的一些思想。

只要语言学习者和教师能敏感地认识到陈述性知识与程序性知识、母语与第二语言、自然语言与人造语言之间的区别，他们的经验就会反映第二语言习得概念化中的“对语言特性的研究”。然而，欧洲不仅研究了语言的特性，还和 Scaliger 及 Sánchez 提出的普遍语法共存了。与此相同的是，有一些语言教学也反其道而为之，对第二语言习得领域的语言通用性表现出了类似的研究热情。Christoph Helwig（1581—1617）和他的合作者 Wolfgang Ratke（1571—1635）提出了一种这样的反文艺复兴语言教学法。Ratke 和 Helwig 为第二语言学习者创造了普遍语法。Ratke 从母语开始讲起，还强调跨语言比较，“（现如今）持有的几乎都是 Chomsky 派的立场……在学习另一种语言时，（学生）只需要熟悉其特有的特征”。（Padley, 1985: 222–223）Helwig 提出了“革命性”的想法（Juntune, 1985: 98），即学习者应该在学习特定的第二语言之前学习一般的语言结构，并习得用于分析的通用词汇。Helwig 的《教育书籍》（*Libri Didactici*）在他死后的 1619 年出版。这一套书包括了用拉丁文写成的《普遍语法》（*Grammaticae Universalis*）及它的德语版本，还包括了供拉丁语、希腊语、希伯来语和迦勒底语学习者使用的语法。

Helwig 和 Ratke 的普遍语法都显示出受到了 Scaliger 的亚里士多德主义和 Ramus 的形式主义的影响。Ratke 还受到了 Ramus 在组织材料上习惯的影响——他们都用二分法组织材料（Padley, 1985: 46–53, 244–248）。但 Helwig 和 Ratke 编写语法的实际内容似乎相对传统一点。Helwig 的《普遍语法》强调了拼写法、韵律和形态学，并快速跳过了句法的概述，虽然他首先提出要将单词分为 3 类

97 （名词、动词和“主语”），但子类最终还是要按标准的 8 种词性划分。关于语言变体的范围，他指出，尽管语言在字母的数量、顺序、用途和形状上都有所不同，但都会有元音或辅音。（Juntune, 1985: 100）Helwig 和 Ratke 文本最不同寻常的地方也许就是他们书中写出来的一些内容，即一些 17 世纪早期的语言教师主张使用的普遍语法，以及在所有语言的共性影响下，人们对第二语言习得应采取何种观念。

在另一个第二语言教学的例子中，也表现出了对语言普遍性的反对。Breva-Claramonte（1984）描述了出生于德国的语法学家和语言教师 Gasparus Scioppius（1576—1649）的工作。对初级的第二语言教学来说，Scioppius 建议结合基于语法的教学法和基于用法的教学法。他为更高级的学习者写了《语法哲学》（*Grammatica Philosophica*）。这本书深受 Sánchez 的《密涅瓦》（*Minerva*）的影响。Scioppius 认为句法规则全都是建立在逻辑之上的，无一例外，出现异常的情况是因为分析师缺乏洞察力，或者完全没有洞察到。此外，这一文本还融合了 Sánchez 在语言规律性及其理性基础上存留的信念：既然语言本质上就是理性的，那么只要有一个简短的总结，就足以引导学习者进行学习。在 Scioppius 看来，学习者的理性再结合用法的举例足以让学习者全面了解拉丁语。因此，Scioppius 并没有尝试像 Priscian 一样，将语言中的细节全部编进语法中，只提供了一点语法规则，以至于“普通学生都可以在一天内轻松地记住它们”。（Breva-Claramonte, 1984: 277）

在文艺复兴时期研究语言特性的背景下，Ratke、Helwig 和 Scioppius 都在他们的第二语言习得的概念化中赋予了普遍语法一个角色。在这方面，他们则先于第六章中会提到的皇家港口语法学家。在文艺复兴时期的第二语言知识概念过渡到其随后概念这一方面，Moss（1994）提供了一个有趣的视角。在论证这样一个观点时，即文艺复兴时期受过教育的人的多语言能力深刻地影响了他们的文学和哲学作品，莫斯采用了现代概念，即依据“并列双语者”和“复合双语者”的分类，掌握两种语言的人的定位会有所不同。“并列双语者”在不同的环境中学习每种语言（例如，一种在家里，一种在学校），因此每种语言会具备不同的功能，会在不同的社会场景中使用。对 Moss 来说，“并列双语者”居住在两个独立的概念领域，这样他们就可以从外部看待两种文化。因此，“（双语并列）的本质是不可通约性”。（1994: 62）相比之下，“复合双语者”利用母语习得第二语言，例如他们所处的学校环境的“教学方法注重翻译练习和语法练习”。（1994: 61）“复合双语者习惯于在语言特性中提取出语言的共性……这是语言差异产生

的基础”，因为“（复合双语）的本质是可译性”。（1994: 62–63）

Moss 承认，这种对比可能夸大了并列双语和复合双语之间的实际差异。[1] 尽 98
管如此，她还是认为这种对比是有益的，并将它应用到了文艺复兴时期的语言经验之中。Moss（1994: 70）将 Montaigne 描述为“双语并列的极端案例”，一个“有两种思想的人”（因为他在家人创造的拉丁语环境中成长，直到进入学校）。Montaigne 的著作表明他能灵活地进行跨文化思考，能从一种文化内部观察到另一种文化，也不会忽视它们之间基本的不可通约性。但随着第二语言的沉浸式学习模型在 16 世纪后期让位于基于翻译和比较的教学法，也很少有人会引用 Montaigne 的观点了。相反，复合双语者的不同经历将他们引向了语言和文化的共同点。这种变化刺激了人们从研究语言特性倒回到研究语言的普遍性。有趣的是，Moss 的钟摆则以第二语言习得经验为中心：翻译和语言对比取代了沉浸式学习，成为了第二语言习得的经验基础，人们就语言本质提出的概念发生了改变。

对普遍性的再投资：17 世纪的普遍语言

我们已经看到，即使在文艺复兴时期对语言特性的普遍研究中，一些语法学家和语言教育家仍然对普遍性很感兴趣。在 17 世纪中期，语言普遍主义重新流行了起来，分成了两个流派：一个流派受到了英国经验主义的影响，还与英国皇家学会联合，尝试构建一种通用语言；另一个流派则与法国理性主义者联合创造普遍语法。Padley（1985: 269, 325）运用思辨语法的修辞来区分两者：通用语言运动认为语言能反映事物；而普遍语法则认为语言能反映思想。17 世纪的这两种普遍主义对普遍语法的思想史都很重要，尽管普遍语法能更加明确地联系到语言学习的概念化上。17 世纪欧洲一些最著名的学者认为创造通用语言是可行的，并推测了其特征。早期的支持者包括英国的 Francis Bacon（1561—1626）和法国的 René Descartes（1596—1650）。Comenius 于 1641 年前往英国会见了英国皇家学会的成员，最终制作了一份宣传通用语言优点的小册子。德国哲学家 Gottfried Wilhelm Leibniz（1646—1716）对这个话题的兴趣一直延续到了 18 世纪。各种实际的、宗教的和科学的动机都推动了这个项目的进行。（Knowlson, 1975；Salmon, 1996a）一方面，拉丁语作为一种国际交流媒介已经失去了活力。

① Bhatia 和 Ritchie（1999）重新评估了协调与复合双语的概念。

新教徒将拉丁语与罗马教会联系在一起，很少有学校培养出能够使用这种语言进行交流的毕业生。旅行和贸易日益频繁，一些通用语在商业和政治上表现出了优
99 势，逐渐取代了拉丁语。另一方面，像 Comenius 这样的学者认为，采用通用语言将解决基督教教派之间因为语言不通而产生的误解。也许最强大的动机是 17 世纪对世界的科学研究使人们发明了新术语并对熟悉的术语重新考量。自然语言不足以被当成一种科学工具，因为它是模棱两可、不精确的，还是冗余的。一种理想的语言应该是一种从旧文学文化中解放出来的语言，一种可以既透明又明确地代表物质世界和概念世界的语言。（Knowlson, 1975: 27–43）拉丁语和欧洲方言都不符合这个标准。

由于这些原因，学者们试图发明一种新的通用语言工具。规划创建通用语言者一般会从事两种活动：一种是创建通用语言的语法。本书很快就会讨论这个问题。另一种活动更为突出，即发明一种书写系统。这一系统不基于单词，而是基于它们所指的对象。其目的是在没有文字干预的情况下记录含义，以便任何读者都可以用他或她自己的方言解释同一个文本。这就需要发明一种“真实的字符”，即一种基于现实而不是基于文字的拼写法。许多 17 世纪的欧洲人认为，汉字就是以这种方式表示概念或对象的，以便读者在没有口语干预的情况下也能识别它们。

John Wilkins（1614—1672）是一位神职人员、科学家、行政人员，也是英国皇家学会成员。他在 1668 年完成的《论象形文字和哲学语言》[1] 中首先创建了一个对所有概念和对象进行分类的 3 级分类方案。这明显借鉴了亚里士多德的分类。然后，他发明了一个脚本，在他分类学的最高级别（即“属”）上代表每个概念或对象的指称，并用短水平线排列了出来。然后，根据这些线条在分类学的两个较低级别，也就是“变体”和“种”所指对象，在线条的左侧或右侧修改它们的形状，进而使这些线条被细化为字符。原则上只需要将每个字符及其修改与其在分类系统中的特定位置联系起来，无需参照口述版本，人们就可以识别出 Wilkins 笔下字符的意义。《论象形文字和哲学语言》以这种方式定义了 2030 个字符。Wilkins 继续为他的现存字符创建了一个发音系统，为每个属分配两个字母序列，为每个变体配一个辅音，为每个种类分配一个元音或双元音。例如，“de”代表了一个属“元素”；“deb”（de b）是该属的第一个变体，即“火”；“deba”（deb a）是这种变体中的第一个种，即“火焰”。（Wilkins, 1668: 415）以

① 参见 Salmon（1974, 1975）和 Subbiondo（1992a）对 Wilkins 的评估。

这种方式，Wilkins 将他的每个现存字符都与一个可发音的词联系了起来。在 Wilkins 的三层分类系统中，字符的含义变成了编码，有了自己特定的位置。

其他语言学家认为（他们所理解的）中国拼写法或埃及象形文字优点众多，阿拉伯数字书写简单且能够跨语言识别。他们据此开始模拟书写系统。基于自己对知识的神秘系统化，Ramon Lull 在 13 世纪发明了拼写法。他这一拼写法也得到了复兴。[1]但只进行这些尝试是远远不够的。例如，与自然语言的完整引 100
用范围相比，Wilkins 的现存字符提供的原语参考范围太少了。此外，正如 Eco（1995: 239）所指出的，“Wilkins 提出的宇宙是基于他那个时代的奥克森文化设计的”，它所拥有的通用表达能力远低于其设计师想象的通用表达能力。在另一种通用语言中出现了不同的问题。这一通用语言是由一位苏格兰校长和 Wilkins 的同事 George Dalgarno（1626—1687）设计的。Dalgarno 于 1661 年问世的《标志的艺术》（*Ars Signorum*）中使用了传统的字母表来表示意义单位。这些单位与 Wilkins 的分类法存在类似之处。 Dalgarno 引入了更多层次的表达，因此他的系统可以以图形方式显示在“一张巨大的纸上，在这张纸上，左侧边缘的一些项目会越来越丰富，并逐渐从右侧剥离出来”。（Shumaker, 1982: 145）但除了存在 Wilkins 分类法里的问题外，Dalgarno 还面临着其他问题：层次结构的深度导致一些差别没有体现在单词的最终形状上，字母与意义单位只能任意分配。

除了语义关系系统、词汇和拼写法之外，17 世纪的语言学家还必须为他们的通用语言创建一种语法。这项任务引起的关注较少。但从普遍语法产生的历史上来看，这一任务是尤为突出的。一些语法学家满足于将他们为通用语言创建的语法特征断言为以“简单”和“自然”词序为特征。（Salmon, 1996a：925）毫不奇怪，描述为“简单”或“自然”的语言通常是一种具有拉丁语特性的语言。Padley（1985: 376）认为 Wilkins 省略冠词可能是因为它们在拉丁语中不存在。但其他语法学家在设计通用语言的结构时，则偏离了熟悉的拉丁语模式，特别是在词性列举方面。Wilkins 的语法是基于名词的。这一特征是有意义的，因为通用语言支持者强调语言能表示世界上的各种事物。（Padley, 1985: 371）Dalgarno（1661: 72–77）相当明确地阐述了他为通用语言创建的语法。他摒弃了传统的词性分类，转而采用“词根”“小品词”系统，其中名词、动词、形容词和副词通过词缀从词根派生。（Cram, 1985b：249）基本词序是“主谓宾”，主语名词在形

---

① Knowlson（1975）回顾了 17 世纪通用书写系统的来源。Salmon（1974）讨论了 Wilkins 的批评者，以及他的提议最终的失败。另见 Cram（1985a）。

容词之前，动词在副词之前。时态由副词加上“dan”（时间）一词表示，而类似于介词的小品词则会发生类似于拉丁语的屈折变化。Dalgarno 阐述了由词根组成的复合词：“fankan”，即“宫殿”义，源自“house king”（大概是由“fan”和“kan”合成的）；与之类似的还有“grugshaftin”，即“口吃者”义，构词法与“disease impediment speak”相类似。（Shumaker, 1982: 151, 153）考虑到 Dalgarno 的目标是创造一种最简单的理性语言，人们对这些复合词隐藏的差异性感到震惊，包括以左边部分为词根的“fankan”和无词根的“grugshaftin”，因为这些词显然都存在于以词根开头、右部由词缀复合的语言之中。

101 学习一门通用语言可能意味着什么？

在不同的背景下，Subbiondo（1992b：270）评论说：“如果我们认识到哲学语言是为了促进学习而设计的，那么（通用语言）运动不仅（揭示了）17 世纪知识分子关于是什么构成知识这一问题的看法，而且揭示了他们对于一个人是如何获得这种知识这一问题的看法”。在这方面，Dalgarno 在他《标志的艺术》中提出了语言学习的默契概念化。这一观点是有启发性的。他认为人工语言学习者面临的大部分问题都与记忆词典、拼写法和相关的分类系统有关。Dalgarno 承认在他创建的通用语言中，词汇符号很难记。为此，他还在题为《论助记法》的一章中提出了各种帮助记忆的方法。（1661: 56, trans. Shumaker, 1982: 154）其他 17 世纪的语言学家也同样意识到他们创建的普遍语法都在记忆上让学习者产生了很大的负担。他们有时建议采用中世纪的记忆技巧。这种技巧依靠精细的视觉图像和其他心理设备来记住复杂但有序的信息。（Knowlson, 1975: 78–82）

语言学家专注于记忆他们所发明语言的词汇，但他们似乎也相信人造语言的句法是可习得的。这两种做法就形成了鲜明对比。对 Dalgarno 来说，他提出的通用语言的结构是“与语言的结构相同，即思想或理性行为的集合”。这一结构不需要进行详细的说明，因为“任何精通逻辑的人都能很好地理解要如何从这里所说的几件事中，将他自己的想法与其他情况联系起来”。（1661: 72, 77; trans. Shumaker, 1982: 155）Dalgarno 的言论与思辨语法的认识论相呼应，都将语言、思想和逻辑联系了起来，因为他希望告知读者“逻辑”是所有语言的基础知识。用 Boethius of Dacia 的话来说：“所有语言只有一种逻辑，因此也只有一种语法。”因此，人们是可以自然而然地习得通用语言这一“简单”且“自然”的语法的。

然而，Dalgarno 声称他的通用语言的结构“与语言的结构相同”这一说法值得反思：是与哪种语言相同呢？尽管拉丁语的特征渗透到了他们的提议中，通用语言的支持者与 Modistae 学派分道扬镳，拒绝承认拉丁语是典型的简单且自然的语言，因为他们在许多方面都发现了它的缺陷。Wilkins 的《论象形文字和哲学语言》批评了所有的自然语言，其中就包括拉丁语。他发现这些语言里“除了有大量的无定论和例外之外，还有大量不必要的规则”。（1660: 443）Dalgarno 也有过类似的抱怨：“某些语言乱七八糟却又遵从自然顺序，拉丁语就很能体现这一点。”（1661: 72, trans. Shumaker, 1982: 155）拉丁语已经从神坛坠落了。然而，依旧有人坚持这一观点，即存在一种遵循逻辑、“简单”又“自然”的语法。17 世纪的语法学家认为：在没有太多指导的情况下，学习者可以摒弃既定语言中的“不必要规则”，从而习得一种普遍语法。语言学家需要说明的只是他们发明的语言中的词汇和语义组织原则。从这些角度来看，通用语言运动背后似乎暗 102
藏着一种理性主义。但这一理性主义与当时正在构建普遍语法的法国语法学家提出的理性主义不同。

总　结

在文艺复兴时期的“事实与理论的南辕北辙”（Mackie, 1964: 118）中，西方语言科学与思辨语法的语言哲学和拉丁语的理想化渐行渐远。对国外的探索和欧洲本土语言在国内的兴起使人们开始审视新语言。概念化语言的新方法（活的和死的；自然的和人工的；母语的和非母语的）显现出了人们在学习各种语言知识这一方面的意识有所增强。对熟知语言进行分析采用的新方法也使得语法库扩容了。语言教学的新方法也在新的社会条件下产生了。所有的这些发展改变了欧洲知识界，深刻影响了普遍语法的思想史和人们对第二语言习得本质概念的定义。在本章所涵盖的时期结束时，钟摆摇动到了极限，并开始从特殊性退回到普遍性。这在 17 世纪 60 年代的通用语言方案中很明显。在法语的普遍语法中，这一点得到了更充分的阐述。第六章就会围绕着这些阐述展开。

如果像 Law（1990c）和 Robins（1973）那样，将语言本质的不断变化类比为摆动着的钟摆，也是十分新潮的。本章已经指出，钟摆的悬挂点并不是固定的。相反，它在运动。因此，它的连续运动不会沿着相同的路径进行，也不会每次都停在空间中的某个相同的点并摆回到相同的点。作为一个例子，17 世纪晚期的语言科学解决了关于普遍性的问题，也就是这些吸引着思辨性语法学家关注的问题。但数百年来，人们熟悉了不同语言的特殊属性，并在脑海中留下了印记，因此通用语言规划者和普遍语法学家都不会认为拉丁语体现了人类语言的必要（或理想）属性。Céard（1980）认为，在文艺复兴时期，人们通过在多样性中寻求普遍性。也就是说，他们断言在从“巴别塔”时期传下来的全部语言中也会存在和谐性。个别语言保留了“巴别塔”时期前语言原型各方面的特征，但没有一种语言和它存在一种特殊关系。这与中世纪想要重新定义普遍语法这一目的完全背离，对普遍语法的定义还是几乎完全参考拉丁语进行。

这一时期的另一个宝贵成果：加强了对普遍语法的探究与对语言学习本质的推测之间的联系。Padley（1985: 224）写道：“几乎所有学习过伟大哲学的普遍语法学家都密切参与了教育改革计划。”早期详细阐述普遍语法的尝试一直与第二语言习得和教学经验隐隐相关。但从文艺复兴时期开始，这种相关性变得更加明确和自觉了起来。

第六章　19 世纪的普遍语法

从许多当代语言学家的角度来看，第六章标志着某个时代的开始。Chomsky（1966）将他在描述 Claude Lancelot 和 Antoine Arnauld 的《普遍唯理语法》（1676/1966）一书所提到的 17 世纪末的普遍语法，作为理性主义语言学传统的早期里程碑。Chomsky 认为他的研究是这种传统的独立表现。他将其标记为“Cartesian”，来表明与哲学家 René Descartes（1596—1650）相关的内容。似乎很少有现代生成主义者或应用语言学家研究过“Cartesian 语言学”（Chomsky 对这一命题的研究最为充分），更不用说《普遍唯理语法》（又名《波尔·罗瓦雅尔语法》）了。尽管如此，Lancelot 和 Arnauld 的《波尔·罗瓦雅尔语法》以巴黎郊区命名，却以预见生成语言学而闻名。

Chomsky 对《波尔·罗瓦雅尔语法》解读的有效性和他的历史主张一直存在激烈的争议。没有争议的是，Chomsky 至少在 20 世纪 60、70 年代将大家的注意力吸引到了 17 世纪语言科学。[①] 相反，第六章的终点所述的 19 世纪比较历史语言学，被一些生成主义者认为是一个面向数据的语言研究时期。这一时期的理性主义遭受了“一个世纪的普遍忽视或说教”（Chomsky, 1986: 2）。但仔细观察就会发现实际情况更加复杂。Wilhelm von Humboldt（1767—1835）与一些主要的比较历史学家同属一代人。根据 Chomsky（1966: 2）的说法，他对理性主义和类型学的兴趣使他的研究成为 17 世纪“Cartesian 语言学”的“高潮和终点”。此外，在 17 世纪末到比较历史主义的全盛时期之间，一些学者以《普遍唯理语法》为基础做研究，一些人反对它，一些人追求完全不同的承诺。[②] 基于 17 世纪晚期到 19 世纪普遍语法有着不同的研究，第六章标题有两种含义：回顾了从

---

① Brekle（1975: 341–342）指出，并非所有最近对皇家港语法的分析都受到了 Chomsky（1966）的启发。Brekle 自己的研究和 Foucault（1966/1970）的研究是独立进行的。

② Pariente（1992: 621）引用了从 1660 年皇家港语法到 19 世纪中期的理性主义语法（“古典主义”）时期的定义。

Lancelot 和 Arnauld 的著作到 19 世纪的普遍语法；此外，将那个时期的特点描述为“尽管语言研究的注意力转移到了其他地方，对普遍性的兴趣仍以各种方式持续着”。

104 因此，这一章遵循了这种转变，其中对普遍语法的研究，以通用语法为幌子，达到了一个局部的极限，然后消退。这一间隔的一个显著特征：对语言共享属性的分析通常是在第二语言教学的背景下进行的。Simone（1998: 166）写到波尔·罗瓦雅尔语法学家时称，他们的理论建议和“教学的材料、程序和标准，是非常紧密地交织在一起的”。这种趋势得到延续：Bartlett（1975: 21）评论说“18 世纪的语法学家—哲学家（grammairien–philosophe）……既是理论家又是语言老师”。17、18 世纪的文法学者对普遍语法的概念化决定了他们对第二语言习得的概念。这些观点不同于中世纪和文艺复兴时期的观点。

普遍原则兴起：普遍语法和理性语法

Robins（1990: 16）将后文艺复兴时期直到 18 世纪末的语言科学描述为一种“对某种共性的渴望”。当 Wilkins 和 Dalgarno 发展了他们的普遍语言时，人们对共同语言的兴趣在法国流行起来。Lancelot 和 Arnauld 参与了这种复兴，继承他们思想的人和其他研究者也是如此。这些研究者的研究可以归入“通用”或“理性”语法的部分重叠的规则。Pariente（1992: 621–622）阐述了这一时期的术语“通用”“理性”“普遍”的不同引用，使得人们很难给特定的学者或文本贴上标签。从我们的目的出发作如下定义，通用语法是识别所有语言的共同属性，而“具体语法”是识别特定语言的区别特性。理性语法通过观察语言与思维的关系来赋予思维关键的角色。[①] 因为思想的性质被认为是普遍的，所以在理性语法和普遍语法之间存在明显的联系。一些语法研究工作结合了这种联系，《普遍唯理语法》的标题揭示了这一点。但通用语法并不是完全理性语法，反之亦然。

另一个最初的复杂性在于语法理性主义和哲学理性主义之间的关系。Chomsky 在描述“Cartesian 语言学”时给了一个副标题，即“唯理主义思想史之一章”，其中提到了一个说法：“唯理主义思想”的连贯传统是存在的，源自 Descartes，并与语言的相关。Chomsky 承认 Descartes 实际上几乎没有写过关于语言的内容。尽管如此，Chomsky 仍然认为，Descartes 式的对理性和思想的强

① 此外，一些学者将“分析”语法与“哲学”语法进行了对比，或将“理性”语法与非理性语法进行了比较。Auroux（1992b）阐述了语言中“理性”的定义。

调是从 17 世纪到 Humboldt 的一系列语言学研究的特征。Pariente（1992: 624–626）指出，一些被称为理性主义者的语法学家似乎比 Descartes 主义者更具经验主义特征。此外，理性主义者也是不同的。这要根据他们对理性主义的信奉程度来判断，也要根据他们试图根据思想属性来解释的语法现象的范围来判断。甚至连 Lancelot and Arnauld 也经常承认非理性主义概念的作用，如用法或历史因 105
素。[1] 因此，“理性主义者”一词可能会松散地描述某些文本，而不需要详尽地概括其内容，也无需暗示与哲学理性主义有任何排他性的联系。

波尔·罗瓦雅尔语法作品

两位法国学者——语法学家 Lancelot（1615—1695）和逻辑学家 Arnauld（1612—1694）出版了《普遍唯理语法》。[2] 他们是一个非正式组织的詹森主义（Jansenists）宗教团体的成员。这是一个严格的天主教教派，以有争议的佛兰德神学家 Cornelius Otto Jansen（1585—1638）的名字命名。詹森主义者从 Augustine 的作品中获得了特别的灵感。在反宗教改革的普遍阴郁的文化氛围中，他们就教会等级制度，更大的、政治上联系良好的耶稣会秩序，以及法国君主政体的教义问题进行了复杂而激烈的斗争。这些冲突始于 16 世纪中期，持续了大约 100 年，以詹森主义者从权力和分散中撤退而结束。

在詹森主义者遭到镇压之前，他们的据点在巴黎郊外波尔·罗瓦雅尔社区（the Port–Royal community）的修道院。在其他活动中，他们还为当地儿童设立了学校。在那里他们发展和实施了一种创新的教育理念。这些学校（petites-écoles）的成功激起了耶稣会教士的愤怒。耶稣会对学校的赞助可以追溯到一个多世纪前。主要是由于与耶稣会士的摩擦，詹森主义者所办学校在仅仅 22 年后就于 1661 年关闭。[3] 但在 1644—1683 年，与波尔·罗瓦雅尔有关的学者们出版了许多教学著作，如著名的《普遍唯理语法》，以及关于修辞学和逻辑学的书籍。

---

① 关于这一点，参见 R. Harris 和 T. J. Taylor（1989: 104–105），以及 Simone（1998: 168–169）。

② Chomsky（1966）引用的第一版出现于 1660 年。第二版的英文译本于 1753 年出版，现在可以参考 Lancelot 和 Arnauld（1664/1968）。大多数关于语法的现代作品，包括 Brekle 的评论版（Lancelot 和 Arnauld, 1676/1966），Rieux 和 Rollin 的英文译本（Arnauld 和 Lancelot, 1676/1975），都依附于 1676 年的第三版。对《普遍唯理语法》的进一步复杂引用是一些现代争论，涉及两位作者的相对贡献（Padley, 1985: 285–286）。因此，Rieux 和 Rollin 将 Arnauld 列为第一位，而将 Brekle 和 Lancelot 列为第二位。在一个版本与另一个版本之间没有任何联系的地方，笔者将文本称为“Lancelot and Arnauld（1660）”。

③ Tsiapera 和 Wheeler 在 1993、1995 年分别讨论了 Jansen 主义学校的历史和教育哲学。

这些作品在他们那个时代受到高度重视，其影响通过再版、改编和翻译一直持续到 19 世纪（Rieux, Rollin, 1975: 21–23; Simone, 1998: 166, 219）。

由波尔·罗瓦雅尔社区制作的两个关键著作是 1660 年的《普遍唯理语法》和《拉丁语入门便捷新法》。后者首次出版于 1644 年，1653 年出版了完全不同的第三版。这两本著作从对语言本质的一致思想出发，都具有重要理论和教学意义。以下首先总结一下它们的内容。

Pariente（1992: 623）指出，《普遍唯理语法》的副标题揭示了这本著作的雄心："以清晰而自然的方式解释说话艺术的基础；所有语言之间共同点和主要不同点的原因；关于法语的新评论。"① 也就是说，《普遍唯理语法》的目标是一种理性的和一般的语法（鉴于"所有语言之间共同点的原因"），以及一种特殊的法语语法——这些都囊括在这本著作的 161 页内容里 [第三版 (1676/1966) 的副
106 本]。在 Lancelot 的序言大肆赞扬 Arnauld 之后，一篇介绍性陈述将"语法"定义为"说话的艺术"，将"说话"定义为"用符号来解释自己的思想"。《普遍唯理语法》处理了这种符号的两个方面：书的第一部分是"它们的本质是什么，即它们的声音和 [书写的] 形式"，第二部分是"它们的意义"（1660: 41）。第一部分包括 6 章。前 5 章分别处理元音、辅音 (包括将拉丁语和法语的辅音与希腊语和希伯来语的辅音进行比较)、音节、"重音"（单词重音）和声音符号的关联。第六章认为，儿童应该首先学习与字母表中的字母相关的声音，而非字母的名字。第二部分以元理论取向的一章为起点，接着用剩余的 22 章讨论特定的词性，以及它们的子类（如"关系代词""无人称动词"）或词法特征（"性""格"）。最后一章有 8 页，题为"句法，或放在一起的单词结构"。

以上介绍表明，《普遍唯理语法》在很大程度上遵循传统模式来确定讨论的主题和先后，以及这些主题上的注意力分布：声音没有与相关正字符号分离，这部分出现在书的开头；在最后简要介绍了句法。此外，Lancelot 和 Arnauld 论述的顺序类似于 Donatus 所著的有关拉丁文的语法书《小艺》和许多随后语法书。

《普遍唯理语法》的另一个特点也揭示了与过去的连续性。针对 Chomsky 将《普遍唯理语法》描述为生成语法的开创性先驱，Hall（1969）等历史学家一再反对，称这本书的大部分内容都用来描述 17 世纪的法语。事实上，书中的许多章节确实提到了拉丁语或希腊语，偶尔也会提到意大利语、西班牙语、德语或

① 除了另有说明外，《普遍唯理语法》的引文均来自 Rieux 和 Rollin 的翻译（Arnauld 和 Lancelot, 1676/1975）。

希伯来语（但没有提到欧洲人新发现的“异国情调”语言）。Lancelot 和 Arnauld 还进行了一些明确的跨语言比较和概括。尽管如此，法语作为语言数据的来源和对通用语法内容的假设来源都占主导地位。例如，“论代词”这一章确定了一些拉丁语和希伯来语代词的人称和数字特征，然后开始分析法语代词附着成分的形式和句法位置。接着是所有格代词，Lancelot 和 Arnauld 提供了两个拉丁语和希腊语的例子，然后用最后一段介绍了法语所有格，对有争议用法的评论几乎只涉及法语的细节。我们现在认为的语言局部主义有时会侵入，在拉丁语、法语、希腊语和希伯来语辅音之后。Lancelot 和 Arnauld 得出结论：“如果有其他简单的声音……它们很难发音，也可能不被计算在内”（Lancelot and Arnauld, 1660: 50）。《普遍唯理语法》的结尾是，法语“以最自然和最少阻碍的方式……（表达）事物”（Lancelot and Arnauld, 1660: 175）。

简而言之，Lancelot 和 Arnauld 对“所有语言的共同点”的描述具有其方言 107
的强烈印记。虽然这一事实可能会损害《普遍唯理语法》作为通用语法书的地位，但它有助于将其置于试图定义普遍语法的传统之中。就像思辨语法学家一样，Lancelot 和 Arnauld 从他们所熟悉的一种特定语言的特征来投射他们的普遍语法版本。但到了 17 世纪中期，是语法学家的法语方言控制了他们对语言共同属性的看法，而不是拉丁语。此外，与中世纪的拉丁语相比，法语主导较少，因为它包含了少量的跨语言比较。

波尔·罗瓦雅尔语法的一个重要创新源于社区的教育哲学。詹森主义者认为教育是将人类从原罪中拯救出来的最好手段，并将语法作为课程的中心。他们相信，理解语言不仅提供了理解神圣文学的机会，而且还会“增强一个人的判断”（Wheeler, 1995: 173）。“判断”（肯定事物的属性）对 Lancelot 和 Arnauld 来说是与语言相关的 3 类基本心理活动之一，其他两项是“想象”（对事物的注视或想象）和“推理”（从判断中推断出结论）（1660: 66–67）。书中将所有命题分解为一个主项（subject）、述项（predicate）和两者之间的联结（connection），最本质上是一个系动词（1660: 67）。主项和述项表示“思想的对象”（objects of thoughts），由名词、冠词、代词、分词、介词、副词组成。这些代表了 3 类基本心理活动之一的“想象”。动词、连词和感叹词代表了“判断”的作用，原因是它们表示“我们思想的形式，方法或模式”（1660: 67–68)（推理被认为是判断的操作，而不是单独处理）。基于这些区别，Lancelot 和 Arnauld 首先处理的是表示思想对象的“句子成分”（partes orationis），然后是表示思考方式（manner/mode of thoughts）的部分，因为（他们认为）思维方式取决于所表示的对象。

Lancelot 和 Arnauld 将词汇分为两大类并非没有先例，但他们以新颖的方式推动和发展了这种分类方式。他们对命题（propositions）的关注使人们注意到了更大、更复杂的语言单位。这最终“将语法实践从几个世纪以来基于单词的语法处理转到……对句子作为整体来考虑”（Padley, 1985: 300）。此外，Swiggers（1984: 337–338）评论道，Lancelot 和 Arnauld 通过将冠词和介词纳入“思想对象”的范畴，将它们作为名词指称的共同指征，是一种新的转折。

Lancelot 和 Arnauld 的另一个创新更加复杂。他们在《普遍唯理语法》中坚称（与 Scaliger, Dalgarno 等人一起，参见 Padley, 1985: 305–306），一个动词可
108 以分解为一个系动词加上一个形容词。也就是说，表面是“Peter lives”，实则是“Peter is living”。从根本来看，一个判断构成了一个肯定（affirmation）（由系动词表示），一个像“live”这样的特定动词增加了它的属性（attribution））。说话者使用“Peter lives”，而不是合乎逻辑和明确的“Peter is living”，原因是“他们很自然地开始缩短自己的表达方式”（1985: 123）。《普遍唯理语法》中写道，缩写或省略在语言中是普遍的：任何主格形式下都有“一些表达或未表达的动词”和任何动词背后的主词；“不存在与实体无关的形容词”“没有属格……不受另一个名词支配”。（1985: 171–172）。对 Lancelot 和 Arnauld 来说，省略是 4 种“被称为修辞（figurative）”的说话模式之一（1985: 173），其他的是兼用的。规则的协议模式在“il est six heures”这句话中被破坏，即“it is six o’clock”[lit. he（男性单数）is（第三人称复数）six hours（女性复数）]”；冗言，“当恰好有一个词超过必要时”，如拉丁语 magis major，“更大”；分离法，“单词顺序的倒置”。[①] 从 Donatus 开始，语法学家就一直在创造类似的各种修辞语言。Lancelot 和 Arnauld 的研究方式的不同之处在于，他们认为言语中的修辞格（figures of speech）是对潜在规律性的干扰。对他们来说，语言的缩写或修饰在语法表面造成不规则，而每个元素都潜在地存在并处于其位置（1985: 173）。

以上对 Lancelot 和 Arnauld 思想的描述超越了他们 1660 年的著作，甚至超越了其著作后来的版本。关于特定问题的细节，《普遍唯理语法》反复地向读者提及 Lancelot 的拉丁文教学文本《拉丁语入门便捷新法》（1653/1816）。这是 Lancelot 为第二语言学习者撰写的一系列材料中的一个，包括《希腊语入门便捷新法》（之后英译本问世，1655/1817），以及意大利语（约 1659）和西班牙语

① 《普遍唯理语法》在第 174 页讨论了 6 种语言的例子，在第 175 页讨论的是。Lancelot（1653/1816，vol. 2）在第 185 页定义了 syllepsis，在第 184 页定义了 pleonasm，在第 190 页定义的是“夸张”。

（1660）的学习教材，并以类似标题命名。这些教学著作与《普遍唯理语法》之间的关系是复杂的。从表面价值看，Lancelot 和 Arnauld 创建他们的通用语法，将其作为语言共同点的存储库，分解成能够重复在每个具体语法中的材料。而 Lancelot 所编系列教材的目的是与学习者沟通具体语言的区别特点，包括拉丁语、希腊语、意大利语和西班牙语。但从实际内容上看，《普遍唯理语法》和这些教材不能如此清晰地分开。能够观察到的是，《普遍唯理语法》在跨语言语境下具有某些特定的法语语法的特点。与之相反，《拉丁语入门便捷新法》阐述了许多关于《普遍唯理语法》中语言共性的主张。Lakoff（1969: 347）称，为了理解通用语法中的“许多半阐明的想法”，需要参考 Lancelot 所编系列语言教材。对 Padley 来说，《普遍唯理语法》是一个“无形的幼崽，它的舔舐很大程度上为（《拉丁语入门便捷新法》）的形成做出了贡献”（1985: 309）。

Lancelot 将《拉丁语入门便捷新法》呈现为一种新鲜的，甚至是革命性的第二语言教学方法。但就像《普遍唯理语法》一样，它的独创性似乎并不是 Lancelot 所预期的。根据 Lancelot 的说法，《拉丁语入门便捷新法》打破了传统，在 L1 而不是 L2 中呈现了拉丁语版本化的记忆规则。但到了 17 世纪晚期，本土语言在语法书中的出现并不新鲜，因为学习者的 L1 渗入到 L2 材料中已经有一 109
段时间了。当然，拉丁语规则的版本化并不是前所未有的，原因是 Doctrinale 早在 13 世纪初期就已经做到了。尽管 Lancelot 批评早期的语法学家“晦涩”（Vol.1：xxi），并承诺他的文本将逃避“大量不必要的东西”（Vol.1：xxv），可能很少有 21 世纪的读者会同意他成功地用创造性概括平衡了语法细节——《拉丁语入门便捷新法》一页又一页地列出特定词汇的特性，耐心地徜徉在拉丁语语法中，似乎每一个事实都和其他事实一样重要。例如，有 5 个不同的规则需要记住（Vol. 1: 80–82）详细描述了以“-is”结尾的词。这类词的属格变化与一般形式不同——“头盔”“石头”“矛尖”以“-dis”形成属格；“许多未 [指明的] 希腊名词”“罗马人”“意大利民族”，以及其他几个名词都有特定、不可预测的结尾；“灰尘”和“灰烬”以“-eris”构成属格；“血”的属格是 sanguinis。还有很多例子，在此不一一列举。

鉴于这些要素与过去的连续性，《拉丁语入门便捷新法》的独创性体现在别处。第三个完全不同的版本出版于 1653 年，比第一版晚了 9 年。第三版的开头用了较长篇幅来致谢 Sánchez（pp. v–vii）。正如许多人（e.g.Lakoff, 1969: 356–359）所指出的那样，Lancelot 接触到 Sánchez1587 年的《拉丁语原理》可能确实是《普遍唯理语法》第一版和第三版之间有着重要差异的原因。特别是，省略的概念在后来的版本中得到更大发展。Lakoff（1969: 348–350）将省略解释为代表波尔·罗瓦雅尔语法学家对潜在语言结构彻底投入，引用了《拉丁语入门便捷新法》中的一个主张，即动词“no longer in use”是拉丁语开端的基础，缺乏相应且同步的证明状态。[①] 然而，在波尔·罗瓦雅尔语法学家对修辞语言的描述中（与 Sánchez 的描述不同），修辞格的基本结构只有在并不是“抽象的”意义上才能很好地形成。也就是说，Lancelot 认为省略、对寓、重复和转置相对不那么优雅的句子才能起作用。

在 Lakoff 看来，波尔·罗瓦雅尔语法学家对修辞语言的处理反映了他们的理性主义：只有当语言具有明显的规律时，探究一下这个问题才有意义，即删除、添加或调换了句子的哪些元素以创造一个表面上不规则的句子。虽然省略在《拉丁语入门便捷新法》中所述最为详尽，但《普遍唯理语法》相关的部分显示，Lancelot 和 Arnauld 认为省略存在于所有语言中。正如我们将看到的，现代评论在很大程度上利用了波尔·罗瓦雅尔语法学家对省略的论述。

普遍语法和《Cartesian 语言学》

尽管波尔·罗瓦雅尔语法在 19 世纪一直备受瞩目，但最终还是走向衰落。
110 在 Rieux 和 Rollin 翻译的序言中，Danto（1975: 11）隐晦地称，《普遍唯理语法》“本有着漫长有用的学术生命，会逐步成为语言学考古的研究对象，但它却极大地卷入了有争议的命运，这要归因于 Noam Chomsky”。《Cartesian 语言学》篇幅不长（119 页），有着 Chomsky 特有的冷静、直接、权威的特点。从表面上看，这本书似乎很难成为激烈辩论的焦点。但在这本书出版 30 多年后，激烈辩论的余烬仍在隐约冒烟。在这一部分，本书将描述 Chomsky 的论文，然后回顾一下它受到褒贬的一些理由。

《Cartesian 语言学》的前言有 3 页，介绍了这本书的基本历史主张和 raison d’ être（存在的理由）。Chomsky 认为，对该学科历史的冷漠或敌视是“现代语言学”的特征。他指的是 20 世纪早期的结构主义。[②] 相比之下，Chomsky 还称，生成语言学重视过去，特别是 17、18 世纪的学术研究。Chomsky 并没有指出对

---

① 引自 Lancelot 的拉丁文版 *M é thod*（1653/1816，vol. 1: 311）。Lancelot（1655/1817: 367–376）对比喻语的处理主要以省略、全音等为例，指的是拉丁语的 *M é thod* 和 *S á nchez* 的 *Minerva*。

② 在脚注中，Chomsky 引用了两位法国学者对 19 世纪前语言科学的否定（1966: 75）。Lakoff（1969: 343–344）引用了 Hockett、Bloomfield 和 Jespersen 对皇家港普遍语法的蔑视。

早期作品的了解所带来的具体好处，只是写道："仔细研究'Cartesian 语言学'和某些当代发展之间的相似之处，在许多方面都是有益的。"（1966: 1）他将他的文本描述为"初步的和零碎的素描"（1966: 2），并承认"Cartesian 语言学"这个表达可能不恰当，因为他所指的一些术语早于 Descartes，且某些关键贡献者都是公开反 Descartes 的，而 Descartes 关于语言的文章很少。尽管如此，"重要的问题是确定在前现代时期积累的'思想的资本'的确切性质，评估这一贡献的当代意义，并找到利用它来推进语言研究的方法"（1966: 3）。Chomsky 强调，他当时所发展的转化生成语法并不是由 Descartes 或普遍语法发展而来。相反，生成语法"很大程度上是独立的发展"（1966: 59），与 17 世纪"Cartesian 语言学"的相似处不是因为一方模仿了另一方。[1]

在这段相当低调的介绍之后，Chomsky 各用了一部分来讨论他在 17 世纪和 20 世纪晚期各种语言观点之间看到的 4 个相似之处。第一个相似处论述得最充分，尽管它是与波尔·罗瓦雅尔著作联系最不密切的一个。Chomsky 认为，Descartes 主义者承认了日常语言使用中所固有的创造力。他引用了法国哲学家 Géraud de Cordemoy（1620—1684）和英国哲学家 James Harris（1709—1780），来推测人类与机器和动物的区别在于他们以恰当新颖的方式运用语言背后的思维。根据 Chomsky 的说法，Humboldt 对语言创新特征的讨论做出了贡献，原因是 Humboldt 称每种语言中都存在一种独特的"有机形式"。因此，语言打开了"仅受规则限制的表达具有无限可能性……部分是特殊和怪异的（对具体的语言来说），但部分是普遍的（1966: 29）。[2] Chomsky 将这些观点与他所认为 111
的"现代语言学"进行比较（第 12 页提到 Bloomfield 和 Hocket 的著作）来阐述语言的创造力。在 Chomsky 看来，前生成结构主义不能解释创造力，因为它将语言简化为条件刺激—反应关系，并辅以一个定义不足的类比概念。相比之下，"Cartesian 语言学"（在 17 世纪和生成主义版本中）认识到语言使用的无条件元素，并将这一事实置于其认识论的中心。

Chomsky 的下一节认为，《普遍唯理语法》承认了类似于深层与表层结构的生成概念。在 20 世纪 60 年代后期的生成语法中，句子的表层形式与决定意义关系的潜在"深层结构"有关。深层结构可能包含抽象的形态或句法元素（如时态

[1] Chomsky 一贯避免将自己视为新兴转型生成理论的中心。他把皇家港语法视为"当前"（1966: 2, 39）或"当代"作品（1966: 73），很少强调自己的作品对它的作用。尽管如此，很明显，Chomsky 的研究和他最亲密的同事的研究被他视为在反对"现代语言学"的非历史性。

[2] Chomsky（1964: 16–25）放大了他对 Humboldt 和语言创造力的看法。

或否定的标记）及可识别的单词。转换规则作用于深层结构（删除、插入或移动元素），从而产生表面结构，进而决定句子的语音形式。这个提议的效用是在表面上不同的句子之间建立一种深层结构的关系，如“The girl ate the muffin”和“The muffin was eaten by the girl”。

Chomsky 为 17 世纪深层与表层结构概念的存在提供了不同证据。他认为 Descartes 对思想和身体的区分表明了对语言内在（与意义相关）方面的重视，与外部方面（与声音和正字法形式相关）形成对比。Chomsky 关于深层结构概念引用最多的证据涉及《普遍唯理语法》对“Dieu invisible a créé le monde visible”这句话（“看不见的上帝创造了可见的世界”）的处理。在论述相对代词的一章中，Lancelot 和 Arnauld 对以下命题做了论述——“3 个判断贯穿一个人的头脑……不用语言表达”（1966: 99–100）：上帝是看不见的；上帝创造了世界；世界是可见的。Lancelot 和 Arnauld 提到了这个句子的另一个版本，其中从属的第一个和第三个命题被明确提出：“看不见的上帝创造了可见的世界。”Chomsky（1966: 33–34）解释了这一相当稀疏的论述，表明 Lancelot 和 Arnauld 通过可选的、类似于转换的操作，假设了一个与表面结构相关的潜在深层结构，从而减少了主语和谓词短语中的相对子句。

Chomsky 还提到了 17 世纪语法文学的其他方面，认为这些方面证明了表层结构和深层结构之间的区别。其中一个与普遍语法含义有关的方面是 Lancelot 和 Arnauld 对“格”的论述。Chomsky 称，《普遍唯理语法》认为屈折格变化是交流语义功能的几种方法之一：语言可以标记名词格，或依赖于词序，或使用小品词。因此，Cartesian 主义者识别出了“在不同的语言中，各种表层结构形式背后的深层结构身份”（1966: 41）。

112 理论目标是 Chomsky 察觉的 17 世纪和生成语法之间第三个相似点。在“语言学中的描述和解释”一节中，Chomsky 引用了理性主义语法学家 Nicholas Beauzée（1717—1789）关于普遍语法和具体语法区别的论述。对 Beauzée 来说，普遍语法是一门关于所有语言原则的理性科学，而具体语法是将这些原则应用于特定语言的艺术；普遍语法的目的是解释而不是描述语言事实。在此基础上，Chomsky 所代表的是普遍语法学家，已经超越了其时代的描述主义。但他批评他们没有进一步推进。（1966: 57–58）Lancelot 和 Arnauld 没有为他们提出的特定深层结构进行必要性辩护，因此不清楚为什么这些结构而不是其他结构才是语言的一部分。尽管如此，Chomsky 还是称赞波尔·罗瓦雅尔语法学家对解释的投入。在他看来，这比对语言表层事实的投入更促进了语言学的研究。

《Cartesian 语言学》以“语言的习得和使用”结束。Chomsky 引用了一些作家的话，认为这些作家断言人类在经验之前就有天生的观念，且这些观念需要经验才能显现。特别地，Chomsky 提到了 Herbert of Cherbury（1583—1648）这位英国的朝臣、外交家和哲学家的著作。对 Herbert 来说，理性是一种运用他所说的头脑中“共同概念”的过程，即“自然赋予我们”的思想或原则（1624/1937: 133）。这对所有人都适用，但因经验的刺激而不同。Herbert 式“共同概念”包括世界最终目的的存在、自我保护、对幸福的渴望（1624/1937: 126）、“法律”和宗教（1624/1937: 121），与语言的联系并不简单明了。Chomsky 继续在 Humboldt 的著作中找到了一个论点，即言语感知要求听众激活现有的“生成规则潜在系统”（1966: 71）。Chomsky 指出，17 世纪的理性主义者并没有严格区分感知和学习。这使得 Herbert 和 Humboldt 的著作与语言习得生成概念的相关性模糊不清。但 Chomsky 的观点很清晰，即 17、18 世纪的一些学者认为，头脑不仅仅是感官印象的被动容器。

以上是《Cartesian 语言学》的一些内容。这本书反响热烈，但评论强烈地偏向于批评。它的辩护者将对 Chomsky 作品的反应描述为“‘语言学历史’的保管者……（逐渐）狂暴”（Otero, 1991: 49）。《Cartesian 语言学》引发的一些争议检验了学术文明的惯例，像“谩骂”或“被激怒”这样的术语在描述某些评论时似乎并无不合适。[①] 在 Saporta（1994: 167）中，Chomsky 讲述了一位著名的语言学史学家在大英博物馆的台阶上招呼他，亲自恳求他停止他的史学研究的故事。对《Cartesian 语言学》的评论包括复杂的出版物链，如由 Aarsleff（1970）发起的对
Chomsky（1966）的评论。Verhaar（1971）和 Bracken（1970/1994a）对 Aarsleff 113
进行了回应，支持 Chomsky 的观点；Aarsleff（1971）随后发表了一篇文章，题目是《“Cartesian 语语言学”：历史还是幻想？》。当时，Bracken（1972/1994）和 Andrews（1979/1994）都对 Aarsleff（1971）进行了措辞强烈的反驳。

公平地说，这一切削弱了本学科的平静。将 Tavoni（1998: 13）所说的“Noam Chomsky 的许多历史罪恶”组织成 3 种重叠的批评类型，可能有助于解决甚嚣尘上的争论。个别学者的评论并不一定符合这种事后的分类法，有些学者同时从这 3 个方向批评了《Cartesian 语言学》。虽然这种分类简化和理想化了对 Chomsky（1966）的反应，但它为复杂观点和解释的分歧提供了探讨的入口。

① 这在“Cartesian 语言学”的批评中并不普遍，甚至是相当负面的批评：Percival（1972）和 Salmon（1969）展示了如何建设性地发现错误。就 Chomsky 对批评者的回应而言，他几乎没有承认，但表现出的愤怒多于怨恨。参见 Saporta（1994: 166–168）和 Barsky（1997: 104–112）。

第一种批判类型包含了以下这种论点，即 Chomsky 误读或误解了 17 世纪的学术研究。他认为这一时期的研究也符合一个或多个他思想的 4 个特征。这种想法也是错误的。这 4 个特征包括：

（1）承认日常语言的创造力；

（2）深层结构和表层结构的区别；

（3）致力于描述性的解释；

（4）语言习得和使用的理性主义概念。

实际上，这个角度否认了 Chomsky 对这个术语的理解与“Cartesian 语言学”有关。

Percival 于 1972 年发表的标题为《关于“Cartesian 语言学”的不存在》的文章宣布他属于这一流派。Percival 回顾了 Descartes 做的关于语言的评论，关注了特征（1）的证据。他得出结论，Descartes 没有过多讨论“老生常谈”的语言（1968: 143），和远未达到人类语言创新顶端的语言，“创新性和潜在的无界性是 Chomsky 对语言观点的基础，但在 Descartes 的‘讨论’中所起的作用是微不足道的”（1968: 142）。[①]Percival 还简短地提到了特征（2），反驳了 Chomsky 关于 17 世纪语法学家具有深层结构概念的说法。Zimmer（1968/1994）发展了第二点，质疑 Chomsky 对“看不见的上帝创造了可见的世界”的解释。对 Zimmer 来说，波尔·罗瓦雅尔语法学家的观点只是说：这句话有另一种形式，其中两个关系从句是明确的。也就是说，Lancelot 和 Arnauld 并不是从“God who is invisible created the world which is visible”通过“一种按顺序应用语法规则的系统”得出“Invisible God created the visible world”（1968/1994: 864）。[②] 这两句话只是传达相同信息的不同方式。

反对“Cartesian 语言学”存在的观点也对 Chomsky 提出的 17 世纪语言研
114 究的其他特征提出了异议。Percival（1968）对（3）的准确性提出了质疑，即波尔·罗瓦雅尔语法学家试图解释的努力将他们与前辈的描述主义区分开来。争论的焦点：Chomsky 将法国语法学家 Claude Favre de Vaugelas（1585—1650）描述为一个描述主义者、反理性主义者，只是 Lancelot 和 Arnauld 的衬托。Percival

① Leppin（1977: 47）同意 Humboldt“人与动物之间存在着质的差异，这在人类语言的创造性方面表现得最为明显”。但 Leppin 认为，Chomsky 夸大了普遍性在 Humboldt 语言哲学中的作用，在解释 Humboldt 的“言语形式”和“生成能力”概念时犯了错误。

② Zimmer（1968: 866–867）允许 Du Marsais 被 Chomsky 引用为第二代 Cartesian，构想出类似生成论的深层结构。与此同时，Chevalier（1968: 498–499, 601–602）同意了 Chomsky 的观点，即皇家港口语法区分了深层结构和表层结构。

发现，比起不同点 Vaugelas 和波尔·罗瓦雅尔语法学家之间有着更多的共同点，并指出了一些例子说明《普遍唯理语法》扩展了而不是驳斥了 Vaugelas 的分析，或者 Lancelot 和 Arnauld 将具体事实归因于使用，而没有试图发现它们背后的理性主义原则。在 Percival 的解读中，Vaugelas 是“纯粹的描述主义者”（1968: 170），Lancelot 和 Arnauld 也是如此。①

最后，批评者声称 Chomsky 没有证明特征（4）存在的理由是一个 17 世纪理性主义和独立主义的语言习得理论。Danto（1975: 15）写道：“无论波尔·罗瓦雅尔的心理学多么有趣，它都不可能是一个足够的心理语言学理论所需要的那种。”值得注意的是，Chomsky 实际上并没有在他关于 17 世纪语言习得理论的主张中提到《普遍唯理语法》。相反，Chomsky 主要引用了 Herbert of Cherbury 和 Humboldt，承认两者都没有直接论述语言习得。

批评家们正是如上所述地质疑了“Cartesian 语言学”的存在。第二种批评类型与第一种批评类型有些重叠。它并没有对 Chomsky 对 17 世纪语法和哲学的解读提出挑战，而是对它与现代生成语法相似的说法提出质疑。例如，Aarsleff（1970: 575）认为 Descartes 或 Lancelot 和 Arnauld 的理性主义与 Chomsky 在他自己的理论中提到的同一术语是不相容的。对 Chomsky 来说，语言知识是由于一种特定的心理语言能力，而（根据 Aarsleff 的说法）是因为 Descartes 致力于人类语言的合理性。这是因为他认为人类语言反映了人类的一般心理能力。从这些角度来看，Descartes 更多的是现代“普遍本土主义”的先驱，而不是普遍本土主义者挪用“理性主义”一词所指的含义。从 Aarsleff 所认为的传统意义来看，这种意义至少可以追溯到中世纪，Chomsky 的观点可谓是一种奇怪的理性主义。这种理性主义排除（在 Aarsleff 对概括主义自治论点的嘲笑描述中）“一个独立的语言内容”（1970: 575）的理性。

与之同思路的评论中，Cooper（1972）论证了 Chomsky 的主张，即生成语法的先天概念在 17 世纪有相似之处。Cooper 称，对于 17 世纪的理性主义者来说，某种先天事物的特点是不能通过感官获得。他引用了 Descartes 的论点，即“等于同量的量彼此相等”（1972: 472）是内在的，因为感官只给我们关于平等或不平等的特定实例的信息，而不关于什么是普遍的。也就是说，一个概念的内在性 115
是一种逻辑上的必然性：“一个完美的三角形”的概念只能在经验之前给出，因为没有经验可以提供给它。相比之下，Chomsky 经常强调，他所说的语法原则

① Hall（1969）和 Padley（1985: 319–322）重新回顾 Vaugelas 和《普遍唯理语法》。

没有逻辑上的必要性。（例如，一种人类语言可能不受结构依赖的约束是可行的，但碰巧不存在这样的语言。）此外，对 Chomsky 来说，感官在告知学习者从一系列普遍的可能性中选择哪种语法方面发挥着关键作用。Cooper 认为，像这样的差异使 17 世纪和 20 世纪晚期的禀赋观念之间的任何表面相似性都无效。①

第三种批评类型是对 Chomsky（1966）最普遍的回应。它承认有一个《普遍唯理语法》所属的语法传统，具有类似于 Chomsky 所赋予的特征，但发现了与《Cartesian 语言学》关于该传统的历史主张相关的缺陷。这一类型的某些批评认为 Descartes 所写的关于语言的东西要么太模糊，要么太稀疏，无法构成语言探究的源泉。② 另一些人则接受 Descartes 可能对"Cartesian 语言学"做出了贡献的论断，但也提出了 Chomsky 所认为的 17 世纪语法学家创新研究的另一种早期来源。

这种对《Cartesian 语言学》的第三种批评类型已经足够丰富，足以构成一个小型的修正主义产业。连续的贡献跨越了倒退，确定了 Chomsky 将其归因于 Lancelot 和 Arnauld 或他们同时代人的更早期起源。两部同类型作品的标题使他们的意图明晰：继《Cartesian 语言学》之后，Salmond（1969）发表了一篇题为《"Cartesian 语言学"之前》的评论；不甘示弱的 Salus（1969）随后发表了一篇题为《"Cartesian 语言学"之前的之前》的文章。随着"Cartesian 语言学"所谓的来源已经消退到越来越大的历史深度，这些来源与 20 世纪生成语法之间的相似性基础越发孱弱。这就提出了一些重要的问题："什么是生成语法？""什么是普遍语法？""说两种语言理论是相关的是什么意思？""在几乎没有任何语言理论完全否认思维参与的情况下，谈论一种'理性主义'语言理论有意义吗？"Chomsky 的文本似乎过早地对其中一些问题给出了答案。即使仅出于这个原因，研究关于"Cartesian 语言学"起源的争议也是有用的。

为了展示这种对 Chomsky 史学的批评类型的范围，本书作者将从 17 世纪倒退到越来越遥远的"Cartesian 语言学"的祖先。但第一个动作是横向的，而不是纵向的。首先从法国哲学家和数学家 Blaise Pascal（1623—1662）说起。Pascal 偶尔参与波尔·罗瓦雅尔社区的活动。他对 Arnauld 逻辑学著作的影响和对 Descartes 的厌恶都被记录下来。Miel（1969）质疑 Chomsky 将 Descartes 的身

① 与此同时，Foucault（1969：v, xi）反对 Chomsky 对生成语法和普遍语法的同化，理由是普遍语法体现在人类理性，而非跨语言比较。尽管句型在普遍语法中的作用在生成语法中没有任何相似之处，Foucault 是否准确地表达了 Chomsky 的立场尚不清楚。

② 许多人抱怨 Chomsky 用 Cartesian 的名字给他的想法贴错了标签。然而，Fellman（1976）引用了一封信，证明 Chomsky 使用"Cartesian 语言学"的正确性——Cartesian 在信中赞许了创造一种普遍语言的努力。Bracken（1984）和 Sullivan（1980）认为 Chomsky 的术语在其他方面是合适的。

心二分法和深层与表层结构概念联系在一起。根据 Miel 的说法，一个更可信的 116
来源是 Pascal 对“名义定义”的讨论，也就是“完全自由和任意的”定义，用于“缩短和简化话语”（1969: 268）。Miel 提出，波尔·罗瓦雅尔语法学家认为“看不见的上帝创造了可见的世界”，与更明确的对应物具有相同的关系，因为三角形的名义定义是“以 3 条直线为界的人物”。Miel 认为 Pascal 是经验主义者和行为主义者，而不是理性主义者和心理主义者（1969: 269）。如果 Miel 的论点成功了，它将掩盖 Chomsky 将《普遍唯理语法》作为“唯理主义思想史之一章”的描述。

作为倒序追寻通用（生成）语法真正祖先的第一步，我们重新回到了 16 世纪的西班牙。在一篇著名的对《Cartesian 语言学》的评论中，Lakoff（1969）指出，因为 Chomsky 关注的是《普遍唯理语法》而不是《拉丁语入门便捷新法》，所以他忽视了 Sánchez 的《拉丁语原理》对波尔·罗瓦雅尔社区语言思想的强大影响。（回想一下，Lancelot 带着他对 Sánchez 的感激打开《拉丁语入门便捷新法》。）特别是，Lakoff 指出，Sánchez 对省略的处理比《普遍唯理语法》更充分地预测了生成理论对深层结构的处理。在现代术语中，Lancelot 和 Arnauld 假设存在潜在的形态和词汇项，而非抽象的潜在句法；而 Sánchez 承认在这两个领域的抽象项。Breva-Claramonte（1978: 357–359）丰富了 Lakoff 的批评，认为 Sánchez 比波尔·罗瓦雅尔语法学家更倾向于“理性主义”，原因是他更致力于发现隐藏域明显异常语法现象下的逻辑规律，不如 Lancelot 和 Arnauld 更倾向于把不妥协的事实归因于多变的使用或历史遗迹。

在这种解释下，Chomsky 的主要史学罪是他所挑出的深层结构的概念来源是派生的，而不是主要的。Lancelot 和 Arnauld 从 Sánchez 得出了他们关于省略的观点，但这样做的危害是丢弃了西班牙语法学家与生成语法学家观点最接近的部分。因此，Chomsky 通过引用《普遍唯理语法》而非《拉丁语入门便捷新法》来缩短了“Cartesian 语言学”的历史。[①]Lakoff 引用了《拉丁语入门便捷新法》的其他段落，认为这些段落抢先体现了 Chomsky 对波尔·罗瓦雅尔语法学家的创新性主张，包括 Sánchez 关于语言与思维、解释与描述的陈述。[②]

---

① Chomsky（1972: 18）注意到 Sanchez 对皇家港语法学家的影响，但将他的省略概念斥为“仅仅是一种解释文本的手段”，而不是心理语言学理论的一部分。Lakoff（1969: 360）对这一解释提出了异议，认为 Sanchez 的作品坚定地站在了“普遍唯理语法的精神”的立场上。

② Breva Claramonte（1977a; 1997b）、Padley（1985: 269–275）和 Salmon（1969）也讨论了 Sanchez 和皇家港语法。

Lakoff 在评论的最后提出两个问题，激发了早于 16 世纪西班牙的研究，即“Sánchez 的想法是从哪里来的？”“转换语法真正是从哪里开始的？”（1969: 364）。Salmon（1969: 168）指出，Lancelot 和 Arnauld 的成就之一是重新团结了文法、逻辑、修辞，也就是说，撤销了 Ramus 在三者上的分离。她将 Lancelot
117 和 Arnauld 描述为融合了以下部分：语法概念（如“句子成分”），逻辑概念的偶然性（如表示物体和思维方式的单词间的区别），修辞学的概念（如将复杂的句子简化成简单的命题）。13 世纪的思辨语法学家尝试了类似的重新融合，从逻辑和修辞学中引入语法术语和思想，因此从这些角度来看，Lancelot 和 Arnauld 的语法更多的是复兴，而不是创新。

许多人指出了波尔·罗瓦雅尔和思辨语法学家之间的联系。Padley（1985: 293）认为，《普遍唯理语法》的合理性延续了中世纪开始的一场长期运动，运动的“目的是将理性应用于语法分析，并将其应用到底层语法系统的层面上”。Salus（1969）展示了中世纪和 17 世纪语法学家对待“语言依赖于思维”的共同点。Salmon（1969: 170–174）指出，语言具有普遍和个性化的属性（在通用和具体语法之间的区别中出现），在《普遍唯理语法》之前的中世纪就有很长的历史。[①]

其他评论家对 Chomsky 所说的“Cartesian 语言学”起源问题进行了更深入的历史研究。一些人指出了 Augustine 对波尔·罗瓦雅尔语法和逻辑的影响（例如 Kneale, 1962: 316）。Augustine 启发了詹森派的神学，所以 Lancelot 和 Arnauld 都熟悉他的作品。Augustine 假设一种普遍的内在语言超越了外部语言之间的差异（内在闪耀的词……既不是希腊语，也不是拉丁语）（1963: 476–477），并假设这种差异是许多语法思辨的种子，可以说包括 17 世纪的通用语法和理性语法。Padley（1985: 295–299）断言 Lancelot 和 Arnauld 区分语言的外部和内部方面（17 世纪 Cartesian 主义者和反 Cartesian 主义者之间的区别）更多地归功于 Augustine 的符号理论，而不是 Descartes 的身心二分法。更根本的是，语言代表思想的假设，而非语言代表世界的结构，就像思辨语法学家所做的那样，可能表明了 Augustine 对语法学的影响。

另一项议题让这个故事几乎回到了起点。Amacker（1990）没有参考

---

① Padley（1985: 301–310）阐述了思辨语法和普遍语法在语言分析的特定点上的连续性。另请参见 Robins（1997: 141–145）和 Scaglione（1990）关于思辨语法和普遍语法，以及 Kretzmann（1975）关于中世纪晚期逻辑和深层结构概念。第四章中引用的思辨语法和生成语法之间的许多比较都受到了“Cartesian 语言学”的启发。

《Cartesian 语言学》，而是在 1990 年探讨了普遍语法的起源。他认为，“它诞生的必要条件”（1990: 16）在于从古希腊到罗马传播了一种分析语言的词汇。罗马人采用希腊语言框架和术语，要求语法学家仔细研究希腊语和拉丁语之间的异同之处。从这项任务中，出现了“归纳和比较主义”语言方法的首批迹象。在 Amacker 看来，这构成了普遍语法的真正开始。这种方法不仅启蒙了 Lancelot 和 Arnauld 及 Du Marsais 和 Beauzée 等启蒙语法学家的思想，也促进了 Louis 118 Hjelmslev（1899—1965）等更遥远的思想继承者的产生。Amacker（1990: 17）引用了 Lyons（1968: 351），作为当今普遍语法的例子。Lyons 通过用英语中的传递性与爱斯基摩人的能量性进行对比来解释传递性。Amacker 认为这一举动证明了从古罗马到 20 世纪普遍语法基本假设的连续性。

Amacker 关于普遍语法起源的主张提出了整个《Cartesian 语言学》修正主义评论背后的一个重要问题：一个关于语言的特定概念在历史上与更早的另一个观点有关，意味着什么？ Amackker 努力对普遍语法给出最“全局”的定义（1990: 17），在此基础上看到了古罗马分析拉丁语与希腊语和 Lyons（1968）解释传递性之间的连续性。[①] 然而，对于 17 世纪普遍语法更早期来源的争论，其比较基础愈发理想化。围绕《Cartesian 语言学》的一些争议可能来自不同的观点，即当人们在很长的时间内比较两个观点时，如何确定衰减的度。Lakoff 的问题，如“学者 X 的想法是从哪里来的？ Y 的想法到底从哪里开始？”，也许不是好的讨论基础。更好的讨论基础可能是“Y 与 X 如何相关？”或者“以什么样的方式（如果有的话）看待 Y 与 X 之前的想法 Z 的关系，能帮助我们理解 Y 吗？”[②]

调查历史连续性时需要问什么问题？与之有关的是调查的背景问题。Chomsky 将《Cartesian 语言学》描述为“一个初步的和零碎的素描……没有试图描述 Cartesian 语言学”，并承认将他的中心概念命名为“Cartesian 语言学”可能具有误导性（1966: 2）。但对于 Aarsleff（1970；1971）和 Joly（1977: 167）等人来说，这些警告被证明是完全不够的。在这方面，特别是在 Aarsleff 的评论方面，历史学家交流他们的参考框架来展示其作品（Brekle 评论了这样做的必要性）。Aarsleff 将《Cartesian 语言学》解释为一篇历史专著。（很大程度上）在 Brekle 的判断中，这是错误的。然而，Brekle 认为，Aarsleff 并没有提到 Chomsky 作品的创作背景，而 Chomsky 作为对语言研究的贡献，提供了“对旧文本的语言解释”

---

① Cohen（1977）批评了在他看来非法强调连续性的思想史。他可能会认为 Amacker（1990）是一种“保护过去”的尝试（xiii）。

② 参见 Versteegh（1990）。他评估了考察一种语法传统对另一种影响的不同方式。

（1966: 339）。Simone（1998: 150）指出，对《Cartesian 语言学》的批评“在技术上是正确的，但大多是不慷慨的”，因为读者“忘记了 Chomsky 的目的不是提供语言学上严格的讨论……而是为语言思想史上的一些问题提供一个强有力的理论框架。Otero（1991；1995）以不微妙的黑白来看待这个问题：对《Cartesian 语言学》的评判寻求的是（前）Cartesian 主义的前身替代品，而这些评判从根本上忽略了这本书的观点。Otero 将 Chomsky 的观点归功于对过去科学家式的看法，
119 认为这必然是将历史记录理想化，以切入其主要的形式性问题（1991: 49–53）。关于 17 世纪语言和哲学的“人文主义学术”没有从这个角度出发，而是致力于坚信“每个事实都是珍贵的”。在此基础上，Otero 全面驳斥它，认为它是“保证人永远不会理解任何事情的肯定方法”（1991: 52）。

Otero 对《Cartesian 语言学》的辩护表明，关于它的争议可能会持续到第四个 10 年。Hunt（1980: 1）曾经发表一篇关于中世纪研究的文章，其中干巴巴地说“语法的历史不是一个吸引人的主题”。《Cartesian 语言学》的接受情况可能是 Hunt 规则的罕见例外。关于这场争议的持久力，更引人注目的是，这本书在几个可以想象到的目标方面明显失败了。虽然 Chomsky 没有把这作为他的目的之一，但《Cartesian 语言学》当然没有说服语言学史学家将 17 世纪的语法重新定义为 Chomsky 所说的“Cartesian 主义”。《Cartesian 语言学》的另一个未实现的目标是 Chomsky 明确追求的目标：“让那些参与生成语法研究的人注意……一些鲜为人知但与他们所关注问题有关的工作。”（1966: 2）几乎没有证据表明 Chomsky 的著作实现了这一目标，至少没有达到把生成主义者变成讨论他们所在领域历史的知情参与者的程度。相反，1966 年之后的情况和以前一样，在语言学的历史方面，生成主义者以满足的态度继续他们的工作。《Cartesian 语言学》出版之前，Aarsleff（1967：v）将语言学描述为“好斗的反历史性的”。这是 Chomsky 的著作及其评论都没有提到的特点。

另一方面，《Cartesian 语言学》的第三个可以想象到的目标可能已经实现了。Chomsky 将借其著作阐明了一个论点，即生成语言学在 17 世纪普遍语法中有迹可循。这段时期从反理性主义直到（并包括）他所认为的“现代语言学”。Chomsky 写《Cartesian 语言学》的动机可能是通过定位历史上受人尊敬的前身来提高生成语法地位。事实上，大约在专著出版的时候，对 Bloomfield 和 Hockett 的“现代语言学”的学术投入正在被侵蚀，取而代之的是 Chomsky 生成主义。30 年后，Chomsky 的思想成为了该学科的中心：1966 年，美国语言学的一个鲜

为人知的分支已经成为世界上许多地方确立的语言学理论。[①] 然而，目前尚不清楚 Chomsky 的史学研究在多大程度上促成了这一成功。不管 Chomsky 认为的生成主义的历史背景是否帮助诋毁了他所谓的“现代语言学”，影响着《Cartesian 语言学》的那些语言观点已经蓬勃发展。

欧洲启蒙运动中通用语法和理性语法的阐述与批判 120

Chomsky 并不是唯一一个将《普遍唯理语法》定义为 17 世纪语言科学的一种独特表达的人。但波尔・罗瓦雅尔社区并没有垄断普遍语法或理性语法：即使撇开 Lancelot 和 Arnauld 思想的早期来源，许多学者也在同一个世纪和其下一个世纪研究过类似的问题。有些人详细阐述了《普遍唯理语法》中出现的主题；有些人在保留某些关键主题的同时偏离了这些主题；有些人提出了反对建议；有些人提出了“对共性渴望”的不同表达。

本部分回顾了在波尔・罗瓦雅尔社区解散后产生的通用和理性语法的版本及相关研究。由于 17 世纪晚期到 18 世纪关于普遍语法（广义定义）和语言习得的著作的数量，我们不可能公正地对待每个贡献。相反，本书作者描述了 7 位学者著述的各个方面：德国的 Leibniz；英国的 Locke，Harris 和 Horne Tooke；法国的 Condillac，Du Marsais 和 Beauzée。这 7 个人之所以突出，要么是因为他们在普遍语法历史上的突出地位，要么是因为他们的思想影响了语言习得的概念化。

Leibniz

Gottfried Wilhelm von Leibniz（1646—1716）在理论和实践上都有广泛的兴趣。哲学家、数学家、历史学家、逻辑学家、政治作家、政治家和贵族顾问……他是“一个通才”（Kneale, Kneale, 1962: 320），“最后一个全知的人”（Bugarski, 1976: 2）。17 世纪 70 年代，Leibniz 在巴黎遇到了 Arnauld，并与许多与他有相同语言和哲学兴趣的人通信。他的取向显然是理性主义的。他的《人类理智新论》（1765/1981, III, vii, 6: 333）中有非常著名的一段话：“我真的相信语言是人类心灵最好的镜子，对文字意义的精确分析将比其他任何告诉我们更多关于理解的运作。”[②]Leibniz 的理性主义使他致力于语言中的普遍属性和先天思想的存在。对

① Newmeyer（1986）提供了一个语言理论中生成论从弱势到主导的版本。

② Chomsky（1966: 29）和 Aarsleff（1964: 188）引用了这段话。

Chomsky（1966: 63），Leibniz 阐述了“没有预先存在的柏拉图主义”，也就是说，他相信思想中包含着潜在的思想，在被外部刺激时变得活跃起来。Leibniz 把这种思想比作一块有纹路的大理石，在雕刻家的“劳动……之前有一个特定的雕刻形象。它暴露的静脉使其清晰”，而不是将其比作可以不加选择地塑造成任何形状的同质物质（1765/1981，序言：52）。

因此，Leibniz 的作品反映了普遍语法和理性语法的主题。他还参加了普
121 遍语言运动。他一生的主要爱好之一是一个代表所有人类知识的计划，就像 Wilkins 和 Dalgarno 一样，试图创造一种普遍语言。他的版本将复杂的想法分解成简单想法的串联，每个简单的想法分配一个数字，每个数字，乃至字母，以便使他发明的语言可以发音。Leibniz 还涉足另一种普遍语言方案，一种没有屈折形态的拉丁语版本。[1] 此外，Leibniz 的兴趣同时也延伸到了语言科学的过去和未来。他参与了文艺复兴时期对语多样性的迷恋，热情地收集来自不同语言的数据，并在关于印欧语系系谱的写作中预期了 19 世纪比较语言学的各个方面。他还支持创建一个“泛色”百科全书（使用 Comenius 的术语），能包含所有知识。这项活动将他与 Du Marsais 和 Beauzée 等波尔·罗瓦雅尔的理论继承人联系在一起。

Simone（1998: 183）这样评论 Leibniz：在 Leibniz 的作品中，“17 世纪语言思想的所有基本主题……被收集和重新开发”，包括“高”（理论的，思辨的）和“低”（数据导向的，语言相关的）的研究分支。然而，Leibniz 很少写一些关于语言习得的内容。[2] 其他 17、18 世纪的学者在制作针对第二语言学习者的普遍语法方面进行了理论和实践的努力（即使没有 Leibniz 那么彻底）。

Locke 和 Condillac

与 Leibniz 接近同时期的 John Locke（1632—1704）做了不同的贡献。除了在法国或荷兰短暂居住，Locke 一生大部分时间都住在英国。他移居他地，要么是因为健康状况不佳，要么是由于英国政治的变幻莫测迫使他流亡。他担任过各种公众和学术职务，但似乎主要忙于与同龄人交谈，并撰写哲学、科学、宗教和政治方面的作品。Locke 的影响已经持续到了所有这些领域。1671 年，他主持了

① Leibniz 的语言规划方案参见 Couturat 和 Leau（1903/1979: 23–28）和 Eco（1995: 269–279）。

② 例外的是，Dascal（1971: 276–277）在广告中提到了 Leibniz 主张语言教学的“综合”方法的一段话（Couturat, 1961: 158–160）。

一系列的学术讨论，其论文集最终发表在他的《人类理智论》(1689/1975）中。它作为对 Locke 的知识理论的阐述产生了巨大的影响。(Leibniz 写了《人类理智新论》，采用他和 Locke 观点的虚构发言人之间对话的形式，试图让 Locke 参与辩论。但 Leibniz 的作品直到他和 Locke 去世后才出版。）在《人类理智论》中，Locke 拒绝了 Cartesian 主义者的先天观念。相反，他坚持认为：感官为头脑提供从中形成思想的物质；头脑是一张白板（tabula rasa）；我们对世界的了解来自感官体验；我们对自己的了解来自反思。

Locke 的经验主义导致一些生成主义者取消了对他所做研究的兴趣。对此，历史学家反对传统解读将 Locke 视为主要经验主义者，将 Descartes 视为经典理性主义者，原因是这种解读扭曲了两位学者的倾向。Aarsleff（1970: 576）抗议了他所认为的对 Locke 经验主义的夸大，引用了 Locke “人本质上是理性的” 这 122
一宣言：人类的理性抓住了感官提供的数据，所以反思是建立在理性之上的。在 Aarsleff 的解读中，理性和感官经验对 Locke 来说是“两种不可剥夺、强大、天生、创造性的能力”。当然，Locke 的政治哲学假定了人类的理性（Aarsleff, 1969）。Locke 认为思维的东西并不等同于 Descartes、Lancelot 和 Arnauld（或思辨语法学家）认为的。但所谓的经验主义者 Locke 至少接受了 Auroux（1992a: 185）所断言的那种弥漫在语言学和哲学中且几乎不可避免的理性主义。[1]

即使是那些认为自己是理性主义者的作家，也注意到了 Locke 的经验主义的局限性。Leibniz 就是一个很好的例子。他介绍了自己所做的纹理入微的大理石的类比，并评论“也许我们的天才作家 Locke 不会完全不同意我的观点”(1765/1981，前言：51)。Locke 在《Cartesian 语言学》中并没有发挥重要的作用。事实上，Chomsky（1965: 49）承认 Locke 将思维作为 tabula rasa（白板）对待的局限性。生成语法学家，如 Uriagereka（1998: 11523）赞赏性地引用 Locke 的话，提出了关于语言学习本质的重要问题。尽管如此，Locke 还是例证了 17 世纪晚期的一种趋势。这种趋势淡化了思维的结构，至少与波尔·罗瓦雅尔语法学家认为理性赋予语言结构的假设有关。尽管 Locke 拒绝理性主义和内在性的程度可能被夸大了，但他对感官经验的强调与 Leibniz 的主张形成了对比，即“没有什么可以教导我们心中还没有的思想”(1686/1992: 44）。

Locke 在普遍语法史上有重要地位的另一个原因是他影响了 Etienne Bonnot, the Abbé of Condillac（1715—1780）。Condillac 是 18 世纪中期法国语言哲学

① 另见 Formigari（1992），Locke 和 Condillac 的理性主义与经验主义。

的核心人物。在接受《Cartesian 语言学》方面他扮演了一个奇怪的角色，因为 Chomsky 没有引用他的作品这一事实一直是评论的焦点（Aarsleff, 1970: 575; Joly, 1977: 180; Uitti,1969: 77）。Condillac 最为人所知的是他关于语言起源的著作，即前语言时代的人类如何获得语言能力的问题。这个话题在 18 世纪吸引了大量的公众关注，而 Condillac 刺激了这种影响。 T. J. Taylor（1996: 68）评论说：“在 18 世纪的欧洲，任何作者关于语言的所有内容，或者与之相关的在哲学、政治理论、修辞、心理学或教育上的内容，或多或少有义务讨论语言的起源”。

Condillac 的语言哲学始于 Locke 式的立场，即头脑中的思想来源于感官体验。他断言，我们正是通过语言来分割多维意义感知的组成部分，并对它们强加秩序。也就是说，我们这个物种对语言的习得给了我们分析自身经验的能力，是儿童语言学习者所延续的一种成就。前语言的人类使用不自觉的“自然符号”，如手势或哭泣，逐渐被有意识的控制。① 根据 Condillac 的说法，语言的“人工符
123 号”起源于手势或自然符号。早期人类在这些最初的迹象、感知或事物之间存在不同的类比，导致了语言的异质性。因为语言塑造了感知和经验，从而“决定了我们的知识、观点和偏见”。也因为不同的语言对经验施加了不同的形状，一些语言比其他语言更能成为“我们判断的统治者”（1792/1982: 395）。Aarsleff（1982: 346）称之为“双重一致性”或“相对论”原则，即对 Condillac（还有 Humboldt 和其他人）来说，一种具体语言的“天才”表达了讲母语者不可言喻的性格，同时语言自己的形式强加于这些说话者的感知和感受。

在他的这一连串作品中，Condillac 预见了 19 世纪早期浪漫主义家的语言相对论。乍一看，他的这些作品似乎与这本书的关注点很遥远，就像 Chomsky 所创作的《Cartesian 语言学：唯理主义思想史之一章》一样。然而，Aarsleff（1974）等人也认为 Condillac 与普遍语法的历史有关。Aarsleff 指出，普遍语法和 18 世纪关于语言起源的著作都旨在理解语言共性，都认为语言研究可以洞察人类的思维，都“与学习理论和语言习得问题密切相关”（1974: 112）。同样，Uitti（1969: 77）断言，Condillac 的作品“破坏了 Chomsky 的经验主义者和理性主义者之间的整洁和历史充分性”，原因是受 Locke 的影响，Condillac 探索了语言创造力的本质，这是 Chomsky 的“Cartesian 语言学”的一个标志。

① R. Harris 和 T. J. Taylor（1989: 125–130）讨论了 Condillac 的前语言时代人类如何迈出语言习得的第一步这一重要逻辑问题，因为他们必然缺乏任务所需的分析能力。

Du Marsais 和 Beauzée

那么，Locke 的经验主义可能被夸大了，Condillac 的准理性主义可能被淡化了。其他 18 世纪研究普遍语法的作者，如果定要将他们分为经验主义者和理性主义者，也不会完全属于一个阵营。这里有个恰当的例子，在波尔·罗瓦雅尔社区分散后，法国语法哲学家（grammairien philosophes）的普遍语法得以向前发展，其中包括 César Chesneau Du Marsais（1676—1756）。年轻时，Du Marsais 离开了他作为孤儿长大的宗教秩序，成为了一名律师、拉丁语教师和终身的“激进的无神论者”（Soublin, 1976: 383），致力于通过教育来促进人类的理性。和 Locke 一样，Du Marsais 否认了头脑有先天想法的说法。他认为：知识是后天获得的，而不是天生的；虽然理性思维是被设计来了解真理的，但人类必须通过了解物质和感性的世界，即 ce qui EST（“真理”）（Du Marsais 自己强调的）（1722/1971a: 32）。

与这些公认的经验主义思想并存，Du Marsais 的作品包含了理性和普遍语法的主题。他承认语言反映了思想的逻辑属性，因此存在一种“自然的”词序，其中支配的术语先于被支配的术语（1722/1971a：9; 1729/1971b：59）。修辞表 124
达和其他具体语言的规则可能会任意地改变自然顺序，但这些过程不是通用语法的领域。Chomsky（1966: 47–50）采用 Du Marsais 对“简单结构”（反映自然结构的词序）和“修辞结构”的区分，表明他承认了深层结构和表层结构之间 Cartesian 式的区别。在另一篇解读中，Ricken（1978: 135）将 Du Marsais 对词序的讨论与他的 Locke 式倾向相调和。“思维的自然秩序”是反思能力的产物，在 Du Marsais 和 Locke 的描述中一样，先于语言，并且独立于语言，但没有将任何一个作家带入彻底的固执己见。

Du Marsais 在 20 世纪 40、50 年代写了一篇关于语法的文章，然后参与了著名的《法国百科全书》（*French Encyclopédie*）的创作。由 Denis Diderot 和 Jean Le Rond d' Alembert 编辑的《百科全书——科学、艺术和手工艺分类词典》（1751—1780/1966），是一个有着雄心壮志的学术合作项目，致力于“为人类思维保存和传播所有知识”（Taska1973: 1160）。① 在现代摹本中，它包括 35 卷的精细印刷和插图。百科全书作者认为语言是人类知识的基础，因此也是所有“科学、艺术和贸易”的基础。Du Marsais 是百科全书最初的语言顾问，在字母“A”

① 在 15、16 世纪，这类词典和百科全书的创作蓬勃发展。回想一下，“普遍语法”一词可能最早出现在 Johann Heinrich Alsted 的 1630 年百科全书（Salmon, 1969: 170）中。

和“G”之间的词条写了150篇文章（Sahlin, 1928：x）。具有讽刺意味的是，Du Marsais在完成“未来”的词条后去世，当时他正为“语法学家”编写条目。他的角色被Nicholas Beauzée接管，而其他语法学家—哲学家的贡献较小。

《百科全书——科学、艺术和手工艺分类词典》的许多贡献者并不集中在某个一致的语言理论上。尽管如此，Bartlett（1975）和Taska（1973）还是发现了一些共同的观点。像Lancelot和Arnauld一样，作者优先考虑发现语言的共同基础，而不是将独立语言的属性分类。然而，在很大程度上，他们淡化了理性作为普遍语法的基本组织原则的作用。他们给了更多关于感知和关注的空间。在Locke和Condillac的影响下，他们认为感官而非先天的思想是知识的来源。否则，百科全书的作者们就会大量地接受、拒绝或调整波尔·罗瓦雅尔社区的工作。

不同于其哲学同行的综合描述，且与Du Marsais不同，Nicholas Beauzée（1717—1789）是更激进的理性主义。他的理性主义建立在坦率的内在论之上。他还坚持用“巴别塔”来描述语言多样性的起源，这对一个启蒙运动学者来说是一个不寻常的信念。Beauzée在一篇文章中阐述了他的理性主义，提到了语法的“不变规则”，无论文化或语言差异如何，这些规则对所有说话者都可以使用，原因是“理性是针对所有时间、地点和语言的”。[①] 除了为Diderot和Alembert的《百科全书——科学、艺术和手工艺分类词典》贡献了140多篇文章外，Beauzée还写了一本《通用法语》（1767/1974），副标题为“语言必要要素的理性阐述，作为所有语言研究的基础”。

125 Beauzée的《通用语法》有1300页，几乎是《普遍唯理语法》的10倍。他在序言中写道，他的作品显示了不同语言之间的差异是“有限的，基于理性的，并可简化到特定的点”，因此，所有的人会“说绝对相同的语言，没有异常或例外”（1767/1974：xvii）。从这些全面的前提出发，Beauzée以熟悉的术语论证了普遍语法的科学性优先于具体语法的艺术性。他的《通用语法》首先处理音位学和正字法；其次是“句子的元素”（名词、代词、形容词、动词等）；最后，相当广泛地，也包括语法、形态学和修辞语言。虽然大部分的文本和它的语言哲学都是可以辨认出来的，但Beauzée却增加了一些新的转折。传统的观点是语言反映思想。与之形成对比的是，Beauzee认为思想是“不可分割的”（1767/1974,

① 摘自Beauzee在另一本百科全书中关于“反转”的条目，引用于Ricken（1978: 149）。Chevalier（1968: 722–723）列出了Beauzee对Diderot和d’ Alembert百科全书的贡献（有时是合著）。

Vol. III：1），或者在 Bartlett（1975: 44）的描述中，“非离散和非定形的”，或者“前理性和前语言的”（1975: 42）。因此，思想必须服从理性（语言是一个关键功能），以实现秩序和结构。此外，Beauzee 的方法论还揭示了 18 世纪的经验主义精神。他从一开始就假设普遍语法的原则是普遍的，并植根于人类的理性中（ratio）。但他宣布，他不会从关于逻辑的假设中推导出这些原则，而是通过观察 17 种语言的语法来得出这些原则。① 然而，尽管 Beauzee 宣称他的工作是基于对自然语言的考察，在实践中，他几乎没有去验证他所指定的所有语言的“必要元素”。因此，与 Lancelot 和 Arnauld 一个世纪前的作品相比，他的语法并没有更加跨语言上的复杂。②

关于普遍语法的历史，Beauzée 的一个突出贡献是特别明确地定义了普遍语法和具体语法之间的关系。Beauzée 认为 Bartlett(1975: 171）所称的一种语言（即语义学、语法和音系学）的“结构组织阶段”是普遍的，因为它们是理性或人类语言器官的产物。在 Beauzée 看来，语言的不同之处在于它们从普遍语法给出的内容中选择了特定的语言元素。一个具体语法中的话语是所有语言的语义、语法和语音特征之间可能存在的关系的一个子集。普遍语法是所有可能的关系的综合性关系。这些都不是完全新颖的，但 Beauzée 的作品以阐述了一个清晰且大致理性主义的启蒙运动普遍语法而闻名。

Harris 和 Horne Tooke

对 Cohen（1977）来说，“对普遍性的渴望”1740 年左右在英国开始消退。在这发生之前，英国语法学家 James Harris（1709—1780）出版《Hermes：关于语言和普遍语法的哲学探究》（1751/1801），为理解消退的走向提供了一个背景。 126
《Hermes：关于语言和普遍语法的哲学探究》的目的是阐明“不考虑具体语言的语法，只尊重那些对它们都至关重要的原则”（1751/1801: 21）。Harris-Stéfanini（1977）称他为最后的普遍语法学家——不是追溯到 Descartes 或 Condillac，而是追溯到希腊人和罗马人。他大量引用柏拉图，亚里士多德，the Stoics，狄斯考鲁，Priscian，并提及 Quintilian, Boethius, Scaliger 和 Sánchez，但他的索引根本

① 即希伯来语、叙利亚语、迦勒底语、希腊语、拉丁语、法语、意大利语、西班牙语、巴斯克语、爱尔兰语、英语、威尔士语、德语、瑞典语、拉普语、汉语和“秘鲁语”（1767/1974：xv）。

② Auroux（1983: 10）指出，Beauz é e 有时会使用经验数据来扩大或修改他所提出的普遍语法类别。例如，在 1782 年的一篇文章中，Beauz é e 修改了他的语法格理论，以适应巴斯克语的经验事实。

没有提到波尔·罗瓦雅尔的语法学家或他们的继任者。Harris 显然是反经验主义者和反 Locke 主义者。Locke 引用了 Thomas Aquinas 的名言——Nihil in intellectu quodprius nonfuerit in sensu（“头脑中没有什么不是首先通过感官出现的”）。Harris 声称：“Nil est in Sensu, quod non priusfuit in Intellectu。”（1751/ 1801: 424）也就是说，“我们有很多可理解的形式，在所有形式之前的之前”（1751/1801: 420）。

Harris 虽然尊重过去，但仍然是 18 世纪下半叶的语法学家。《Hermes：关于语言和普遍语法的哲学探究》摒弃了通常关于正字法和语言元素的章节，先讨论句子的类型（自信性、疑问性、命令性），然后开始对这些句子成分进行分类，并将它们的子分类分为两类——名词和动词。此外，Harris 在他对普遍语法的研究中扩大了对世界语言的认识，自由地以拉丁语和希腊语的方式比较英语、拉丁语和希腊语。例如，Harris 只简要地处理了语法案例，并指出，由于它“不能在许多具体语言中找到，（它）很难说在我们的调查范围内”（1751/1801: 371）。这种意识标志着 Harris 保守中的一种重要的现代性。Harris 虽然坚持认为语法是基于人的理性，但并没有遵循早期的理性主义者，将语法和逻辑结合在一起。事实上，他认为这两者的区别在于，语法的领域是句子，而逻辑的领域是命题（Bergheaud, 1979）。

Cohen（1977）将语法与哲学的分离描述为 18 世纪晚期远离通用或普遍语法运动的一部分。随着对语言差异的探究重新回到风格中，语法学家开始“认为规则比理性更重要”（1977: 73）。除此之外，《Hermes：关于语言和普遍语法的哲学探究》是一种倒退的普遍语法书。事实上，该运动的主要支持者——John Horne Tooke（1736—1812）攻击《Hermes：关于语言和普遍语法的哲学探究》，称其是追求语言共性而徒劳无功的一个例子。

Tooke 是个专业的逆向思维者。他参与了他那个时代的激进政治活动，为此他曾在监狱服刑。他反对语言研究中盛行的方法和目标，并写了反体制的语法手册。Tooke“辛辣而活泼的”（Robins, 1997: 161）辩论——*Epea Pteroenta or the Diversions of Purley* 是作者和几位同事之间的想象对话。[①]Tooke“全面地”（Bergheaud, 1979: 20）拒绝了 Harris 的普遍主义和无知主义，而支持严格的白板
127 （tabula rasa）思想哲学。对 Tooke 来说，语言并没有反映逻辑或思想的属性（如

① Epea Pteroenta 是“荷马语中的常用短语”（Robins, 1997: 186），只有第一卷和第二卷幸存下来。据说 Tooke 在临终前销毁了第三卷。珀利位于萨里郡，是 William Tooke 的家乡。语法学家 John Horne 为了纪念他的赞助人而改姓为 Tooke。

波尔·罗瓦雅尔语法学家），更不用说现实世界的结构（如思辨语法学家）。语言也没有使思考成为可能（如 Condillac）或者用不同的方式（如 Beauzée ）。相反，对 Tooke 来说，“所有的思想运作都只有语言本身”（Aarsleff, 1967: 53）。单词是感官体验的名称，缩写简洁，只有名词和动词存在，而其他的词只是为了提高交际效率。因此，Tooke 放弃了努力协调句子成分与思维运作的整个传统。

Tooke 通过提出数百个词源学上的主张来证实他的断言。其中一个经常作为代表被引用：Tooke 反对 Samuel Johnson（1755）对英语单词“from”20 个子项的分析。为了把这个明显的多义介词简化为一个名词，Tooke 声称只有一个“来自”（from）“继续保留一个相同的单一含义”（1786—1805/1829: 326），来源于盎格鲁—撒克逊语和哥特语单词 frum，即“开始”。因此，“figs come from Turkey”源自“figs come–beginning Turkey”，“lamp falls from cieling”源自“lamp falls–beginning cieling”（1786—1805/1829: 323）。

Tooke 所讨论的“from”的词源，没有历史基础。Robins（1997: 162）引用了另一个著名的、完全错误的词源：Tooke 提取拉丁语 ibo，“我要去”，来源是拉丁语 i–，“去”，希腊语 b–[oul]–，“愿”及拉丁语 [eg]–o，“我”（1786—1805/1829, Vol. II：429–431）。《珀利的转变》的大部分内容都是以随心所欲的方式寻找文字来源，穿插着 Tooke 嘲笑其他语法学家的评论，展示他“欺负对手的快乐技巧”。[①]

Tooke 以几种方式参与了这个远离普遍性的运动。他坚持认为人们不需要从外部语言来找到合适的工具来分析它（Bergheoud ,1979: 20）。这反映了语法与逻辑和哲学的持续分离。Tooke 的词源学将人们的注意力从普遍性转向了具体语言中特定词汇的特定社会和历史背景。[②]在它的时代，《珀利的转变》因给形而上学的语法领域带来了真正的经验精神而受到称赞。Aarsleff（1967: 74–76）引用了近 20 篇当代评论，其中只有一篇是谨慎的批评。一位读者钦佩地发现，Tooke“像对待化学家中的物质一样对待文字”。[③]Tooke 模仿了一种唯物主义的，远离思辨或普遍语法学家的语言概念，并参与了 18 世纪晚期对理性主义和普遍主义的排斥。

① 来自 J. M. Kemble 的信，1837 年出版，并在 Aarsleff（1967: 72）中引用。

② Watts(1990: 309)认为，Tooke 的词源学试图从 Johnson 和 Harris 这样的保守派手中夺取权威。对他们来说，这一用法是“一个人思想品质的证明，以及他 / 她是否适合被接受为统治精英的一员”。关于 Tooke，参见 Cohen（1977: 132–136），Asrsleff（1967），R. Harris 和 T. J. Taylor（1989: 136–150）。

③ 摘自 William Hazlitt1825 年的一篇文章，引自 Aarsleff（1967: 71）。

正确看待通用和理性语法

Leibniz、Locke、Condillac、Du Marsais、Beauzée、Harris 和 Tooke 都通过阐明 17、18 世纪关于通用和理性语法论述的活力和多样性，为普遍语法的历史
128 做出了贡献。它们揭示了将启蒙运动的语法学家划分为两个非交叉的类别的不足之处，即“经验主义者”和“理性主义者”。[1]

挑战这些类别的合法性是很重要的，原因是 [撇开《Cartesian 语言学》的观点是否足够科学的问题（Otero,1991: 52）] 一些读者从 Chomsky 的专著中总结出的语言学历史版本过于简化、二分。Diller 的例子可以说明这个问题。在没有广泛使用《Cartesian 语言学》的情况下，Diller 分析了自 19 世纪以来便作为经验主义者和理性主义者之间的长期斗争内容的第二语言教学历史（1971: 2）。他将这种区别归功于 Chomsky（1966: 47–52）。这一段通过提到 Descartes, Herbert, Arnauld 和 Humboldt，并以 Leibniz 将思维类比为有纹理的大理石结束，预见了 Chomsky（1966）的部分思想。特别是 Chomsky（1966: 52）在紧随其后的文章中有一段开头：“当然没有必要假设经验主义和理性主义观点总是可以被明确区分，也不能假设这些潮流不能跨越。”然而，Diller 忽略了 Chomsky 将语言科学历史描述为他所说的“语言学家之间的一系列冲突（1971: 5）。Diller 提出了两个不同的理论阵营，其中结合了语言习得概念和第二语言教学实践。但对于语言科学能否整齐地划分，Diller 论述得并不明显。Chomsky 本人强加这种二分法也不明显，尽管一些人赞赏《Cartesian 语言学》（如 Diller），还有一些人认为它“从头到尾从根本上是错误的”（Aarsleff, 1970: 583），对其书的观点也是如此。

17、18 世纪对第二语言习得的概念化

在 17 世纪末至 19 世纪，欧洲语法理论的一个显著特征是它与第二语言习得概念的整合。许多理性主义者和普遍语法学家写了第二语言和母语的学习，或参与改进语言教学，因此这一时期普遍语法的发展是由第二语言习得意识构成的。Chevalier（1968: 633）称，18 世纪法语语法的原创性在于它的教学法，所以普遍语法既是由拉丁语教学方式的变化所产生的，也是由知识取向的转变所产生

---

① Joly（1977: 184）提出了不同的分类。他承认，尽管皇家港社区可能产生了“Cartesian 语言学”，但在 20 世纪中叶之后，谈论“Condillac 语言学”更有意义，包括 Locke、Condillac、Du Marsais 等人的著作。

的。因此，18 世纪提供了一个特别清晰的“教育学和理论条件相互作用”的实例（Chevalier, 1968: 372）。

以下概述可能对了解背景有用。理性语法和普遍语法的版本盛行到 18 世纪上半叶，与第二语言的教与学密切相关。在整个欧洲，对这项工作的投入最终以不同的速度消退。Auroux（1983: 12）所代表的普遍语法直到 19 世纪上半叶仍然 129
在法国盛行。Cohen（1977：xxv）认为，在英国，理性主义和普遍主义更早地失去了势能，伴随着的是在 18 世纪下半叶发生了一个重大的认识论变化。这种变化的一个迹象是，语言理论从第二语言的教和学中分离出来，早期的整合烟消云散。另一个迹象是，语言理论和第二语言习得的概念化较少关注共性，而更多地关注语言在其历史和社会背景中的具体特征。随着浪漫主义和比较历史主义在语言研究中的崛起，这一趋势不断扩大。这将在本章后面讨论。

普遍语法之前的岁月

16 世纪，基于举例对比语法的语言教学和学习者母语的作用，可以说反映了文艺复兴时期对具体内容的发现。还有反文化的作品流，它们与 Scioppius 这样的语言教师及 Ratke 和 Helwig 这样的语法学家有关。对他们来说，普遍语法发挥了重要的作用。

从文艺复兴晚期过渡到普遍语法的全盛时期为 Salmon（1964）关于英国语言教学和学习两种观点的案例研究提供了背景。Salmon 的数据来自于 1629 年左右的信件，保存在 Samuel Hartlib 的文件中。Hartlib 是一位来自波兰的移民，对世界语言运动中的重要人物很友好，并在伦敦之行期间接待了 Comenius（Murphy, 1995: 22–25）。他调解了两位都是语言教师和方法论学家的人之间的通信，分别是 Joseph Webbe（1560—1633）和不太知名的 William Brookes。Webbe 找到了 Hartlib，寻求对其创新性 L2 教学法的支持。Hartlib 把 Webbe 的提议寄给 Brookes 征求他的意见，然后把 Brookes 的评价传达给了 Webbe。Webbe 通过 Hartlib 回复了 Brookes。通信以 Brookes 写给 Hartlib 的第二封信结束。

Brookes 和 Webbe 对如何教授第二语言有不同的看法，对第二语言习得有不同的概念。两人的语言教学方法都不容易分类，但 Webbe 的方法与文艺复兴时期使用的教学法有一些相似之出。他建议教授拉丁语，完全不使用范式或明确的规则。他让学习者记住第二语言单词或小句的组合。从接触拉丁语的第一天开始，学生们就会大声朗读 Cicero 的文章及其英语翻译。学生们重复着他们所听到的内容，直到他们可以轻松地在母语和第二语言版本之间来回切换。Webbe 声称，通过这种方法，学生可以在 3 个月内自由地改写拉丁文文本。

相比之下，Brookes 支持谨慎的元语言教学。和 Webbe 一样，Brookes 在第二语言的课堂上使用母语，但这是为了提供术语和概念的解释，而不是翻译。他
130 相信“学和说一种语言是深思熟虑的判断行为”，因为（用他的话来说）“在理解首先被告知的地方，记忆将符合足够的习惯：因为这是符合自然秩序的记忆”。相反，如果“记忆首先被提供……这是因为它违背了自然的进程，这将是一个漫长的过程”（Salmon,1964: 18,19）。

Salmon 将 Brookes 描述为对语言学习持有理性主义假设。而 Webbe 是一个行为主义者。对他来说，语言是“一种自动反应”（1964: 18–19）。因此，“Webbe 代表了进步，而 Brookes 则代表了关于如何教授外语的更传统的观点”（1964: 18）。但事实上，这两位学者的观点都反对简单的分类。所谓的传统主义者 Brookes 与他的许多前任一样，都致力于元语言学训练。但他对判断力的强调和对记忆的否定，预示了波尔·罗瓦雅尔语法学家对第二语言习得的概念化。Webbe 所谓的进步是拒绝基于语法的教学法和元语言训练，文艺复兴时期基于用例的方法也同样贬低了。但他也拒绝接受第二语言习得需要语言知识的观点，认为普遍语法学家的观点会复活。从这个意义上说，Webbe 的方向似乎更像是倒退的，而不是进步的。[①]

第二语言习得的理性主义和普遍主义概念

1629 年 Webbe 和 Brookes 之间的辩论揭示了关于第二语言习得诸多生动的观点。17 世纪下半叶，理性主义和普遍主义在语言教学法中盛行。仿佛是沿着 Ratke 和 Helwig 开辟的道路，第二语言语法出现包含了关于整个语言结构的材料。理性主义的第二语言语法假设学习者需要，并能够利用相关信息来了解语言的共同特征和跨语言变异的限制。

波尔·罗瓦雅尔社区产生了一些经典的理性主义第二语言语法。Lancelot 和 Arnauld 的《普遍唯理语法》向第二语言的学习者展示了普遍语法，而 Lancelot 的《拉丁语入门便捷新法》则传达了具体语言的特殊点。Malmberg（1988: 392）将二者置于其前辈的背景中。波尔·罗瓦雅尔语法采用学习者的第二语言，以及

① Webbe 对古典文学的依赖也破坏了他作为进步主义者的身份。但另一种评估参见 Howatt（1984: 34–39）。

文艺复兴时期基于用例的教学材料。但与《法语读写规则》不同的是，Lancelot 和 Arnauld 根据传统的语法类别，以基于语法材料的方式组织他们的材料。最重要的是，波尔·罗瓦雅尔文本与早期的语法学家的区别在于它们的理性主义取向。例如，Chevalier（1968: 379）提到的 1586 年的教师手册将记忆描述为“上帝的伟大礼物”，而通用语法学家则淡化了记忆，支持第二语言习得者的推理能力。他们理所当然地认为，语言（在现代术语中）是由规则控制的，并且让学习者知道规则和规律可以提高学习能力。

这些特征定义了理性主义第二语言语法的类型。此外，波尔·罗瓦雅尔社区 131
的工作还受到了其教育哲学的影响。詹森主义教育的一个原则：学习者应该从已知到未知，从容易到难。Lancelot 和 Arnauld 的教学法至少以两种方式体现了这一原则。其一，他们并没有让初学者直接沉浸在第二语言之中。回想一下，长期存在的传统是让学生们通过拉丁语学习拉丁语。Padley（1985: 317，翻译 Sainte-Beuve, 1867/1954: 457）认为这是期望学生“通过难以理解的方式到达未知”。[1] 相反，波尔·罗瓦雅尔语法学家用学习者的母语即法语书写他们的通用语法和具体语法。其二，他们的普遍语法是为学习具体语言做准备的。这在 17、18 世纪很常见。英语语法学家 A.Lane 写了 *Rational and Speedy Method of Attaining to the Latin Tongue*（1695），其副标题为“分为两部分：第一部分包含了所有语言中常见的戒律，第二部分包含了拉丁语更独有的东西”。与之同类的后期作品有 Antoine Isaac Silvestre de Sacy（1758—1838）1799 年的《通用语法原则》，明确了首先研究语法的期望。Silvestre de Sacy 在献词中向儿子写道（1847 年的英文翻译）：“我认为我的责任之一把让你早点了解普遍语法的首要原则，它们可以成为你研究语言的指引”（1847/1990：v）。由于 Lancelot 和 Arnauld 确信普遍语法植根于人类的理性中，研究普遍语法首先引导学习者进入他们自己认知的某个方面。后来，他们从熟悉的对象来探究未知，即进入第二语言的具体特征。[2]

在评论波尔·罗瓦雅尔语法学家对语言教学的“转变”时，Joly（1970: 17–18）强调，尽管具体的教学创新看起来微不足道，其认识论影响是巨大的。Lancelot 和 Arnauld 的方法根据学习者已经掌握的基础，以学习者的学习倾向为前提，并假设教学培养了这种倾向。这种方法与早期基于权威和死记硬背的语言教学法形成了鲜明对比，后者很少利用学习者的理性能力。Foucault（1969：vii–

① 当然，早在 Hermeneumata Pseudosotheana, 40 名学生的母语在第二语言教学中就扮演了各种角色。但皇家港语法通过母语教授第二语言。

② Padley（1985: 317– 324）描述了皇家港语言教学改革的社会和智力背景。

viiii）阐明了 Lancelot 和 Arnauld 使用母语的认识论影响。其中一个结果是灌输了普遍语法的基本原则，即除了具体语法的复杂性之外，普遍原则存在于所有语言中。另一个影响是让人们注意到儿童时期自发获得的语言与通过自我意识学习获得的语言之间的差异，后者包括通过教学学习到的第二语言，以及通过教学学习到的母语的规范性规则。Foucault 认为 Lancelot 和 Arnauld 推进了各种语言知识的概念化，原因是他们的教学法在第二语言教学中使用母语时含蓄地区分了这种区别。

132 通过这种方式，波尔·罗瓦雅尔社区的理性主义和普遍主义体现在其教材中。法国耶稣会数学家 Pierre Besnier（1648—1705）所总结的语法也揭示了类似的精神。1674 年，Besnier 出版了一篇短篇文章，翻译为《一篇关于语言重聚或认识艺术的哲学论文》（1675/1971）。Besnier 确信，所有语言背后都有普遍原则，并认为第二语言习得应该从这些原则开始。他的计划是将 24 种语言（包括波斯语、佛兰德语、希伯来语和葡萄牙语）简化为一套共同的原则。根据 Besnier 的说法，一种理想的有效的教学法最初会教学生这些声音、意义和语言变化的通用模式；然后教的是一种具体的第二语言如何基于这些原则，将其学习第二语言的时间缩短到“一段时间，或最多是几天”（1675/1971: 44）。[①] 理性，而不是记忆，是语言学习不可缺少的：学生可以通过发挥他们的理性力量来学习，而记忆是“缓慢、有限、混乱、不忠”的（1675/ 1971: 75）。

Besnier 对理性的强调和对记忆的轻视是 17 世纪理性主义教学法的标志。让现代读者失望的是，他所做的，只是宣布了他雄心勃勃的计划的好处。Besnier 对各种欧洲语言中的同源词进行了推测（1675/1971: 31–36），并迭代地强调理性的力量来塑造语言和驱动习得（1675/1971: 41–45）。但他没有提供详尽的语言通用或区分原则的具体例子。正如 LoCascio（1984: 87）所指出的那样，赞同 Besnier 的数学家可能已经发现，想象一个理想的语言学习计划比制定这个计划的“平庸现实”更有价值。尽管如此，Besnier 的《一篇关于语言重聚或认识艺术的哲学论文》说明了语言的理性主义信念是如何充斥在 17 世纪的第二语言习得概念中的。

① Besnier 选择拉丁语作为跨语言比较的标准，因为他的读者可以接受拉丁语，他认为拉丁语是一种中庸之道，“既不像（古代语言）那么纯粹，也不像（现代语言）那么腐败”（1675: 12），是通过与其他语言的接触而提炼出来的。

Du Marsais 和 Beauzée 论第二语言习得

18 世纪的法国语法学哲学著作中写了大量关于语言教学的文章。Du Marsais 和 Beauzée 提出了同一类型的不同教学法。这反映了他们对普遍语法和理性语法的不同取向。Locke 的崇拜者 Du Marsais 支持归纳教学法，因为语言学习者需要通过将他们的理性力量应用于“ce qui EST”，也就是应用于他们的感官提供的语言数据来构建真理。学习者应该独立地寻找概括性，而不是让老师向他们呈现规则（Soublin, 1976: 393）。因此，Du Marsais 拒绝了这类教学，即一开始就定义了“名词”或“格”等抽象概念，然后向学习者提供了需要记住的单词列表。相反，他提出了一种两阶段的归纳主义方法，其中“例行程序”先于“理性”（1722/1971a：1）。首先，学习者将接触到证据——例如，拉丁文词以不同的形式出现：rosa, rosae, rosarum, rosas, rosis（1729/ 1971b：54）。只有在学习者天生的好奇心导致他们质疑这种表面形式之后，对语法格概念的解释才是及时 133
的。当学习者从例行程序进入理性阶段时，Du Marsais 希望他们从老师那提取出所有传统的分类规则和知识。但这是后来发生的，他们必须从第二语言的直接经验开始。

Du Marsais（1729/1971b：49–53）阐述了如何将这些建议付诸实践。学习者文本的左边是一段古典文学的段落，下面翻译成法语。眼睛看到的那一页中，相同的文本会出现，但形式不同。Du Marsais 认为这种形式是“简单句法”的回归，也就是说，与各种倒置或换位的拉丁成分重组成一致的开头，SVO 词序，省略或“理解”括号中元素。在这个版本的文本中，每个单词下面都在字面上与母语对应。Sahlin（1928: 71–72）指出，提供一个第二语言文本的双语对照的想法并不是原创的。但对 Du Marsais 来说，这个展示的重要性在于，它允许学习者自己发现与他们的母语（法语）相比第二语言的特性。

Du Marsais 因将古典拉丁语转换成他认为是自然的词序而受到了赞扬与批评。批评者反对 Du Marsais 对第二语言的叠加分析并将其翻译成母语，称这阻止学生与第二语言的事实面对面。其他一些人，如 Beauzée（1751—1780/1966: 458），抱怨 Du Marsais 的方法是过度间接的，迫使学习者在山脚下跋涉很长一段时间，而不是在山顶上讲话。无论 Du Marsais 的教学方法效果如何，他的第二语言习得概念都是公认的理性主义。他认为学习者的智力进步应该推动学习，而不是老师的外在计划。尽管他和 Locke 一样拒绝接受天赋说，Du Marsais 对“自然词序”的许多引用对他理解语言至关重要（Ricken, 1978: 87–88）。他的建议从通用和理性语法的角度提供了第二语言习得的一个合理概念。

Nicholas Beauzée 对《百科全书》的贡献延续了 Du Marsais 的研究。他对第二语言习得的认识不同，同时分享了相同的通用观点。Beauzée，“pedant and raisonneur par excellence”（卓越的说教者和学究）（Taska, 1973: 1170），是一个彻底的演绎主义者，强调第二语言习得应该从普遍语法开始，然后继续到具体的第二语言语法。他拒绝死记硬背，淡化了思维的贡献，而是依靠普遍的人类理性来理解第二语言。Beauzée 在他的百科全书《拉丁语入门便捷新法》的词条（1751—1780/1966）中展示了他的方法，其中他用拉丁文剖析了一段。他对如何处理第二语言文本进行建模，以一种类似 Carolingian 语法的解析语法的方式对每个单词的形态学、语义和句法属性进行分类，使用的是 Donatus 或 Priscian 可以识别的术语。用这种方式慢慢读一段后，Beauzée 会让学生把它翻译成母语，首先逐字逐句，然后一气呵成。通过这种方式，他们认识到在语言中“一切都是有序的，一切都是真实的，一切都是相连的，一切都是必要的和精确的”（1751—1780/1966: 451）。

134 然而，正如 Beauzée 对语言多样性的意识调和了他通用语法中的先验主义（a-priorism）一样，同样的意识也调和了他对第二语言习得的认知。Boauzee 区分了他所谓的“类似的”语言和“换位的”语言（1751—1780/1966: 446-448）。类似的语言，如法语或希伯来语，遵循自然的 SVO 词序。对于 Beauzee 来说，所有的语言都是基于 SVO 的，因为物质在逻辑上先于存在的方式（S>V），而行动先于它们的目标（V>O）（Ricken, 1978: 141-153）。在德语、希腊语或拉丁语等转位语言中，屈折结尾允许成分脱离其自然秩序。为了学习一门分析语言，Beauzée 称没有很多要求：老师提出了格、性别、动词时态等原则，特别是目标语言的那些特殊原则，让学生口头参与，还让他们解剖和以上述方式翻译段落，并注意任何不寻常的结构。习得转位语言需要一种让人想起 Du Marsais 的方法，包括将二语重新组织成 SVO 词序。但 Beauzée 与 Du Marsais 的不同之处在于，他坚持认为学习者应从原则开始，而不是直接面对数据。①

因此，Lancelot 和 Arnauld、Besnier、Du Marsais、Beauzée 和其他人就第二语言习得和教学的理性主义概念的主题产生了不同的变化。他们的建议至少有两个可识别的假设，这是 17、18 世纪语言学习概念化的特征。其一，他们假设了

① Beauzée 也推荐了不同的方法来教授活生生的“死”语言，尽管在这两种情况下，学生总是从语言的原则开始。参见 Chevalier（1968: 665- 667）。

让学习者接触普遍语法的有效性，而不仅仅是接触目标语言的具体语法。其二，他们最小化了记忆在第二语言习得中的作用，并最大化了推理的作用。

另外，通用和理性语法不仅影响了这一时期的第二语言习得，还影响了整体的教育哲学——至少从记录中看是这样。法国大革命后，被称为意识形态家（Idéologues）的政治参与学者和教育者希望在新的国家教育计划，包括“思想、道德和政治科学”及“语言和文学”的研究项目中，重点研究普遍语法（Aarsleff, 1982: 345；Chevalier, 1972: 49）。意识形态家认为通用和理性语法是基本的人类科学，归因于特定的社会和政治利益。他们声称这是一个理想的手段，来培训公民从实践理论出发，来培养发现和制定原则的能力（Delesalle, Chevalier, 1986: 135–146）。然而，就像这个时代提出的其他雄心勃勃的社会项目一样，将普遍语法纳入学校课程从未真正扎根。意识形态家未能克服教育机构通常的惰性。此外，像 Pierre Besnier 一样，他们没有具体实现他们雄心勃勃的计划。

第二语言习得的理性主义和普遍主义概念在退却

到目前为止，关于第二语言习得的概念化的讨论主要集中在 17、18 世纪的法国。Cohen（1977）通过叙述英国的理论和教学语法的演变，提供了一个有趣 135
的视差：英国对哲学和普遍语法的兴趣从 1740 年左右开始消退。18 世纪的后半叶与早期作品的普遍主义和理性主义相矛盾：“多样性、变化，仅仅是对特定语言的独特品质（天才）的描述……寻找。”（1977: 79）英国学者对语言差异的关注采取了浪漫主义的方式。他们将语法与逻辑分离，并与普遍语法分离，一点一点地，“（解放）……来自表面概念内容的实用语法”（1977: 74）。

有生动的证据表明，这一时期它偏离了普遍语法，也因此从英语著作中消失。从 17 世纪晚期的故事开始，欧洲的第二语言习得者在学习目标语言之前，经常接触到语言的共同之处。Cohen（1977: 62–74, 81–85）表明，对普遍语法的优先级逐渐减少。作为第一步，语法学家不允许将普遍语法与具体语法分开和优先呈现。相反，文本开始引入和定义哲学或普遍语法的术语，以及具体第二语言的细节，而不是将普遍语法作为先决知识。后来，作家们开始将关于普遍语法的评论降级为页面底部的脚注。进入 18 世纪，随着时间推移，这样的脚注变得越来越少，并以越来越小的字体印刷。下一步是减少学习者对通用语法、偶然的评论或其他参考文本的接触。最终，用 Cohen 的话来说，在“20 世纪中叶的典型语法中，语言的哲学基础并不是被否认或辩论，而是被忽视或搁置，或是不适合学校文本”（1977: 83）。Cohen 引用了 Robert Lowth1762 年出版的《英语语法概论》，试图揭露和纠正不准确的用法。在一句注释中，洛斯请对解释感兴趣的读者参考 Harris 的《Hermes：关于语言和普遍语法的哲学探究》，但“Lowth 没有任何地方表明《Hermes：关于语言和普遍语法的哲学探究》对学习一门语言是有用的或必要的”（1977: 85）。

Cohen 所记录的通用语法的逐渐衰落，部分原因是大规模的文化重新定位，支持浪漫主义和经验主义取代理性主义。但人们对语言共性的关注并没有消失。Cohen 认为，“激进地对普遍性重新定义”正在发生（1977: 101），普遍语法基于关于思想和语言镜像的先验（priori）声明由被认为是语言的共享属性的描述取而代之。特别是句子成分和类比或音韵原则，语法学家称其在每一种语言中都发挥作用。[①] 普遍语法不再被认为是一个解释为什么语言是这样的基础系统，而是被认为是一套描述语言的术语和原则。随着理论家和教师转向关注语言的多样性，普遍语法失去了地位，并失去了与第二语言习得概念的整合。

136

19 世纪的比较历史语言学

如果说《普遍唯理语法》标志着某些生成主义者对语言科学历史的描述的时间的开始，那么还有其他的描述（如 Jankowsky, 1972: 12），如 19 世纪语言学的成就开创了语言学学科。在这一时期发生的事情是，大多在德国大学接受训练的欧洲学者合作开发了一种比较语言的方法，以确定它们的历史关系。比较历史学家成功地将这种方法应用于构建印欧语系。这一成就在该学科的任何历史中都值得占据突出的地位，就像在整个西方知识史中一样。[②] 然而，本书只会总结比较历史语言学，因为它虽然没有消除对普遍语法的兴趣，但确实改变了对哪些语言有共同点的讨论，并降低了该讨论的整体突出性。本书的目的是提供足够的关于比较历史语言学的信息，以展示在 19 世纪的语言科学背景下，普遍语法是如何演变的。

故事通常从英国人 William Jones 爵士（1746—1794）开始。Jones 的年代属于 18 世纪，但由于对“新汉学”的贡献，被划分到 19 世纪。殖民统治期间，他

① Porset（1979）列出了大约 170 篇 19 世纪关于普世、哲学或“辅助”语言的文本，记录了普遍主义在 1800 年没有到期。

② Robins（1997: 189–221）和 Morpurgo Davies（1998）讲述了故事的不同版本。Hoenigswald（1974）认为，这一时期的传统历史（如本文所述）传播了各种谬论。

在印度担任法官，开始对近东和亚洲的文化和语言感兴趣，尤其是梵语。1784 年，Jones 成立了孟加拉亚洲协会，以促进对当地文化的研究。他对社会的第三个重要的演讲包含了一个被大量引用的猜测，即梵语在历史上与希腊语、拉丁语和其他欧洲语言有关。[1]Jones 的演讲预见到了 19 世纪欧洲语言研究的主导议程。

Jones 对梵语的迷恋被欧洲学者吸收，包括 August Wilhelm Schlegel（1767—1845）和 Friedrich Schlegel（1772—1829）这对德国兄弟。Friedrich Schlegel 于 1808 年出版的著作《论印第安人的语言和智慧》展示了其浪漫主义取向，将印度文学的深度归因于（他认为的）原始“雅利安”语言：梵语。[2]但他也采取了经验主义者的立场，为 Jones 关于语言关联的推测寻求语法、形态学和词汇上的支持，并试图明确对历史变化的限制（Morpurgo Davies, 1998: 70）。他将语言分类为像梵语这样的语言，其中的词根经历内部变化，产生“有机”相关的单词，而不是那些被词缀“机械”修饰的单词。

Friedrich 的哥哥 August Wilhelm 致力于梵语和语言类型学。另一些则专注于确定印日耳曼语——后来被称为印欧语系内语言的亲缘关系。渐渐地，他们建立起了一套比较语言的原则。1818 年，丹麦人 Rasmus Rask（1787—1832）报告说，他发现了不同语言之间有序的词汇、语法和语音对应关系。几年后，Jacob Grimm（1785—1863）组织了 Rask 的一些通信，到后来被称为 Grimm 定律的 137
内容，使希腊语、哥特式和古高地德语之间的良好关系系统化，成为新汉学的展示。[3]Grimm 拒绝了关于语法的哲学思辨，转而支持强烈的经验主义、数据驱动的方法，并坚持认为在不了解语言过去的情况下无法理解语言的特征。

Franz Bopp（1791—1867）的作品可能更“技术、艺术和心理”（Morpurgo Davies, 1998: 130）。Bopp 分析了印欧语系之间的对应关系，包括梵语、阿维斯坦语、立陶宛语、哥特式语、斯拉夫语、凯尔特语、阿尔巴尼亚语。他坚持接近数据，并开发了确定语言相关性的正式技术，而不是基于语义的技术。August Schleicher（1821—1868）也对该学科的方法论做出了贡献。他详细描述了规则的明显例外问题，并认为“跨语言的比较必须是系统的计算，而不是偶然的摸索”（Collinge, 1995a：198）。Schleicher 还将家谱的隐喻应用于语言系谱事实，

---

① Lehmann（1967: 7–20）重印了他的阐述。关于 Jones 的影响，请参见 Aarsleff（1967: 115- 161）。关于他的生平，参见 Cannon（1990）。

② Lehmann（1967: 21–28）摘录了 Schlege 的书。Schlegel（1860）提供了完整的英译本。

③ 这里提到的 Rask、Grimm 和其他人的作品的引用，参见 Morpurgo Davies（1998）和 Robins（1997）。Lehmann（1967）将 Jones 的重要文本转载给了新兴的语法学家。

引入了长期影响语言关系流行概念的图表。（Koerner, 1989a）[1]

因此，这些 19 世纪早期的学者建立在彼此的工作基础上，果断地使对语言的研究远离了通用语法或对语言起源的思辨。新型数据驱动的语言学发展了跨语言比较的技术，然后利用这些技术来细化关于语言之间历史联系的主张。语言类型学也引起一致的兴趣。

在 19 世纪的最后 30 年里，一群以莱比锡大学为中心的学者引起了人们的注意。他们被称为"Jung grammatiker"或"新语法学家"，部分原因是他们相对年轻，部分原因是对他们叛逆、（有时）傲慢、不和谐的描述。Karl Brugmann（1849—1919）和 Hermann Osthoff（1847—1909）是关键的新语法学家，Karl Verner（1846—1896）也属于该群体。新语法学家通过挑战一些已建立的重建，震惊了语言体制。他们还拒绝了古代基因组的分析技术，认为其定义不当，并采取了"紧缩"来远离对古代印欧文化的思辨（Morpurgo Davies, 1998: 268）。新语法学家把类比作为语言变化的力量，并宣称 Grimm 所说的"声音变化"或"通信"是没有例外的法律。1875 年，Verner 解释了某些印欧辅音与日耳曼后裔的关系中明显的不规则性。这一结果提高了新语法学家的信心，更加相信历史变化是通过"盲目而不可避免"的法律运作的。[2]

在评估 19 世纪的比较历史学术研究时，一些人认为它与早期的工作根本
138 不连续，是一个经典的范式转变的结果。[3]最近的史学（Andresen, 1978: 52; Morpurgo Davies, 1998: 1–23）强调了连续性，指出了 Schlegel 或新语法学家与波尔·罗瓦雅尔、Beauzée，甚至更早的学者的知识世界之间的联系。连续性的一个方面是，跨语言数据的收集和编目跨越了 19 世纪与过去之间的公认鸿沟。事实上，人们在文艺复兴时期就开始从许多语言的短篇文本收集单词列表和翻译，为新汉学的数据库做出了贡献。Johann Christopher Adelung（1732—1806）的 4 卷本《米特里达特或普遍语言学》出版于 1806—1817 年，恰好代表了这一流派。Adelung 收集了大约 1000 本基督教经文的传统翻译，被称为"主祷文"。这个概念即使没有这么大的规模，也有几个先例。[4]创新点在于，Adelung 不仅在地理上，

① Schleicher 还写了他的孩子学习德语的故事。他强调儿童言语中声音模式的系统性，曾一度将他 3 岁的女儿称为"语言艺术家"（Schleicher, 1861–1862/1971: 20）。

② 这是 Osthoff 的观点，参见 Collinge（1995b：205）。Verner 的文章见 Lehmann（1967: 132–163）。

③ 例子见 Pedersen（1924/1959: 12），讨论见 Koerner（1989b）。

④ Collinge（1995a：196）估计 Mithridates 涵盖 1000 种语言；Jankowsky（1972: 34）将这个数字定为 500。Mithridates 是公元前 1 世纪的庞图斯国王，被认为掌握了 22 种语言。Adelung 使用这个名字作为标题，与 Conrad Gesner（1515—1565）的 Mithridates 相呼应。这是一本早期的词表汇编和同一祈祷词的翻译。

而且根据语言假定的历史和类型关系来组织他的数据。Rasmus Rask 写了一篇关于《米特里达特》第二卷的评论。Malmberg（1991: 289）认为这段经历使 Rask 的职业生涯转向了语文学。

连续性的另外两个方面是相关的。关于语言之间关系的研究并不是在 19 世纪发明的：回想一下，Dante 和 Leibniz 都曾涉足语言系谱，其他人在关于语言起源的辩论中也曾涉足。系谱研究经常产生类型学的建议，这是 19 世纪发展起来的另一种研究类型。Beauzée 对相似语言和转位语言的区分是类型学的。一个多世纪前，Joseph Justus Scaliger（1540—1609）（Julius Caesar Scaliger 的儿子）对欧洲语言进行了系谱和类型学研究，将其划分为类似罗曼语、希腊语、日耳曼语和斯拉夫语的谱系。因此，新语文学对系谱和类型学的兴趣并不是前所未有的。①更重要的是，这些兴趣将比较历史语言学与 Wilhelm von Humboldt（1767—1835）的工作有联系。

Wilhelm von Humboldt

Morpurgo Davies（1998: 98）写到 Wilhelm von Humboldt 时，说他是“一个令人惊奇和尴尬的对象……（因为）关于他的一切都是有争议的”。至少他的生活事实没有争议。Humboldt 出生于一个富有且人脉广泛的普鲁士家庭，有一个兄弟 Alexander，是著名的探险家和博物学家。Wilhelm 作为学者、外交官及文化和政治精英成员的生活使他接触到 Schiller 和 Goethe 等文学人物，以及 Bopp 和年长的 Schlegel 等语言研究领域的新星。在巴黎生活了几年后，Humboldt 决定在世纪之交将他的最大精力花在语言研究上。而他最终在公共生活和教育上也留下了自己的印记。②

Humboldt 关于语言的著作（他在世时许多都未发表）揭示了他是一位具有相当独创性的独立思想家。但没有人说 Humboldt 不是一个专业的文体家。他最重要的一篇文章——对爪哇卡维语（Humboldt, 1836/1988）分析的扩展介绍， 139
被 Aarsleff（1988：xviii）描述为“一个漫长而私人的冥想，在一系列的察觉（aperçus）中指向一个从未到达的中心”。Humboldt 的同时代人也很难理解他。国语言学家 William D. Whitney（1872: 273）写道，在接近 Humboldt 时，人们

① Morpurgo Davis（1975）调查了谱系学和类型学分类的历史。

② 关于 Humboldt 的生活和智力发展，参见 Aarsleff（1982: 335–355; 1988）和 M. Cowan（1963）的介绍。关于他的作品的翻译，请参见 Humboldt（1836/1988, 1820–1829/1997）和 M. Cowan（1963）。

需要一个向导，他“穿透神秘，解开奥秘，对巧妙、深刻，但不清楚，且完全不实际的思想家的黑暗话语进行阐述”。

Humboldt 作品的晦涩无疑引发了围绕他的“尴尬”争议。Morpurgo Davies（1998: 100–101）通过将语言组织成 4 个子领域，阐明了他语言研究的道路。其一，Humboldt 对理论语言学做出了贡献，解决了关于语言本质的问题。其二，他描述了巴斯克语、美洲印第安人、马来—波利尼西亚语、汉语和欧洲语言。其三，他对语言类型学做出了贡献。最后，他发展了比较历史方法，并将其应用于他的研究中（例如关于马来—波利尼西亚语的研究）。

Humboldt 的理论和类型学著作最直接地影响了普遍语法的历史。我们在 Chomsky（1964；1966）有争议的解释中看到，Humboldt 呼应了 17 世纪的 Cartesian 思想主题，结束了“唯理主义思想历史之一章”。对 Chomsky 来说，Humboldt 的 Cartesian 思想体现在他对语言创造力的认可，即语言是一种活动或“精神的工作”（Humboldt, 1836/1988: 49），而不是一个固定的符号清单。①Chomsky 将 Humboldt 描述为以精神能力定位语言的位置，“为构成正常语言使用的无限个人‘创造性’行为提供了手段”（1966: 22）。这与 Humboldt 同时代的人如 James Harris 和 20 世纪早期美国结构主义者的假设形成了对比。根据 Chomsky（1966: 22）的说法，对他们来说，“语言本质上是一个词汇系统……各种类型元素的“模式组织化”。

并非所有阅读《Cartesian 语言学》的读者都认为 Chomsky 的史学具有说服力，也不是所有的读者对 Humboldt 的解读都趋于相同。但即使是不愿意接受 Chomsky 观点的学者也承认 Humboldt 与普遍语法历史的关系，因为他致力于理解语言的差异及它们彼此之间的相似性。用 Humboldt 的话来说：

> 既然对语言的天性在人身上是普遍的，而且每个人都必须拥有理解所有语言的关键，那么就自动地得出，所有语言的形式必须在本质上是相同的，并且始终达到普遍的目的。差异只能在于手段，而且只能在达到目标所允许的范围内。
>
> （Humboldt,1836/1988: 215）

140 Humboldt 对共性和具体语言差异的关注源于 Formigari（1988: 59）所说的“[他的] 语言哲学的双重性质”和“[他的] 双重观点”，后者尊重哲学探究和经验事实。 Morpurgo Davies 以类似的方式说，Humboldt “一生致力于调和语言变

① Quillien（1981）坚持认为，Humboldt 并没有否认语言包含一组符号，只是它不能被详尽地描述为这样。

体和语言的普遍性”（1998: 104）。[①]

当然，对变体和普遍性的关注也很普遍，但 Humboldt 对两者的和解显示了他的独创性。对 Humboldt 来说，语言是一种受特定语言的特定“内在语言形式”约束的系统或活动。通过利用存在与语言形式的创造潜力，说话者表达了他们独特的思维方式。通过这一点，某种语言得以体现这些说话者的公共经验。然后，这种语言（部分地）决定了他们如何思考和感知。西班牙语的“天才”既源自西班牙语使用者的心态，也塑造了他们的心态。同样，巴斯克语或爱尔兰语的“天才”表达了它对说西班牙语的人独特的精神世界的贡献。Humboldt 将说话者的思维和特定语法的互动纳入了所有语言的基本共性，因为“所有语言的形式必须在本质上是相同的”。但对 Humboldt 来说，语言的差异不仅仅是偶然的，它们都是由说话者心态的差异投射出来及构成的。在这个问题上，他背离了语言反映思想结构的理性主义学说，转而接近“语言相对主义”关于语言决定思想结构的主张（R.Harris, T.J.Taylor, 1989: 159）。此外，与 17、18 世纪早期的语法学家（以及他们之前的许多人）不同，Humboldt 并没有在具体语法之前优先考虑通用语法。因为在他看来，语言之间的差异对它们和它们的使用者来说都是必不可少的。

因此，Humboldt 对语言多样性和统一性这一两头问题的处理方式不同于通用或思辨语法学家。他对跨语言的差异和趋同，以及两者间界限的关注，将他的工作与 20 世纪关于语言共性的类型学方法联系起来。Collinge（1995a：195）将 19 世纪的跨语言比较分析为 3 个亚变种：对语言进行分类的 [Morpurgo Davies（1998: 100）阐述为一种“对旧通用语法的替代”]“T–[类型系]”；定义了语言变化原则的“E–[进化系]”；决定语言系谱的“G–[遗传系]”。Humboldt 的类型学并不是这些类型的纯粹形式。继 Schlegels 之后，Humboldt（1836/1988: 100–108）发展了一种语言的形态分类，即孤立语、黏着语或屈折语。但由于屈折语被认为是其他语言类型进化的终点，这种分类结合了 Collinge 的类型系和进化系。[②] 此外，对 Humboldt 来说，一种语言的类型地位反映了其说话者的世界观（Koerner, 1995），因此他对一种语言的“天才”的概念影响了他的类型工作。

衡量 Humboldt 贡献的一个标准是他激励其他人从事的工作。德国学者 141
Heymann Steinthal（1823—1899）认为自己是 Humboldt 的信徒，尽管他不是

① Leppin（1977: 48– 49）发现 Humboldt 更关注多样性，而不是语言的普遍性。Hymes 和 Fought（1975: 1000）列出了围绕 Humboldt 作品的其他对照。

② 另外一类“合并”语言 Humboldt 单独讨论了（1836/1988: 128– 139），尽管这两个段落有时会合并，形成一个由 4 个部分组成的类型系统。参见 Robins（1997: 166– 168）。

一个不加批判的信徒。[①]他研究了 Humboldt 写作中的几个主题，包括类型学和语言作为一种心理活动的概念而非一个项目和规则的清单。但 Steinthal 反对 Humboldt 赋予普遍语法的角色，理由是它揭示的是语法与逻辑的不完全分离。对于 Steinthal 来说，寻找普遍性“是被误导的，与任何认真对待语言定义的理论都是不相容的”（Morpurgo Davies, 1975: 667）。在一个引人注目的比喻中，他写道：“普遍语法并不比政治宪法或宗教的普遍形式，或普遍的植物，或动物形式更可信。”（Steinthal, 1860: 104 翻译 Jespersen, 1924/1958: 48）。

如果 20 世纪晚期语言学所定义的理论一致性早在 100 年前就成立了，那么我们就会认为反对普遍语法的 Steinthal 就是反对理性主义语言习得的 Steinthal。但 Steinthal 关于语言习得的实际言论打破了这种预期，正如我们将会看到的那样。

19 世纪的语言教学

我们已经看到，在 18 世纪下半叶，一些学者开始认为普遍语法是“一种对学习具体语言的人来说是无关的泛化”（Cohen, 1977: 101），因此将其从第二语言习得者的文本中删除。新的比较历史语言学在第二语言课堂上有一些回响。但在 19 世纪，语言的共同特性继续在第二语言习得的概念化中只扮演了很小的作用。

Howatt（1984）对 19 世纪语言教学的调查为理解人们如何概念化第二语言习得提供了基础。有 3 种主要的教学方法。第一个教学方法是 Howatt 视为已建立的方法——语法翻译法。这种方法根据传统分类装置精心安排的课程演绎地教授语法。它需要翻译进入和走出第二语言，并采用去语境化（对评论家，痛苦的设计），练习句子而非古典文本中的段落。在 Howatt 所说的一种提高方言教学的知识尊严的动力中，一种“对细节的专制痴迷”（1984: 135）超过了语法翻译法。老师们为了做到彻底，走了极端，语法文本“充满了事实、列表，对书中其他部分的交叉引用，以及按规则堆积的规则”（Howatt, 1984: 138）。虽然这些恶习不是在 19 世纪发明的，但在语法翻译材料中却声名狼藉。Fraenkel（1969）搜索了 18、19 世纪用英语写的自传，以了解学习者对第二语言习得的回忆。在那些接触过语法翻译法的人中，Fraenkel 遇到了很多关于死记硬背脱离意义的抱怨。
142 1834 年的一本回忆录讲述了其作者“痛苦的努力”和“厌恶”的经历，原因是

① 参见 Morpurgo Davies（1975: 666– 668; 1998: 201–207）。Lessing（1999）对 Steinthal 的生活和工作进行了调查。

“我必须不停地记语法，以及不规则动词的整个词汇和变化，这个过程我并不快乐”（Fraenkel, 1969: 21）。然而，语法翻译法在 19 世纪末仍然是至关重要的，并在某些环境中幸存下来（Stern, 1983: 454）。

19 世纪的第二种教学方法与“改革运动”有关。该运动在 19 世纪 80、90 年代挑战了语法翻译（Howatt, 1984: 169–191）。改革运动的一个标志性特点是它坚持言语的首要地位。教师们强调口头交流，并教授第二语言的音标，有时会将接触当地正字法的时间推迟一两年。改革运动还用真实的第二语言文本取代了语法翻译的人工练习句，并避免了除了注释和解释之外的母语文本。作为改革运动的领袖，顺便说一句，《卖花女》中 Henry Higgins（Shaw, 1916: 261–263）一角的灵感是尖刻的英国语音学家 Henry Sweet（1845—1912）。其他主要人物的灵感来自法国的 Paul Passy（1849—1940），来自德国的 Wilhelm Viëtor（1850—1918），以及在某种程度上来自丹麦的 Otto Jespersen（1860—1943）。尽管只有 Sweet（开始并不是一名第二语言老师），这 4 个人都是对语法翻译持批评态度的语音学家或语文学家。他们共同通过了一份宣言，宣称“外语学习应该从日常生活中的口语开始”。他们提倡语音学、连接的文本、归纳教学法的价值，并不鼓励使用母语（Stern, 1983: 89）。

19 世纪的第三个教学法并没有形成一个连贯的学派，而是由具有不同愿景和议程的个人的产出组成，他们独立地拒绝了现状。一些人开发了基于个人对母语习得的见解的教学方法，假设第二语言习得应该以儿童如何学习母语为模型。它们有时被描述为提倡“自然方法”。例如，法国人 Claude Marcel（1793—1876）设计了一个语言教学课程，重视听力和阅读，部分出于接受了以下这个说法，即在生产能力之前建立接受能力是“自然的方法”（Howatt, 1984: 153）。在英国，Thomas Prendergast（1806—1886）一开始就是观察母语儿童学习者。他对他们早期使用的明显未经分析的“大块”语言印象深刻。在此基础上，他为英语学习者创建了一个文本，将语言分解成基本的句子单元，并让学习者记忆。

也许 19 世纪最著名的自然方法学家是法国人 François Gouin（1831—1896）。他华丽、夸张的风格使他的散文令人难忘。在几次尝试通过语法翻译来学习德语都失败后，Gouin 观察到他 3 岁的侄子是如何用言语来回顾和巩固他的经历的。孩子在表达复杂语言时自发地简化成简单的句子，让 Gouin 产生了一种 143
语言教学转换体验。他写道：“一道闪光突然掠过我的脑海，我轻轻地对自己大声喊道‘我找到了！现在我明白了！……我明白了，我听到了，我知道了！’。”（1880/1892: 38）受此启发，Gouin 提出了“系列”方法，即第二语言习得者记忆简短、重复的陈述，描述熟悉活动的连续组成部分，如开门或放火。①

其他19世纪的语言教师则朝着不同的方向进行创新。他们后来被贴上了“直接方法”的支持者的标签，尽管就像“自然”的方法学家一样，并没有形成一个连贯的学派。直接方法教学需要在母语教师的密切监督下，逐步接触第二语言，不包括使用母语，有很多口头交流，语法有时留给学习者的归纳能力（Diller, 1978: 78）。也许直接方法最明显的特征是他们发展的社会环境。许多19世纪的直接方法学家向具有实用动机而非学术动机的成年人教授当地语言，如旅行、商业、移民等。Lambert　Sauveur（1826—1907）就是在这种情况下在马萨诸塞州波士顿的一所语言学校教授法语.Maximilian Berlitz（1852—1921）也类似地在罗德岛的普罗维登斯教授德语。与语法翻译或改革运动课程相比，直接方法课程中有不同的学生群体和其他成功的标准。②

除了服务于不同的社会文化领域外，这些方法还揭示了第二语言习得的各种概念，与语言本质的各种概念有关。L.G.Kelly（1969）将语法翻译描述为受Lancelot和Arnauld对人类语言潜在共性研究的启发：“通用语法通过假设所有语言都有一个基本系统，为语法学习中的翻译方法准备了气候。”（1969: 51, 405）。此外，语法翻译的演绎方法假设第二语言习得可以并且应该应用学习者的理性力量。它对（某人的概念）材料的排序与詹森主义从“已知到未知”的教育原则相呼应。与此同时，通用语法和语法翻译之间也存在不一致。与Lancelot、Du Marsais和Beauzée的教学法直接源自波尔·罗瓦雅尔语法学家不同，19世纪的语法翻译教科书并没有明确说明语言之间的相似性。此外，语法翻译的细节列表和“寻找例外”（Howatt, 1984: 138）似乎认为第二语言习得是一种记忆的，而不是理性的练习。因此，并非语法翻译的所有方面都反映了通用和理性语法的取向。③

自然方法学家的兴趣（在这个术语的某些识别下）是，直接方法学家在母语

① Howatt（1984: 152–167）讨论了Marcel、Prendergast和Gouin；L. G. Kelly（1969）在全书中列出的参考文献对这3种情况进行了处理。Gouin的言论见Diller（1978: 55–71）；Prendergast的言论见Kroeh（1887: 175–177）。

② 术语“自然”和“直接”在19世纪的语言教学中有不同的用法。直接方法学家经常声称他们的技术是基于母语学习的，在这个意义上是“自然”的。Howatt（1984: 207）指出，尽管他的改革运动取向与Sauveur或Berlitz相去甚远，但Passy将他对第二语言教学的建议称为“直接方法”。Kroeh（1887）将Sauveur归入自然法。Stern（1983: 456- 460）在讨论直接法时不仅引用了Berlitz，还引用了Gouin、Sweet和Viëtor。

③ Mack（1990: 66）认为语法翻译是“在几乎完全不了解同期语言学理论的情况下进行的”。她认为19世纪是所有教育学独立于语言学理论的时期。

习得基础上对第二语言教学的建模揭示了语言学习的一个不同概念：通过观察儿童学习者来了解语言学习，来关注儿童使用语言的方法。Gouin 被他的侄子用简短、重复的字句来叙述经历所吸引。Prendergast 指出，孩子们在分析语块的组成 144
部分之前就已开始使用它们。其他改革者注意到，孩子们最好模仿具有交际效用的语言。这些观察结果对语言学习有共同的理解，即记忆单元的增量建立。1887 年的语言教学方法概述阐明了语言学习的常识性概念，称“所有语言的基础……是日常生活的措辞，只能通过模仿来学习”（Kroeh, 1887: 182）。[1]

但并不是 19 世纪所有的语言学者都承认母语的习得是基于模仿和记忆。19 世纪初，Humboldt 写道：儿童学习者“创造的远远超过他们记忆的”；一个孩子“通过暗自的类比，使他能够积极地进入语言，而不是接受”（M.Cowan, 1963: 243）。[2] 最重要的是，Humboldt 关注的是孩子们对语言的了解，而不是他们用语言做了什么。Steinthal 似乎详细阐述了 Humboldt 的萌芽（但公认的理性主义）观点，认为孩子们既没有被教授母语，也没有通过模仿来学习。相反，语言“必须爆发”。（trans.Whitney, 1872: 286）。用 Steinthal 的话来说：

> [语言] 不像视觉和听觉一样，有教导和学习的可能。每一个有机会看一个孩子从 2 岁到 4 岁的人，都经常看到这个孩子是多么突然地使用了一个词或一个形式。很少有人知道这孩子是从哪里弄来的。他借助某个机会习得了它，抓住并创造它。
>
> （Steinthal, 1871，trans. Whitney, 1872: 293）
>
> 园丁用他希望培育植物的种子所做的，就是我们对孩子们所做的一切，以便使他们开口讲话。我们把他们带入精神成长的必要条件，即进入人类社会。但园丁很少能使种子生长，而我们让或教孩子说话也是如此。按照规律，在自然的情况下，花在土地上生长；在头脑中，语言在孩子的意识中生长。
>
> （Steinthal, 1871，trans. Whitney, 1872: 295）

Steinthal 的有机隐喻，以及他评论的背景（语言起源的棘手问题）将这篇文本置于 19 世纪的知识世界。此外，Steinthal 对普遍语法的拒绝（回想一下，他

---

① Kroeh 支持自然法，但否认成人可以重述儿童的母语习得，因为第二语言学习者在学习新语言时有“需要克服的习惯”，并且他们已经失去了“童年时期心智的自发接受能力和可塑性”（1887: 179）。Kroeh 认为，自然法是有效的，因为它诱导学习者将第二语言的单词和短语直接连接到它们的指称，而不需要母语的干预。

② Humboldt 将这一描述扩展到了第二语言学习者，指的是他们有能力依靠自己的语言直觉为自己构建一种通用的第二语言类型（M. Cowan, 1963: 243）。

发现它“没有比……普遍植物或动物更可信”），是他的语言哲学不可或缺的，也是他同时代的语言哲学不可或缺的。尽管如此，Steinthal 的语言与生成语法学家对儿童“成长”的描述惊人地相似（e.g. Marshall, 1987）。

145 Humboldt 和 Steinthal 关于儿童母语学习的观点是少数人的观点，因为大多数 19 世纪的母语习得概念都假设对被模仿的声音、单词和模式的记忆是学习的中心原则。上面所引 Steinthal 的这一段是 William D. Whitney（1827—1894）持续嘲笑的对象，是一位具有新语法学倾向的重要美国语言学家。Whitney 嘲笑 Steinthal 关于儿童语言学习的想法是一种“基本的误解”（1872: 281），是对语言科学研究的冒犯——“否认孩子从周围的人那里学习语言就是放弃……合理的理性和常识”（1872: 294）；事实上，“孩子们对语言的习得在我们看来似乎并不神秘”（1872: 303）。Whitney 的观点可能是主流的观点。当母语习得的“自然”过程参与到讨论第二语言的习得时，似乎指的是 Whitney 的常识性、不神秘的假设。自然方法的自然性在于避免元语言学的指导（至少在早期阶段），以及拒绝明确的规则和例外的列表。一种反文化的观念，即儿童中的语言“突破”，存在于 19 世纪，但没有被纳入第二语言习得理论或教学实践中。①

无论自然方法学家怎样设想母语习得，他们的反对者拒绝根据这个概念建模第二语言指令。改革运动领袖 Sweet（1899/1964: 75）写道：“自然的方法……让成人处于婴儿的地位，但他不再能够拥有婴儿的能力，同时，也不允许他利用自己的……分析和概括的力量。”但 Sweet 对成年人能力的信心隐含的理性主义只到此为止。Sweet 的《语言实践研究》（*The Practical Study of Languages*）中的一个标题宣称“语言只是部分理性”（1899/1964: 69）。“部分”理性意味着“一些语言现象可以通过一个一般性的陈述来学习，另一些则必须一个接一个地学习”（1899/1964: 92）。这种状态在语法、形态学和词汇层面中都被确定。（1899/1964: 70–71)。这一信念将 Sweet 的语言学习概念与 Beauzée 作品中的“理性的首要性”（Chevalier, 1968: 660）区分开来，其中语言的合理性是教学和语言理论的中心原则。

毫不奇怪，一方面，通用和理性语法对 Sweet 的教学法几乎没有什么影响。他隐含的第二语言习得概念似乎参与了 19 世纪普遍语法的主流贬值。②另一方面，改革运动与比较历史语言学有联系。例如，它对语音学的强调，反映了同时期对

---

① L. G. Kelly（1969: 405）指出，Humboldt 为直接法提供了理论基础。但 Kelly 并没有说出这种挑衅的话。

② 但另一位改革运动人士 Otto Jespersen 的著作中的普遍语法见第七章。

声音变化及其语音基础的关注（Gregersen, 1991: 18）。新语法学派努力将声音概念化和字母概念化的斗争也反映在改革运动的文献中。[①] 然而，Sweet 让自己远
离课堂材料中比较历史语言学的表面混合，批评它是“将语文学碎片扔进实践语 146
法的做法”，认为这种做法是“绝对有害的”（Morpurgo Davies, 1998: 295）。

综上所述，第二语言教学在 19 世纪是一个多元化的行业，其中有几个很好的教学传统。语法翻译、改革运动及直接和自然方法学家的创新，结合了不同的第二语言习得的不同概念，反映了不同的语言概念。1879 年发表在《自然》杂志上的一篇文章描述了一个不是完全连贯但很迷人的尝试，试图综合 19 世纪对第二语言习得的观点。它的作者是牛津大学的亚述学家阿奇 Archibald H. Sayce（1845—1933），一位“著名的语言学家”（Vietor, 1886/1984: 347）。他以回顾 E. C. Otté 的教科书《如何学习丹麦语》为借口，对当代语言教学进行了评论。他提出了一种理想的基础理论，建立在 Sweet、Humboldt、新语法学派、自然方法学家、比较历史学家、现代通用和理性语法学家的思想之上。在这个过程中，Sayce 触及了他所处的那个世纪对第二语言习得不同概念化中的许多主题。

语言由声音组成，而不是字母，而且……是由整个社区的无意识行动形成和塑造的，就像社区的生活处于一种不断变化和发展的状态一样。[语言]不是由单词组成的，而是由句子组成的。我们将永远不能通过简单地记住一长串孤立的单词来说一门外语。如果我们想轻松而正确地学习另一门语言，就必须像学习自己的母语一样开始学习它。

> 当获得了外国习语的会话知识，学生能够用另一种语言而非自己的母语思考时，应该借用比较语言学进行习语的分析和学习。应该教导学生，看到语言中明显的任意现象都服从严格的定律，他使用的形式和词语都有历史和理由来使它们形成了现在的模样。这样，他的智力和记忆就会被激发和加快……最重要的是，定律的概念将在他从受教育的开始就被熟悉了。
>
> （Sayce, 1879: 93–94）

---

① Arabski（1986）认为，与此相反，改革运动将语言优先于写作，并强调相互关联的文本，影响了 20 世纪的结构主义语言学。

总　结

在 Lancelot 和 Arnauld 的“天才的世纪”（Chomsky, 1966: 72）与 19 世纪末
之间，关于语言共性的雄心勃勃的理论得以传播，基于历史和类型学关系的同样
雄心勃勃的差异理论也是如此。在 Lancelot、Arnauld 和百科全书作者的研究工
作中，第二语言习得是语言科学的核心。而比较历史学家则独立于对语言学习的
147 反思。在整个研究期间，关于第二语言习得的讨论又回到了关于理性和记忆的不
同作用的未决问题上。17、18 世纪早期的理性主义者最大限度地提高理性，同
时最小化第二语言中记忆和模仿的作用。后来，普遍性和理性的作用被忽视了。
然而，在第二语言习得中，通用语法与具体语法的价值，以及理性与记忆的价
值，一直被争论到 20 世纪。

《Cartesian 语言学》及其接受性占据了这一章的主要部分。由于 Chomsky 关于语言的建议是本书一些读者的起点，关注他对过去的解读，以及其他学者对这种解读的反应都是有意义的。强调《Cartesian 语言学》的另一个原因：Chomsky 的书，无论多么深刻或错误地得到解读，本身就是对普遍语法概念历史的贡献。Chomsky 著作围绕着 17 世纪和 20 世纪晚期语言学连续性的 4 种主张展开，即对语言创造力的意识、深层与表层结构、解释与描述，以及关于习得的理性主义观点。“主张普遍语法的存在”并不是 Chomsky 的 4 个主张之一，但它在每种情况下都是预设的。

第七章　20世纪普遍语法和第二语言习得的概念化 148

到19世纪末，西方语言科学长期以来一直受到对第二语言习得反思的刺激。这种反思并不包括某个统一的传统，也不包括一个现代意义上的某个明确的“理论”。相反，它由Augustine和塞维利亚的Isidore、Roger Bacon、Benedetto Varchi、Nicholas Beauzée的不同看法、断言、推测组成。此外，尽管语言存在明显的差异，研究它们具有共同属性的兴趣已经通过西方语言科学得以传播。对普遍语法的两个最雄心勃勃的概念化是由思辨语法学家和17、18世纪的通用语法学家而来。对普遍语法的研究记录还包括来自柏拉图、Varro、Humboldt等其他不同学者的一些不那么详细的、有时是间接的贡献。忽视或拒绝普遍语法的作家和思想家也是其历史的一部分。因此，古希腊的单语言学、文艺复兴时期关注的具体语法，以及Tooke和Steinthal的作品，以不同的方式对普遍语法的历史做出了贡献。第二语言习得的经验有时激发了普遍语法的概念化，而普遍语法的概念也激发了第二语言习得的概念化。所有这些都隐藏在当代学者面前。他们承认，关于第二语言习得的一切从20世纪60或70年代就被发现了，同时，普遍语法与第二语言习得的相关性是一种独特的现代见解。

总的来说，世纪之交是历史叙述中的一个人为的边界。但从19世纪到20世纪的转变是重大的，原因是许多关于西方语言学的记载引用了瑞士学者Ferdinand de Saussure去世后出版的《通用语言学词典》（1916/1966）作为一个分水岭。尽管Saussure语言学在多大程度上可以合法和具体地归因于索苏尔是有争议的（Koerner, 1976b；Percival, 1981），现在用他的名字命名的思想重新确定了语言研究的方向。这些思想从20世纪的头10年开始就在西方语言科学中传播开来，并一直具有影响力。在回顾了Saussure语言学之后，第七章考察了Saussure出现后的头几十年里欧洲语言学的相关方面，与他的思想以各种方式连系着：一 149

些学者的观点与 Saussure 有相同的来源；另一些学者则自觉地提出自己的观点，还有一些学者与 Saussure 保持距离。本书作者专注于两个方面：一种是丹麦语法学家 Otto Jespersen 让 Saussure 保持了一定的距离；另一种是布拉格学派发展了几个 Saussure 式的主题。

20 世纪初以来，需要改变方法论。在 20 世纪，语言学的学科“在量和社会上……从一个村庄发展为一个城镇”（Seuren, 1998: 140）。或者用 Murray（1994: 493）的另一种比喻来说，在 20 世纪中叶之前，这条河是一条“流入有许多水道的三角洲”的河流。语言学领域发生的事情也发生在第二语言习得和普遍语法的理论研究中。在本章所涵盖的时间间隔内，这两方面的研究量都增加了，而且可以说，多样性也增加了。因为近期的作品应该是读者可以理解的，所以与讨论 Dante 或 Scaliger 的作品相比，对第二语言习得和 post-Saussure 时代普遍语法的探讨可以在较少的背景下进行。 因此，第七章的后半部分包括 3 个案例研究，代表了 20 世纪的一系列学术研究，其中第二语言习得的概念化与普遍语法存在或不存在的假设（具有不同的显性）相收敛。每个案例研究都集中在与一位美国学者有关的工作上，分别是结构主义语言学家 Leonard Bloomfield、人类学家 Joseph H. Greenberg 和生成语法学家 Noam Chomsky。 故事就这样从欧洲转移到了美国，并在那里结束。[①]

“Saussure 范式”

尽管他们有巨大的差异，Ferdinand de Saussure（1857—1913）与 Humboldt 的共同之处：一生跨越了两个世纪及两代人的知识兴趣。Saussure 出生于日内瓦，1876 年去莱比锡跟随新语法学家学习。他在 21 岁时发表了一篇关于早期印欧语系元音的著名论文，并在 1881 年完成了一篇关于梵语的论文。之后，他在巴黎生活了大约 10 年，在法国语言学家中工作。但在进入日内瓦大学任教后，Saussure 放弃了比较历史主义。1907—1911 年，他以“普遍语言学”的名义教授了 3 门课程，阐述了语言研究的理论基础。两年后，Saussure 去世了，并没有看到这些材料的出版。但他的学生和同事 Charles Bally（1865—1947）和 Albert Sechehaye（1870—1946）整理了 3 年的课堂笔记，并将它们与 Saussure 留下的一些文本片段整合在一起。Bally 和 Sechehaye 以 Saussure 的名义发表了这些手稿，

① 本书作者不讨论 20 世纪中期之后欧洲的发展，也不讨论 1915 年前后的美国语言学。关于后一个主题，请参见 Andresen（1990a）。

即 Cours de Linguistique Générale（《普遍语言学教程》）。这一著作已经得到广泛的解剖和辩论。它提出了关于它与 Saussure 思想的关系的难题，这些想法到底是什么，以及 Saussure 在语言学和其他学科上对他的前任和同时代人的感激。① 然 150
而，Saussure 的思想很快就获得了广泛的读者，所以用 R.Harris（1987: 1i）的话来说，"《普遍语言学教程》出版 5 年内就已经成为语言学家的必读书目"。其 3 个方面目前最为重要。

第一，Saussure 语言学是一个巨大的课题，有大量的次要文献。例如，"共时"语言学——"语言系统的研究……脱离了历史或心理类型的外部考虑"（Joseph 1995: 233–234）和比较历史学家的历时性（"进化"）语言学。因此，Saussure 被认为是重组了语言学，为在特定的时间点、过去或现在的语言研究腾出了空间。Leonard Bloomfield（1923: 319）写道，《普遍语言学教程》第一次绘制出了这样一个世界，其中历史印欧语法……仅仅是一个单一的领域。

第二，Saussure 通过区分语言和言语，为 20 世纪早期的科学研究开辟了道路。② 语言是一个符号系统，是一个特定语言社区的共同属性，通过它理解和产生话语是可能的。言语是实际产生的话语，取决于个人的特质和意志。

第三，Saussure 语言学将语言描述为一种符号之间的关系系统。这些关系包括一个元素（一个声音、词素或单词）和它之前或之后的其他元素之间的"组合"关系，以及一个语言元素和属于它的同一类别 (es) 的元素之间的"聚合"关系。一种语言构成了一个系统的关系网络的概念是 Koerner（1976b：699）所说的"Saussure 范式"的核心。③ 用另一位当代历史学家的话来说：

> Saussure 的组合和聚合关系概念将成为 20 世纪语言学的标志：其一，因为它提出了一个单一的结构原则来统一语言功能的所有层次——声音、形式和意义。其二，它提出了一种分析语言的方法。这种方法不依赖于简单的元素列表。这种列表"翻译"成另一种语言或某种哲学解

---

① Saussure（1916/1966）是英文译本。R. Harris（1987）通过 Cours 的复杂性提供了一般性和分章节的指导。Saussure（1993; 1996; 1997）为 Saussure 的 3 门讲座课程中的每一门课程出版了原文注释，并附有英文翻译。

② 这些术语通常是未翻译的，尽管有些术语使用"langue"表示语言，而"parole"表示言语。这两种翻译似乎都不够准确。T. J. Taylor 将前者称为"语言结构"（1992: 73），后者称为"交际行为"的"执行"（1992: 89）。Bloomfifield（1923: 318–319）将前者翻译为"这个僵硬的系统……语言假释为'实际言语'"。对 Spence 来说，前者是"精神的、集体的符号系统"（1957: 10），后者是"（个人）对语言的使用"（1957: 1）。

③ Percival（1977）质疑 Koerner 引用自己的范式变化概念是否适合 Saussure 的分析。另见 Percival（1976; 1981）。

释。元素可以根据它们与其他元素的关系进行分析。语言可以被理解为庞大的系统——不是这些元素的，而是这些关系的系统。

（Joseph, 1995: 238）

其他人认为 Saussure 的某些创新有着长期潜伏和扩散起源。Koerner（1975; 1976b）表达了赞成，并将这些材料的部分内容归因于 Saussure 时代普遍的“意见氛围”。无论传统上与 Saussure 有关的思想来源是什么，《普遍语言学教程》
151 都是现代语言科学的一个“象征性的源泉”（Hymes, Fought, 1975: 919）。它将语言表现为一个有序的系统，有力地塑造了 20 世纪的语言学。Spence（1957: 2）在 Saussure 逝世 50 年后的文章中宣称“我们现在都是 Saussure 主义者”。这种说法可能仍然有效。

因此，Saussure 语言学必然是当代第二语言习得概念及语言共同点的基础。即使《普遍语言学教程》没有直接讨论第二语言习得，这个论断也是正确的。[1]Saussure 也没有卷入关于普遍语法的辩论。他给出了以下论断，成为语言学的 3 个要求之一：“确定所有语言中普遍作用的力量，并推断出所有特定历史现象都可以简化的一般规律”。（1916/1966: 6）但在阐述了这一点之后，Saussure 似乎更关心指定共时的内容——后来发展为“结构主义”——语言学，以及如何应用这项内容，而不是关心普遍的“力量……在所有语言中产生作用”，或关心使用“通用法则”。Saussure 假设存在支配历史现象的普遍性，但没有优先考虑定义它们的任务，也没有从语言具体的事实中区分语言的普遍特征。[2]

Saussure 后的欧洲

Saussure 语言学（无论其来源如何）影响了许多 20 世纪早期的欧洲语言学家，被统称为“结构主义者”。post–Saussure 学派将语言概念化为一种自主的结构，或关系系统，存在于说话者的头脑中，并与其他心理结构互动。今天，大多

① Aarsleff（1982）认为，身为评论家和历史学家的 Hippolyte Taine（1828—1893）影响了 Saussure，因为 Taine 在 Saussure 于巴黎居住期间是知识分子中的重要人物。Taine 发表了一篇日记研究，讲述了他女儿学习法语的过程。他仔细观察了孩子的语言发展，把她描绘成一个主动的代言人而不是被动的记忆者——“声音的注意……所有的主动权都属于她”（1876/1971: 21）。Aarsleff 建议（1982: 360, 368）Saussure 阅读这篇文章，但如果是这样，我们仍然不知道他是如何评价 Taine 关于语言学习的想法的。

② Reichling（1948: 13）引用 Cours 第 6 页的一段话，称 Saussure 为“现代普遍语言学的奠基人”。但对赖克林来说，“一般语言学”似乎意味着在探究语言本质的背景下进行跨语言比较；Saussure 的贡献是对语言本质的探究（1948: 16）。

数语言学家认为这是理所当然的。但此前的情况并非如此：

> 一个人必须意识到……结构主义的先驱在把他们的思想投射到可理解和连贯的公式时所经历的困难。没有公认的术语。关于思维的想法是模糊的，充满了二元论的概念，即物质的凡人的身体和非物质的不朽的灵魂。结构的概念仍然是非常抽象的。目前还不清楚它将适用于什么，也不清楚它将如何可视化。
>
> （Seuren, 1998: 143−144）

在 20 世纪的头几十年里，一些学者抓住了发展一种共时语言学的智力挑战，将语言视为一种组合和聚合关系的系统。他们以当地独特的方式应对了这些挑战。post–Saussure 语言学包括以下几个学派：日内瓦学派，Saussure 的一些直接同事在他去世后很活跃；哥本哈根学派以 Louis Hjelmslev 为中心；伦敦学派，代表人物是 Firth 和 Halliday；布拉格学派。20 世纪 30—50 年代的美国结构主义语言学也要归功于 Saussure，还有 Greenberg 的现代语言类型学和 Chomsky 的生成语法。①

早期的结构主义学派在不同程度上正式定义了自己，在产生连贯作品的程度 152
上也有所不同。它们与第二语言习得和普遍语法的相关性也有所不同。在讨论欧洲的 post–Saussure 语言学学派之前，本书作者将考察一位站在 pre–Saussure 和 post–Saussure 世界之间的学者及其研究。

Otto Jespersen 的《语法哲学》

丹麦语法学家、语音学家和语言教师 Otto Jespersen（1860—1943）在 Saussure 出生后不久出生，但比他多活了 30 年。Jespersen 毕业于哥本哈根大学，然后在那里度过了他的职业生涯。在研究生学习期间，以及 1909—1910 年在美国担任客座教授期间，他遇到了 Viëtor, Sweet 和 Passy。Jespersen 主要关注现代欧洲语言，尤其是英语，尽管他经常提到历史上这些语言的早期版本。② 他出版了一本 7 卷本的英语语法书，一篇关于语音学的论文，以及关于理论和应用语言学主题的书籍。此外，他还创造了一种普遍语言——诺维亚语，并涉足文学分

① 并非所有历史学家都这样评价 Saussure 的影响力。Seuren（1998: 145–157）强调，对于 Saussure 来说，单词是语言分析的单位，而不是句子。这使得 Saussure 在语言学上的一些不连贯，并将其与当代语言学分开。关于 Chomsky 和 Saussure，参见 Joseph（1990）和 Koerner（1993）。

② 关于 Jespersen 的生活和作品，参见 Haislund（1967）、Juul 和 Nielsen（1989）。

析。Jespersen 博学、活泼、朴实的散文为他赢得了许多读者。与这里特别相关的是他关于儿童语言、第二语言习得和教学及普遍语法可行性的著作。

Jespersen 不仅以他的广度而闻名，而且以他的独创性而闻名。Jespersen（1922）首先承认了 Rask、Grimm、Bopp 和 Schleicher 的成就。但他声明：“语言学科学长期以来一直是毒瘤的标志，并且一直在回顾着它自身的巨大损失。”（1922: 97）Jespersen 批评了新语法学家坚持的声音变化的不变性，并在其他方面将自己与他们的关注点分开。此外，他并不喜欢 Saussure。他写了一篇关于《普遍语言学教程》的不冷不热的评论（1916/1970），将语言与言语斥为“人工术语”（1916/1970: 111），并抱怨 Saussure 夸大了共时语言学和历时语言学的可分性。[①] 然而，Jespersen 显然融入了 Saussure 的“观点氛围”中，因此他对现存语言的描述和对基础理论问题的参与现在似乎是 Saussure 式的。

关于第二语言习得的主题，Jespersen 经常与改革运动联系在一起，但他的作品揭示了一种独特的理性主义取向。他早期的专著《如何教外语》（1904）强调了口头交流练习，而不是翻译或记忆。Jespersen 还提倡词汇情境学习和音标对早期学习者的优势（Gregersen, 1991）。在其出版的著作中，他嘲笑教师使用生硬或不连贯的文本片段，并将现代语言融入拉丁语模板的尝试称为“斜视语法”（Sørensen, 1989: 32）。但与 Sweet 谨慎的理性主义相比，Jespersen 在学习者的分析和泛化能力上投入要多得多。例如，Jespersen 建议学习者创建英语助动词
153 “do”的“发明语法”：通过收集关于“do”的数据，然后通过对其分布进行概括（1904: 126–131）。Jespersen 还赞扬了对第二语言学习者的跨语言比较。他虽然没有表现出 Beauzée 那样彻底的理性主义，但希望语言学习者比其他改革运动的领导人带来更多有关学习任务的内容。

Jespersen 关于儿童母语习得的学术研究也显示了他的独创性和独立性。在他 1922 年出版的书中，几乎有 1/4 是关于儿童语言的。20 世纪初，对这个话题的反思（由语言学家、心理学家、教育家、医生、哲学家撰写）大多是对一个或几个孩子按时间顺序叙述的，认为先学习发音系统，然后学习词汇。[②] Jespersen 按照这一传统工作，却相当敏锐地观察到儿童语言。例如，他注意到以下这个问题，在英语问题的正常主助反转的环境中，孩子们会问出就像“你为什么抽烟，爸爸？”的问题。他还提到了孩子们对成年人陈述的不协调模仿，比如将“You

① Jespersen（1946: 10–21）扩大了他对语言与假释的批判。参见 Reynolds（1971）供评注。

② Bar Adon 和 Leopold（1971）翻译了 1787 年的这篇文献选集。

mustn’t eat that’” 说成 “Not eat that”（1922: 136），（在现代术语中）是分句外在否定。理性主义者 Jespersen 拒绝了孩子们被教导语言，或者他们只是被动地吸收语言的观点（Vejleskov, 1989: 124）。对 Jespersen 来说，学习一种语言 “需要孩子付出非凡的劳动”（1922: 128）；孩子们努力 “掌握母语的语义和语法上的‘非系统规律’”。[①] 孩子们通过根据输入进行类比来建立他们母语的语法。他们犯了很多错误，但逐渐不再犯错，使他们的类比与成人语言模式达到更大的一致性。最终，一个说话者 “创造了一些我们或其他人从未听过的东西”（1922: 129）。Jesperon（1922: 161–215）也推测了母语和第二语言习得者的语言创造力如何影响语言历时变化。

Jespersen 的《语法哲学》（1924/1958）讨论了普遍语法。他拒绝了这个概念的两个版本。其一，他发现一种基于逻辑属性的普遍语法是站不住脚的。他将这一尝试归功于 “几个世纪前” 的哲学语法学家（1924/1958: 47）。他认为哲学语法很规范，并把拉丁语作为 “逻辑一致性的完美模型”。其二，Jespersen 否认了普遍语法存在于普遍的 “句法规范” 意义中的说法。他指的是特定的语法特征，如虚拟语气或被动语态（1924/1958: 48–49）。

因此，Jespersen 对普遍语法的存在表现出悲观的态度。然而，在后来的一段文章中（1924/1958: 55–57），他谨慎地支持了他所说的 “现代语言科学将允许的最接近 [普遍语法] 的方法”。作为一个例子，他分析了对英语过去式的语法描述的 “3 个阶段”。第一阶段是 “形式”，范围包括 /éd/（handed），/t/（fixed），/d/（showed）和 “不变的形式”，如 put。所有这些共同构成了 Jespersen 的第二阶段：“功能性（句法）” 类，命名为 “过去式”。描述的第三阶段是 “概念”。在这个概念中，Jespersen 包含了英语过去式的一些语义负担，即 “过去时”“现 154
在的不现实” 或 “过去的现在”。关于中间阶段，Jespersen 写道，功能 / 句法类别 “像守护门户的两面神一样，既面向形式，面向概念，作为声音世界和思想世界之间的联系”。在语言中普遍存在的位置是第三阶段——概念阶段。它位于 “依赖于每种语言结构的句法类别旁边，或上面，或后面”。语法学家的工作是探索概念类别和功能 / 句法类别之间的关系。

1974 年，Chomsky 重新提到了 Jespersen，以庆祝美国语言学会（1924/1958）

---

① Vejleskov 引用（1989: 135）。Jespersen 并不是唯一一个将积极作用归因于儿童语言学习者的人。维也纳心理学家 Karl B ü hler 认为：“任何人都不应该被孩子只是模仿的反对所误导……孩子当然会模仿。问题是，为什么人们会以一种奇怪规则的顺序，以层层递进的方式，不断地、一致地接受所听到的内容。”（1922/1971: 54）

成立50周年。由于演讲内容得以出版，Chomsky（1977a）的演讲提供了对《语法哲学》的欣赏性解读，强调了Jespersen的论点，即句法不仅仅反映语义学。[1]在此过程中，Chomsky（1977a：27–28）将这样一种观点归因于Jespersen，即普遍语法存在于语法描述的第二和第三阶段之间的关系中。这种归类与Jespersen的声明不一致，即语言的共性，如果有，存在于概念阶段。在《语法哲学》的最后几页中，他确实提到了“所有语言语法背后的伟大原则”（1977a：344）。Chomsky引用了这句。但Chomsky似乎夸大了Jespersen在普遍语法上的投入，并在Jespersen的3个描述阶段中错误地进行了识别。

无论Chomsky解读的是什么，更重要的是Jespersen在语言习得中普遍扮演了什么角色（如果有）。一篇名为《语法教学》（1924/1962）的文章，写给以英语为母语的教师，提供了一些见解。它以评判英国某个负责改进语言标准的国家委员会的建议开始。委员会提倡（让人想起18世纪的通用语法）从“纯语法”开始。纯粹的语法，“功能的语法，而不是形式的语法”，是“涉及所有民族的基本思维模式，无论他们说什么语言”（1924/1962: 489）。Jespersen发现这一建议没有什么价值。Jespersen以语法形式、功能/句法和概念之间的三重区别提出批评。他反对功能是语言特有的——“[功能]因语言而不同，尽管程度与表达它的形式不同”（1924/1962: 495）。与此同时，在语法概念上建立一个“纯语法”只会产生“自明之理”，如单数与复数的存在，或者将时间划分为过去、现在和未来（1924/1962: 495）。因此，Jespersen拒绝了普遍语法概念对学习者的有用性——“我们不能教抽象的语法，但我们可以而且必须教英语语法”（1924/1962: 496）。也就是说，“具体的英语语法，而不是云中的抽象语法”（1924/1962: 499）。Jespersen对普遍语法对学习者有用的怀疑得以清晰的表达。他的理性主义也是如此。他在文章的结尾扩展演示了归纳教学法如何引导以英语为母语的人发现英语复数的形式和功能性原则。

155 Jespersen对普遍语法和语言学习的概念化说明了他的学术独立性。他对普遍语法的担忧使他的作品与他之前的普遍语法学家区分开来。而他对语言学习的理性主义取向则使他与改革运动及许多追随他的结构主义者区分开来。

---

① 这个问题在20世纪70年代的生成语言学中有着著名的争议。参见R. A. Harris（1993）和Newmeyer（1980: 133–173）。

欧洲结构主义学派

在欧洲 post–Saussure 语言学中，Jespersen 是一个自成一体的人物，并不是任何群体的成员。我们现在转向以不同地点为中心的 20 世纪早期欧洲共时语言学“学派”，有些比其他的更正式。日内瓦学派的突出之处：它既没有涉及普遍语法，也没有涉及第二语言习得。Saussure 的普遍语言学旨在为分析所有语言创建术语和框架，但 Saussure 并没有就语言的共同属性提出详细的建议。在他的直接影响下的语言学家，包括 Bally 和 Sechehaye，阐述了一些在《普遍语言学教程》里出现的思想，并继续做其他类型的工作。但就像 Saussure 一样，他们的想象力并没有被普遍语法或第二语言习得的问题所吸引。

在 Jespersen 生命的最后 10 年里，围绕着丹麦语言学家 Louis Hjelmslev（1899—1965）形成了一个哥本哈根学派。Hjelmslev 主要关注普遍语法。他的 Principes de Grammaire Générale（《普遍语法学原理》）（1928）旨在开发一个抽象的“泛时性”系统（1928: 214），用于分析所有语言的个体属性，将其命名为“语符学”。尽管个人的思想随着职业生涯的发展而发展，Hjelmslev 仍然致力于定义一个适用于所有语言的高级框架。为了创建它，他开始使用演绎和归纳过程来清点语言的属性，并指定这些属性之间的关系。[1] 语符学承认 Saussure 关注共时描述，将语言的结构优先于其内容之上，并寻找潜在的系统性。它还具有与其他早期结构主义语言学共同的特征，如它的经验主义取向和“回避形而上学的语言”（Fudge, 1995: 263）。但与 Saussure 或其他结构主义者不同的是，Hjelmslev 明确地旨在创造一种通用语法。

不幸的是，语符学基本上仍然只是一个雄心勃勃的计划。Hjelmslev 以高度抽象的特质理论化，而没有通过对数据的仔细分析来提出他的建议。他使用了出了名的“奇怪的术语”（Seuren, 1998: 162），并打破了同时代人的假设。关于 Hjelmslev，Jespersen 抱怨说：“我还没有真正理解用演绎法理解语音学意味着什么，就像动物学家可以用演绎法来描述食肉动物一样。”[2] 最后，语符学并没有在 Hjelmslev 过世后产生影响。尽管如此，作为 20 世纪早期普遍语法的一个实例，它仍然具有重要意义。一方面，Hjelmslev 破坏了前生成结构主义完全是反普遍 156

① Hjelmslev（1943/1961）是中心文本。Hjelmslev（1963/1970: 97–114）对他的思想，特别是关于内隐普遍性的思想，提供了一种非典型的可读性阐述。参见 Dezso（1980）关于普遍语法学家 Hjelmslev 和 Sharadzenidze（1976）关于哥本哈根学派普遍性的逻辑基础。

② 由 Rischel（1989: 56）翻译，来源不明。

主义的信念。Hjelmslev 显然是一个结构主义者：他的共时观点和受 Saussure 的影响是可以辨认出来的。另一方面，他致力于通用语法，演绎方法，并致力于概括超越特定语言的直接事实（Rasmussn, 1997: 128）。Seuren（1998: 166）指出了语符学和 Chomsky 语言学之间的相似之处，即两者都试图创建一种“算法组织的生成语法”来解释语言差异及对这些差异的限制。令人遗憾的是，Hjelmslev 和哥本哈根学派的其他成员既没有更充分和方便地发展这些想法，也没有涉及对第二语言习得的研究。[①]

在英国，语言学家也在研究语言作为一个共时系统时的结构特性。伦敦学派（London School）出现得很晚，可能起源于 1944 年 John Rupert Firth（1890—1960）被任命为英国东方和非洲研究学院（SOAS）的第一位普遍语言学教授。[②]Firth 拒绝了 Bloomfield 的反心灵主义和美国结构主义的某些方面（这两个主题将在下面讨论），以接受意义和社会语境在语言使用中的重要性。Firth 的作品主要涉及发音系统，尤其是韵律学。他曾在印度教英语，在服兵役期间学习非印欧语言，并在第二次世界大战期间组织了日语为第二语言的教学课程。尽管有这些经历，Firth 似乎并没有写过关于第二语言习得的内容。他也不倾向于普遍语法（Langendoen, 1968: 67–69），并主张没有先入之见，使用的术语与美国结构主义者的术语非常一致，但并不同意他们的观点。

作为伦敦学派的第二代成员，Firth 的学生和同事 Michael A. K. Halliday（1925）发展了一种“系统理论”，除了其他特征外，将 Firth 的思想扩展到句法和形态学（Halliday, 1995）。和 Firth 一样，Halliday 淡化了普遍语法：

> 为了在语法中找到任何“普遍”的东西——所有语言的语法共同的东西，我们必须达到非常高的抽象水平……（语言的描述性类别）必须为每一种语言重新定义……绝不假定完整的身份，即使是如英语和法语这般相似的语言中。“名词”对法语的意思是由法语语法的全部描述来定义的，而不是“名词”对英语的意思来定义的。
>
> （Halliday et al., 1964: 31）

与 Firth 不同的是，Halliday 在第二语言习得和教学法方面写了大量的文章。他的语言学习概念似乎与 20 世纪中叶美国结构主义者相呼应。例如，Halliday

① Hjelmslev（1928: 257）只是顺便评论了一下，普遍语法在语言教学中没有价值。

② 关于 Firth，参见 Robins（1963/1970）和 Palmer（1995）。伦敦学派的讨论（例如，Sampson, 1980: 212–213；Seuren, 1998: 167–169）有时包括 Henry Sweet（作为先驱），以及重要的语音学家 Daniel Jones（1881—1967）。

等人（1964: 199）提到了学习者“表现”的“语言行为片段”，似乎集中在与一些美国结构主义者相关的关于第二语言习得的词汇和假设上。Halliday 等人（1964: 179）也认为儿童母语习得是输入驱动和基于习惯形成的——“获得语言习惯的过程是大多数人所熟悉的，我们可以添加的既不是常识，也不是日常观察的过程”。Robins（1961: 194）对 Firth 与 Bloomfield 融合的特征描述可能也适用于 Halliday。Robins 写到 Firth 和 Bloomfield 时称：“各自以自己的方式，尽管他们持相反的观点……本质上是在与传统唯心主义的教条化进行同样的斗争。”[①] 157

布拉格学派

另一组欧洲 post–Saussur 时代语言学家围绕着普遍语法和第二语言习得的另一条道路前进。在 Hjelmslev 和哥本哈根学派出现之前，布拉格学派出现在当时的捷克斯洛伐克。布拉格学派的学者有着广泛的兴趣，包括音系学（他们现在最大的声誉所在）、语言间的历史关系、语言形式和交际功能、语义学、句法、类型学、辩证学、文体学、文学批评、美学和语言教学。“布拉格的语言圈”正式存在于 1926—1950 年，其成员中有布拉格学派的 3 个关键人物：捷克的 Vilém Mathesius（1882—1945）和两个俄罗斯移民，分别是 Nikolai S. Trubetzkoy（1890—1938）（在维也纳工作）和 Roman Jakobson（1896—1982）。[②] 早在 1911 年（Saussure 仍在日内瓦教授普遍语言学），Mathesius 讲授共时看待语言的系统性。这是新兴结构主义的基石。布拉格学派接受了 Saussure 的形式与实质和语言与言语的区别（后者有些模棱两可的接受）。但他们拒绝了《普遍语言学教程》提出的一些具体主张，例如，反对共时性和历时性的严格独立性（Vachek, 1966; P.Steiner, 1982: 3–31）。他们还研究了交际功能如何给语言形成一种形式。他们将语言视为“一种有工作（或者更确切地说，有各种各样的工作）的工具”（Sampson, 1980: 111），从主位与述位（或话题与述题）关系的角度分析了句子成分。

大多数布拉格学派的学者既没有提倡也没有驳斥 Lancelot、Arnauld 或 Hjelmslev 使用的普遍或通用语法术语。然而，作为一个群体，他们保持了一种

① 这一判决与伦敦学派的一些自我陈述不一致。在对 Halliday 等人（1964）的回顾性评论中，Strevens（1987: 81）强调了 Hallidae 对 Bloomfieldian 语言学的拒绝，推测 Hallidai 等人“会为（通过生成启发的第二语言习得理论）承认学习者的贡献而鼓掌”。

② 关于布拉格语言圈与“布拉格学派”的关系，参见 Fried（1978）。Seuren（1998: 158）指出，布拉格语言圈在 1992 年复兴。

普遍的、合成的、“反原子式”（Holenstein, 1976: 16）的取向。布拉格学派的语言学家提出了许多旨在适用所有语言的断言，如关于功能因素在决定词序中的作用。在布拉格学派的工作中，通过对语言类型学的讨论，通过“分析对抗的方法”，用来检验不同语言、方言或专用语言之间的差异和相似（Fried, 1972b：5；Fisiak, 1984）。

158 Roman Jakobson 是一个重要的例外，因为他不符合布拉格学派讨论普遍性的特征，哪怕是最低标准的讨论。[1] Jakobson 感兴趣的目标包括类型学和语言共性。值得注意的是，他断言，共性，或接近共性，可以用来重建更早的、未经证实的语言形式（Koerner, 1995: 215–216）。Jakobson（1941/1968）也发展了一个普遍的语音特征及其隐含关系的层次结构。作为这一等级制度的证据，他概括了儿童获得特定语音区别的顺序。Jakobson 还为他的普遍等级制度提供了额外的、折衷的证据：失语症患者失去区别的顺序；不同语言中不同声音的相对罕见；声音与颜色的联觉联想模式。[2]

因此，布拉格学派的结构主义融入了 Saussure 语言学的内容，发展了独特的功能主义观点，进行了跨语言的共时比较。从个人层面上看，Roman Jakobson 以不同的方式追求语言共性。从一开始，布拉格学派也适应了应用语言学，因此人们可以说“布拉格学派语言教学法”（P.Steinner, 1982: 28–30；Fried, 1972a）。作为他们对语言系统化研究的反映，布拉格学派第二语言教学强调了第二语言的背景呈现。Vachek（1972: 13）这样概括 Jakobson，“如果孤立地看待，任何语言系统的任何元素都不能得到适当的评估”。在教材的组织和选择中，布拉格学派将他们的“分析对抗方法”应用于母语和第二语言，以“确定一种语言系统中话语的内容（意义）以什么方式在另一种语言系统中实现……[因此]从内容（意义）到功能到形式”（Fried, 1968: 41）。[3] 布拉格学派的第二语言教学法坚持使用第二语言中真正交流用到的材料，并排除了脱离语境而操纵句子模式的材料。Mensikova（1972）基于这些理由批评了美国的结构主义教学法，声称它将形式与功能隔离开来。例如，在教学问题时，布拉格学派的方法是模拟“呼吁听众提交一个解释”（1972: 56），而不是用一个脱离语境的公式来训练学生提出类似为什么的问题。

---

① Sharadzenidze（1976: 67）包括 Jakobson 的有时合作者 Trubetzkoy。他从事普遍性研究。

② Sampson（1980: 121–125）总结了对 Jakobson 普遍性的批判。

③ Fisiak（1984）将布拉格学派的“对抗分析”与美国的“对比分析”区分开来，认为美国学派缩小了跨语言分析的范围，并将这种技术应用于教学中，只是一种肤浅和过于简单的方式。

布拉格学派教学法的这些特点揭示了其第二语言习得的概念。尽管该组织因忽视语言功能而故意与美国的结构主义教学法分离，但这两所学校有着相同的词汇来开始其共同围绕“习惯”一词展开第二语言习得的论述。布拉格学派学者 Vilem Fried 明确区分了母语和第二语言习得者的任务——在第二语言习得中，“学生在外语中习得的语言习惯和母语的旧语言习惯之间将会有持续的冲突”（1968: 39）。布拉格学派对第二语言习得的概念化并没有关注学习者的合理性，并期望他们使用元语言学知识——“我们不要教授语言有关的东西，而是教授语言本身”（Fried, 1968: 44）。尽管“分析对抗”是第二语言教学法的基石，布拉格 159
学派教学法进行的跨语言比较，没有参考第二语言习得者除了接触母语或第二语言的知识外对语言的了解。语言共性被纳入到一些布拉格学派的理论中，但没有进入他们对第二语言习得的看法中。

在讨论美国结构主义之前，有必要总结 post-Saussure 欧洲语言学中普遍语法的地位和第二语言习得的概念化，包括 Jespersen 的工作（尽管他可能抵制“结构主义”的标签）。一些 20 世纪早期的欧洲结构主义者建立了普遍语法的概念，例如：Hjelmslev 的语符学敏捷地做到了这一点；布拉格学派在 Jakobson 的著作中这样做；Jespersen 只是以有限和怀疑的方式这样做。伦敦学派拒绝了对普遍语法的研究，而 Saussure 和日内瓦学派似乎是不可知论者。关于第二语言习得，Jespersen、Halliday 和布拉格学派都有如何学习和教授第二语言的相关理论。Hjelmslev 和 Saussure 没有处理第二语言习得的问题。仅 Jespersen 一人（根据欧洲结构主义外围的日期和方向）持有公认的语言学习的理性主义观点。

这一总结表明了那个时期的异质性，以及它在多大程度上与波尔・罗瓦雅尔或 Beauzée 的学术世界不同。17、18 世纪的法国语法学家认为通用语法是理所当然的，并将其纳入他们关于第二语言教学和学习的理论中。对于早期欧洲结构主义者来说，如果将其作为一个整体，可以说情况不是这样。结构主义者的 post-Saussure 主义取向将他们与 19 世纪晚期的比较历史学家及普遍语法学家区分开来。然而，就像 Halliday 或 Fried 强调形成语言习惯一样，除了 Jespersen 之外，大多数早期的欧洲结构主义者似乎都同意 Whitney（1872: 303）的观点，即“语言的习得……在我们看来，一点也没有任何神秘”。

美国结构主义语言学

对 19 世纪早期欧洲结构主义的叙述大约以 Roman Jakobson 的作品结束，原因是他的人生历程将叙述从欧洲转移到了美国。20 世纪 30 年代欧洲臭名昭著的政治事件迫使 Jakobson 离开了捷克斯洛伐克，最终移民到纽约，在那里曾短暂地成为人类学家 Franz Boas（1858—1942）的房客。Boas 是美国结构主义语言学出现的关键人物。Jakobson 在哥伦比亚大学教授语言学和斯拉夫语研究，与人共同创立了纽约语言学圈，并担任其副主席直到 1949 年。后来，他搬到了马萨诸塞州的剑桥，在哈佛和麻省理工学院度过了他的职业生涯。因此，Jakobson 的专业工作先后在布拉格学派、早期美国结构主义和生成语言学的环境中进行。他
160 在每一个环境中都是一个活跃的人物。至少在第一和第三阶段，他的作品都很有影响力。

Jakobson 有着非凡的知识水平。他参与了这 3 种语言方法的发展。但即使考虑到其个人非凡的因素，这一事实也表明，这些语言研究方法可能比人们通常承认的有着更多的共同点。这并不是说 Jakobson 的作品在各个方面都很容易得到认可——参见 Murray（1994: 215–219）的相反证据，而是说他的作品对这些群体作为不交叉的学术研究圈子的形象提出了最初的怀疑。

post–Saussure 时代的欧洲语言学、美国结构主义和生成语言学学派在多大程度上存在连续性？在这里不能试图对这个问题给出一个全面的回答。[①] 然而，作为实现这一目标的贡献，我们需要考察美国结构主义的传统“主流”研究（认为结构主义和生成语言学之间有尖锐分歧），也要考察注意到更多连续性的“修正主义”描述。在现有的对生成主义的第二语言习得理论的历史背景的讨论中，对结构主义的主流解释被认为是理所当然的。它使当代的非历史性合法化，支持了 Strozer（1994: 94）的观点，即随着生成语法的发展，“过去几千年的整个传统语言方法突然变成了禁忌”。生成主义之外的学者不太倾向于接受如此激进的突破发生在该学科的近代史上，尽管生成语言学家经常表达这种信念。[②] 因此，对过去的不同理解取决于不同的意识形态。也因此，双方都可能歪曲对方。

与“主流”和“修正主义”叙事相关的观点和解释的差异与本书中感兴趣的两个主题有关。[③] 主流理论认为，美国的结构主义否定了语言的共性，并致力

① 在此类评估中，有用的文本包括 Hoenigswald（1979）、Hymes 和 Fought（1981）、Jankowsky（1997）、Matthews（1993）、Murray（1994）、Newmeyer（1980; 1986）、Seuren（1998）。

② 参见 Dillinger 和 Pal á cio （1997: 171），以及 N. Smith（2000：xi）。

③ “中流砥柱”和“修正主义者”这两个词并不恰当。本书作者用“中流砥柱”来标记 Diller（1971; 1978）或 Newmeyer（1980）对结构主义与生成主义关系的流行表述。“修正主义者”经常将挑战贴上对过去既定概念的标签，有时也暗示对这一挑战的怀疑。在这里，这个词的意思只是“反对主流”。

于语言学习的“反心灵主义”概念。修正主义者对这两种解读都提出了质疑。因此，为了理解普遍语法和第二语言习得从 20 世纪中叶开始的演变，有必要考虑主流和修正主义叙事——当然，实际上有连续的观点来阐述结构主义和生成语言学的关系，而不是只讨论简单的分歧。下面先介绍 20 世纪美国语言学的主流描述，然后（特别是在普遍语法和第二语言习得方面）总结对这种描述的挑战。

1900—1960 年美国结构主义的双重视角

关于 20 世纪早期结构主义的主流描述已经得到广泛传播，读者可能也很熟悉。post-Saussure 学派在欧洲发展起来，美国语言学则朝着自己的方向发展。对
语言作为系统实体进行共时研究的兴趣在欧洲出现的时候就在美国出现了。（把 161
Saussure 的责任问题放在一边）然而，在美国，人类学中首次进行了公认的“结构主义”语言研究。Jakobson 的老师 Boas、Boas 的学生及德国移民同胞 Edward Sapir（1884—1939）都是这一研究的领头羊。

Boas 和 Sapir 都学习了美洲土著语言。在主流叙事中，这一事实是造成美国结构主义特征的大部分原因。到 20 世纪早期，许多印第安原住民社区面临着分散或文化灭绝。因此，研究语言的机会正在消失，其中大多数语言缺乏正字法。Boas、Sapir 和他们的学生感到迫切需要记录印第安人语言的特性，把他们的（共时）声音系统作为直接目标。从那里，结构主义者（他们被如此定义）开始下一个更高层次的语言组织——形态学，然后最终到句法。在语义学方面所做的工作很少。主流研究报告认为，该研究项目优先考虑最明显的语言、声音和声音模式的单位，并拒绝对意义的研究，将意义描述为语言中最不局限的方面，最不适合公众认同。为了进行他们的研究，结构主义者开发了相当精细的方法来发现和分析一种语言的声音系统。

对美洲土著语言的研究中，结构主义者遇到了一些无法适应为印欧语言开发的分析框架的特点。传统的句子成分及概念，如“格”“时态”“时态”或“被动语态”，并不总是理解这些语言的足够工具。美国结构主义者在回应中宣称，语言学家必须谨慎地对每种语言进行描述和分析，拒绝对其组成单位和属性的先入之见。通过这种经历（根据主流历史），美国的结构主义者开始放弃了语言的共性。结构主义者 Martin Joos（1907—1978）经常引用的说法代表了这一趋势：Joos 将“美国（Boas）传统”描述为“语言能以没有限制和不可预测的方式彼此不同”（1957: 96）。Joos 的论断一再被认为是学者拒绝探索跨语言共性的证据。

早期美国结构主义的这些特征一起被解释为一种“理论上的”、数据导向的特征。在这一时期的主流描述中，结构主义者对鲜为人知的语言进行了严格的描述性研究，关注分布模式（特别是在声音系统中），同时避免提及意义，并追求归纳场域方法而不是更广的普遍性。这些工作和展望的习惯支持了一些早期美国结构主义者的活动采用的标签“描述语言学”。生成语法学家将“描述主义”与
162 他们（重新）引入的更多的理论取向进行对比，有时通过将结构主义斥为“分类学”（Chomsky, 1965: 52；Katz, 1964）或“科学发展以前的”（Lees, 1957: 376）来加强对比。[1]

美国结构主义主流声誉的另一个组成部分是其“反心灵主义”。这一特征尤其与美国有影响力的结构主义者 Leonard Bloomfield（1887—1949）相关。[2]Bloomfield 在威斯康辛州农村长大，19 岁毕业于哈佛大学，1909 年在芝加哥大学获得博士学位。他第一次接触欧洲语言学传统中的语言学，在德国花了一年的时间跟随新语法学家学习。但到了 1917 年，他出版了与讲塔加路族母语的人合作编写的共时的、结构主义的著作。后来，他转向了阿尔冈昆语。

1921 年，Bloomfield 在俄亥俄州立大学担任教师。在那里他遇到了行为主义心理学家 Albert P. Weiss（1879—1931），并受到了他的影响。行为主义是 20 世纪初在美国发展起来的一场心理学运动，在欧洲也有一些实证主义的先例。[3]它参与了 20 世纪早期美国对科学的乐观看法，并试图严格地在可观察事件的基础上理解人类和动物的行为。在其对语言的应用中，行为主义最小化了“心灵主义”的概念，如“思想”“意识”或“思维”。行为学家反而将语言描述为刺激—反应链，其中语言和手势标记都参与其中。Bloomfield 在 20 世纪 20 年代早期“皈依”为行为主义（Matthews, 1993: 15）后，采取了反心灵主义的立场，这是众所周知的。[4]在他的书《语言论》（1933: 22–26）中，Bloomfield 以一个行为学家对

---

① 当然，这些特征是一种批评。其含义：相对于生成语言学的目标，结构主义坚持不那么雄心勃勃的标准，生成语言学寻求语法的预测理论。

② 关于 Bloomfield 的生活，见 Hall（1990）。Hockett（1970）收集了他的作品。

③ Gardner（1985: 109– 111）调查了行为主义的历史背景。Esper（1968）讨论了它在 Bloomfield 语言学中的作用；Schlauch（1946）批评了 Bloomfield 的行为主义。

④ 对 Bloomfield 行为主义的描述经常使用转换的修辞，其内涵是全心全意地放弃理性，参见 Newmeyer（1996: 175）和 Seuren（1998: 191）。Murray（1994: 150）为 Bloomfield 的“行为主义信仰”做宣传。Gardner（1985: 203）写道，Bloomfield“A. P. Weiiss 的影响”。R. A. Harris（1993: 24）详细阐述了这个比喻：通过 Bloomfield，“行为主义和实证主义……抬起了他们诱人的头”。相比之下，Hymes 和 Fought（1975: 1005）的修辞仍然是纯洁的。他们评论“Bloomfield 的转变……成为了 Weiss 行为主义心理学的成语”。

语言事件的分析而闻名：想象 Jill 感知自己的饥饿（刺激）；她移动她的声音装置，以产生清晰的声音（反应）；Jill 的对手 Jack 听到这些声音（也就是说，它们是他的刺激物）；他拿起一个苹果，递给 Jill（回应）。

Bloomfield 继续概述了一个关于语言学习的行为主义描述。在这个描述中，孩子对刺激的反应通过与环境的相互作用而逐渐改变。儿童学习者被刺激产生一种声音“噪音”（1933: 29）。这是由成人的认可加强的，刺激孩子重复这个声音，并引发一种联想，成为一种习惯的基础。一个既定的习惯加强了相关的习惯，并有助于消除矛盾的习惯，从而最终使“孩子的语言因其结果而得到完善”（1933: 30）。Bloomfield 发现，行为主义很有吸引力，可以替代在他看来欧洲结构主义和前结构主义语言学中模糊、定义不明确、过度可塑的哲学和心理结构。最重要的是，在 Bloomfield 看来，行为主义似乎为语言学提供了一个可观察到的“客观的”基础，赋予了它一门科学的声望。这对 Bloomfield 来说很重要，因为他当时试图提高该学科的公共地位，例如在 1924 年他对美国语言学会的成立做出的贡献。

在 20 世纪早期美国语言学的主流表现中，Bloomfield 的反心灵主义与结构主义方案非常契合。该方案从声音和形态模式开始，根据组织的层次分析了一种 163
语言的共时单元。它避免了跨语言的概括和哲学思辨，以达到理论的地步；它优先考虑形式而不是基于意义的属性；它努力在不参考其他语言事实的情况下描述一种语言。结构主义者发现，行为主义对语言学习的客观化有助于他们努力将该学科识别为一门科学，并将他们的工作与欧洲语言学区分开来。他们认为欧洲语言学缺乏经验基础。

这种关于 20 世纪早期美国结构主义的传统图景绝不是完全错误的。但它夸大了一些功能，人为地淡化了其他功能。其结果是最小化结构主义语言学和生成语言学之间的连续性，并通过减少美国结构主义的异质遗传性来简化这个图景。[1] 这里有两点特别重要：其一，结构主义者所说的对语言共性的所谓漠视；其二，他们的反心灵主义的程度。

要辨别早期美国的结构主义是否真的与语言共性对立，需要后退一步来解决之前的问题，即结构主义是否可以被合法地表示为（仅仅）“分类学”“先见之明”或“非理论”。美国的结构主义者当然持有关于语言本质的理论，并在提出、反驳、修改、取代和发展他们自己和彼此的思想时被贩卖为理论。例如，Hymes

① Percival（1969）进一步反对夸大美国结构主义和 19 世纪比较历史语言学之间的不连续性。

和 Foight（1975: 940）指出，关于“水平混合”，即是否有必要独立于一种语言的形态学或语法属性之前来描述语音属性。这种争论本质上是理论上的，而不是分类学上的。此外，Hymes 和 Fought 引用了结构主义者努力定义特定语法分析背后的“模型”或“假设”。（1975: 1067–1069）他们还表明，重要的结构主义者 Charles F. Hockett（1916—2000）追求了一种语言的预测理论，10 年后的 Chomsky 也是如此：

> 语言学的目的不仅仅是解释在给定时间内构成语言学家语料库的全部内容。一个简单的字母顺序列表就可以做到这一点。相反，语言科学工作者的分析有着这样的本质，即语言学家也可以解释在给定时间不在他的语料库中的话语。也就是说，作为他考察的一个结果，他必须能够预测说这种语言的人可能产生什么其他话语，以及理想情况下可能产生这些其他话语的环境。
>
> （Hockett, 1948/1957: 279）

由于这些原因，将美国的结构主义描述为只专注描述和分类而非理论，在任何可识别的意义上似乎是不准确的。[①]

164 如果美国结构主义者进行了理论化，那他们把普遍语法理论化了吗？他们是接受了语言共性的存在，还是重视对语言共同属性的研究？Joos 的著名论断经常被用来回答那些否定的问题。回想一下，Joos 将“美国（Boas）传统”描述为“语言可以毫无限制地以不可预测的方式彼此不同”（1957: 96）。结构主义的主流观点经常引用 Joos 的陈述，使其在一定程度上负责了人们对结构主义是反普遍主义的看法。[②] 然而，我们有理由怀疑 Joos 所写的东西是否全面地代表了结构主义者的意见。

起初，Joos 可能只是夸大了他的论据。他将对语言共性的抛弃归因于“美国人（Boas）传统”。Boas 一再指出，美洲土著语言不能用经典语言传统进行充分的描述。但他并没有放弃对所有语言都有一些基本共同点的期望。在《美洲印第安语言手册》的前言中，Boas 采用中间道路，警告学者不要将欧洲语言熟悉的分类认为是理所当然，同时断言“所有语言中最基本的语法概念的发生必须视为

---

① Hymes 和 Fought（1975: 1067–1088）对结构主义作为无神论的特征提出了额外的挑战。他们发现：“很难理解没有理论成分的任何科学活动是如何进行的……。”1975: 939）

② Thomas（2002b: 355–366）分析了 Joos 声明的 30 次引用，包括 Chomsky（1986: 20–21）、Diller（1971: 19）、Newmeyer（1980: 5）、McCawley（1974: 268）、Pinker（1994: 231–232）、N. Smith（1999: 105）。

基本心理过程统一的证明”（1911/1966: 67）。[1]

因此，Boas 可能不像 Joos 所呈现的那样是反普遍主义者。然而，Joos 的论断经常归因于后来更为“核心”且作为一个群体的美国结构主义者。[2] 这也可能是不准确的。正如 Teeter（1964: 199）所说，20 世纪上半叶美国的语言学家一直在“强调……事实对通用理论的重要性”。然而，他们似乎并不相信人类语言的无限变化，也不相信推迟讨论可变性限制的价值，直到收集和分析更多关于这些限制的数据才有所改变。在《语言论》的一段著名论述中，Bloomfield 表达了人们对语言统一体可能存在的信心，但也说明，去追求它们是不合时宜的：

> 我们认为应该是普遍的特性，可能在下一种可获得的语言中缺失。一些特征，例如，区分动词类词和名词类词，在许多语言中是常见的，但在其他语言中却缺乏。无论如何，某些特征是普遍存在的。这一事实值得注意，值得解释。当我们有关于许多语言的足够数据时，我们就必须回到通用语法的问题，并解释这些相似性和分歧。
>
> （Bloomfield, 1933: 20）

在一年后发表的一篇评论中，Bloomfield（1934: 36）定义了什么将构成对语言现象的正当科学解释。这种解释基于可观察到的相关性，并将“包含越来越大的相关性的一般陈述”。最终，“我们期待一个更大的综合——通用语法，它将 165
记录语言之间的相似性”。[3] 关于这段话，Matthews（1993: 47）评论道：“尽管后来的学者偶尔会发表一些松散的评论，这仍然是一个负责任的观点。”Joos 对美国结构主义是反普遍主义的描述，可能是 Matthews 认为的那种“松散的评论”。[4] 不幸的是，美国结构主义的主流主张将其视为信仰的中心条款，因此结构主义者推迟对普遍性的研究被重新解释为一种有原则、全面的拒绝。

结构主义的主流观点缺乏对共性的兴趣。它可能需要修改的第二个原因：它淡化了那个时期的异质性。除了可以说是中心的，Bloomfield 式的传统之外，其

---

① Teeter（1964）认为 Boas 对普遍性的理论接受与他的实践不一致。参见 Hymes 和 Fought（1975: 981–984）进行的讨论，以及针对 Boas 声称否认语言普遍性的其他证据。

② 参见 Chomsky（1986: 20–21）、Ferguson（1978: 11）或 Sampson（1997: 7）。

③ Bloomfield 继续说，数据的缺乏阻碍了这一点，尽管这挫败了 18 世纪学者的尝试，同时似乎推迟了对普遍性的研究，而不是否认它们的存在。Nida（1950: 20–21）提供了另一个结构主义者挣扎于语言共性是否存在，以及这个问题可能意味着什么的例子。

④ Joos 评论的背景对其解释很重要。它似乎不是结构主义教义的正式摘要，而是许多非正式讣告的片段之一。这些片段填满了选集的每一篇组成论文的最后一页的底部。Joos 在这些评论中承认宽松、戏剧性的修饰，甚至有些夸张。参见 Thomas（2002b）。

他公认的结构主义作品也很适合普遍语法的精神，如 Jakobson 对语音普遍特征的研究。从 20 世纪 30 年代末开始，语言学家兼传教士 Kenneth L. Pike（1912—2000）开发了“法位学”。这是一种独特、清晰的结构主义系统，用于分析来自不同语言的数据。Pike 希望标签符号能让人们更好地了解跨语言的共性，并明确承认，寻找语言共性是该学科研究的一部分。在一篇关于“将语言简化为写作”论文的结尾，Pike 将普遍性视为语言学的一种责任：

> （语言学家需要）精确、准确和详细的描述。他们希望对世界各地存在的结构性关系的类型进行一般性的研究，希望发现具有普遍性的各种语言特征，从而增加他们对基本语言类型的理解。
>
> （Pike, 1947: 174）

在 1948 年的一篇文章中，Ferguson（1978: 9）将其归因于“语言共性”一词的引入，并将这个概念放在了中心位置。两位人类学家，Burt Aginsky 和 Ethel Aginsky，分类了一些基本的语音、形态学和语义的共性。最突出的不是作者的具体主张，而是他们缺乏争论的语气。即使 Burt 和 Ethel 介绍他们的论点是反直觉的，他们似乎并不反对一个不合作的读者，更不用说一个敌对的读者：[1]

> 语言的共性是什么？众所周知，语言的差别很大。人们很容易被差异印象深刻，以至于将两种语言描述为“完全不同的”。但这是一种夸张，因为所有的语言都有很多共同点。
>
> （Aginsky and Aginsky, 1948: 169）

166 为了进一步证明对语言共性的关注并不缺失，请注意 Joseph H. Greenberg（1915—2001）。他在类型学和共性方面的广泛工作，与 Hockett、Pike 和 Joos 具有同样的基因，将在本章的后面讨论。

由于这些原因，声称 20 世纪上半叶的美国结构主义语言学对普遍性进行探究是不准确的。对结构主义的主流解释需要被修改，以适应结构主义者所承认的（如果不是“渴望”）普遍性。毫无疑问，学术氛围支持数据驱动的归纳语言学。这种语言学最关注语言的描述，且期待原则上的分歧。但这并不是说人们对语言共享属性的兴趣已经消失了。

主流叙事的第二个方面也需要重新考虑，即它将美国结构主义描述为普遍存在的“反心灵主义”。这个问题很重要，因为它与学习和知道第二语言的概念相

---

[1] 这篇文章在 Wrod 上的发表意义重大。单词与纽约语言圈有关。在相关时期，它是面向欧洲的语言学家而非 Bloomfield 派的首选出版网站（Murray, 1994: 217- 219）。

关。关于这个特征，本书作者提出了两个问题。其一，主流叙事是否准确地解读了 Bloomfield 的反心灵主义？其二，反心灵主义有多广泛，有多少是美国结构主义固有的？

对 Bloomfield 派的反心灵主义的批评是 20 世纪 50 年代末和 60 年代从结构主义向生成语言学转变的一个重要特征。但其中一些批评似乎误解了反心灵主义在 Bloomfield 作品中的作用。Bloomfield 认为，依赖所谓的“流行的万物有灵论”去解释人类的行为这一做法是愚蠢的，包括“心灵”“意识”“感知”等概念（1931: 219）。在描述语言时，他想用可观察的行为和材料来取代（他认为是）模糊和不精确的概念。但 Bloomfield 并没有太专注于发展语言心理学。反心灵主义对他来说的重要性似乎主要在于它作为一门科学的正当语言学的能力。他的目的是通过以该学科的经验事实为基础，来确立该学科的科学地位。对 Bloomfield 来说，心灵主义“可能诱使观察者追求纯粹的精神标准，而不是报告事实”。而在“唯物主义的假设”下，这种诱惑是避免了。因此“在所有科学中，比如语言学……研究者必须像持有唯物主义的观点一样继续进行”（1933: 38）。反心灵主义对 Bloomfield 对语言学的定义起到了重要作用，但对他的工作方式来说并不是一种力量。像其他结构主义语言学家和生成语法学家一样，Bloomfield 依靠母语者的意义直觉来建立音素和语素的独特性（A.Buhler, 1992: 729），必然在他的作品中引入某种心灵论。

在评估 Bloomfield 的反心灵主义时，一个需要考虑的问题：他所拒绝的“心灵主义”是否与后来由 Bloomfield 反心灵主义的生成主义批评家所推广的“心灵主义”相同？ Bloomfield 想通过解决关于语言结构的问题来停止“思维的本质”或“思想的本质”的呼吁。在这一点上，他似乎在反对那些思辨语法学家（对他 167
们来说主语先于动词），因为根据思辨语法学家的思想，存在先于行动；或者反对 Dacia 的 Boethius，声称普遍语法存在，原因是“所有语言只有一种逻辑，因此只有一种语法”。对 Bloomfield 的反心灵主义的生成主义批评者并没有试图用这种版本来复兴思想在语言中的角色。Lamb（1967）从不同的方向得出了一个类似的结论。在对 Chomsky（1964; 1965）的评论中，Lamb 断言，Bloomfield 拒绝的“心灵主义”，属于自我感知型心灵主义者的 Chomsky 可能也会拒绝：

> Chomsky 的实践……在很大程度上符合美国结构主义者的反心灵主义原则，因为他不断地提供结构性证据来支持他的解决方案……而不是通过断言说话者感觉它们是这样来“解释”结构的特征。这正是结构主义者所反对的是后一种关于说话者感觉的伪解释，而 Chomsky 基本上

也同意他们的观点。

（Lamb, 1967: 415）

在 Bloomfield 的方法和生成性语法学家的方法之间有许多正当的和显著的区别。然而，Bloomfield 使用“心灵主义”这一术语并没有像主流说法那样，将结构主义者和生成主义者划分为两个不交叉的阵营。①

第二个问题：20 世纪早期的反心灵主义是否会像主流叙事那样渗透到美国的结构主义中？就像所谓的美国结构主义是反普遍主义的一样。这种情况可能被夸大了。当然，Sapir 和他的学术继承人发现 Bloomfield 的反心灵主义与他们的结构主义格格不入。Sapir 和 Bloomfield 保持着友好的职业关系。但在这个经常被重述的故事中，Sapir 向其他人抱怨“Bloomfield 对心理学一知半解”。Bloomfield 私下将 Sapir 贴上“药师”的标签，或许是为了否定 Sapir 对语言、文化和思想的人为、直观的整合——这种方法与 Bloomfield 理想的经验语言学对立（Hockett, 1970: 539–540）。还有一些人的作品显然是结构主义的，但他们不接受语言学必然包括行为主义。其中一个是 Morris Swadesh（1909—1967）。他是 Sapir 的一个能干且打破传统的学生，缺少 Sapir 的“神秘条纹”（Murray, 1994: 204）。Swadesh 研究的是美洲土著语言，尽管关于他最难忘的记忆可能是他发明的同源语言演变史学。他拒绝接受语言学中所谓的“机械唯物主义”，认为它是矛盾的、伪科学的和人为的。他谴责“任何与心灵有关的东西都必须排除在科学之外”的观点是一种“恋物癖”（Swadesh, 1948: 254）。

168 因此，绝不是所有的结构主义者都同意 Bloomfield 的反心灵主义。然而，Bloomfield 并不是唯一的人：有些美国学者认为行为主义很有吸引力，努力在不涉及心智能力的情况下理解语言；有些人把这带到了极端，② 其中有 B.F.Skinner（1904—1990），是一位心理学家，试图将人类语言完全重新定义为经验性的“言语行为”（1957），大力激励 Chomsky（1959）攻击行为主义。③

Skinner 的书《言语行为》值得详细探讨，因为 Chomsky 对它的激烈辩论经常被引用为对结构主义反心灵主义的明确反驳。Chomsky 准确地指出，Skinner

---

① Gardner（1985: 204）阐述了本书作者在这里反对的“心智主义”的主流观点，而 Katz（1964: 125）承认 Bloomfield 和 Chomsky 使用的术语不同。

② Sampson（1980: 63–69）讨论了语言学中的行为主义；Hymes 和 Fought（1975: 1063–1067）回顾了结构主义者的工作，认为他们很少致力于反精神主义。

③ Andresen（1990b）、Joseph（2002: 169–180）和 Murray（1994: 231–232）都对 Chomsky 与 Skinner 进行了有趣的反思。

是一个极端的反心灵主义者。但 Skinner 最多在美国结构主义中只是边缘存在。结构主义者没有引用 Skinner 的话,《言语行为》虽然在索引部分引用了许多心理学家、文学和历史人物的话，但只列出了一个著名的结构主义者，即 Sapir。对 Sapir 的提及说明了问题：Skinner 认为 Sapir 提出了一个特殊的词源，“根据”18 世纪特立独行的学者 John　Horne　Tooke（1957: 342）。Skinner 赞许地讨论了 Tooke，非常详细。和 Tooke 一样，Skinner 称自己是一个反普遍主义者和主要的经验主义者。Robins（1997: 161）认为《珀利的转变》有着的“尖刻和不雅”的特点，而《言语行为》也有着某些同样的特点：它充满了轶事、趣闻、文字游戏、双关语、回文、典故、引用 [例如，灵应盘（1957: 385）和 J. P. Morgan 的鼻子大小（1957: 202）]。它是散漫且固执己见的，印象主义的和娱乐性的。自始至终，Skinner 都试图将行为主义推到极限。他认为任何掺杂了心灵主义的“言语行为”分析都是错误的,（正如他断然宣布的那样）“我们必须接受……以粗糙方式来观察”（1957: 13）。

总的来说,《言语行为》给人的印象：作者自觉地采取一种极端的，也许是站不住脚的立场，以激发读者的想象力，倒退他们的知识视野。Skinner 在书的结尾叙述的一个故事发人深省（1957: 456–460）。一天晚上，他和 Alfred North Whitehead 在哈佛研究员学会吃饭。Whitehead 对 Skinner（自称）“热心”的行为主义并不买账。他向 Skinner 挑战，要求他解释当场发明的一种言语行为——“没有黑蝎子掉在这张桌子上”，这是在他们一起吃饭的背景下产生的，不依赖心智的概念。Skinner 重新讲述了这个故事，然后花了几页尝试他可能对 Whitehead 挑战的不同反应，以理解不是环境中任何明显的刺激—反应链的一部分的言语行为例子。

Skinner 的故事展示了他是如何试图（经常是戏谑地）来测试行为主义的自然极限。不幸的是，言语行为在主流的结构主义描述中被解释为结构主义者在语言学中建立反心灵主义的主要倡议。这种名声与篇章的基调和作者的立场都不一致。读者对 Skinner（1957）的误解很可能源于 Chomsky（1959）的著作，因为他的著作使评论中的书黯然失色。但 Chomsky 所反对的是整个结构主义预 169
设，即被认为是不可逆转的、坚定的反心智主义和反普遍主义者。这远远超出了 Skinner 的书的实际内容，并朝着不同的方向发展。这让人想起了对 Chomsky 的《Cartesian 语言学》的评论：Simone（1998: 150）写道，这种评论“在技术上是正确的，但大多是不慷慨的”，因为评论者误解了所评论文本的目的，并批评它没有达到它不渴望达到的东西。

总而言之，美国结构主义语言学是20世纪20年代初在美国盛行的异质学派。结构主义者试图在一个认识到不同语言本质差异的框架内捕捉它们的属性。他们渴望以自己的时间来描述一种科学的标准。对某些人来说，这需要尽量减少对非经验主义的心理结构的依赖。在评估结构主义者的成就时，一位学者（对他们的一些立场持批评态度的学者）写道：

> 进行的实地工作……（美国结构主义者）收集了（20世纪）以前尚未研究的语言的文本和其他材料。他们的方法确保了记录的准确性和报告其发现时不受沙文主义影响。他们的概括清晰。
>
> （Schlauch, 1946: 26）

20世纪早期美国语言学的主流描述承认这些优点，但也经常认为反普遍主义和反心灵主义是天生的结构主义。他们的观点很大程度上渗透到了结构主义中，尽管这一程度被放大了。生成主义者容易接受他们与前辈方法之间的夸张不同，原因是这样做美化了他们的新奇观点和让其不再重新考虑过去的成就，而渐渐以陌生的风格得到表达。在接下来的章节中，我们将看到，正如结构主义与生成主义的理论取向传统上被描述为相互对立的，这两个学派的第二语言习得概念也经常呈现得截然不同。

第二语言习得和美国结构主义语言学

20世纪上半叶的美国结构主义开始深入参与语言教学与学习。这在很大程度上与第二次世界大战的爆发有关。随着语言学开始实现公共身份，政府呼吁其服务社会，通过用相关欧洲和亚洲地区的语言培训军事人员，为“战争努力”做
170 出贡献。语言学家很快对这一号召有所反应。事实上，他们已经预料到了。1941年，美国语言学会和美国学术团体联合会已经在计划一项提高全国外语技能的倡议。他们一起建立了语言强化项目（ILP），旨在创建一个“战略性语言能力的储备”（Hall, 1990: 71）。ILP的首要人物是制作第二语言教材，并开发与语言和语言学习的结构主义概念相一致的教学法。当政府发现它需要多种外语的专业知识时，这项努力已经开始了。有些语言在美国很少被研究，如马来语、缅甸语、北非阿拉伯语方言。武装部队与美国语言学会和ILP密切合作，后者与哥伦比亚大学、耶鲁大学、密歇根大学、宾夕法尼亚大学和加州大学伯克利分校的语言学家有联系。随着资金大量投入，这个项目很快就变得非常庞大。在军队中接受过语言学学术培训的美国人被重新分配到ILP项目中，所以“在[ILP]结束之前，几乎

本国每一个受过训练的语言学家，无论年轻还是年老，都参与了其中”（Moulton, 1961: 85）。[1]

J.M.Cowan（1991: 75）生动地讲述了ILP“最成功的故事，中文的插曲”。1943年秋天，美国军方宣布，在两周内迫切需要205名会说汉语和懂中文的军官。Charles F. Hockett是一名一等兵，接受过语言学训练，但不懂中文，当时在弗吉尼亚州的一个军事基地开始休假。Hockett前往耶鲁大学快速学习，并领取由ILP准备的教材。在纽约和旧金山招募了6名母语为中国国语的人作为“合作者”。Hockett、合作者和一群被指派去学习中文的军官随后登上了一艘横渡太平洋的船。当船向西航行时，军官们在Hockett的监督下狂热地学习，由合作者示范口语。据报道，当他们到达中国时，他们已经掌握了“相当数量的中国国语口语”，显然足以执行他们的任务。Hockett自己在回到美国时学会了足够的知识，制作了学习者的汉语口语教材。教材立即由ILP印刷和发行。Hockett在战后成为了一名重要的语言学家，并在1964年担任美国语言学会主席。[2]

像这样明显的成功故事刺激了军队的各个分支以不同的方式融入语言训练。在某些情况下，他们雇佣语言学家制作口袋大小的小册子，在英语翻译的同时列出有用的短语。在其他情况下，他们从现有或设立专门课程的大学招募人员，或在语言学家的指导下建立自己的语言课程。这个时代军队最著名的语言倡议可能是陆军专业训练计划（ASTP）。ASTP希望用结构主义语言学家开发的材料和方法，用27种不同的语言培训15000人（他们在军队管理的认知测试中排名前1%）。在这些学员中，后来成为语言学家的至少有两名：心理语言学家Roger 171
Brown，学习日语（Murray, 1994: 273）；应用语言学家J.Donald Bowen，学习了西班牙语（Bowen et al.,1985: 34）。ASTP是一个为期18个月的强化语言和文化培训项目。但它很快就超出了产生承诺结果的能力，然后就失去了资金的支持。ASTP的第一门课程持续大约一年后，整个项目突然终止，学生被遣散。这并不能激发美国纳税人的信心去了解“只有个别学员偶然地才会被分配到他的语言知识可以使用的地方”（J.M.Cowan, 1991: 80）。

① 关于军队中语言学家的重新分配，参见J. M. Cowan（1991: 72）。在本书中描述或引用其工作的美国人中，Bloch、Bloomfield、J. M. Trager、Ferguson、Hall、Hockett、Hoenigswald、Moulton、Sebeok、Swadesh和Trager参加了ILP；美国语言学会的11位主席也是如此。参见Hall（1990）、Moulton（1961）和Murray（1994: 144–151）。

② Hall（1975; 1989）提供了一位固执己见的参与者对ILP及战后将其适应平民教育的尝试的描述。

尽管这种复杂的遗产持续的时间很短，在国家紧急状态的热烈环境中，ILP、ASTP 和相关努力刺激了结构主义在第二语言研究中的应用。在这种背景下发展起来的语言学习的材料和方法是独特的。它们具有独特的社会历史环境，以及创造它们的语言学家的学术取向，因此提供了途径来研究第二语言习得本质的结构主义概念。

Bloomfield（1945）的《关于外语教学》是关键的文献。它虽然是在历经重重困难后出版的，但叙述了在 ILP 的全盛时期发展起来的程序。对 Bloomfield 来说，ILP 教学实践的优点是“按照语言科学过去的结果自证”（1945: 630）。也就是说，这与美国的结构主义是一致的。他主张教学集中于口语。学习者以 8—10 人一组，每周至少 10 个小时。大部分课堂时间都花在了一位讲母语的合作者身上，由合作者示范语言的声音和结构，学生们模仿、重复和练习合作者的演讲。他们回答口头问答练习，然后进行自由对话，用的是第二语言。目标语言的声音系统得到重视，识字的背景得到补充。每周还有几个小时，学生们都会见一位训练有素的语言学家——“教练”。教练回答了学生关于第二语言语法的问题，指导他们发音语音学，并在幕后监督合作者，还编写了课堂练习中涵盖的材料。合作者和讲师都要小心翼翼地避免“语法理论化这个简单但无效的领域”（1945: 637）。

在 20 世纪 40、50 年代的大众媒体中，这种教学方式被称为“军队教学法”。Bloomfield 于 1942 年出版的《外国语实际学习导引》描述了军队教学法的一个版本，可能是受到“中文的插曲”成功的启发。这本小册子是一本自己动手的手册，旨在帮助人们尽快获得用外语进行的交流能力。尽管承认它们的有限效用，Bloomfield 并不认为课堂语法或其他文本是可用的。他推荐了有关语言学的背景阅读，包括他自己的《语言论》与 Sweet 和 Sapir 的书（1942: 4–5）。但最基本
172 的活动是与一个未经训练的会说母语的人合作，由学习者从他那里引出单词，然后是短语，之后是第二语言中的句子。学习者要尽可能准确地模仿合作者的话语，然后将第二语言的声音和单词记录在纸片上，以便进行课外练习。在某些情况下，学习者必须为第二语言发明一种正字法。学院反思其记录的数据，通过归纳掌握其模式，Bloomfield 认为这种模式容易掌握——“通过仔细和彻底的工作可以发现语言机制，并用最简单的术语描述”（1942: 15）。

简而言之，Bloomfield（1945）描述的是在没有教师的情况下，Bloomfield（1942）假设学习者可以放弃教师，并完全通过合作者习得第二语言。《外国语实

际学习导引》（1942: 1）建议读者参考 ILP 制作的配套文本——Bloch 和 Trager（1942），以获取关于基本发音语音学和语言分析技术的信息。但 Bloomfield 一再警告学习者不要依赖民间的先入之见或教科书语法。这包括避免合作者可能插入的所有口头语法知识。这些知识要么来自合作者自己的训练，要么后来被语言学家称为母语者的直觉。最重要的是，Bloomfield 建议学习者放弃基于母语的关于语言如何运作的猜想，并“重新开始”（1942: 1）。学习者的工作本质上是通过从直觉中获得对目标语言特征的启发来收集证据，并“练习一切，直到它成为第二天性”（1942: 16）。

毫无疑问，Bloomfield 的建议受到反心灵主义的影响。这些建议包括对基于演讲者直觉的“简单但没有成果的语法理论化”的厌恶，也包括对语言作为一种习惯的强调，通过模仿合作者的话语在重复刺激反应交流，直到第二语言学习成为“完善的结果”。这和 Bloomfield 写的关于母语学习类似。Bloomfield 的教学法也表现出了结构主义语言学的其他特征：它专注于口语，并坚持要求学习者放弃对语言如何运行的先入之见。Bloomfield 的反心灵主义和美国结构主义学说在 Moulton（1961）提出的 5 个“口号”中都很明显。这些口号总结了 20 世纪 40、50 年代的第二语言习得方法：

> 语言是口语，而不是写作
> 一种语言是一套习惯
> 教授语言，而不是语言知识
> 一种语言是讲母语的人说的，而不是某人认为他们应该说的
> 各个语言是不同的
>
> （Moulton, 1961: 86–89）

请注意，除了第三个，Moulton 的口号都是关于语言本质的论断，而不是关 173
于语言学习的戒律。[①] 通过这种方式，它们揭示了 20 世纪中期美国结构主义与语言学习特殊概念之间的融合程度。结构主义者对其语言理论在语言教学中的“自信应用”（Stern,1983: 156）产生了后来被称为“听说教学法”的东西。Moulton 的每一个口号都被用于听说教学法的合理具体实践，包括以下几个方面：强调以牺牲阅读和写作为代价的口头技能；“句型练习”（重复的结构练习）；记忆对话；

---

① Diller（1971; 1978）围绕 Moulton 的口号组织了关于语言学习“经验主义方法”的讨论。Nida（1950: 13–29）、Hockett（1959: 5–6）和 Rivers（1964: 19–22）提供了相关的原则清单。这些原则似乎都源自 Bloomfield（1942）。

淡化元语言学分析，用 Bloomfield 的话说，“练习一切，直到它成为第二天性”。因此，这一时期见证了语言理论、第二语言习得概念和语言教学方法之间紧密联系的三方协调。

对比分析

在这个关于早期语言学习的结构主义学术讨论中，有一个差距可能较为明显——没有提及“对比分析”（contrastive analysis）。许多关于第二语言习得的生成主义描述将对比分析描述为第二语言习得的“假设”或结构主义语言学的“理论”。[①] 因此，它经常被塑造成一个古老的政权（ancient régime）的角色，第二语言习得的现代概念化从中首次出现。这种对比分析的描述虽然很流行，但值得重新考虑。

20 世纪上半叶在美国发展起来的对比分析包括对母语和第二语言语法进行横向逐点比较，目的是确定它们的相似之处。当然，跨语言的比较已经存在于许多传统中（Fisiak,1984）。它于 20 世纪 50 年代在美国的化身有个特点，即它在结构主义背景下的应用语言学术语的概念，作为一种有最大效果的教学材料的准备手段。Robert Lado（1915—1995）可能是对比分析的最主要的支持者。他这样描述了这种技术：

> 语言学家吸收了母语中的每一个音素，并将其与第二语言中语音上最相似的音素进行比较。然后，他描述了它们的相似性和不同之处。他从事学习音素序列或类似的工作。比较了语素和句法模式，并描述了差异。这些对比描述的结果构成了语言文本和测试的准备，以及强化学生学习一门语言的基础。
>
> （Lado, 1964: 21）

174 因为人们认为“母语和第二语言之间的差异是学习第二语言困难的主要来源”（Lado, 1964: 21），教师可以依靠对比分析来预测学生的需求。在这个意义上的对比分析是由密歇根大学的语言学家 Charles C. Fries（1887—1967）推动的，

① 对于 Flynn（1987: 11）来说，对比分析是一种“理论”；对 R. Ellis（1994: 306）、Gass 和 Selinker（2001: 72）、Newmeyer 和 Weinberger（1988: 35）、Wardhaugh（1970）来说，则是“假设”。许多人将对比分析与行为主义联系起来，包括 Dulay 等人（1982: 98）、Larsen Freeman 和 Long（1991: 55）、McLaughlin（1987: 65）、Ritchie 和 Bhatia（1996: 5）。本文所述术语中对比分析的其他论述包括 Lightbown 和 Spada（1999: 35- 36）、Mitchell 和 Myles（1998: 23- 26），以及 Towell 和 R.Hawkins（1994: 17- 23）。

然后由他的学生Lado发展。从密歇根大学的温床开始，对比分析在20世纪中叶之后成为第二语言教学领域的强大力量，研究项目、会议和一系列出版物都致力于对比分析（Howatt, 1984: 268–269）。1959年在华盛顿特区成立的应用语言学中心的首要尝试之一是发起一系列比较语法研究，用于为特定母语群体编写英语作为第二语言的教材（Alatis, 1968: 3–5）。

目前关于第二语言习得的学术研究是合理的，因为它认识到与本学科过去进行对比分析的重要性，且指出了导致语言学家在20世纪60年代中后期达到顶峰后退出（或重新表述）对比分析的经验和理论问题。① 但在一些描述里，对比分析方法的常规现代声誉似乎是扭曲的。

关于对比分析的第一个误解，正如James（1971: 54–57）所展示的，以及Ferguson（1985: 202–203）、Fisiak（1981）和Nickel（1971: 6–7）等人所重申的，是批评者夸大了对比分析的说法。由C.C.Fries（1945）和Lado（1957; 1964）发展而来，对比分析有相当克制的野心和适度的范围：它称部分学习者知道和不知道的第二语言部分可以通过母语和第二语言之间的相似和差异来说明，但它并不预期说明第二语言知识的全部内容。Lado（1968: 125）称，将母语"转移"到第二语言中，"并不代表每个受试者在每次试验中都会表现出的行为。它反映了可能出现的大于随机频率的行为"。② 与通常所认为的对比分析相反，它的主要支持者并不认为学习者的母语是第二语言错误的唯一来源。Wardhaugh（1970: 124）批评了他所说的对比分析的"强假设"（strong version），即人们可以从母语/第二语言比较中预测所有学习者的错误，并认为这是"非常不现实和不切实际的"。但Fries和Lado似乎并没有推广这种版本的技术。③

关于对比分析的第二个误解是它在语言理论、习得理论和语言教学法所处的地位。Fries（1945: 9）将他的建议嵌入到以下论断，即教师的材料以母语/第二语言的比较为基础，对中世纪的结构主义语言教学课程进行简单的阐述。Lado（1957）阐述了如何执行Fries的建议，为比较两种语言的声音系统、语法、词汇表等提供了指导（分章节）。其背景是美国结构主义的：Lado强调语法结构

① Selinker（1992）将对比分析的失败进行了彻底的揭露。

② 参见Lado（1957: 2, 58, 59; 1964: 21），以获得对比分析者主张的谦虚性的额外证据。注意动词"end"的用法。

③ Selinker（1992: 10– 12）对Fries和Lado的阅读方式不同。他们发现了Wardhaugh所批评的那种极端的对比分析观点：例如，他引用了Lado（1957）中的"强烈的分类音调"。Selinker的观点应该得到某种特权，因为他在20世纪60年代直接与Lado合作。然而，尚不清楚Selinker将如何解释Lado在对比分析应用方面的模糊修辞。

的系统化，优先考虑一种语言的声音系统（这部分占了书的1/3），并提到了Bloomfield、Nida、Pike 和 Sapir。鉴于 Fries 和 Lado 研究的学术领域，他们对结
175 构主义的采用并不令人惊讶。但对比分析并非结构主义内在固有的。对比分析本质上是一套加快第二语言习得的程序，在 20 世纪 50、60 年代与美国的结构主义和一些关于母语、第二语言习得的性质相结合。但用 Bolinger（1971：viii）的话来说："虽然对比语言学借鉴了语言学理论并对其做出了贡献，但它不应该忠于任何特定的理论。"对比分析可以（更早和后来地）在各种框架内进行，包括早期生成语法（DiPietro, 1968/1971；Lado, 1968）、布拉格学派语言学（Fisiak, 1984）和其他（Krzeszowski, 1990: 107–168）。①

当对比分析被描述为与 Dulay 和 Burt（1974b）生成语法启发的"创造性结构论"（creative construction）概念有历史对峙的一面时，对比分析的地位就达到了顶峰。创造性结构论，明确地说，是一种第二语言习得的理论（我们稍后会回到其内容）。它最小化了母语的作用，并确认了学习者在利用天生的语法知识来构建第二语言。许多关于第二语言习得理论近代史的描述（如 Flynn, 1987: 11–29）认为，当后者在 20 世纪 70 年代的失败变得明显时，创造性结构论已经取代了对比分析。这就假设两者有足够的共同点，足以成为同一概念空间的竞争对手。但对于 20 世纪 70 年代的生成语言学来说，创造性结构论是关联的。它对生成主义术语和概念工具的依赖，使得人们很难想象在生成语言学之外（某个版本）它会有什么内容。因此，创造性结构论相对于生成主义的地位不同于相对于结构主义的对比分析的地位。此外，创造性结构论并不涉及语言教学，而对比分析本质上是改进教学方法的建议。因此，这两者在性质和目标上不相称，不能放在相同的基础上。②

第三个关于对比分析的误解来源于其在美国结构主义中的正统观念。虽然 Fries 和 Lado 在 Moulton（1961）的 5 个口号中预设了语言学习的概念化，但对比分析从来都不是结构主义的中心主题。Bloomfield 没有预料到对比分析。事实

---

① Larsen Freeman（1995）和其他许多人一样，将对比分析纳入了有声语言主义，将其与美国结构主义联系起来。Tyler 和 Lardiere（1996）拒绝 Larsen–Freeman 的关联，理由是结构主义不仅是一种第二语言教学法。在本书作者看来，Larsen Freeman 的叙述错误之处是将第二语言习得的结构主义概念化与 C. C. Fries 和 Lado 狭隘地区分开来，就好像 Bloomfield 和其他人没有做出贡献一样。美国的结构主义比 Larsen Freeman 所代表的更大、更多元（Tyler 和 Lardiere 的观点），结构主义对第二语言习得的概念化也是如此。

② Dulay 和 Burt（1974a; 1974b）提到对比分析，但不像后来的作家那样反对创造性建构。早些时候，Dulay 和 Burt（1972）将对比分析与他们所称的"L2（第二语言）=L1（母语）假设"进行了比较，但这一观点与（1974a）中引入的创造性结构不同。

上，他很可能会反对一个针对母语 / 第二语言差异的语言教学项目，认为这违反了他的第一个格言，即第二语言习得者“从头开始”（1942: 1）。Bloch 和 Trager（1942: 7–8）、Nida（1950: 32–35）在首次阐述对比分析时也写了第二语言习得，但他们的作品似乎对其并无好感。

事实上，Fries 和 Lado 关于语言的观点在某些程度上偏离了结构主义。对于“密歇根学派”（Michigan School）来说，母语和第二语言的习得出现了分化。C.C.Fries 直截了当地说：“学习第二语言……是与学习母语非常不同的任务”（1957：v）。Lado 同意“学习第二语言的心理与学习母语的心理不同”，原因 176
是“第二语言是通过母语的习惯渠道被感知的”（1964: 5–6）。Fries 和 Lado 认为母语和第二语言的获取是根本不同的，因为母语在第二语言的获取中发挥了重要作用，而母语的获取没有任何这种语言间的影响。但对于其他美国结构主义者来说，第二语言习得重述了母语习得：“习得一种语言的过程，无论是在婴儿期还是在晚年，本质上总是相同的。”（Bloch, Trager, 1942: 7）Bloomfield 采取了一个更微妙的立场，但仍然反对 Fries 和 Lado。在他著作的几处，Bloomfield 最初说明母语和第二语言习得的相似性，接着后退一步，承认有显著的差异。但他引用的差异更多的是与习得环境而非母语和第二语言习得的内在本质有关。例如，Bloomfield（1945: 636）说，儿童的语言学习比成年人困难（这是众所周知的）容易归因于儿童获得了更多的投入。[①]Bloomfield（1914/1983: 12）指出，母语和第二语言习得者在学习感知目标语言的声音并将其与发音手势联系起来时面临类似的障碍：“孩子和听到外语的成年人处于同样水平。”[②] 因此，Bloomfield 虽然不认为母语和第二语言的获得是相同的，但似乎认为 Bloch 和 Trager 从根本上说是相似的。这不是对比分析的发展者的立场。[③]

由于这些原因，将 Fries 和 Lado 的对比分析理解为美国结构主义的一部分，似乎是不准确的。对比分析和行为主义之间经常声称的联系也是不准确的。根据 Fries 和 Lado 对母语和第二语言习惯的引用，许多学者，如 James（1980: 11–26）在行为主义中找到了对比分析的心理学基础。[④] 但 Fries 不是行为主义者。正如

① Bloomfield 在同一段文章中断言，第二语言学习者也有“终生习惯”需要克服，因为“孩子在白板上留下了印象”。然而，他并没有提出类似对比分析的建议。相反，他重申了与母语为英语的人和不受第二语言“传统学术偏见”影响的教师合作的重要性（1945: 637）。

② Nida（1950: 1– 4）的观点基本相同。

③ Rusiecki（1976: 34）对 Bloomfield 语言学和对比分析的脱节得出了类似的结论。他认为 Sapir 影响了 Fries 和 Lado。

④ James 承认，然而，对比分析可以在其他关于语言和思维的假设下进行。参见 Krzeszowski（1990:

Danesi（1985: 281）所宣称的那样，也正如 P.H.Fries（1987）和 Rocklington（1990: 37–59）所主张的那样：Fries 采用了 Bloomfield 描述主义的某些方面，但拒绝行为主义心理学，完全倾向于人文主义取向。[①] 事实上，Fries 认为行为主义与人类语言的创造力背道而驰。Lado 也同样与行为主义保持了距离。对 Lado 来说，“语言学习不能仅通过试错法、联想、完型或外显行为来理解。这需要一个更全面的解释……[同时代研究] 对学习问题的看法过于狭隘”（1964: 35–36）。Lado 虽然在讨论语言学习时涉及习惯形成、模仿和联想，但也自由地使用“意识”“记忆”“意志力量”等概念——Skinner 会摒弃这些概念，Bloomfield 可能将这些概念认为是“流行的万物有灵论的伪解释”。

在对比分析与美国结构主义的联系中，也存在着一个重要的隐性矛盾。非正式地说，问题是，为了比较两个实体，它们必须有足够的共同点，以使比较结果有意义。如果美国的结构主义一致致力于这样一种观点——在 Joos 的论述
177 中，“语言可以以毫无限制和不可预测的方式彼此不同”，那么这就会破坏跨语言的比较。在认识到这个问题的评论者中，Rusiecki（1976: 34）写道：“对比分析，即使在结构主义和分类学版本中，也意味着至少默认接受一个温和的语言普遍性理论。”正如 Krzeszowski（1990: 4）所言“纯粹的结构性对比研究方法在理论上是不可能的”，因为“比较预设了相似性……反对差异可被表述。Newmeyer 和 Weinberger（1988: 36）引用了对比分析与结构主义所谓的反普遍主义的不相容，来作为最终放弃对比分析的原因之一，一直承认某些语言理论否认语言普遍性的原因要归于对比分析。相反，人们可能会利用反普遍主义来解释对比分析中的对立观点，然后用这一解释反对一些传统看法——这些传统看法出自 20 世纪早期美国语言学狂热支持的反普遍主义。同时，这一解释也会被用来反对另一些对比分析，也就是是 Bloomfieldian 语言学意义上的“结构主义”。

因此，人们可能会质疑对比分析、结构主义和行为主义的并合。这种并合出现在 20 世纪中叶美国关于第二语言习得研究的标准生成主义描述中。写语言习得的结构主义者（Bloomfield、Nida、Bloch 和 Trager）没有预料到对比分析，也没有与 Fries 和 Lado 观点相宜的关于母语和第二语言习得的观点。相反，对比分析者不接受 Bloomfield 的行为主义，他们的作品也不像传统的作品那样完全属于传统主义的正统观念。因此，将密歇根学派的对比分析视为一种现在已被取代的

236– 243）的评论。

① 关于 Bloomfield 和 Fries 与行为主义关系的补充解释，请参见 Howatt（1984: 267– 268）。

第二语言习得“理论”是不准确的，因为它基于行为主义，并包含在结构主义语言学中。把对比分析视为一套关于语言教学的独特性断言和建议或更合理，因为它受到 Fries 和 Lado 著作中的结构主义的影响但没有被纳入其中。[①]

当前的生成主义关于第二语言习得的理论通常将自己定位在对比分析的历史背景下。可能是为了提高图形和背景之间的对比的线条，生成第二语言理论降低了对比分析（一种语言教学技术）与结构主义（一种语言理论）和行为主义（一种应用于语言学习的心理学理论）的关系复杂性。纠正这种错误的陈述是值得的，原因是它扭曲了我们对过去的看法，减少了理解过去和现在的机会。

20 世纪晚期的语言学理论与第二语言习得的概念化

在这个关于普遍语法和第二语言习得概念的历史叙述中，我们已经到达了当代语言学认定为自己的时代。第七章的这一部分以许多人所认为的现代第二语言习得研究的基础文献开始，如 Corder（1967）。然后，本书回顾了有关第二语言 178
习得的研究流，通常分为两类：Joseph H. Greenberg 确定的类型共性研究，以及对普遍语法的生成研究。[②] 每一种都用自己的术语说明语言的共享和区别属性。最后一个小节讨论了 Greenberg 所讨论的共性与生成普遍语法的关系，并询问了与过去的联系，还对本书中提出的过去进行了广泛的定义。

Corder 的洞察力

1967 年，爱丁堡大学的 Stephen Pit Corder 发表了一篇题为《学习者错误的重要性》的短文。[③] 在对第二语言习得的现代研究中，在“第二语言习得的早期方法”或“历史背景”副标题下，Corder 的文章是最常被引用的两部作品之一。另一个是 Selinker（1972），下面将谈到。R.Ellis（1994: 48）将 Corder 的文本描述为“开创性的”（可能是它的特点同位语）；Newmeyer 和 Weinberger（1988: 37）认为它“非常有影响力”。Strozer（1994: 216）认为它是“该领域最早和最

---

① 将对比分析、结构主义和行为主义合二为　在生成文学之外可能并不常见。Nickel（1971: 2）承认布拉格学派是 Lado（1964）的前身；Fisiak（1984）将美国风格的对比分析区分为“对比语言学”的一种独立表现形式，其根源于 Saussure 和布拉格学派。但在菲西亚科看来，这一学派挪用了对比语言学。

② 关于这种二分法的例子，参见 Gass 和 Selinker（2001: 142）、McLaughlin（1987: 82），以及 Rutherford（1984b：1）。

③ Corder 的标题被重印并引用，表明 1967 年出现的“学习者错误的重要性”是一个错误。

著名的论文之一”。对 Selinker（1992: 149）来说，“Corder 于 1967 年发表的短文开启了当代第二语言研究”。

Corder 首先批评对比分析为学习者错误的糟糕预测。他拒绝接受普遍的理解，即错误源于携带母语习惯进入第二语言，或由于不适当的教学技术。Corder 回顾了生成语法对母语习得的分析：儿童有“一种习得语言的先天倾向”，并且“[拥有] 一种未知性质的内在机制”；他们通过这种机制在可获得的稀疏数据的基础上构建母语语法（1967: 164），因此错误揭示了在某种（未指明的）“内置教学大纲”的指导下语法构建的动态过程（1967: 166）。Corder 质疑生成语法对母语学习者错误的理解是否应该扩展到第二语言习得者的错误。

在这个讨论中，如果有哪一点没有详细说明的，那就是 Corder 的洞察，即第二语言语法表现出的有序被许多人认为无序。也就是说，第二语言语法本质上是系统的，与它们对母语语法的系统化程度无关。Corder 所称的“过渡能力”（transitional competence）（1967: 166）既包括符合母语人士知识的第二语言知识，也包括从目标语言的角度来看是错误的第二语言知识。Corder 认为，过渡能力有其自身的内部秩序，值得研究。

就像基础文献的命运一样，Corder 的文章在 30 多年后重新阅读时似乎特别平淡无奇。他将过渡能力描述为一种假设，很少试图证实它或反驳可想象的反假
179 设。这篇文章有一种缺乏自信的特质——自嘲，而不是一种自觉的开创性文本。21 世纪的读者可能会感到失望，但这表明了 Corder 的见解是如何在第二语言习得研究中变得普遍的。认为至少有一些第二语言习得者的错误是由规则支配的知识形成的观点（Corder 推测但没有论证的观点）现在已经被确立为该学科的基本原则。

在 Corder 的论文发表 5 年后，另一篇同样著名的文章发表在同一本杂志上，即 Larry Selinker 的文章《中介语言》(Interlanguage)（1972）。Selinker 在 1966 年获得了乔治敦学派的博士学位。在那里，Lado 在其最强劲的发展过程中移植了密歇根学派的对比分析。但到了 20 世纪 60 年代末，对比分析的热度却有所退却。Selinker 虽然只顺便提到了 Corder（1967），但提出了关于第二语言语法的独立系统化的论点。他推测学习者的母语和目标语言与学习者的“中介语言”的心理统一性，即学习者的第二语言临时语法。在这样做的时候，Selinker 理所当然地认为跨语言具有自然语言的连贯性、可分析性的结构。他文章的大部分内容都讨论了跨语言构建所涉及的过程。Selinker 的文章在很大程度上是对这些过程的阐述，而不是对先前“中介语言”概念有效性的论证，表明第二语言语法的系

统化已经达到了相当大的地位，并建立在此基础之上有了发展。[1]

Corder 和 Selinker 的论文将母语语法的一致性归为第二语言语法，似乎使现代科学对第二语言习得的研究正当化。也就是说，Corder 的洞察为 20 世纪晚期的第二语言习得理论开辟了道路，原因是他为本学科带来了有理论意义的东西。当然，“Corder 的洞察”并不能准确概括 Corder（1967）所要表达的——在 Corder 和 Selinker 的文本中提出了其他问题；更重要的是，其他学者在写作的同时也提出了第二语言语法本身是系统的观点。随后对第二语言的认知进行的许多研究都试图证明或否定第二语言学习者的语法表现出人类语言的规律性。Corder 和 Selinker 提出了这个问题，并提出了一个肯定的立场，但他们自己没有提供这样的证据。

Greenberg 语言共性和 Chomsky 普遍语法

虽然这些发展涉及第二语言习得方面的专家，但语言学家对语言共性的兴趣正在大力恢复。这种复兴通常被描绘成构成两种独立但平行的反应：种与 Greenberg 有关；另一种与 Chomsky 有关，是基于结构主义者对普遍性的绝对拒绝。20 世纪晚期美国语言学的论述中，有些分析了 Greenberg 和 Chomsky 语言学， 180
通常从前者开始，然后继续到后者，反之亦然。这种顺序有助于将生成普遍语法作为类型通用的超级排序研究。一个诱人的历史证明是两次学术会议的记录及其发表的进程。1961 年 4 月 13—15 日，Greenberg 在纽约的 Dobbs Ferry 协办了一次会议，参加会议的有从事类型普遍性研究的语言学家、人类学家、心理学家。在会议上发表的作品以《语言普遍现象》的形式出版（Greenberg, 1963）。1967 年 4 月，生成语言学家在德克萨斯州的 Austin 举行了一次会议，产生了《语言理论的普遍性》（Bach，Harms, 1968）。这些相似之处被证明是不可抗拒的，使配对的会议、出版物、中心参与者和研究方案进行反复的比较，而比较往往使 Chomsky 学派的观点享有特权。（Cooreman, Goyvaerts, 1980）。屈服于这个惯例，本书作者将首先讨论 Greenberg 主义者的研究及其在第二语言习得研究中的反作用，然后讨论与 Chomsky 有关联的部分。但重要的是要认识到，将这两种研究学派结合在一起，然后在故事的最后提出生成主义，只是 20 世纪晚期对语言共

---

① Selinker（1992）对语言间的概念的出现进行了第一手的描述。这一概念很少在生成文学之外得到评价，一个例外是 R.P.Hamilton（2001: 79）。他反对 Corder 和 Selinker 的“为了学习者的目的和情况而进行学习”。

同属性的观点的一个合理的视角。

Greenberg 主义者的研究直接解决了在人类语言中什么是共享的和什么不是共享的问题。Greenberg（1991b）在与心理学家 Cornelius Osgood 的交流中讲述了他在 1953 年是如何产生这种兴趣的。Greenberg 介绍了美国语言分析技术，如音素和语素的基本单位，定义它们的方法，层次排序，等等。Osgood 亲切地回应说，这些技术都非常好，但更令人印象深刻的追求是发现“对所有语言都适用的东西”。Greenberg 写道，Osgood 的话“从那以后一直困扰着我，并帮助确定了我未来大部分工作的方向”（1991b：155）。[①]

Greenberg 主义者研究的一个特点：坚持定义跨语言变异限制和语言分类应该在多样化的语言样本的基础上进行。Greenberg 类型学不仅可以表达绝对（“不受限制的”）共性（如“每种语言至少有两个元音”），而且包括隐含的共性 [“如果一种语言有一个双重（数字），它也有一个复数类别，但反之不然”]，以及统计性共项（“后缀、前缀和后缀的 3 种手段中，一种语言包含的概率……按递减顺序表示）（Greenberg et al.,1966：xix–xx）。Greenberg 主义者的研究继承了早期类型学中有争议的概念，即语言中什么是“没有标记的”（或“自然的”），什么构成了标记的程度（Croft, 1990: 64–94）。在他自己的研究中，Greenberg 将这些概念性工具应用于词序规律的研究中。他的同事和继承者扩展了同样的方法，
181 根据词汇、形态和语音特性对语言进行分类，正如 Greenberg 等人（1978）编辑的 4 卷本论文集所显示的那样。

Greenberg 研究的另一个特点：旨在清晰表达跨语言概括基础上可观察到的语言事实。它的大部分内容抛弃了一种解释。这种解释几乎就像 Joos（1957: 96）对美国结构主义者的解释一样谨慎：“孩子想要解释，我们每个人心中都有一个孩子；描述主义形成了不纵容孩子的美德。”Ferguson（1978: 13）指出，Greenberg 主义者的类型学通常会产生有编号的共性列表。伴随的修辞证明了广泛的数据库的普遍性，而不是将它们合成更大的普遍性或解释为什么它们就是这样。Greenberg 等人（1966）在一份发起纽约 Dobbs Ferry 会议的“备忘录”（Memorandum）中，通过提到“语言声音系统中的对称倾向”（1966：xvii），以及“影响任何语音系统保持最佳效率值的压力”（1966：xviii）来奠定基调。就这些陈述所涉及的解释而言，他们只是否定类似“为什么”的问题：语言自然地

① 在同一文本中，Greenberg（1991b：150– 151）详述了他对美国结构主义的各种不满，但没有强调其所谓的反普遍主义。

倾向于“对称”，并且在本质上被设计为最大化“效率”。

当时，经典的 Greenberg 类型学主要致力于其建议的绝对真实性，而不是解释。然而，自 20 世纪 80 年代以来，其他学者一直在寻找所提出的共性之间的相关性，以便承认更多关于语言变异的一般性陈述。[①] 第二代 Greenberg 类型学家探索了对语言共性的各种解释，将其归因于人类的感知能力、语义和语法之间的关系、心理语言学处理或话语实践学，以及语言如何随时间变化的事实（J. A. Hawkins, 1988）。

Greenberg 类型学研究已被应用于历史重建。其逻辑：如果现有语言中存在的隐含关系适用于已灭绝的语言，语言学家可以利用这些事实来重建与已证实属性相关的未经证实的属性。[②] 自 20 世纪 70 年代中后期以来，Greenberg 主义者的研究也被广泛应用于第二语言习得的研究中。早期的研究有时会将对比分析和类型学联系起来。例如，Eckman（1977）将 Greenberg 主义者的标志性观点与对比分析联系起来。为了完善对比分析，他试图通过用“标记差异假说”（Markedness Differential Hypothesis）来代替母语 / 第二语言差异导致获取困难的简单预测。标记差异假说认为，当在特定领域，母语和第二语言的性质不同，并且第二语言相对于母语更明显时，很难获得转化。Eckman（1977）用轶事证据支持他的假设，即说德语的人更难以获得（据说更明显的）英语母语者的词尾清浊对比，而说英语的人却可以很容易获得第二语言德语的清浊对比。

跨越类型学统一标准和第二语言习得的最有成效的单一研究种类是基于
Keenan 和 Comrie（1977）关于关系从句语法的主张。这些主张提出了许多关于 182
普遍性、标记性和跨语言变异的经验问题。Keenan 和 Comrie 以经典的 Greenberg 主义者风格，调查了大约 50 种语言，得出了关于关系从句的跨语言概括。简而言之，各种语言根据普遍的“可及性层级假设”（Noun Phrase Accessibility Hierarchy）[例如，主语（无标记）> 直接宾语（更有标记）> 间接宾语（更有标记），等等] 在它们的句法位置上有所不同。每种语言的关系从句清单都构成了这一层次结构的一个连续子集，必然包含主语的未标记位置。此外，Keenan 和 Comrie 断言，语言用来标记相对化的策略（如关系代词的大小写标记，或在关系化位置保留代词）也遵守同样的等级制度。第二语言习得的研究者已经调查了 Keenan 和 Comrie 的主张的精确演绎后果是否在第二语言习得者的语法中得

---

① Comrie（1981: 86–97）评论了类型学家试图平衡经验覆盖的准确性和概括的广度。

② 有关讨论参见 Comrie（1981: 194–218）、J. A. Hawkins（1982）和 Greenberg（1995）。有关评论参见 Watkins（1976）。

到体现。Gass（1979），Hyltenstam（1984）和其他许多人都发现学习者的语法与Keenan和Comrie的主张基本一致。这项研究经常被当成Greenberg普遍性对第二语言习得研究贡献的证据。①

总的来说，关于第二语言习得的类型学研究的目标是评估第二语言语法是否表现出自然语言的系统性。用J.A. Hawkins（1987: 455）的话说，驱动的问题是"[二语语法]是否服从由常规成人语言的比较中提取的跨语言变化的基本原则?"。Corder（1967）的洞察和Selinker（1972）的跨语言概念预示着一个肯定的答案，尽管这两位学者都没有采用Greenberg主义者的概念工具。Eckman（1996）的提议使Hawkins问题的中心地位得以体现。Eckman放弃了他在20世纪70年代末提出的关于母语、第二语言和标记性之间关系的具体主张。他引用了Hyltenstam（1984）对第二语言瑞典语关系从句的研究：学习者虽然没有违反可及性层级（Accessibility Hierarchy），但没有表现出Eckman的标记差异假说所预测的基于母语的不同困难。因此，Eckman用"结构一致性假说"（Structural Conformity Hypothesis）取代了标记差异假说，即"所有对主要语言有效的普遍性对[中介语言]也有效"的说法（1996: 204）。这一主张基本上是在Greenberg主义的背景下重申了中介语言的概念，即第二语言语法表现出自然语言的属性。尽管在这种范围内，任何建议的经验证明都不可避免地有一些松散和不协调的地方，关于类型学普遍性和第二语言习得的研究，大多数人似乎都同意结构一致性假说的精神。② 这一结论与Corder的见解一致，即第二语言习得者的语法尽管有着非母语的特性，依旧构成人类语言语料库的一部分。

20世纪末关于语言普遍性研究的传统二分法的另一分支是生成语法，提出
183 了同样的问题，即第二语言习得者的语法是否具有自然语言的特性。但生成语法所提供的答案争议更多。其对语言共同点的概念化与Greenberg类型学不同。在Chomsky看来，普遍语法是一种模式或抽象的原则和约束系统，定义了什么是可能的和不可能的语言，而不是共同的语言项目或其分布规则的清单。Chomsky学派承认，普遍语法可能没有任何特定的属性在所有语言中共享。相反，普遍语法是一个"先天指定的可能性分支……[它]不承诺任何特征是普遍的，尽管它确实预测我们应该发现特征以……模式聚集在一起"（Stich, 1996: 1049）。

① 其他领域的Greenberg语言类型学主张也在第二语言语法中进行了研究。参见Eckman（1984）的语序和音韵共性，以及Hyltenstam（1987: 62–64）的Greenberg语系第二语言习得的15项实证研究。另见Giacalone Ramat（2003）。

② R. Ellis（1994: 426）对第二语言习得中的类型标记的一些证据提出了质疑，但得出结论："这项研究的基础假设，即语言普遍性将以影响其他语言的方式影响中介语……得到支持。"另见Greenberg（1991a）。

生成语法接受了解释这些跨语言相似性和差异性模式的责任，即确定儿童语法是如何将这两种模式具体化的。自 20 世纪 70 年代末以来，生成语法已经将“刺激贫乏论”（the poverty of the stimulus）这一重要概念纳入其对儿童语言学习的描述中。[1] 其核心思想断言儿童不是通过简单地内化他们听到的东西来获得语言，因为他们表现出对环境中没有证据的语法限制的认识（即他们认识到某些不发生的句子是不合语法的）。在这个意义上，相对于他们最终知道的东西而言，对儿童的输入是“贫乏的”。刺激贫乏概念提出了一个强有力的主张：只要儿童表现出关于其母语语法的知识，而他们不可能从接触母语中获得这些知识，那么这些知识必须来自基因决定的语言能力。特别是当不同语言的学习者的语法都能被证明符合特定的抽象约束时，生成语言学将这些约束归结为先天的普遍语法。因此，对儿童母语学习者的输入与他们的能力不相称的断言——从刺激贫乏中得出的论点是对普遍语法存在的基本支持。生成语法的中心目标之一是解释普遍语法如何与环境中的语言数据相互作用，从而导致学习者对具体语法的掌握。[2]

生成语法在第二语言习得的研究中占有重要地位，特别是在北美，尽管其核心倡导者 Noam Chomsky（生于 1928 年）很少对第二语言习得进行评论。继 Corder（1967）和 Selinker（1972）之后，通常被认为是下一个重要的里程碑的是 Dulay 和 Burt（1974a; 1974b）的研究。该研究将第二语言习得表述为一个“创造性构建”（creative construction）的过程。[3]Dulay 和 Burt 比较了大量讲西班牙语和讲中文的儿童在第二语言英语中自发产生 11 个“功能性词类”（functors）——冠词、系动词、屈折词素（复数标记、第三人称单数 -s）。儿童在使用这 11 种语素时达到准确无误的顺序在两组中基本相同。Dulay 和 Burt 根据这些结果称：“儿童在普遍先天机制的指导下，逐渐重建他们所听到的语言规则。这些机制使他们对正在获得的语言系统提出某些类型的假设。”（1974b: 37） 184

Dulay 和 Burt 在提到“普遍先天机制”时采用了早期生成语法的术语，但他们的工作明显地缺乏语言学的复杂性。他们确定这 11 个功能性词类的理由仅仅是它们是 R.Brown 在儿童英语母语习得中研究的（异质的）语言项目的一个子

---

① Chomsky（1980: 34）首次使用“刺激贫困”这个概念，尽管这个概念可以追溯到 20 世纪 70 年代。参见 Thomas（2000a）。

② 这一点是 Chomsky 作品中的一个主题（1965: 25; 1986: 3; 1987/1999）。“刺激贫困”的概念在生成语言学之外是有争议的，参见 Ritter（2002）和 Sampson（1997）对 Pinker（1994）和 Cowley（2001）的评论。

③ Dulay 和 Burt（1974a：129）将该术语归因于 R. Brown（1973a：98）。

集。Brown（1973b：74–88）在努力定义这些功能性词类之后，便一往无前，好像它们确实形成了某种自然类。Dulay 和 Burt 的研究继承了这个未解决的问题，但却没有为其解决做出贡献。此外，Dulay 和 Burt 轻率地将他们发现的准确性顺序归因于“普遍先天机制”，而没有质疑这种顺序是否可能是由于诸如测试设计或第二语言中的频率等因素造成的。他们也没有试图从那些未定义的普遍先天机制的具体属性中推导出他们的结果。[①] 尽管有这些弱点，以及其他回过头来可以看到的弱点，Dulay 和 Burt 的研究还是非常有影响力的。随后的研究，如 Bailey 等人（1974）发现，无论学习者的母语是什么，儿童和成人的第二语言习得都有一致的顺序。按照 Dulay 和 Burt 的逻辑，这些结果加强了普遍语法参与第二语言习得的理由，从而在学习者知道一门第二语言时，加强了生成理论在阐明学习者所知东西的价值。

Dulay 和 Burt 的工作的一个更普遍的价值：它示范了如何将经验数据用于解决学习者对其第二语言知识的问题。这激发了一个研究的传统，并从那时起一直保持着活力。自 20 世纪 70 年代末以来，关于第二语言习得的实证研究，包括普遍语法的生成论概念，或对这样做的有效性提出异议，已经蓬勃发展并多样化了。研究了第二语言习得者语法中的许多主题，并深入研究了生成语法提出精确而有力主张的一些语法领域。其中研究得最好的课题是句法移位（syntactic-movement）的特性、词序的不同方面、第二语言语法中“功能类别”的出现（包括时、态、体的标记）、论证结构和回指释义。

像 R.Hawkins（2001）、Herschensohn（2000）和 White（1989；2003）等的篇章详细分析了关于第二语言习得的生成性研究。大多数这样的叙述从宣传儿童母语习得因刺激贫乏而被赋予的理论价值开始，然后提出同样的价值是否可以扩展到成人第二语言习得的问题。普遍语法的原则被认为是儿童构建母语语法的起点。问题是第二语言习得者是否也“有机会获得普遍语法”，并应用 20 世纪 80—90 年代初流行的术语。一些生成论者认为儿童的母语习得与成人的第二语言习得有根本的不同。他们引用了这样的观察：许多试图学习第二语言的成人都失败了，或者最多只是取得了各种特殊类型的成功。[②] 这与儿童母语（或第二语言）学习者的情况不同——他们（据说）在正常情况下会趋于目标语言的统一语 185

① 这种对 Dulay 和 Burt 的批评是传统的。参见 MacLaughlin（1987: 30–35），以及 Gass 和 Selinker（2001: 112–117）。R. Hawkins（2001: 38–48）提出了不同的观点。

② 有关讨论，请参见 Bley Vroman（1989）对 Schwartz（1990），以及 Newmeyer（1998: 74–77）对 Dekydtspotter 和 Sprouse（2000）的评价。

法。可以说，成人和儿童语言学习之间的一些差异与成人“接触”通用语法的问题有关：成人的认知技能可能掩盖了语法和它在自然语音中的表现之间的联系；或者，第二语言习得者已经知道一种语言的事实可能使第二语言的获得与儿童母语的获得在种类上有所不同；或者，提供给成人的关于目标语言的数据的性质，可能在帮助他们从普遍语法提供的选项中选择语言的语法方面不太有效。这些问题中的一些已经被经验性地研究过了。它们构成了一种“无法接触”的立场，即断言成人学习者在构建第二语言的语法时并不求助于普遍语法的原则。

其他语言学家认为，第二语言习得者没有达到母语学习者的水平，或者他们的习得路径不同，取决于普遍语法是否制约了第二语言语法的构建这一核心问题之外的因素。相反，他们认为第二语言习得者可以“充分接触”普遍语法。这些研究依靠的是大量的经验数据。这些数据表明语言间的语法表现出的属性既不是来自输入，也不是来自明确的指令。第二语言习得的生成性研究也调查了第二语言习得者的语法中是否存在归因于普遍语法的特征集群，研究结果相当复杂。

辩论中关于进入普遍语法的第三个立场有时被称为“部分接触”。20世纪80年代中期的生成语法版本中，构成普遍语法的某些原则有内置的“参数”，每个参数都与一系列可能的设置有关（Chomsky, 1986; Chomsky, Lasnik, 1995）。不同的语言从特定的选项列表中选择不同的设置，从而产生了已证实的人类语法的多样性。

> 我们可以把[普遍语法]看成是一个结构复杂的系统，但它只是部分地“连接起来”。该系统与一组有限的开关有关，每个开关都有一组有限的位置（也许是两组）。设置这些开关需要经验。当它们被设置好后，系统就会发挥作用。
>
> （Chomsky, 1986: 146）

儿童用普遍语法的原则来进行语言习得，然后采用与母语相适应的参数设置，以达到成人的语法。“部分接触”的立场声称，第二语言习得者可以接触到普遍语法的原则，但参数设置在母语习得的过程中已经固定，在母语语法的设置与第二语言不同的情况下，不能重新设置为新的值。部分接触的吸引力在于它有希望提供一个原则性的解释，证明第二语言习得者的语法有一部分是由他们的母语形成的。这些证据激发了对比分析。

在20世纪80年代和90年代初，关于完全接触还是部分接触，亦或是无法接触的争论，与普遍语法的原则和参数模型一起蓬勃发展。研究者进行了大量设计精巧的实证研究，但没有达成共识，无法解释整个研究结果。自20世纪80年代末以来，将普遍语法在第二语言习得中的作用粗略地分析为3种立场，已经让 186

位于更精细的提法，研究已经开始解决第二语言语法中相当微妙的细节。大多数研究者现在可能会同意，至少在某些领域，第二语言习得者似乎确实克服了刺激贫乏，以获得第二语言知识。这是由输入给他们的信息决定的。在生成语法的术语中，他们必须以某种发誓“接触”普遍语法。与此同时，母语在第二语言语法中的作用是巨大的，第二语言和母语的习得之间存在明显的差异。对这些事实的解释是有争议的。[①] 但由于接受普遍语法在第二语言习得中的作用的立场提出了高度明确的主张，支持这些主张的研究（即使有些含糊不清）具有一定权威性。

这就是 20 世纪 90 年代初第二语言习得的生成性研究状况。当时 Chomsky（1995）用一个更为抽象的普遍语法模型，即“极简主义方案”（minimalist programme）取代了原则与参数模型。极简主义的特点是努力剥离已经发展成为一个高度复杂的相互作用的原则和参数系统，以衍生出已证实的人类语言的多样性。极简主义试图指定一个统一的、跨语言的、有效的语言结构——一个单一的人类语法。在此基础上，一组非常普遍的操作产生了人类语言的差异。目前，极简主义还处于萌芽状态，无法评估其在普遍语法概念史上的意义，其影响也只是在第二语言习得的研究中开始显现。[②]

20 世纪晚期普遍主义的背景

最后，本书将讨论 Greenberg 的语言普遍性和 Chomsky 的普遍语法如何融入“渴望普遍性”的全景历史，以及它们的关系，特别是应用于第二语言习得的研究方面。

Greenberg 意识到其理论的前身，所以在关于 Greenberg 类型学出现的描述中，一个共同的主题是它与过去的联系。[③] 在一篇自传性文章中，Greenberg（1991b）讲述了他研究的一些来源。从 1948 年他接受哥伦比亚大学的学术职位开始，他在布拉格学派和 Edward Sapir 的著作中发现了一种语言类型学的模式。这种模式比 19 世纪的历史比较主义者的模式更广泛、更深入人心。[④] 他的标记理论（markedness）的观点也直接发源于布拉格学派对这个术语的使用。Greenberg

① Epstein 等人（1996）和 Schwartz（1998）提供了该文献的条目。

② Herschensohn（2000）和 Balcom（2001）提出了一些第一种方法。

③ 关于类型学的历史，请参见 Koerner（1995）、Ramat（1995）和 Greenberg（1974）。

④ Dezso（1980: 40–41）则认为，Greenberg 类型学是从普遍语法下降而来的，因为它是“形式和内容导向”的，而不是“形式导向”的生成主义普遍语法。

特别提到 Roman Jakobson 对他揭开语言普遍性动机的影响。许多人已经证实了 187
Greenberg 和 Jakobson 之间的联系。例如，Sgall（1971: 77–78）将类型学的发展归功于 Jakobson，现在很多人认为这是 Greenberg 式的，即"对语言现象的相互关系的研究……[其结果] 可以以某种现象的存在……对另一种现象的存在的暗示的形式来说明"。Greenberg 的类型学也反映了 20 世纪初美国结构主义的数据导向，因为它淡化了解释，而倾向于描述的准确性。

正如我们所看到的，生成语法对自己的定位与过去不同。尽管 Chomsky 在哲学上亲近 17 世纪的通用语法和 Humboldt，但大多数生成语法学家认为他们的研究凭借其关于语言的新思想而与该学科的过去隔绝。这些观点中最主要的是语言学习者克服了刺激贫乏，以及将普遍语法视为一个抽象约束和原则的系统，而不是一个元素或规则的集合（Botha, 1989: 13–25, 130–135）。在这些基础上，生成语法不仅在原则上与美国结构主义语言学分离，而且与 Greenberg 类型语言学及其前身分离。

一些语言学家，尤其是那些不在生成主义阵营之内的语言学家，不考虑 Greenberg 语言学和 Chomsky 语言学之间的区别，声称它们正在经历或应该经历一种和谐的融合。例如，Ferguson（1978: 19）曾写道，"以 Dobbs Ferry 和 Austin 为代表的两个研究流"在 1971 年之后开始"向对方移动"。J. A. Hawkins（1985）在综合 Greenberg 和生成主义对词序对称性的处理时，似乎发生了这种趋同。相比之下，生成论者经常拒绝将类型学的普遍性定位为同一领域内生成语法的替代物的尝试，理由是两者对普遍性及其来源的概念不同。Coopmans（1983; 1984）代表了这种论断。对他来说，Greenberg 主义者的研究概括了表层词序事实的频率，而生成式普遍语法则解释了儿童在面对刺激贫乏时习得语言的这一事实。在 Coopmans 看来，"这两种方法在各自的目标上有很大的不同，不能以任何明显的方式进行比较或联系……我们不能简单地将 [它们] 视为语言普遍性研究中两种不同但相关的策略"（1984: 67）。[①]

在第二语言习得的研究中，关于 Greenberg 主义者和生成主义者研究的关系，也有类似的不同意见。两者经常被并列定位，反映了 Dobbs Ferry 和 Austin 会议

① Comrie（1984）、J. A. Hawkins（1985）和 Greenberg（1991c）回应了这一批评。Newmeyer（1995: 334）认为和解正在进行中，"Greenberg 从 20 世纪 60 年代开始的开创性研究在过去 15 年中从大多数生成论者所不知道的发展到最重要的引用和分析"。Newmeyer 在 Chomsky 发表的关于 Greenberger 研究的评论中记录了 20 年来的变暖趋势。

的耦合性。一些这样做的学者，如 Rutherford（1984b）和 R. Ellis（1994: 416）表示，希望在某种程度上，双方都能为对方的进步有所贡献。其他学者，如 Gass（1989: 503），强调了 Greenberg 主义者与生成主义者研究的本质不相容性。一些关于第二语言习得的研究比较了他们的经验能力。例如，R. Hawkins（1989）和
188 R. L. Hamilton（1995）都研究了第二语言习得者对关系从句的习得。他们都把自己的数据解释为表明学习者是在生成语法的形式化、"构型"（configurational）类别的基础上建立他们的语法的，而不是类型学方法的基元，如"主语""直接宾语""非直接宾语"等。这种比较假定了两种方法之间的差异，但坚持认为它们是相似的，足以在相同的数据范围内产生可测试的预测。其他的第二语言学者似乎对这么多的共同点也有异议。Gregg（1989: 32）认为 Greenberg 主义者的研究只有非常微弱的价值，类型学的普遍性"要么不有趣……要么只在它们提出的问题中，而不是在它们提供的答案中具有意义"。White（1989; 2003）的两代教科书在概述关于第二语言习得的生成性研究时没有提到 Greenberg 主义者的普遍性。

从关于 Greenberg 和 Chomsky 研究之间关系的争论中回过头来看，它们有两个共同的特点：都明确提出第二语言语法是否具有自然语言的特性，都通过现代社会科学的方法论来寻求这个问题的答案，即收集数据并评估这些数据是否足以支持经验性的假设。关于第一个特点，我们已经看到，早在中世纪，语言科学有时就预设了第二语言语法具有自然语言的特性。然而，正是 Corder 在 1967 年的洞察把这个问题作为一个明确的研究对象提出来。当然，Corder 并不是在一个白板（tabula rasa）上写的，而是他另一本著作的一个章节。这个著作的连续条目是松散地连接在一起的，而不是连贯地建立在彼此之上的，因为许多其他人都对这本著作做出了贡献。关于第二个共同特点，Greenberg 和 Chomsky 对第二语言习得的研究不可避免地以现代科学术语进行，原因是两者都出现在一个以科学方式来评估真理的时代。这两个特点使 Greenberg 的类型学和 Chomsky 的生成语法的方法区别于早期的第二语言习得和普遍语法的概念化。并不是这两种方法对普遍性的投入使它们与众不同，原因是正如我们所看到的，这种投入有很长的历史。理性主义的取向，即承认学习者对第二语言习得的积极贡献，也不是两种方法的原创。理性主义在生成性研究中是明确的，在类型学研究中也有不同程度的存在，而且正如我们所看到的，在早期的研究中也有证明。

在此背景下，Chomsky 的方法区别于 Greenberg 和早期的研究，是将（第一）语言的获得概念化为克服刺激贫乏。Abraham（1989: 19）比较了 Greenberg

与 Chomsky 的普遍性，发现两者之间有很多共同点。但他最后在一个题为“剩下的：可习得性问题”的小节中总结了其差异。对可习得性问题的认识——儿童母语习得的问题化，以及在某些情况下成人第二语言习得的问题化，可能是生成语法对普遍语法研究传统的最明显的贡献。

总　结 189

Seuren（1998: 140）写道，在 20 世纪，语言学“从一个村庄发展成为一个城镇”。这个比喻很有说服力。一个村庄当然比一个城镇小。然而，从一个村庄发展到一个城镇并不只是规模的变化，理由是作为一个社会有机体，城镇的功能与村庄不同。例如，为城镇居民提供更专业化的职业角色有许多后果。它提供了文化进步的机会，原因是专业化使工人、工匠或学者能够将他们的技能更深入地扩展到更狭窄的领域。规模经济可以将城镇人口中的一个幸运的小阶层从满足眼前生活需要的工作中解放出来。最幸福的结果是，这个小阶层的产品导致了整个社会的文化、技术、知识或艺术视野的扩展。与此同时，一个城镇需要很多个人来扮演平行的角色，如一个面包师或女裁缝可以供应一个村庄，但一个城镇可能需要几十个这样的人。这增强了竞争和孤立的可能性，也产生了更大的成果。

其中一些特征在 20 世纪语言学发展成的城镇中显现出来。早期的语言科学绝不是完全集中化或趋同化的，但 20 世纪语言学的平行流派的多重性非常突出，体现了关于普遍语法的可行性和关于第二语言习得性质的平行“流派”（Schools）的思想。学者们对这两个问题进行了更深入的研究。他们建立在更广泛的数据基础上（如关于世界上更多语言的更多信息，关于语言习得更多方面的更多信息），并对这些数据进行更有想象力的概括。面对竞争，他们也更努力地界定自己。就生成语法而言，他们通过坚持自己的独特性而故意孤立自己。与此同时，村镇之间的相似性多于差异性：它们消耗同样的资源，渴望达到自我保护的相同结果。在 Seuren 的比喻中，20 世纪的语言学小镇与之前的村庄相似，都试图理解不同语言间共性的本质，以及学习第二语言的本质。

190

编后记

阅读关于语言学历史的书籍，在某种程度上类似于在博物馆的展厅里闲逛一整天。在这两种情况下，读者或游客面对的是一大批文物。它们的选择、并列和展示方式都是由作者或馆长强加的。其中一些文物看起来很陌生；另一些则很容易与自己的经历联系起来。它们的独立性或关联性的程度往往是模糊的。鉴于刺激物的数量和变化性，以及从这些刺激物中归纳出某种模式或概括的自然动力，对读者或参观者的认知要求很高。随着时间的推移，调节和保持自己的注意力变得越来越困难。不可避免地，“博物馆疲劳”（Melton, 1972: 397）开始出现。

消除博物馆疲劳的方法之一是将自己的视角暂时转移到博物馆本身，像置身于墙外一样衡量其目的和内容。在博物馆和语言学历史书籍之间的类比中，Gass 等人（1998）以一篇题为《历史性再探讨:（第二语言习得）有历史吗？》的文章开启了这个机会。Gass 等人（1998）对 Thomas 进行了回应。这是对本书所代表的那种探索的首次尝试。由于某些理由，他们认为现代第二语言习得理论错误地截断了自己历史的这个论点是错误的。回顾 Gass 等人的反对意见，为我们提供了一个重新审视本书的目的和内容的机会，就像置身墙外一样。

Gass 等人认为，传统上公认的 25 或 30 年的时间间隔是该领域的一个适当的界限。他们称，对第二语言习得的现代研究应该从 20 世纪 60 或 70 年代开始分开，因为“当开始有一套连贯事实，学者们试图按照公认的科学方法进行解释和验证时，一个学科就可以被定义为这样的学科”（1998: 411）。对 Gass 等人来说，只有通过“公认的科学方法”来研究关于第二语言习得的同一套“连贯事实”的工作，才算得上学科的一部分；在这个界限之外的东西则需要证明其相关性。在对 Thomas（1998）的另一篇评论中，Block 同意 Gass 等人的观点。他写道：“如果我们接受一个领域只有在被足够多的人认可时才会成为一个领域……
191 那么我们就可以接受（第二语言习得）这个领域只是最近才发展起来的说法。”（2003: 12）Block 指出，在 20 世纪 60 或 70 年代，学者们在一系列“关键问题和如何回答这些问题”上趋于一致，并且出现了学术领域的体制性工具（会议、期刊、学位课程）。

回到这篇文字的范围内，本书中的一些材料与 Gass 等人和 Block 提出的问题有关。例如，Gass 等人和 Block 都认为，现代的第二语言习得学科与之前的学科有一个明显的断裂。这个断裂有助于定义“连贯事实”和“关键问题”。该学科围绕这些问题进行融合。在确定现代第二语言习得研究的区别时，他们重复了 Fries 和 Lado 与 Bloomfieldian 行为主义的通常联系（Gass 等, 1998: 411; Block, 2003: 14）。Block 把 Chomsky（1959）对 Skinner（1957）的评论说成是打败了行为主义，以及把生成语法与美国结构主义割裂开来（2003: 15–16）。但正如我们所看到的，这种传统的叙述包含了许多令人怀疑的东西。重新考虑布鲁姆菲尔德主义者的行为主义，Fries 和 Lado 的对比分析，美国结构主义的所谓反普遍主义，生成语法，以及受生成理论启发的第二语言习得之间的关系，会发现比通常认识到的更多复杂性和更少的尖锐区别。这种复杂性需要被纳入到我们对现代第二语言习得理论相对于之前理论的地位的理解。

Gass 等人也对第二语言习得学科是否真的缺乏对其前现代历史的认识表示怀疑（1998: 408–410）。作为证据，他们引用了 Selinker（1992）和 Gass（1993）的研究。Selinker（1992）主张研究该领域的创始文本的价值。这种努力令人钦佩。但他的书只追溯到 Fries（1945）。Gass（1993: 101）对 20 世纪前的工作的处理包括提及 Jan Baudoin de Courtenay（1845—1929）的一句话：Jan Baudoin de 6
Courtenay 是波兰语言学家和布拉格学派的前辈，影响了 Trubetzkoy。提及 Jan Baudoin de Courtenay 后，Gass 立即转到 Corder。

在一个不同的方法中，Gass 等人反对将生态学领域的历史意识与第二语言获取的非历史性进行比较（本书第一章中重复了这种比较）。他们允许亚里士多德、Darwin 或 Mendel “为生态学贡献了实质性的思想，使该领域能够超越其以前的状态”（1998: 416），但否认第二语言习得有平行的历史对应物。他们否定了 Roger Bacon 或 Augustine 的相关性，因为他们的工作“不是来自（第二语言习得）本身的研究，而是来自哲学”。但亚里士多德、Darwin 和 Mendel 也不是生态学家，尽管他们最终为该领域的研究做出了贡献。在本书作者看来，（例如）Dante 或 Varchi 对现在公认的第二语言习得研究的贡献与亚里士多德、Darwin 或 Mendel 对生态学的贡献是相似的：他们“贡献了实质性的想法……使该领域能够超越其以前的状态”。

最后，Gass 等人对历史研究长期目标的讨论提供了一个值得欢迎的开端。 192

他们质疑现代学科之前的任何关于第二语言习得研究的价值，理由是它对目前的工作没有任何贡献。他们直截了当地指出："过去并不影响今天的问题。"（1998: 409）在他们看来，"前现代的文本……似乎并没有在这个领域的发展中起到启发作用"（1998: 412），而且"几乎没有证据表明我们对过去的了解以任何方式影响了我们现在的工作，或者反过来说，缺乏了解蒙蔽了当前的认识并阻碍了研究"（1998: 409）。同样，本书的一些内容也回应了这一评论。事实上，过去并不"影响"现在，而是与之并存，就像中世纪词汇学家在语法手稿上添加的注释。这些注释有时会抹去以前写的东西，有时会建立在这些东西之上。有时他们会引入真正的新意。Corder 或 Dulay 和 Burt 为西方对语言学习的反思做出了贡献，就像 Augustine、Dante、Nicholas Beauzee 和 OttoJespersen 那样。如果以缺乏实用性为由拒绝接受前现代的文本，就会失去一个机会，而 Law（2003）就曾倡导过这种机会的价值。Law 承认现代语言学和过去的语言科学之间存在巨大的差异，但反对我们将早期文化的知识产品贴上"错误的"或"幼稚的"标签，也反对以"更'科学'的东西（即更接近我们自己的信仰）"为由将其抛弃（2003: 6）。

> 通过把我们的信念和科学性标准投射到过去，我们错过的东西比看到的多得多。如果要在阅读过程中学习到什么，我们应该以这样的态度对待每一个文本："这个文本在写的时候是有意义的。我应该如何阅读它，才能体会到它对作者和读者意味着什么？"
>
> （Law, 2003: 6）

Law 指出，我们需要"以开放和接受的态度倾听（其他文化的文本）所说的话"，以便"想象持有不同观点的感觉"（2003: 5）。当然，想象持有不同观点会是什么感觉的能力是一个很高的智力目标。为了在语言学史的背景下实现这一目标，人们需要暂停对实用性的追求，抵御博物馆疲劳，并以一种接受的心态自由走动。其回报是，就像博物馆的参观者一样，由于与另一种文化的观点相遇所带来的意识转变，人们在离开时受到了刺激，并以意想不到、无形的方式得到了"恢复"（Kaplan 等，1993）。

参考文献

Aarsleff, Hans (1964) 'Leibniz on Locke on language', *American Philosophical Quarterly, 1*, 165–188 (reprinted in Aarsleff 1982, pp. 42–83).

—— (1967) *The study of language in England, 1780–1860*, Princeton NJ: Princeton University Press.

—— (1969) 'The state of nature and the nature of man in Locke', in John W. Yolton (ed.) *John Locke: Problems and perspectives* (pp. 99–136) Cambridge: Cambridge University Press.

—— (1970) 'The history of linguistics and Professor Chomsky', *Language, 56*, 570–585.

—— (1971) ' "Cartesian linguistics": History or fantasy?', *Language Sciences, 17*, 1–12.

—— (1974) 'The tradition of Condillac: The problem of the origin of language in the eighteenth century and the debate in the Berlin Academy before Herder', in Dell Hymes (ed.) *Studies in the history of linguistics: Traditions and paradigms* (pp. 93–156) Bloom- ington IN: Indiana University Press.

—— (1982) *From Locke to Saussure: Essays on the study of language and intellectual history*, Minneapolis MN: University of Minnesota Press.

—— (1988) 'Introduction', in Wilhelm von Humboldt (Peter Heath, trans.) *On language: The diversity of human language-structure and its influence on the mental development of mankind* (pp. vii–lxv) Cambridge: Cambridge University Press.

Abraham, Werner (1989) 'Language universals: The Chomskyan approach vs. Green- berg's typological approach', *Belgian Journal of Linguistics, 4*, 9–25.

Ælfric, Abbot of Eynsham (1994) *Ælfric's prefaces* (Jonathan Wilcox, ed.) Durham: Durham Medieval Texts (original works *c*. 1000).

Aeschylus (1953) *Aeschylus I. Oresteia: Agamemnon, The libation bearers, The Eumenides* (Rich- mond Lattimore, trans.) Chicago: University of Chicago Press (original works *c*. 6th century BCE).

Aginsky, Burt W. and Aginsky, Ethel G. (1948) 'The importance of language universals', *Word, 4*, 168–172.

Ahlqvist, Anders (1992) 'Les premières grammaires des vernaculaires européens', in Sylvain Auroux (ed.) *Histoire des idées linguistiques: Vol. 2. Le développement de la grammaire occidentale* (pp. 107–114) Liège: Mardaga.

Alatis, James E. (1968) 'Introductory remarks', in James E. Alatis (ed.) *Contrastive linguistics and its pedagogical implications: Report of the Nineteenth Annual Round Table Meeting on Linguis- tics and Language Studies* (pp. 1–5) Washington DC: Georgetown University Press.

Alford, John A. (1982) 'The grammatical metaphor: A survey of its use in the Middle Ages', *Speculum, 57*, 728–760.

215 Allen, W. S. (1948) 'Ancient ideas on the origin and development of language', *Transactions of the Philological Society of Great Britain*, pp. 35–60.

Alsted, Johann Heinrich (1989) *Encyclopedia*, Stuttgart-Bad Cannstatt: Frommann-Holzboog (original work published 1630).

Amacker, René (1990) 'Sept thèses sur l'origine de la grammaire générale', in Ricarda Liver, Iwar Werlen and Peter Wunderli (eds) *Sprachtheorie und Theorie der Sprachwis- senschaft: Geschichte und Perspektiven* (pp. 16–36) Tübingen: Gunter Narr Verlag.

Amsler, Mark (1993) 'History of linguistics, "Standard Latin", and pedagogy', in Vivien Law (ed.) *History of linguistic thought in the early Middle Ages* (pp. 49–66) Amsterdam/Philadelphia: John Benjamins Press.

Andresen, Julie Tetel (1978) 'François Thurot and the first history of grammar', *Histori- ographia Linguistica, 5*, 45–57.

—— (1985) 'Why do we do linguistic historiography?', *Semiotica, 56*, 357–370.

—— (1990a) *Linguistics in America 1769–1924: A critical history*, London: Routledge.

—— (1990b) 'Skinner and Chomsky thirty years later', *Historiographia Linguistica, 17*, 145–165.

Andrews, Ilse (1994) 'Some critics of Chomskyan theory reviewed', in Carlos P. Otero (ed.) *Noam Chomsky: Critical assessments: Vol. II. Philosophy* (pp. 904–918) New York: Rout- ledge (reprinted from *Studies in Language, 3*, 439–452, 1979).

Apostle, Hippocrates G. (1981) *Aristotle's* Posterior Analytics, Grinnell IA: Peripatetic Press.

Arabski, Janusz (1986) 'Elements of structuralism in nineteenth century foreign language teaching', in Dieter Kastovsky and Aleksander Szwedek (eds) *Linguistics across historical and geographical boundaries: In honour of Jacek Fisiak on the occasion of his fiftieth birthday: Vol. 2. Descriptive, contrastive, and applied linguistics* (pp. 1109–1115) Berlin: Mouton de Gruyter.

Archibald, John (ed.) (2000) *Second language acquisition and linguistic theory*, Malden MA: Blackwell.

Arens, Hans (1984) *Aristotle's theory of language and its tradition: Texts from 500 to 1750*, Amsterdam/Philadelphia: John Benjamins Press.

Arnauld, Antoine (1816) *A new method of learning with facility the Latin tongue: Vols 1–2* (T. Nugent, trans.) London: F. Wingrave and J. Collingwood (3rd edn, originally published 1653).

Arnauld, Antoine, and Lancelot, Claude (1975) *General and rational grammar: The Port-Royal Grammar* (Jacques Rieux and Bernard E. Rollin, eds and trans.) The Hague: Mouton (original work published 1676).

Augustinus, Aurelius (1942) *The* Confessions *of St Augustine, Books I–X* (F. J. Sheed, trans.) Kansas City MO: Sheed and Ward (original work *c.* 397).

—— (1947) 'Christian instruction' (John J. Gavigan O.S.A., trans.) in Ludwig Schopp (ed.) *Writings of Saint Augustine: Vol. 4* (pp. 27–235) New York: Cima (original work *c.* 396).

—— (1948) 'Concerning the teacher' (George C. Leckie, trans.) in Whitney J. Oates (ed.) *Basic writings of Saint Augustine: Vol. 1* (pp. 360–395) New York: Random House (original work *c.* 389).

—— (1963) *The trinity* (Stephen McKenna, trans.) Washington DC: Catholic University of America (original work *c.*

399–419).

Auroux, Sylvain (1983) 'General grammar and universal grammar in Enlightenment France', *General Linguistics, 23*, 1–18.

—— (1992a) 'Introduction: Le processus de grammatisation et ses enjeux', in Sylvain Auroux (ed.) *Histoire des idées linguistiques: Vol. 2. Le développement de la grammaire occidentale* (pp. 11–64) Liège: Mardaga.

—— (1992b) 'La tradition rationaliste dans la philosophie du langage', in Marcelo Dascal, Dietfried Gerhardus, Kuno Lorenz 216
and Georg Meggle (eds) *Philosophy of language: An international handbook of contemporary research: Vol. 1* (pp. 184–197) Berlin: Walter de Gruyter.

Auroux, Sylvain, Koerner, E. F. Konrad, Niederehe, Hans-Joseph and Versteegh, Kees (eds) (2000–) *History of the language sciences: An international handbook on the evolution of the study of language from the beginnings to the present: Vols 1–3*, Berlin: Walter de Gruyter.

Ayers, Robert H. (1979) *Language, logic, and reason in the Church Fathers: A study of Tertullian, Augustine and Aquinas*, Hildesheim: Georg Olms Verlag.

Bach, Emmon and Harms, Robert T. (eds) (1968) *Universals in linguistic theory*, New York: Holt, Rinehart and Winston.

Bacon, Roger (1859) *Fr. Rogeri Bacon: Opera quaedam hactenus inedita: Vol. 1. Opus tertium, Opus minus, Compendium philosophiae* (J. S. Brewer, ed.) London: Longman, Green, Longman and Roberts (original works written *c*. 1267–1272).

—— (1902) *The Greek grammar of Roger Bacon and a fragment of his Hebrew grammar* (Edmond Nolan and S. A. Hirsch, eds) Cambridge: Cambridge University Press (original work written *c*. 1270).

Bailey, Nathalie, Madden, Carolyn and Krashen, Stephen D. (1974) 'Is there a "natural sequence" in adult second language learning?', *Language Learning, 24*, 235–243.

Balcom, Patricia A. (2001) 'Minimalism and beyond: Second language acquisition for the twenty-first century', *Second Language Research, 17*, 307–322.

Bar-Adon, Aaron and Leopold, Werner F. (eds) (1971) *Child language: A book of readings*, Englewood Cliffs NJ: Prentice-Hall.

Baratin, Marc (1989) *La naissance de la syntaxe à Rome*, Paris: Les Editions de Minuit.

Bardy, Gustave (1946) *La question des langues dans l'église ancienne*, Paris: Beauchesne et ses Fils.

Baron, Hans (1966) *The crisis of the early Italian Renaissance*, revised edn, Princeton NJ: Princeton University Press.

Barsky, Robert F. (1997) *Noam Chomsky: A life of dissent*, Cambridge MA: MIT Press. Bartlett, Barrie E. (1975) *Beauzée's* Grammaire générale*: Theory and methodology*, The Hague: Mouton.

Bayless, Martha (1993) '*Beatus quid est* and the study of grammar in late Anglo-Saxon England', in Vivien Law (ed.) *History of linguistic thought in the early Middle Ages* (pp. 67–110) Amsterdam/Philadelphia: John Benjamins Press.

Beauzée, Nicholas (1966) 'Méthode', in *Enclyclopédie ou Dictionnaire raisonné des sciences, des artes et des métiers*, vol. 10 (pp. 445–458) Stuttgart-Bad Cannstatt: Friedrich Frommann Verlag (original work published 1751–1780).

—— (1974) *Grammaire générale, ou exposition raisonée des éléments nécessaires du langage: Vols 1–2* (introduction by Barrie E. Bartlett) Stuttgart-Bad Cannstatt: Friedrich Frommann Verlag (original work published 1767).

Bergheaud, Patrice (1979) 'De James Harris à John Horne Tooke: Mutations de l'analyse du langage en Angleterre dans la deuxième moitie du XVIIIe siècle', *Historiographia Linguistica, 6*, 15–45.

Besnier, Pierre (1675) *A philosophicall essay for the Reunion of the Languages, or, the Art of Knowing all by the Mastery of one* (Henry Rose, trans.) Oxford: James Good (reprinted Menston: Scolar Press, 1971) (original work published 1674).

Bhatia, Tej K. and Ritchie, William C. (1999) 'The bilingual child: Some issues and perspectives', in William C. Ritchie and Tej K. Bhatia (eds) *Handbook of child language acquisition* (pp. 569–643) San Diego CA: Academic Press.

217 Bialystok, Ellen and Hakuta, Kenji (1994) *In other words: The science and psychology of second- language acquisition*, New York: Basic Books.

Birdsong, David (1999) *Second language acquisition and the critical period hypothesis*, Mahwah NJ: Lawrence Erlbaum.

Bischoff, Bernhard (1961) 'The study of foreign languages in the Middle Ages', *Speculum, 36*, 209–224.

Blank, David L. (1982) *Ancient philosophy and grammar: The syntax of Apollonius Dyscolus*, Chico CA: Scholars Press.

Blatt, Franz (1957) 'Latin influence on European syntax', *Classica et Mediaevalia, 18*, 133–178.

Bley-Vroman, Robert (1989) 'What is the logical problem of foreign language learning?', in Susan M. Gass and Jacquelyn Schachter (eds) *Linguistic perspectives on second language acquisition* (pp. 41–68) Cambridge: Cambridge University Press.

Bloch, Bernard and Trager, George L. (1942) *Outline of linguistic analysis*, Baltimore MD: Linguistic Society of America.

Block, David (2003) *The social turn in second language acquisition*, Edinburgh: Edinburgh University Press.

Bloomfield, Leonard (1914) *An introduction to the study of language*, London: G. Bell and Sons (reprinted 1983, Amsterdam/Philadelphia: John Benjamins).

—— (1923) [Review of the book *Cours de linguistique générale*] *Modern Language Journal, 18*, 317–319.

—— (1931) [Obituary for Albert Paul Weiss] *Language, 7*, 219–221.

—— (1933) *Language*, New York: Henry Holt.

—— (1934) [Review of the book *Handbuch der erklärenden Syntax*] *Language, 10*, 32–40.

—— (1942) *Outline guide for the practical study of foreign languages*, Baltimore MD: Linguistic Society of America.

—— (1945) 'About foreign language teaching', *The Yale Review, 34*, 625–641.

Boas, Franz (1966) 'Introduction', in *Handbook of American Indian Languages* (Preston Holder, ed.) Lincoln NE: University of Nebraska Press (original work published 1911).

Boethius of Dacia (1980) *Godfrey of Fontaine's abridgement of Boethius of Dacia's* Modi signifi- candi sive quaestiones super Priscianum maiorem (A. Charlene Senape McDermott, ed. and trans.) Amsterdam: John Benjamins

Press (original work *c.* 1270).

Bolinger, Dwight (1971) 'Introduction', in Robert J. Di Pietro, *Language structures in contrast* (pp. vii–ix) Rowley MA: Newbury House.

Bonaventure, F. S. C., Brother (1961) 'The teaching of Latin in later medieval England', *Mediaeval Studies, 23*, 1–20.

Bonner, Stanley F. (1977) *Education in ancient Rome: From the elder Cato to the younger Pliny*, London: Methuen.

Botha, Rudolf P. (1989) *Challenging Chomsky: The generative garden game*, Oxford: Blackwell.

Botterill, Steven (1996) 'Introduction', in Steven Botterill (ed. and trans.) *Dante,* De vulgari eloquentia (pp. ix–xxvi) Cambridge: Cambridge University Press.

Bourgain, Pascale (1989) 'Le sens de la langue et des langues chez Roger Bacon', in Geneviève Contamine (ed.) *Traduction et traducteurs au Moyen Age* (pp. 317–331) Paris: Editions du CNRS.

Bowen, J. Donald, Madsen, Harold and Hilferty, Ann (1985) *TESOL techniques and proce- dures*, Boston MA: Heinle and Heinle.

Bowler, Peter J. (1992) *The Norton history of the environmental sciences*, New York: W. W. Norton.

Boyd, Clarence Eugene (1915) *Public libraries and literary culture in ancient Rome*, Chicago: University of Chicago 218
Press.

Bracken, Harry M. (1984) 'Rationalism and dualism in Descartes', in Harry M. Bracken, *Mind and language: Essays on Descartes and Chomsky* (pp. 1–38) Dordrecht: Foris Publica- tions.

—— (1994) 'Chomsky's Cartesianism', in Carlos P. Otero (ed.) *Noam Chomsky: Critical assessments: Vol. II. Philosophy* (pp. 890–903) New York: Routledge (reprinted from *Language Sciences, 22*, 11–17, 1972).

—— (1994a)'Chomsky's variations on a theme by Descartes', in Carlos P. Otero (ed.) *Noam Chomsky: Critical assessments: Vol. II. Philosophy* (pp. 876–889) New York: Routledge (reprinted from *Journal of the History of Philosophy, 18*, 181–192, 1970).

Brekle, Herbert E. (1975) 'The seventeenth century', in Thomas A. Sebeok (ed.) *Current trends in linguistics: Vol. 13. Historiography of linguistics* (pp. 277–382) The Hague: Mouton.

—— (1986) 'What is the history of linguistics and to what end is it studied? A didactic approach', in Theodora Bynon and F. R. Palmer (eds) *Studies in the history of western linguistics: In honour of R. H. Robins* (pp. 1–10) Cambridge: Cambridge University Press.

—— (1989) 'La linguistique populaire', in Sylvain Auroux (ed.) *Histoire des idées linguistiques: Vol. 1. La naissance des métalangages en Orient et en Occident* (pp. 39–44) Brussels: Mardaga.

Breva-Claramonte, Manuel (1977a) 'Sanctius' antecedents: The beginnings of transfor- mational grammar', *Language Sciences, no. 44*, 10–18.

—— (1977b) 'Sanctius' antecedents (Part 2)', *Language Sciences, no. 45*, 6–21.

—— (1978) 'The sign and the notion of "general" grammar in Sanctius and Port-Royal', *Semiotica, 24*, 353–370.

—— (1984) 'Sanctius' theory and language teaching in Scioppius' *Grammatica philosophica*', in Sylvain Auroux, Michel Glatigny, André Joly, Anne Nicholas and Irène Rosier (eds) *Essays toward a history of linguistic theories* (pp. 273–281) Lille: Université de Lille III.

—— (1990) 'Translation in Pedro-Simón Abril's (1530–1600) teaching method', in Hans- Josef Niederehe and E. F. Konrad Koerner (eds) *History and historiography of linguistics: Papers from the Fourth International Conference on the History of the Language Sciences (ICHoLS IV) Trier, 24–28 August 1987* (pp. 275–286) Amsterdam/ Philadelphia: John Benjamins Press.

Brock, S. P. (1993) 'Ancient languages', in Bruce M. Metzger and Michael D. Coogan (eds) *The Oxford companion to the Bible* (pp. 752–754) New York: Oxford University Press.

Brown, Peter (1967) *Augustine of Hippo*, Berkeley CA: University of California Press.

—— (1993) 'Introduction', in *Confessions: Books I–XIII* (F. J. Sheed, trans.) (pp. ix–xxvi) Indianapolis IN: Hackett.

Brown, Roger (1973a) 'Development of the first language in the human species', *American Psychologist, 28*, 97–106.

—— (1973b) *A first language: The early stages*, Cambridge MA: Harvard University Press. Bruni, Leonardo (1987) 'A letter to Flavio Biondo on the Latin language', in Gordon Grif-

fiths, James Hankins and David Thompson (eds) *The humanism of Leonardo Bruni* (pp. 229–234) Binghamton NY: Center for Medieval and Early Renaissance Studies (orig- inal work written 1435).

Bugarski, Ranko (1974) 'Language and languages in the history of linguistics', in Luigi Heilmann (ed.) *Proceedings of the Eleventh International Congress of Linguists: Vol. 1* (pp. 159–162) Bologna: Società Editrice il Mulino.

—— (1976) 'The object of linguistics in historical perspective', in Herman Parret (ed.) *History of linguistic thought and contemporary linguistics* (pp. 1–12) Berlin: Walter de Gruyter.

219 Bühler, Axel (1992) 'The structuralist approaches', in Marcelo Dascal, Dietfried Gerhardus, Kuno Lorenz, and Georg Meggle (eds) *Philosophy of language: An international handbook of contemporary research: Vol. 1* (pp. 718–731) Berlin: Walter de Gruyter.

Bühler, Karl (1971) 'Vom Wesen der Syntax', in Aaron Bar-Adon and Werner F. Leopold (eds) *Child language: A book of readings* (pp. 52–56) Englewood Cliffs NJ: Prentice-Hall (original work published 1922).

Bullough, D. A. (1972) 'The educational tradition in England from Alfred to Ælfric: Teaching *utriusque linguae*', *La scuola nell'occidente latino dell'alto medioevo, Settimane di studio del Centro italiano di studi sull'alto Medioevo, 19*, 453–494.

Bursill-Hall, Geoffrey L. (1963) 'Mediaeval grammatical theories', *Canadian Journal of Linguistics, 9*, 40–54.

—— (1971) *Speculative grammars of the Middle Ages: The doctrine of* partes orationis *of the Modistae*, The Hague: Mouton.

—— (1975) 'The Middle Ages', in Thomas A. Sebeok (ed.) *Current trends in linguistics: Vol. 13. Historiography of linguistics* (pp. 179–230) The Hague: Mouton.

—— (1976) 'Some notes on the grammatical theory of Boethius of Dacia', in Herman Parret (ed.) *History of linguistic thought and contemporary linguistics* (pp. 164–188) Berlin: Walter de Gruyter.

—— (1977) 'Teaching grammars of the Middle Ages', *Historiographia Linguistica, 4*, 1–29.

—— (1981) 'Medieval Donatus commentaries', *Historiographia Linguistica, 8*, 69–97.

Bursill-Hall, Geoffrey L. and Ebbesen, Sten (1990) 'Introduction', in Geoffrey L. Bursill- Hall, Sten Ebbesen and E. F.

Konrad Koerner (eds) De ortu grammaticae: *Studies in medieval grammar and linguistic theory in memory of Jan Pinborg* (pp. 1–12) Amsterdam/Philadelphia: John Benjamins Press.

Cannon, Garland H. (1990) *The life and mind of Oriental Jones: Sir William Jones, the father of modern linguistics*, Cambridge: Cambridge University Press.

Caravolas, Jean Antoine (1995) 'Apprendre à parler une langue étrangère à la Renais- sance', *Historiographia Linguistica, 22*, 275–310.

Céard, J. (1980) 'De Babel à la Pentecôte: La transformation du mythe de la confusion des langues au XVIe siècle', *Bibliothèque d'Humanisme et Renaissance, 42*, 577–594.

Celce-Mucia, Marianne (1992) 'Special feature roundtable: Preparing applied linguists for the future (with discussion by John H. Schumann, Leslie M. Beebe, Craig Chaudron, Susan M. Gass, Sandra J. Savignon and John J. Staczek)', *Issues in Applied Linguistics, 3*, 131–148.

Chamot, Anna Uhl, and O'Malley, J. Michael (1994) 'Language learner and learning strategies', in Nick C. Ellis (ed.) *Implicit and explicit learning of languages* (pp. 371–392) San Diego CA: Academic Press.

Chase, Wayland Johnson (trans.) (1926) *The* Ars minor *of Donatus*, Madison WI: Wisconsin University Press.

Chevalier, Jean-Claude (1968) *Histoire de la syntaxe: Naissance de la notion de complément dans la grammaire française (1530–1750)*, Geneva: Librairie Droz.

—— (1972) 'La grammaire générale et la pédagogie au XVIIIe siècle', *Le Français Moderne, 40*, 40–51.

Chomsky, Noam (1959) [Review of the book *Verbal behavior*] *Language, 35*, 26–57.

—— (1964) *Current issues in linguistic theory*, The Hague: Mouton.

—— (1965) *Aspects of the theory of syntax*, Cambridge MA: MIT Press.

—— (1966) *Cartesian linguistics: A chapter in the history of rationalist thought*, New York: Harper and Row.

Chomsky, Noam (1972) *Language and mind*, enlarged edn, New York: Harcourt Brace Jovanovich. 220

—— (1974) 'Human nature: Justice versus power', in Fons Elders (ed.) *Reflexive water: The basic concerns of mankind* (pp. 133–197) London: Souvenir Press.

—— (1975) *Reflections on language*, New York: Pantheon.

—— (1977a) 'Questions of form and interpretation', in *Essays on form and interpretation* (pp. 25–59) New York: North-Holland.

—— (1977b) 'Conditions on rules of grammar', in *Essays on form and interpretation* (pp. 163–210) New York: North-Holland.

—— (1980) *Rules and representations*, New York: Columbia University Press.

—— (1982) *Noam Chomsky on the generative enterprise: A discussion with Riny Huybregts and Henk van Riemsdijk*, Dordrecht: Foris Publications.

—— (1986) *Knowledge of language: Its nature, origin, and use*, New York: Praeger.

—— (1988) *Language and problems of knowledge: The Managua lectures*, Cambridge MA: MIT Press.

—— (1995) *The minimalist program*, Cambridge MA: MIT Press.

—— (1999) 'On the nature, use, and acquisition of language', in William C. Ritchie and Tej K. Bhatia (eds) *Handbook of child language acquisition* (pp. 33–54) San Diego CA: Academic Press (reprinted from a special issue of *Sophia Linguistica, 11*, 1987).

Chomsky, Noam and Lasnik, Howard (1995) 'The theory of principles and parameters', in Noam Chomsky, *The minimalist program* (pp. 13–127) Cambridge MA: MIT Press.

Clark, John Willis (1973) *The care of books*, Cambridge: Cambridge University Press (orig- inal work published 1901).

Cohen, Murray (1977) *Sensible words: Linguistic practice in England 1640–1785*, Baltimore: Johns Hopkins University Press.

Collinge, N. E. (1986) 'Linguistic light from three lesser stars', *Bulletin of the John Rylands University Library of Manchester, 68*, 34–52.

—— (1995a) 'History of comparative linguistics', in E. F. Konrad Koerner and R. E. Asher (eds) *Concise history of the language sciences: From the Sumerians to the cognitivists* (pp. 195–202) Oxford: Pergamon Press.

—— (1995b) 'History of historical linguistics', in E. F. Konrad Koerner and R. E. Asher (eds) *Concise history of the language sciences: From the Sumerians to the cognitivists* (pp. 203–212) Oxford: Pergamon Press.

Comenius, John Amos (1967) *The great didactic* (M. W. Keatinge, ed. and trans.) New York: Russell and Russell (original work published 1657).

Comrie, Bernard (1981) *Language universals and linguistic typology*, Chicago: University of Chicago Press.

—— (1984) 'Language universals and linguistic argumentation: A reply to Coopmans', *Journal of Linguistics, 20*, 155–163.

Condillac, Etienne Bonnot de (1982) *Philosophical writings of Etienne Bonnot, Abbé de Condillac: Vols 1–2* (Franklin Philip, trans.) Hillsdale NJ: Lawrence Erlbaum (original works published 1746–1792).

Cook, Vivian (1991) *Second language learning and language teaching*, London: Edward Arnold.

—— (1993) *Linguistics and second language acquisition*, New York: St Martin's Press.

Cooper, David E. (1972) 'Innateness: Old and new', *The Philosophical Review, 81*, 465–483. Coopmans, Peter (1983) [Review of the book *Language universals and linguistic typology*] *Journal of Linguistics, 19*, 455–473.

—— (1984) 'Surface word-order typology and universal grammar', *Language, 60*, 55–69.

221 Cooreman, A. and Goyvaerts, D. (1980) 'Universals in human language: A historical perspective', *Revue Belge de Philologie et d'Histoire, 58*, 615–638.

Copeland, Rita (1987) 'Vernacular translation and instruction in grammar in fifteenth- century England', in Hans Aarsleff, Louis G. Kelly and Hans-Josef Niederehe (eds) *Papers in the history of linguistics: Proceedings of the Third International Conference on the History of the Language Sciences (ICHoLS III) Princeton, 19–23 August 1984* (pp. 143–154) Amsterdam/Philadelphia: John Benjamins Press.

Copleston, Frederick, S.J. (1946) *A history of philosophy: Vol. 1. Greece and Rome*, Norwich: Burns Oates and Washbourne.

Corder, S. Pit (1967) 'The significance of learner's [*sic*] errors', *International Review of Applied Linguistics, 5*, 161–170.

Cornford, Francis Macdonald (1935) *Plato's theory of knowledge*, London: Routledge and Kegan Paul.

Corti, Maria (1981) 'Les notions de "langue universelle" et de "langue poétique" chez Dante Alighieri', in Horst Geckeler, Brigitte Schlieben-Lange, Jürgen Trabant and Harald Weydt (eds) *Logos semantikos: Studia linguistica in honorem Eugenio Coseriu* (pp. 31–39) Madrid: Editorial Gredos.

Coseriu, Eugenio (1974) 'Les universaux linguistiques (et les autres)', in Luigi Heilmann (ed.) *Proceedings of the Eleventh International Congress of Linguists: Vol. 1* (pp. 47–73) Bologna: Società Editrice il Mulino.

Couturat, Louis (1961) *Opuscules et fragments inédits de Leibniz*, Hildesheim: Georg Olms Verlagsbuchhandlung.

Couturat, Louis and Leau, Léopold (1979) *Histoire de la langue universelle*, Hildesheim: Georg Olms Verlag (original work published 1903).

Covington, Michael A. (1979) 'The syntactic theory of Thomas of Erfurt', *Linguistics, 17*, 465–496.

—— (1984) *Syntactic theory in the High Middle Ages*, Cambridge: Cambridge University Press.

—— (1986) 'Grammatical theory in the Middle Ages', in Theodora Bynon and F. R. Palmer (eds) *Studies in the history of western linguistics: In honour of R. H. Robins* (pp. 23–42) Cambridge: Cambridge University Press.

—— (1992) 'Medieval scholastic grammar', in *International encyclopedia of linguistics* (vol. 2, pp. 149–152) New York: Oxford University Press.

Cowan, J. Milton (1991) 'American linguistics in peace and at war', in E. F. Konrad Koerner (ed.) *First person singular II: Autobiographies by North American scholars in the language sciences* (pp. 67–82) Amsterdam/Philadelphia: John Benjamins Press.

Cowan, Marianne (1963) *Humanist without portfolio: An anthology of the writings of Wilhelm von Humboldt*, Detroit MI: Wayne State University Press.

Cowan, William (1984) 'John Eliot's Indian grammar', in Sylvain Auroux, Michel Glatigny, André Joly, Anne Nicolas and Irène Rosier (eds) *Matériaux pour une histoire des théories linguistiques* (pp. 293–300) Lille: Université de Lille III.

Cowley, Stephen J. (2001) 'The baby, the bathwater and the "language instinct" debate', *Language Sciences, 23*, 69–91.

Cram, David (1985a) 'Universal language schemes in seventeenth-century Britain', *Histoire Epistémologie Langage, 7*, 35–44.

—— (1985b) 'Language universals and seventeenth-century universal language schemes', in Klaus D. Dutz and Ludger Kaczmarek (eds) *Rekonstruktion und Interpretation: Prob- lemgeschichtliche Studien zur Sprachtheorie von Ockham bis Humboldt* (pp. 243–257) Tübingen: Gunter Narr.

Cremona, J. (1965) 'Dante's views on language', in U. Limentani (ed.) *The mind of Dante* (pp. 138–162) Cambridge: 222
Cambridge University Press.

Croft, William (1990) *Typology and universals*, Cambridge: Cambridge University Press. Dalgarno, George (1661) *Ars signorum, vulgo character universalis et lingua philosophica*, London: Excudebat J. Hayes.

Danesi, Marcel (1985) 'Charles Fries and contrastive analysis', in Peter H. Fries (ed.) *Toward an understanding of language: Charles Carpenter Fries in perspective* (pp. 277–295) Amsterdam/Philadelphia: John Benjamins Press.

—— (1991) 'Latin vs. Romance in the Middle Ages: Dante's *De vulgari eloquentia* revisited', in Roger Wright (ed.)

Latin and the Romance languages in the early Middle Ages (pp. 248–258) London: Routledge.

Dante Alighieri (1996) *De vulgari eloquentia* (Steven Botterill, ed. and trans.) Cambridge: Cambridge University Press (original work *c.* 1305).

Danto, Arthur C. (1975) ‘Preface’, in Antoine Arnauld and Claude Lancelot, *General and rational grammar: The Port-Royal Grammar* (Jacques Rieux and Bernard E. Rollin, eds and trans.) (pp. 11–17) The Hague: Mouton.

Dascal, Marcelo (1971) ‘About the idea of a generative grammar in Leibniz’, *Studia Leibni- tiana, 3*, 272–290.

Dekydtspotter, Laurent, and Sprouse, Rex A. (2000) ‘Syntax-semantics composition in English–French interlanguage: A reply to Newmeyer on grammatical design and second language epistemology’, unpublished ms., Indiana University.

Delesalle, Simone and Chevalier, Jean-Claude (1986) *La linguistique, la grammaire et l’école 1750–1914*, Paris: Armand Colin.

De Libera, Alain and Rosier, Irène (1992) ‘La pensée linguistique médiévale’, in Sylvain Auroux (ed.) *Histoire des idées linguistiques: Vol. 2. Le développement de la grammaire occidentale* (pp. 115–186) Liège: Mardaga.

de Rijk, Lambertus M. (1982) ‘The origins of the theory of the properties of terms’, in Norman Kretzmann, Anthony Kenny and Jan Pinborg (eds) *The Cambridge history of later medieval philosophy: From the rediscovery of Aristotle to the disintegration of scholasticism 1100–1600* (pp. 116–173) Cambridge: Cambridge University Press.

de Rijk, Rudolf P. G. (1968) ‘St Augustine on language’, in Charles E. Gribble (ed.) *Studies presented to Professor Roman Jakobson by his students* (pp. 91–104) Cambridge MA: Slavica Publishers.

Desbordes, Françoise (1987) ‘Elementa. Remarques sur le rôle de l’écriture dans la linguistique antique’, *Cahiers de Philosophie Ancienne: Cahiers du Groupe de Recherche sur la Philosophie et le Langage, 6/7*, 339–355.

Dezso, László (1980) ‘From “grammaire générale” to universal grammar’, in Gunter Brettschneider and Christian Lehmann (eds) *Wege zur Universalen Forschung: Sprachewis- senschaftliche Beiträge zum 60. Geburtstag von Hansjakob Seiler* (pp. 38–41) Tübingen: Gunter Narr Verlag.

Diderot, Denis and d’Alembert, Jean Le Rond (eds) (1966) *Enclyclopédie ou Dictionnaire raisonné des sciences, des artes et des métiers: Vols 1–35*, Stuttgart-Bad Cannstatt: Friedrich Frommann Verlag (original work published 1751–1780).

Diller, Karl Conrad (1971) *Generative grammar, structural linguistics, and language teaching*, Rowley MA: Newbury House.

—— (1978) *The language teaching controversy*, Rowley MA: Newbury House (revised edn of Diller 1971).

223 Dillinger, Mike and Palácio, Adair (1997) ‘Generative linguistics: Development and perspectives. An interview with Noam Chomsky’, *Chomsky no Brasil/Chomsky in Brazil*, special edition of *Revista de Documentação de Estudos em Lingüística Teórica e Aplicada, 13,* 159–194.

Dinneen, Francis P., S.J. (1985) ‘Contrastive analysis, modistae, and Case Grammar’, in Kurt R. Jankowsky (ed.) *Scientific and humanistic dimensions of language: Festschrift for Robert Lado* (pp. 185–197) Amsterdam: John Benjamins Press.

Di Pietro, Robert J. (1968) 'Contrastive analysis and the notions of deep and surface grammar', in James E. Alatis (ed.) *Contrastive linguistics and its pedagogical implications: Report of the Nineteenth Annual Round Table Meeting on Linguistics and Language Studies* (pp. 65–80) Washington DC: Georgetown University Press.

—— (1971) *Language structures in contrast*, Rowley MA: Newbury House.

Donatus, Aelius (1926) *Ars minor* (Wayland Johnson Chase, trans.) Madison WI: Wisconsin University Press (original work c. 350).

Dubuisson, Michel (1981a) 'Vtraqve lingva', *L'Antiquité Classique, 50*, 274–286.

—— (1981b) 'Problèmes de bilinguisme Romain', *Les études Classiques, 49,* 27–45.

—— (1984) 'Le latin est-il une langue barbare? *Ktêma, 9*, 55–68.

Dulay, Heidi C. and Burt, Marina K. (1972) 'Goofing: An indicator of children's second language learning strategies', *Language Learning, 22*, 235–252.

—— (1974a) 'Errors and strategies in child second language acquisition', *TESOL Quarterly, 8*, 129–136.

—— (1974b) 'Natural sequences in child second language acquisition', *Language Learning, 24*, 37–53.

Dulay, Heidi C., Burt, Marina K. and Krashen, Stephen (1982) *Language two*, Oxford: Oxford University Press.

Du Marsais, César Chesneau (1971a) *Exposition d'une méthode raisonnée pour apprendre la langue latine*, in *Oeuvres choisies: Vol. 1* (pp. 1–41) Stuttgratt-Bad Cannstatt: Friedrich Frommann Verlag (original work published 1722).

—— (1971b) *Les véritables principes de la Grammaire ou nouvelle grammaire raisonnée pour apprendre la langue latine*, in *Oeuvres choisies: Vol. 1*, Stuttgratt-Bad Cannstatt: Friedrich Frommann Verlag (original work published 1722).

Eckman, Fred R. (1977) 'Markedness and the contrastive analysis hypothesis', *Language Learning, 27*, 315–330.

—— (1984) 'Universals, typologies, and interlanguage', in William E. Rutherford (ed.) *Language universals and second language acquisition*, 2nd edn (pp. 79–105) Amsterdam/ Philadelphia: John Benjamins Press.

—— (1996) 'A functional-typological approach to second language acquisition theory', in William C. Ritchie and Tej K. Bhatia (eds) *Handbook of second language acquisition* (pp. 195–211) San Diego CA: Academic Press.

Eco, Umberto (1995) *The search for the perfect language* (James Fentress, trans.) Oxford: Blackwell.

Edel, Abraham (1982) *Aristotle and his philosophy*, Chapel Hill NC: University of North Carolina Press.

Elffers, Els (1988) 'Rationality and the history of linguistics', in Els Effers and Klaus D. Dutz, *Rationality and the history of linguistics* (pp. 3–25) Münster: Nodus.

Elffers-van Ketel, Els (1991) *The historiography of grammatical concepts*, Amsterdam/Atlanta GA: Rodopi.

Ellis, N. C. (ed.) (1994) *Implicit and explicit learning of languages*, New York: Academic Press.

Ellis, Rod (1994) *The study of second language acquisition*, Oxford: Oxford University Press.

Epstein, Samuel David, Flynn, Suzanne and Martohardjono, Gita (1996) 'Second language acquisition: Theoretical 224
and experimental issues in contemporary research', *Behavioral and Brain Sciences, 19*, 677–758.

Erneling, Christina (1993a) 'Why first language learning is not second language learning: Wittgenstein's rejection of St Augustine's conception of learning', *Interchange, 24*, 341–351.

—— (1993b) *Understanding language acquisition: The framework of learning*, Albany NY: State University of New

York Press.

Esper, Erwin A. (1968) *Mentalism and objectivism in linguistics: The sources of Leonard Bloomfield's psychology of language*, New York: American Elsevier.

Eubank, Lynn (1991) 'Introduction: Universal Grammar in the second language' (pp. 1–48) in Lynn Eubank (ed.) *Point counterpoint: Universal grammar in the second language*, Amsterdam/Philadelphia: John Benjamins Press.

Eubank, Lynn and Juffs, Alan (1995) 'Morphosyntax and argument structure in L2 acquisition: A brief overview of research', *Glot International, 1*, 3–8.

Ewert, A. (1940) 'Dante's theory of language', *Modern Language Review, 35*, 355–366.

Faithfull, R. Glynn (1953) 'The concept of "living language" in Cinquecento vernacular philology', *Modern Language Review, 48*, 278–292.

Fellman, Jack (1976) 'Concerning the validity of the term "Cartesian linguistics" ', *Linguis- tics, 182*, 35–37.

Ferguson, Charles A. (1978) 'Historical background of universals research', in Joseph H. Greenberg, Charles A. Ferguson and Edith A. Moravcsik (eds) *Universals of human language: Vol. 1. Method and theory* (pp. 7–31) Stanford CA: Stanford University Press.

—— (1985) 'Contrastive analysis: A linguistic hypothesis', in Kurt R. Jankowsky (ed.) *Scientific and humanistic dimensions of language: Festschrift for Robert Lado* (pp. 199–207) Amsterdam/Philadelphia: John Benjamins Press.

—— (1991) 'Currents between second language acquisition and linguistic theory', in Thom Huebner and Charles A. Ferguson (eds) *Crosscurrents in second language acquisition and linguistic theories* (pp. 425–435) Amsterdam/ Philadelphia: John Benjamins Press.

Firth, J. R. (1937) *The tongues of men*, London: Watts.

Fisiak, Jacek (1981) 'Some introductory notes concerning contrastive linguistics', in Jacek Fisiak (ed.) *Contrastive linguistics and the language teacher* (pp. 1–11) Oxford: Pergamon Press.

—— (1984) 'On the roots of contrastive linguistics', *Folia Linguistica, 18*, 139–153. Flynn, Suzanne (1987) *A parameter-setting model of L2 acquisition*, Dordrecht: D. Reidel.

—— (1991) 'The relevance of linguistic theory for language pedagogy: Debunking the myths', in James E. Alatis (ed.) *Linguistics and language pedagogy: The state of the art. George- town University Round Table on Languages and Linguistics 1991*, 547–554.

Flynn, Suzanne, and O'Neil, Wayne (eds) (1988) *Linguistic theory in second language acquisition*, Dordrecht: Kluwer Academic.

Fodor, Jerry A. (1975) *The language of thought*, New York: Thomas Y. Crowell.

Fontaine, Jacques (1959) *Isidore de Seville et la culture classique dans l'Espagne wisigothique*, Paris: Etudes Augustiniennes.

Formigari, Lia (1988) 'De l'idéalisme dans les théories du langage. Histoire d'une transi- tion', *Histoire Epistémologie Langage, 10*, 59–80.

—— (1992) 'The empiricist tradition in the philosophy of language', in Marcelo Dascal, Dietfried Gerhardus, Kuno

Lorenz and Georg Meggle (eds) *Philosophy of language: An international handbook of contemporary research: Vol. 1* (pp. 175–184) Berlin: Walter de Gruyter.

Foster-Cohen, Susan H. (1993) 'Directions of influence in first and second language acquisition research', *Second Language Research, 9*, 140–152. 225

Foucault, Michel (1969) 'Introduction', in Antoine Arnauld and Claude Lancelot, *Gram- maire générale et raisonnée* (pp. iii–xxviii) Paris: Republications Paulet.

—— (1970) *The order of things: An archaeology of the human sciences*, New York: Vintage Books (original work published 1966).

Fraenkel, Gerd (1969) 'A chapter in the history of language study', *Linguistics, 53*, 10–29. Frakes, Jerold C. (1988) 'Remigius of Auxerre, Eriugena, and the Greco-Roman *circum-*

stantiae-formula of *accessus ad auctores*', in Michael W. Herren (ed.) *The sacred nectar of the Greeks: The study of Greek in the west in the early Middle Ages* (pp. 229–255) London: King's College London Medieval Studies.

Fredborg, Karin Margareta (1980) 'Universal grammar according to some 12th-century grammarians', *Historiographia Linguistica, 7*, 69–84.

Frend, W. H. C. (1942) 'A note on the Berber background in the life of Augustine', *The Journal of Theological Studies, 43*, 188–191.

Fried, Vilém (1968) 'Comparative linguistic analysis in language teaching', *Modern Language Teaching, 17*, 38–46.

—— (ed.) (1972a) *The Prague School of linguistics and language teaching*, London: Oxford University Press.

—— (1972b) 'Editor's introduction', in Vilém Fried (ed.) *The Prague School of linguistics and language teaching* (pp. 1 9) London: Oxford University Press.

—— (1978) 'On the history of "The Linguistic Circle of Prague" and the "Prague School of Linguistics" ', *Historiographia Linguistica, 5*, 289–304.

Fries, Charles C. (1945) *Teaching and learning English as a foreign language*, Ann Arbor: Univer- sity of Michigan Press.

—— (1957) 'Foreword', in Robert Lado, *Linguistics across cultures* (p. v) Ann Arbor: Univer- sity of Michigan Press.

Fries, Peter H. (1987) 'Charles Fries' views on psychology and ESL pedagogy', *Journal of Intensive English Studies, 1*, 17–39.

Fromkin, Victoria and Rodman, Robert (1988) *An introduction to language*, 4th edn, Fort Worth TX: Holt, Rinehart and Winston.

Fudge, Erik C. (1995) 'The glossematic school of linguistics', in E. F. Konrad Koerner and R. E. Asher (eds) *Concise history of the language sciences: From the Sumerians to the cogni- tivists* (pp. 262–268) Oxford: Pergamon Press.

Gair, James W. (1995) 'Linguistic theory, L2 acquisition research, and pedagogical appli- cations: Restoring the link', in Vijay Gambhir (ed.) *The teaching and acquisition of South Asian languages* (pp. 1–23) Philadelphia: University of Pennsylvania Press.

Gardner, Howard (1985) *The mind's new science: A history of the cognitive revolution*, New York: Basic Books.

Gass, Susan M. (1979) 'Language transfer and universal grammatical relations', *Language Learning, 29*, 327–344.

—— (1989) 'Language universals and second-language acquisition', *Language Learning, 39*, 497–534.

—— (1992) 'The need to win fields and influence disciplines', plenary address presented at the Second Language Research Forum, East Lansing MI, March.

—— (1993) 'Second language acquisition: Past, present and future', *Second Language Research, 9*, 99–117.

226 Gass, Susan M. (1995) 'Learning and teaching: The necessary intersection', in Fred R. Eckman, Diane Highland, Peter W. Lee, Jean Mileham and Rita Rutkowski Weber (eds) *Second language acquisition theory and pedagogy* (pp. 3–20) Mahwah NJ: Lawrence Erlbaum.

Gass, Susan M., Fleck, Catherine, Leder, Nevin and Svetics, Ildiko (1998) 'Ahistoricity revisited: Does SLA have a history?', *Studies in Second Language Acquisition, 20,* 407–421.

Gass, Susan M. and Selinker, Larry (2001) *Second language acquisition: An introductory course*, 2nd edn, Mahwah NJ: Lawrence Erlbaum.

Gehman, Henry Synder (1914) *The interpreters of foreign languages among the ancients: A study based on Greek and Latin sources*, Lancaster PA: Intelligencer Printing.

Gellius, Aulus (1927) *The* Attic Nights *of Aulus Gellius: Vols 1–3* (John C. Rolfe, trans.) Cambridge MA: Harvard University Press (original work written before 180).

Giacalone Ramat, Anna (ed.) (2003) *Typology and second language acquisition*, Berlin: Mouton de Gruyter.

Giard, Luce (1984) 'Du latin médiéval au pluriel des langues, le tournant de la Renais- sance', *Histoire Epistémologie Langage, 6*, 35–55.

Gilson, Etienne (1955) *History of Christian philosophy in the Middle Ages*, New York: Random House.

Godfrey, Robert G. (1965) 'Late mediaeval linguistic meta-theory and Chomsky's syntactic structures', *Word, 21*, 251–256.

Gordon, Cyrus H. (1971) *Before Columbus: Links between the Old World and ancient America*, New York: Crown.

—— (1988) 'Ebla as background for the Old Testament', in J. A. Emerton (ed.) *Congress volume: Jerusalem 1986* (pp. 293–297) Leiden: E. J. Brill.

Gouin, François (1892) *The art of teaching and studying languages* (Howard Swan and Victor Betis, trans.) New York: Longmans, Green (original work published 1880).

Grabe, William and Kaplan, Robert B. (1992) 'Becoming an applied linguist', in William Grabe and Robert B. Kaplan (eds) *Introduction to applied linguistics* (pp. 281–300) Reading MA: Addison-Wesley.

Grayson, Cecil (1960) *A Renaissance controversy: Latin or Italian?*, Oxford: Clarendon Press.

—— (1963) 'Leon Battista Alberti and the beginnings of Italian grammar', *Proceedings of the British Academy, 49*, 291–311.

Greenbaum, Sidney and Quirk, Randolph (1990) *A student's grammar of the English language*, Harlow: Longman.

Greenberg, Joseph H. (ed.) (1963) *Universals of language*, Cambridge MA: MIT Press.

—— (1974) *Language typology: A historical and analytic overview*, The Hague: Mouton.

—— (1991a) 'Typology/universals and second language acquisition', in Thom Huebner and Charles A. Ferguson (eds)

Crosscurrents in second language acquisition and linguistic theories (pp. 37–43) Amsterdam/Philadelphia: John Benjamins Press.

—— (1991b) 'On being a linguistic anthropologist', in E. F. Konrad Koerner (ed.) *First person singular II: Autobiographies by North American scholars in the language sciences* (pp. 141–166) Amsterdam/Philadelphia: John Benjamins Press.

—— (1991c) 'Two approaches to language universals', in Linda R. Waugh and Stephen Rudy (eds) *New vistas in grammar: Invariance and variation* (pp. 417–435) Amsterdam/Philadelphia: John Benjamins Press.

—— (1995) 'The diachronic typological approach to language', in Masayoshi Shibatani and Theodora Bynon (eds) *Approaches to language typology* (pp. 145–166) Oxford: Clarendon Press.

Greenberg, Joseph H., Ferguson, Charles A. and Moravcsik, Edith A. (eds) (1978) *Univer- sals of human language: Vols 1–4*, 227
Stanford CA: Stanford University Press.

Greenberg, Joseph H., Osgood, Charles E. and Jenkins, James J. (1966) 'Memorandum concerning language universals', in Joseph H. Greenberg (ed.) *Universals of language*, 2nd edn (pp. xv–xxvii) Cambridge MA: MIT Press.

Gregersen, Frans (1991) 'Relationships between linguistics and applied linguistics: Some Danish examples', in Robert Phillipson, Eric Kellerman, Larry Selinker, Michael Sharwood Smith and Merrill Swain (eds) *Foreign/second language pedagogy research: A commemorative volume for Claus Færch* (pp. 11–28) Clevedon: Multilingual Matters.

Gregg, Kevin R. (1989) 'Second language acquisition theory: the case for a generative perspective', in Susan M. Gass and Jacquelyn Schachter (eds) *Linguistic perspectives on second language acquisition* (pp. 15–40) Cambridge: Cambridge University Press.

—— (1995) [Review of the book *Linguistics and second language acquisition*] *Second Language Research, 11*, 90–94.

Grendler, Paul F. (1985) 'The teaching of Latin in sixteenth-century Venetian schools', in R. J. Schoeck (ed.) *Acta Conventus Neo-Latini Bononiensis: Proceedings of the Fourth Interna- tional Congress of Neo-Latin Studies* (pp. 258–276) Binghamton NY: Medieval and Renaissance Texts and Studies.

Haarhoff, Theodore (1920) *Schools of Gaul: A study of Pagan and Christian education in the last century of the Western Empire*, London: Oxford University Press.

Haastrup, Niels (1990) 'Vernacular grammar as a calque of Latin grammar: The case of infinitive + *skullende*', in Geoffrey L. Bursill-Hall, Sten Ebbesen and E. F. Konrad Koerner (eds) De ortu grammaticae*: Studies in medieval grammar and linguistic theory in memory of Jan Pinborg* (pp. 87–98) Amsterdam/Philadelphia: John Benjamins Press.

Haislund, Niels (1967) 'Otto Jespersen', in Thomas A. Sebeok (ed.) *Portraits of linguists: A biographical source book for the history of Western linguistics, 1746–1963: Vol. 2* (pp. 148–157) Bloomington IN: Indiana University Press.

Hall, Robert A. (1969) 'Some recent studies on Port-Royal and Vaugelas', *Acta Linguistica Hafniensia, 12*, 207–233.

—— (1975) *Stormy petrel in linguistics*, Ithaca NY: Spoken Language Services.

—— (1989) *Modern language maverick*, Ithaca NY: Linguistica.

—— (1990) *A life for language: A biographical memoir of Leonard Bloomfield*, Amsterdam/Philadelphia: John Benjamins Press.

Halliday, M. A. K. (1995) 'Systemic theory', in E. F. Konrad Koerner and R. E. Asher (eds) *Concise history of the language sciences: From the Sumerians to the cognitivists* (pp. 272–276) Oxford: Pergamon Press.

Halliday, M. A. K., McIntosh, Angus and Strevens, Peter (1964) *The linguistic sciences and language teaching*, Bloomington IN: Indiana University Press.

Hamiliton, Richard Paul (2001) 'The insignificance of learners' errors: A philosophical investigation of the interlanguage hypothesis', *Language and Communication, 21*, 73–88.

Hamilton, Robert L. (1995) 'The Noun Phrase Accessibility Hierarchy in SLA: Deter- mining the basis for its developmental effects', in Fred R. Eckman, Diane Highland, Peter W. Lee, Jean Mileham and Rita Rutkowski Weber (eds) *Second language acquisition theory and pedagogy* (pp. 101–114) Mahwah NJ: Lawrence Erlbaum.

Hammond, N. G. L. and Scullard, H. H. (eds) (1970) *The Oxford classical dictionary*, 2nd edn, Oxford: Clarendon Press.

Harris, James (1801) *The works of James Harris, Esq.: Vols 1–2*, London: F. Wingrave (orig- inal work published 1751).

228 Harris, Randy Allen (1993) *The linguistics wars*, Oxford: Oxford University Press.

Harris, Roy (1987) *Reading Saussure*, La Salle IL: Open Court.

Harris, Roy and Taylor, Talbot J. (1989) *Landmarks in linguistic thought: The Western tradition from Socrates to Saussure*, London: Routledge.

Hawkins, John A. (1982) 'Language universals and the logic of historical reconstruction', *Linguistics, 20,* 367–390.

—— (1985) 'Complementary methods in Universal Grammar: A reply to Coopmans', *Language, 61*, 569–587.

—— (1987) 'Implicational universals as predictors of language acquisition', *Linguistics, 12*, 453–473.

—— (ed.) (1988) *Explaining language universals*, Oxford: Blackwell.

Hawkins, Roger (1989) 'Do second language learners acquire restrictive relative clauses on the basis of relational or configurational information? The acquisition of French subject, direct object and genitive restrictive relative clauses by second language learners', *Second Language Research, 5*, 156–188.

—— (2001) *Second language syntax: A generative introduction*, Oxford: Blackwell.

Hendrick, Randall (1995) 'Morphosyntax', in Gert Webelhuth (ed.) *Government and binding theory and the Minimalist Program* (pp. 297–347) Oxford: Blackwell.

Henry, Desmond Paul (1980) 'Two medieval critics of traditional grammar', *Histori- ographia Linguistica, 7*, 85–107.

Herbert of Cherbury (1937) *De veritate* (Meyrick H. Carré, trans.) Bristol: University of Bristol (reprint London: Routledge, 1992) (original work published 1624).

Herschensohn, Julia (2000) *The second time around: Minimalism and L2 acquisition*, Amsterdam/ Philadelphia: John Benjamins Press.

Hirsch, S. A. (1899) 'Early English hebraists: Roger Bacon and his predecessors', *The Jewish Quarterly Review, 12*,

34–88.

—— (1914) 'Roger Bacon and philology', in A. G. Little (ed.) *Roger Bacon: Essays contributed by various writers on the occasion of the commemoration of the seventh centenary of his birth* (pp. 101–151) New York: Russell and Russell.

Hjelmslev, Louis (1928) 'Principes de grammaire générale', *Historisk-Filologiske Meddelelser, 16* (1).

—— (1961) *Prolegomena to a theory of language* (Francis J. Whitfield, trans.) Madison WI: University of Wisconsin Press (original work published 1943).

—— (1970) *Language: An introduction* (Francis J. Whitfield, trans.) Madison WI: University of Wisconsin Press (original work published 1963).

Hockett, Charles F. (1957) 'A note on "structure" ', in Martin Joos (ed.) *Readings in linguistics I: The development of descriptive linguistics in America 1925–56*, 4th edn (pp. 279–280) Chicago: University of Chicago Press (reprinted from *International Journal of American Linguistics, 14*, 269–271, 1948).

—— (1959) 'Objectives and processes of language instruction', *Proceedings of workshop for planning and effecting modern methods and techniques in foreign language instruction* (pp. 5–11) Sacramento CA: California Department of Education.

—— (ed.) (1970) *A Leonard Bloomfield anthology*, Bloomington IN: Indiana University Press.

Hoenigswald, Henry M. (1974) 'Fallacies in the history of linguistics: Notes on the appraisal of the nineteenth century', in Dell Hymes (ed.) *Studies in the history of linguis- tics: Traditions and paradigms* (pp. 346–358) Bloomington IN: Indiana University Press.

—— (ed.) (1979) *The European background of American linguistics*, Dordrecht: Foris Publica- tions.

Hofman, Rijcklof (1993) 'The linguistic preoccupations of the glossators of the St Gall Priscian', in Vivien Law (ed.) 229
History of linguistic thought in the early Middle Ages (pp. 111–126) Amsterdam/Philadelphia: John Benjamins Press.

Holenstein, Elmar (1976) *Roman Jakobson's approach to language: Phenomenological structuralism* (Catherine Schelbert and Tarcisius Schelbert, trans.) Bloomington IN: Indiana Univer- sity Press.

Holtz, Louis (1981) *Donat et la tradition de l'enseignement grammaticale*, Paris: Centre National de la Recherche Scientifique.

—— (1988) 'Les innovations theoriques de la grammaire carolingienne: Peu de chose. Pourquoi?', in Irène Rosier (ed.) *L'héritage des grammairiens latins de l'Antiquité aux Lumières* (pp. 133–145) Louvain: Société pour l'Information Grammaticale.

—— (1989/1990) 'Les nouvelles tendances de la pédagogie grammaticale au Xe siècle', *Mittellateinisches Jahrbuch, 24/25*, 163–173.

—— (1992) 'La grammaire carolingienne', in Sylvain Auroux (ed.) *Histoire des idées linguis- tiques: Vol. 2. Le développement de la grammaire occidentale* (pp. 96–114) Liège: Mardaga.

Hovdhaugen, Even (1982) *Foundations of western linguistics: From the beginning to the end of the first millenium* [sic] *A.D.*, Oslo: Universitetsforlaget.

—— (1990) '*Una et eadem*: Some observations on Roger Bacon's Greek grammar', in Geof- frey L. Bursill-Hall, Sten Ebbesen and E. F. Konrad Koerner (eds) De ortu grammaticae*: Studies in medieval grammar and linguistic theory in memory of Jan Pinborg* (pp. 117–131) Amsterdam/Philadelphia: John Benjamins Press.

—— (1991) 'The teaching of grammar in Antiquity', in Peter Schmitter (ed.) *Sprachtheorien der abendländischen Antike: Vol. 2* (pp. 377–391) Tübingen: Gunter Narr.

—— (1992) 'A universal history of linguistics' [Review of the book *Universal history of linguistics*] *Beiträge zur Geschichte der Sprachwissenschaft, 2*, 251–258.

Howatt, Anthony P. R. (1984) *A history of English language teaching*, Oxford: Oxford Univer- sity Press.

Huebner, Thom (1991) 'Second language acquisition: Litmus test for linguistic theory?', in Thom Huebner and Charles A. Ferguson (eds) *Crosscurrents in second language acquisi- tion and linguistic theories* (pp. 3–22) Amsterdam/ Philadelphia: John Benjamins Press.

Humboldt, Wilhelm von (1988) *On language: The diversity of human language-structure and its influence on the mental development of mankind* (Peter Heath, trans.) Cambridge: Cambridge University Press (original work published 1836).

—— (1997) *Essays on language* (Theo Harden and D. Farrelly, eds and trans.) Frankfurt am Main: Peter Lang (original works published 1820–1829).

Hunt, R. W. (1964) 'Oxford grammar masters in the Middle Ages', in *Oxford studies presented to Daniel Callus* (pp. 163–193) Oxford: Clarendon Press.

—— (1980) 'Studies on Priscian in the eleventh and twelfth centuries', in Geoffrey L. Bursill-Hall (ed.) *The history of grammar in the Middle Ages: Collected papers* (pp. 1–38) Amsterdam: John Benjamins Press (reprinted from *Mediaeval and Renaissance Studies, 1*, 194–231, 1941–1943).

Huntsman, Jeffrey F. (1983) 'Grammar', in David L. Wagner (ed.) *The seven liberal arts in the Middle Ages* (pp. 58–95) Bloomington IN: Indiana University Press.

Hyltenstam, Kenneth (1984) 'The use of typological markedness conditions as predictors in second language acquisition: The case of pronominal copies in relative clauses', in Roger W. Andersen (ed.) *Second languages: A cross-linguistic perspective* (pp. 39–58) Rowley MA: Newbury House.

230 —— (1987) 'Markedness, language universals, language typology, and second language acquisition', in Carol Wollman Pfaff (ed.) *First and second language acquisition processes* (pp. 55–78) Cambridge MA: Newbury House.

Hymes, Dell (1974) 'Introduction: Traditions and paradigms', in Dell Hymes (ed.) *Studies in the history of linguistics: Traditions and paradigms* (pp. 1–38) Bloomington IN: Indiana University Press.

Hymes, Dell and Fought, John (1975) 'American structuralism', in Thomas A. Sebeok (ed.) *Current trends in linguistics: Vol. 13. Historiography of linguistics* (pp. 903–1176) The Hague: Mouton.

—— (1981) *American structuralism*, The Hague: Mouton.

Isidore of Seville (1983) *Etymologies: Book II. Rhetoric* (Peter K. Marshall, trans.) Paris: Société d'Editions "Les Belles Lettres" (original work *c.* 7th century).

—— (1984) *Etymologies: Livre IX. Les langues et les groupes sociaux* (Marc Reydellet, trans.) Paris: Société d'Editions "Les

Belles Lettres" (original work *c*. 7th century).

Itkonen, Esa (1991) *Universal history of linguistics: India, China, Arabia, Europe*, Amsterdam/ Philadelphia: John Benjamins Press.

Izzo, Herbert (1976a) 'The linguistic philosophy of Bendetto Varchi, sixteenth century Florentine humanist', *Language Sciences, 40*, 1–7.

—— (1976b) 'Transformationalist history of linguistics and the Renaissance', *Forum Linguisticum, 1*, 51–59.

Jacobsen, Thorkild (1974) 'Very ancient texts: Babylonian grammatical texts', in Dell Hymes (ed.) *Studies in the history of linguistics: Traditions and paradigms* (pp. 41–62) Bloom- ington IN: Indiana University Press.

Jakobson, Roman (1968) *Child language, aphasia, and phonological universals* (Allan R. Keiler, trans.) The Hague: Mouton (original work published 1941).

James, Carl (1971) 'The exculpation of contrastive linguistics', in Gerhard Nickel (ed.)

Papers in contrastive linguistics (pp. 53–68) Cambridge: Cambridge University Press.

—— (1980) *Contrastive analysis*, Harlow: Longman.

Jankowsky, Kurt R. (1972) *The Neogrammarians*, The Hague: Mouton.

—— (1997) 'American structuralism and its European roots', in Kurt R. Jankowsky (ed.) *Conceptual and institutional developments in the linguistic history of Europe and the United States* (pp. 39–56) Münster: Nodus Publikationen.

Jespersen, Otto (1904) *How to teach a foreign language* (Sophia Yhlen-Olsen Bertelsen, trans.) London: George Allen and Unwin (original Danish version published 1901).

—— (1922) *Language: Its nature, development and origin*, London: George Allen and Unwin.

—— (1946) *Mankind, nation and individual from a linguistic point of view*, London: George Allen and Unwin.

—— (1958) *The philosophy of grammar*, London: George Allen and Unwin (original work published 1924).

—— (1962) 'The teaching of grammar', in *Selected writings of Otto Jespersen* (pp. 488–503) London: George Allen and Unwin (reprinted from *The English Language Journal, 13*, 161–176, 1924).

—— (1970) 'Compte rendu du *Cours de linguistique générale* de F. de Saussure', in *Linguistica: Selected papers in English, French and German* (pp. 109–115) College Park MD: McGrath (reprinted from *Nordisk Tidsskrift for Filologi*, series IV, vol. 6, 37–41, 1916).

John of Salisbury (1982) *The* Metalogicon *of John of Salisbury: A twelfth-century defense of the verbal and logical arts of the trivium* (Daniel D. McGarry, ed. and trans.) Westport CT: Greenwood Press (originally published by University of California Press, 1955) (original work *c*. 1159).

Joly, André (1970) 'Introduction', in François Thurot, *Tableau des progrès de la science gram- maticale* (pp. 7–62) 231
Paris: Editions Decros.

—— (1972) 'Introduction', in Joly, André (ed.) *Hermès, ou recherches philosophiques sur la gram- maire universelle* by James Harris (François Thurot, trans., 1796) (pp. 1–144) Geneva: Librairie Droz (original work published 1751).

—— (1977) 'La linguistique cartésienne: Une erreur mémorable', in André Joly and Jean Stéfanini (eds) *La grammaire générale: Des Modistes aux Idéologues* (pp. 165–199) Lille: Université de Lille III.

Joos, Martin (ed.) (1957) *Readings in linguistics I: The development of descriptive linguistics in America 1925–56*,

4th edn, Chicago: University of Chicago Press.

Joseph, John E. (1989) 'Popular and scientific beliefs about language status: An historical sketch', in Ulrich Ammon (ed.) *Status and function of languages and language varieties* (pp. 243–255) Berlin: Walter de Gruyter.

—— (1990) 'Ideologizing Saussure: Bloomfield's and Chomsky's readings of the *Cours de linguistique générale*', in John E. Joseph and Talbot J. Taylor (eds) *Ideologies of language* (pp. 51–78) London: Routledge.

—— (1995) 'Saussurean tradition in linguistics', in E. F. Konrad Koerner and R. E. Asher (eds) *Concise history of the language sciences: From the Sumerians to the cognitivists* (pp. 233–239) Oxford: Pergamon Press.

—— (2000) *Limiting the arbitrary: Linguistic naturalism and its opposites in Plato's* Cratylus *and modern theories of language*, Amsterdam/Philadelphia: John Benjamins Press.

—— (2002) *From Whitney to Chomsky: Essays in the history of American linguistics*, Amsterdam/ Philadelphia: John Benjamins Press.

Joseph, John E., Love, Nigel and Taylor, Talbot J. (2001) *Landmarks in linguistic thought II: The Western tradition in the twentieth century*, London: Routledge.

Juntune, Sarah (1985) 'Christoph Helwig's *Allgemeine Sprachkunst*: One of the first universal grammars', in Klaus D. Dutz and Ludger Kaczmarek (eds) *Rekonstruktion und Interpreta- tion: Problemgeschichtliche Studien zur Sprachtheorie von Ockham bis Humboldt* (pp. 91–123) Tübingen: Gunter Narr.

Juul, Arne and Nielsen, Hans F. (1989) *Otto Jespersen: Facets of his life and work*, Amsterdam/Philadelphia: John Benjamins Press.

Kaimio, Jorma (1979) *The Romans and the Greek language*, Helsinki: Societas Scientiarum Fennica.

Kaltz, Barbara (1992) 'Etude historiographique des *Manières de langage*', in Anders Ahlqvist (ed.) *Diversions of Galway: Papers on the history of linguistics from ICHoLS V, Galway, Ireland, 1–6 Sept. 1990* (pp. 123–131) Amsterdam/ Philadelphia: John Benjamins Press.

Kaplan, Robert B. and Widdowson, Henry G. (1992) 'Applied linguistics: An overview', in *International encyclopedia of linguistics* (vol. 1, pp. 76–80) New York: Oxford University Press.

Kaplan, Stephen, Bardwell, Lisa V. and Slakter, Deborah A. (1993) 'The museum as a restorative environment', *Environment and Behavior, 25*, 725–742.

Kaster, Robert A. (1987) 'Islands in the stream: The grammarians of late Antiquity', in Daniel J. Taylor (ed.) *The history of linguistics in the classical period* (pp. 149–168) Amsterdam/Philadelphia: John Benjamins Press.

Katz, Jerrold J. (1964) 'Mentalism in linguistics', *Language, 40*, 124–137.

Keenan, Edward L. and Comrie, Bernard (1977) 'Noun phrase accessibility and universal grammar', *Linguistic Inquiry, 8*, 63–99.

232 Keil, Henricus (1855–1880) *Grammatici Latini: Vols I–VIII*, Leipzig: Teubner (reprinted Hildesheim, Georg Olm, 1961).

Kelly, J. N. D. (1975) *Jerome: His life, writings, and controversies*, London: Duckworth. Kelly, Louis G. (1969) *25 Centuries of language teaching*, Rowley MA: Newbury House.

Kelly, Louis G. (1971) '*De modus generandi:* Points of contact between Noam Chomsky and Thomas of Erfurt', *Folia*

Linguistica, 5, 225–252.

—— (1977) 'Introduction', in *Pseudo-Albertus Magnus* Quaestiones Alberti de modis signifi- candi (Louis G. Kelly, ed. and trans.) (pp. xiii–xxxvii) Amsterdam: John Benjamins Press.

—— (1979) *Modus significandi*: An interdisciplinary concept', *Historiographia Linguistica, 6*, 159–180.

Kemp, Alan (1987) 'The *Tekhne grammatike* of Dionysius Thrax translated into English', in Daniel J. Taylor (ed.) *The history of linguistics in the classical period* (pp. 169–189) Amsterdam/Philadelphia: John Benjamins Press.

—— (1996) 'The emergence of autonomous Greek grammar', in Peter Schmitter (ed.) *Sprachtheorien der abendländischen Antike,* revised edn (pp. 302–333) Tübingen: Gunter Narr Verlag.

Kerferd, G. B. (1967) 'Aristotle', in *The encyclopedia of philosophy* (vol. 1, pp. 151–162) New York: Macmillan.

Kibbee, Douglas A. (1991) *For to speke frenche trewely. The French language in England, 1000–1600: Its status, description and instruction*, Amsterdam/Philadelphia: John Benjamins Press.

Kneale, William and Kneale, Martha (1962) *The development of logic*, Oxford: Clarendon Press. Knowles, David (1988) *The evolution of medieval thought*, 2nd edn (D. E. Luscombe and C. N. L. Brooke, eds) London: Longman.

Knowlson, James (1975) *Universal language schemes in England and France 1600–1800*, Toronto: University of Toronto Press.

Koerner, E. F. Konrad (1975) 'European structuralism: Early beginnings', in Thomas A. Sebeok (ed.) *Current trends in linguistics: Vol. 13. Historiography of linguistics* (pp. 717–827) The Hague: Mouton.

—— (1976a) 'The importance of linguistic historiography and the place of history in linguistic science', *Foundations of Language, 14*, 541–574.

—— (1976b) 'Towards a historiography of linguistics: 19th and 20th century paradigms', in Herman Parret (ed.) *History of linguistic thought and contemporary linguistics* (pp. 685–718) Berlin: Walter de Gruyter.

—— (1977) 'On the non-applicability of Kuhn's paradigms to the history of linguistics',

Proceedings of the VII Annual Meeting of the North Eastern Linguistic Society, 8, 165–174

—— (1989a) 'August Schleicher and the tree idea in comparative linguistics', in E. F. Konrad Koerner, *Practicing linguistic historiography: Selected essays* (pp. 185–190) Amsterdam/Philadelphia: John Benjamins Press.

—— (1989b) 'Holger Pedersen (1867–1953): A sketch of his life and work', in E. F. Konrad Koerner, *Practicing linguistic historiography: Selected essays* (pp. 416–433) Amsterdam/Philadelphia: John Benjamins Press.

—— (1993) 'Chomsky's readings of the *Cours de linguistique générale*', *Proceedings of the XVth International Congress of Linguists: Vol. 4* (pp. 357–360) Sainte-Foy, Canada: Les Presses de l'Université Laval.

—— (1995) 'History of typology and language classification', in E. F. Konrad Koerner and R. E. Asher (eds) *Concise history of the language sciences: From the Sumerians to the cogni- tivists* (pp. 212–217) Oxford: Pergamon Press.

Krashen, Stephen (1981) *Second language acquisition and second language learning*, Oxford: Pergamon. 233

Krebs, Charles J. (1978) *Ecology: The experimental analysis of distribution and abundance*, 2nd edn, New York: Harper and Row.

Kretzmann, Norman (1975) 'Transformationalism and the Port-Royal grammar', in Antoine Arnauld and Claude

Lancelot, *General and rational grammar: The Port-Royal Grammar* (Jacques Rieux and Bernard E. Rollin, eds and trans.) (pp. 176–197) The Hague: Mouton.

Kroeh, Charles F. (1887) 'Methods of teaching modern languages', *Transactions and Proceed- ings of the Modern Language Association of America, 3*, 169–185.

Krzeszowski, Tomasz P. (1990) *Contrasting languages: The scope of contrastive linguistics*, Berlin: Mouton de Gruyter.

Kuhn, Thomas S. (1970) *The structure of scientific revolutions*, 2nd edn, Chicago: University of Chicago Press.

Lado, Robert (1957) *Linguistics across cultures*, Ann Arbor: University of Michigan Press.

—— (1964) *Language teaching: A scientific approach*, New York: McGraw-Hill.

—— (1968) 'Contrastive linguistics in a mentalistic theory of language learning', in James

E. Alatis (ed.) *Contrastive linguistics and its pedagogical implications: Report of the Nineteenth Annual Round Table Meeting on Linguistics and Language Studies* (pp. 123–135) Washington DC: Georgetown University Press.

Lakoff, Robin (1969) [Review of the book *Grammaire générale et raisonnée, ou la grammaire du Port-Royal*] *Language, 45*, 343–364.

Lamb, Sydney (1967) [Review of the books *Current issues in linguistic theory* and *Aspects of the theory of syntax*] *American Anthropologist, 69*, 411–415.

Lambertini, Roberto (1989) '*Sicut tabernarius vinum significat per circulum*: Directions in contemporary interpretations of the Modistae', in Umberto Eco and Costantino Marmo (eds) *On the medieval theory of signs* (pp. 107–142) Amsterdam/Philadelphia: John Benjamins Press.

Lancelot, Claude (1816) *A new method of learning with facility the Latin tongue: Vols 1–2* (Thomas Nugent, trans.) London: F. Wingrave and J. Collingwood (original work published 1653).

—— (1817) *A new method of learning with facility the Greek tongue* (Thomas Nugent, trans.) London: F. Wingrave and J. Collingwood (original work published 1655).

Lancelot, Claude and Arnauld, Antoine (1966) *Grammaire générale et raisonnée, ou la grammaire du Port-Royal: Vols 1–2* (Herbert H. Brekle, ed.) Stuttgart-Bad Cannstatt: Friedrich Frommann Verlag (original work published 1676).

—— (1968) *A general and rational grammar* (facsimile of English translation of the 2nd edn, originally published in 1753, in London, by J. Nourse) Menston: The Scolar Press (original work published 1664).

Lane, A. (1695) *Rational and speedy method of attaining to the Latin tongue*, London: J. D. (avail- able electronically through Early English Books Online).

Langendoen, D. Terence (1966) 'A note on the linguistic theory of M. Terentius Varro', *Foundations of Language, 2*, 33–36.

—— (1968) *The London School of linguistics: A study of the linguistic theories of B. Malinowski and J. R. Firth*, Cambridge MA: MIT Press.

234 Larsen-Freeman, Diane (1991) 'Second language acquisition research: Staking out the territory', *TESOL Quarterly, 25*, 315–350.

Larsen-Freeman, Diane (1995) 'On the changing role of linguistics in the education of second-language teachers: Past, present, and future', in James E. Alatis (ed.) *Linguistics and the education of language teachers: Ethnolinguistic, psycholinguistic, and sociolinguistic aspects. Georgetown University Round Table on Languages and Linguistics 1995* (pp. 711–724) Wash- ington DC: Georgetown University Press.

Larsen-Freeman, Diane and Long, Michael H. (1991) *An introduction to second language acqui- sition research*, London: Longman.

Law, Vivien (1982) *The Insular Latin grammarians*, Woodbridge: The Boydell Press.

—— (1984) 'The first foreign-language grammars', *The Incorporated Linguist, 23*, 211–216.

—— (1986a) 'Originality in the medieval normative tradition', in Theodora Bynon and

F. R. Palmer (eds) *Studies in the history of western linguistics: In honour of R. H. Robins* (pp. 43–55) Cambridge: Cambridge University Press.

—— (1986b) 'Late Latin grammars in the early Middle Ages: A typological history', *Histo- riographia Linguistica, 13*, 365–380.

—— (1987) 'Anglo-Saxon England: Ælfric's "Excerptiones de arte grammatica anglice" ', *Histoire Epistémologie Langage, 9*, 47–71.

—— (1990a) 'The history of morphology: Expression of a change in consciousness', in Werner Hüllen (ed.) *Understanding the historiography of linguistics: Problems and projects* (pp. 61–74) Münster: Nodus Publikationen.

—— (1990b) '*Auctoritas, consuetudo* and *ratio* in St Augustine's *Ars grammatica*', in Geoffrey L. Bursill-Hall, Sten Ebbesen and E. F. Konrad Koerner (eds) De ortu grammaticae: *Studies in Medieval grammar and linguistic theory in memory of Jan Pinborg* (pp. 191–207) Amsterdam/Philadelphia: John Benjamins Press.

—— (1990c) 'Language and its students: The history of linguistics', in N. E. Collinge (ed.) *An encyclopedia of language* (pp. 784–842) New York: Routledge.

—— (1992a) 'Carolingian grammarians and theoretical innovation', in Anders Alqvist (ed.) *Diversions of Galway: Papers on the history of linguistics from ICHoLS V, Galway, Ireland, 1–6 Sept. 1990* (pp. 27–37) Amsterdam/ Philadelphia: John Benjamins Press.

—— (1992b) 'La grammaire latine durant le haut moyen âge', in Sylvain Auroux (ed.) *Histoire des idées linguistiques: Vol. 2. Le développement de la grammaire occidentale* (pp. 83–95) Liège: Mardaga.

—— (1994) 'The study of grammar', in Rosamond McKitterick (ed.) *Carolingian culture: Emulation and innovation* (pp. 88–110) Cambridge: Cambridge University Press.

—— (1997) *Grammar and grammarians in the Early Middle Ages*, London: Longman.

—— (2003) *The history of linguistics in Europe: From Plato to 1600*, Cambridge: Cambridge University Press.

Lees, Robert B. (1957) [Review of the book *Syntactic structures*] *Language, 33*, 375–408. Lehmann, Winfred P. (1967) *A reader in nineteenth-century historical Indo-European linguistics*, Bloomington IN: Indiana University Press.

Leibniz, Gottfried Wilhelm (1981) *New essays on human understanding* (Peter Remnant and Jonathan Bennett, eds and trans.) Cambridge: Cambridge University Press (original text published 1765).

—— (1992) *Discourse on metaphysics: And, The monadology* (George R. Montgomery, trans.) Buffalo NY: Prometheus Books (original text written 1686).

Lejeune, Michel (1940/1948) 'La curiosité linguistique dans l'antiquité classique', *Conférences de l'Université de*

Paris Institute de Linguistique, 8, 45–61.

Leppin, Jutta (1977) ‘Some observations on the Chomskian interpretation of Wilhelm von Humboldt’, *Archivum Linguisticum, 8*, 46–59.

235 Lepschy, Guilio (ed.) (1994–) *History of linguistics: Vols 1–5*, London: Longman.

Lessing, Hans-Ulrich (1999) ‘Heymann Steinthal: Linguistics with a psychological basis’, in Joan Leopold (ed.) *The Prix Volney: Vol. 3. Contributions to comparative Indo-European, African and Chinese linguistics: Max Müller and Steinthal* (pp. 207–253) Dordrecht: Kluwer Academic.

Lewandowska-Tomaszczyk, Barbara (1986) ‘Language universals, linguistic theory, and philosophy’, in Dieter Kastovsky and Aleksander Szwedek (eds) *Linguistics across histor- ical and geographical boundaries: In honour of Jacek Fisiak on the occasion of his fiftieth birthday: Vol. 2. Descriptive, contrastive, and applied linguistics* (pp. 77–84) Berlin: Mouton de Gruyter.

Lewis, E. Glyn (1976) ‘Bilingualism and bilingual education: The ancient world to the Renaissance’, in Joshua A. Fishman (ed.) *Bilingual education: An international sociological perspective* (pp. 150–200) Rowley MA: Newbury House.

Lightbown, Patsy M. and Spada, Nina (1999) *How languages are learned*, 2nd edn, Oxford: Oxford University Press.

Lightfoot, David (1982) *The language lottery: Toward a biology of grammars*, Cambridge MA: MIT Press.

Lindberg, David C. (1992) *The beginnings of western science: The European scientific tradition in philosophical, religious, and institutional context, 600 B.C. to A.D. 1450*, Chicago: University of Chicago Press.

Lo Cascio, Vincenzo (1984) ‘Edition et commentaire’, in Pierre Besnier *La reunion des langues, ou l’art de les apprendre toutes par une seule* (Vincenzo Lo Cascio, ed.) (pp. 59–91) Dordrecht: Foris.

Locke, John (1975) *An essay concerning human understanding* (Peter H. Nidditch, ed.) Cambridge: Clarendon Press (original work published 1689).

Loewe, Raphael (1994) ‘Hebrew linguistics’, in Giulio Lepschy (ed.) *History of linguistics: Vol. 1. The eastern traditions of linguistics* (pp. 97–163) London: Longman.

Luhtala, Anneli (1993) ‘Syntax and dialectic in Carolingian commentaries on Priscian’s *Institutiones grammaticae*’, in Vivien Law (ed.) *History of linguistic thought in the early Middle Ages* (pp. 145–191) Amsterdam/Philadelphia: John Benjamins Press.

Lyons, John (1968) *Introduction to theoretical linguistics*, Cambridge: Cambridge University Press.

Mack, Molly (1990) ‘Theoretical linguistics and applied linguistics research: Perspectives on their relationship to language pedagogy’, *Issues and Developments in English and Applied Linguistics, 5*, 65–73.

Mackey, William Francis (1965) *Language teaching analysis*, Bloomington IN: Indiana University Press.

Mackie, J. D. (1964) *A history of Scotland*, Harmondsworth: Penguin.

Maierù, Alfonso (1994) ‘Medieval linguistics: The philosophy of language’, in Giulio Lepschy (ed.) *History of linguistics: Vol. 2. Classical and medieval linguistics* (pp. 272–315) London: Longman.

Malmberg, Bertil (1988) ‘Méthode directe et méthode grammaticale des modistes à l’En- cyclopédie’, in Josef Klegraf and Dietrich Nehls (eds) *Essays on the English language and applied linguistics on the occasion of Gerhard Nickel’s*

60th birthday (pp. 380–396) Heidelberg: Julius Groos Verlag.

—— (1991) *Histoire de la linguistique: De Sumer à Saussure*, Paris: Presses Universitaires de France.

Marrou, Henri I. (1956) *A history of education in Antiquity* (George Lamb, trans.) New York: Sheed and Ward (original work published 1948).

Marrou, Henri I. (1957) *St Augustine and his influence through the ages* (Patrick Hepburne-Scott, trans.) New York: Harper 236
Torchbooks.

Marshall, John C. (1987) 'Language learning, language acquisition, or language growth?', in Sohan Modgil and Celia Modgil (eds) *Noam Chomsky: Consensus and controversy* (pp. 41–49) New York: The Falmer Press.

Matthews, Peter H. (1993) *Grammatical theory in the United States from Bloomfield to Chomsky*, Cambridge: Cambridge University Press.

—— (1994) 'Greek and Latin linguistics', in Giulio Lepschy (ed.) *History of linguistics: Vol. 2. Classical and medieval linguistics* (pp. 1–133) London: Longman.

Mazzocco, Angelo (1987) 'Dante's notion of the "vulgare illustre": A reappraisal', in Hans Aarsleff, Louis G. Kelly and Hans-Josef Niederehe (eds) *Papers in the history of linguistics: Proceedings of the Third International Conference on the History of the Language Sciences (ICHoLS III) Princeton, 19–23 August 1984* (pp. 129–141) Amsterdam/Philadelphia: John Benjamins Press.

—— (1993) *Linguistic theories in Dante and the humanists*, Leiden: E. J. Brill.

McArthur, Tom (1992) *The Oxford companion to the English language*, Oxford: Oxford Univer- sity Press.

McCawley, James (1974) 'Dialogue with Herman Parret', in Hermann Parret (ed.) *Discussing Language* (pp. 249–277) The Hague: Mouton.

McLaughlin, Barry (1987) *Theories of second-language learning*, London: Edward Arnold. McLaughlin, Barry and Zemblidge, John (1992) 'Second-language learning', in William Grabe and Robert B. Kaplan (eds) *Introduction to applied linguistics* (pp. 61–75) Reading MA: Addison-Wesley.

McNally, Robert E., S.J. (1958) 'The "tres linguae sacrae" in early Irish Bible exegesis', *Theological Studies, 19*, 395–403.

Melton, Arthur W. (1972) 'Visitor behavior in museums: Some early research in environ- mental design', *Human Factors, 14*, 393–403.

Mensikova, Antoine (1972) 'Sentence patterns in the theory and practice of teaching the grammar of French as a foreign language', in Vilém Fried (ed.) *The Prague School of linguistics and language teaching* (pp. 43–61) Oxford: Oxford University Press.

Miel, Jan (1969) 'Pascal, Port-Royal, and Cartesian linguistics', *Journal of the History of Ideas, 30*, 261–271.

Migne, J.-P. (ed.) (1841–1890) *Patrologiae cursus completus: Series Latina: Vols 1–221*, Paris: Apud Garnier Fratres.

Miller, Laura and Ginsberg, Ralph B. (1995) 'Folklinguistic theories of language learning', in Barbara F. Freed (ed.) *Second language acquisition in a study abroad context* (pp. 293–315) Amsterdam/Philadelphia: John Benjamins Press.

Mitchell, Rosamond and Myles, Florence (1998) *Second language learning theories*, London: Edward Arnold.

Montaigne, Michel de (1899) *The education of children* (L. E. Rector, trans.) New York: D. Appleton and Company (original work published 1580).

Morpurgo Davies, Anna (1975) 'Language classification in the nineteenth century', in Thomas A. Sebeok (ed.) *Current trends in linguistics: Vol. 13. Historiography of linguistics* (pp. 607–716) The Hague: Mouton.

—— (1998) *History of linguistics: Vol. 4. Nineteenth-century linguistics* (Giulio Lepschy, ed.) London: Longman.

237 Moss, Ann (1994) 'Being in two minds: The bilingual factor in Renaissance writing', *Acta Conventus Neo-Latini Hafniensis: Proceedings of the Eighth International Congress of Neo-Latin Studies* (pp. 61–74) Binghamton NY: Medieval and Renaissance Texts and Studies.

Moulton, William G. (1961) 'Linguistics and language teaching in the United States 1940–1960', in Christine Mohrmann, Alf Sommerfelt and Joshua Whatmough (eds) *Trends in European and American linguistics 1930–1960* (pp. 82–109) Utrecht: Spectrum.

Murphy, Daniel (1995) *Comenius: A critical assessment of his life and work*, Dublin: Irish Academic Press.

Murphy, James J. (1980) 'The teaching of Latin as a second language in the 12th century', in E. F. Konrad Koerner, Hans-J. Niederehe and R. H. Robins (eds) *Studies in medieval linguistic thought* (pp. 159–175) Amsterdam: John Benjamins Press.

Murray, Stephen O. (1994) *Theory groups and the study of language in North America: A social history*, Amsterdam/Philadelphia: John Benjamins Press.

Musumeci, Diane (1997) *Breaking tradition: An exploration of the historical relationship between theory and practice in second language teaching*, New York: McGraw-Hill.

Newmeyer, Frederick J. (1980) *Linguistic theory in America: The first quarter-century of transforma- tional generative grammar*, New York: Academic Press.

—— (1986) *The politics of linguistics*, Chicago: University of Chicago Press.

—— (1995) 'Linguistic diversity and universal grammar: 40 years of dynamic tension within generative grammar', in Kurt R. Jankowsky (ed.) *History of linguistics 1993: Papers from the Sixth International Conference on the History of the Language Sciences (ICHoLS VI) Washington DC, 9–14 August 1993* (pp. 327–347) Amsterdam/Philadelphia: John Benjamins Press.

—— (1996) 'Competence vs. performance; theoretical vs. applied: The development and interplay of two dichotomies in modern linguistics', in Frederick J. Newmeyer, *Genera- tive linguistics: A historical perspective* (pp. 169–177) London: Routledge.

—— (1998) *Language form and language function*, Cambridge MA: MIT Press.

Newmeyer, Frederick J. and Weinberger, Steven H. (1988) 'The ontogenesis of the field of second language learning research', in Suzanne Flynn and Wayne O'Neil (eds) *Linguistic theory in second language acquisition* (pp. 34–45) Dordrecht: Kluwer Academic.

Nickel, Gerhard (1971) 'Contrastive linguistics and foreign-language teaching', in Gerhard Nickel (ed.) *Papers in contrastive linguistics* (pp. 1–16) Cambridge: Cambridge University Press.

Nida, Eugene A. (1950) *Learning a foreign language: A handbook for missionaries*, New York: Committee on Missionary Personnel of the Foreign Missions Conference of North America.

Nietzsche, Friedrich Wilhelm (1980) *On the advantage and disadvantage of history for life* (Peter Pruess, trans.) Indianapolis IN: Hackett Publishing (original work published 1874).

Nolan, Edmond and Hirsch, S. A. (1902) 'Introduction', in Edmond Nolan and S. A. Hirsch (eds) *The Greek grammar of Roger Bacon and a fragment of his Hebrew grammar* (pp. xiii–lxxv) Cambridge: Cambridge University Press.

Nuchelmans, Gabriel (1992) 'Renaissance philosophy of language', in Marcelo Dascal, Dietfried Gerhardus, Kuno Lorenz and Georg Meggle (eds) *Philosophy of language: An international handbook of contemporary research: Vol. 1* (pp. 104–116) Berlin: Walter de Gruyter.

O'Donnell, James J. (1992) *Augustine:* Confessions*: Vol. 2. Commentary on Books 1–7*, Oxford: Clarendon Press. 238

Ong, Walter J., S.J. (1971) 'Latin language study as a Renaissance puberty rite', in *Rhetoric, romance, and technology* (pp. 113–141) Ithaca NY: Cornell University Press.

Otero, Carlos P. (1991) 'The cognitive revolution and the study of language: Looking back to see ahead', in Héctor Campos and Fernando Matínez-Gil (eds) *Current studies in Spanish linguistics* (pp. 3–69) Washington DC: Georgetown University Press.

—— (1995) 'From Lebrixa's grammar to Cartesian language theory: A retrojective view', in Jon Amastae, Grant Goodall, Mario Montalbetti and Marianne Phinney (eds) *Contemporary research in Romance linguistics: Papers from the 22nd Linguistic Symposium on Romance Languages, El Paso/Cd. Juárez, February 1992* (pp. 135–166) Amsterdam/ Philadelphia: John Benjamins Press.

Ovid (Publius Ovidius Naso) (1990) *Ovid's poetry of exile* (David R. Slavitt, trans.) Baltimore MD: Johns Hopkins University Press (original work *c*. 9–16 CE).

Padley, G. A. (1976) *Grammatical theory in western Europe 1500–1700: The Latin tradition*, Cambridge: Cambridge University Press.

—— (1985) *Grammatical theory in western Europe 1500–1700: Trends in vernacular grammar I*, Cambridge: Cambridge University Press.

—— (1988) *Grammatical theory in western Europe 1500–1700: Trends in vernacular grammar II*, Cambridge: Cambridge University Press.

Paetow, Louis John (1910) *The arts course at medieval universities with special reference to grammar and rhetoric*, Dubuque IA: William C. Brown.

Palmer, F. R. (1995) 'Firth and the London School of linguistics', in E. F. Konrad Koerner and R. E. Asher (eds) *Concise history of the language sciences: From the Sumerians to the cogni- tivists* (pp. 268–272) Oxford: Pergamon Press.

Pariente, Jean-Claude (1992) 'La position de la grammaire rationelle', in Marcelo Dascal, Dietfried Gerhardus, Kuno Lorenz and Georg Meggle (eds) *Philosophy of language: An international handbook of contemporary research: Vol. 1* (pp. 620–637) Berlin: Walter de Gruyter.

Paulinus of Pella (1974) *Eucharisticos* [Poème d'action de grâces et prière] (Claude Moussy, ed. and trans.) Paris: Les

Editions du Cerf (original work *c.* 459).

Pedersen, Holger (1959) *The discovery of language: Linguistic science in the nineteenth century* (John Webster Spargo, trans.) Bloomington IN: Indiana University Press (original work published 1924).

Percival, W. Keith (1968) 'The notion of usage in Vaugelas and in the Port Royal grammar', *Papers from the Fourth Regional Meeting of the Chicago Linguistics Society* (pp. 165–176).

—— (1969) 'Nineteenth century origins of twentieth century structuralism', *Papers from the Fifth Regional Meeting of the Chicago Linguistics Society* (pp. 416–420).

—— (1972) 'On the non-existence of Cartesian linguistics', in R. J. Butler (ed.) *Cartesian studies* (pp. 137–145) Oxford: Blackwell.

—— (1975) 'The grammatical tradition and the rise of the vernaculars', in Thomas A. Sebeok (ed.) *Current trends in linguistics: Vol. 13. Historiography of linguistics* (pp. 231–275) The Hague: Mouton.

—— (1976) 'The applicability of Kuhn's paradigms to the history of linguistics', *Language, 52*, 285–294.

—— (1977) [Review of the book *Ferdinand de Saussure: Origin and development of his linguistic thought in western studies of language*] *Language, 53*, 383–405.

—— (1981) 'The Saussurean paradigm: Fact or fantasy?', *Semiotica, 36*, 33–49.

239 —— (1982) 'Changes in the approach to language', in Norman Kretzmann, Anthony Kenny and Jan Pinborg (eds) *The Cambridge history of later medieval philosophy: From the rediscovery of Aristotle to the disintegration of scholasticism 1100–1600* (pp. 808–817) Cambridge: Cambridge University Press.

—— (1986) 'Renaissance linguistics: The old and the new', in Theodora Bynon and F. R. Palmer (eds) *Studies in the history of western linguistics: In honour of R. H. Robins* (pp. 56–68) Cambridge: Cambridge University Press.

—— (1987) 'On Priscian's syntactic theory: The medieval perspective', in Hans Aarsleff, Louis G. Kelly and Hans-Josef Niederehe (eds) *Papers in the history of linguistics: Proceed- ings of the Third International Conference on the History of the Language Sciences (ICHoLS III) Princeton, 19–23 August 1984* (pp. 65–74) Amsterdam/ Philadelphia: John Benjamins Press.

—— (1991) 'The past quarter-century in linguistic historiography', in Frances Ingemann (ed.) *1990 Mid-America Linguistics Conference Papers* (pp. 262–276) Lawrence KS: Univer- sity of Kansas Press.

—— (1992) 'La connaissance des langues du monde', in Sylvain Auroux (ed.) *Histoire des idées linguistiques: Vol. 2. Le développement de la grammaire occidentale* (pp. 226–238) Liège: Mardaga.

—— (1995a) 'Renaissance linguistics: An overview', in E. F. Konrad Koerner and R. E. Asher (eds) *Concise history of the language sciences: From the Sumerians to the cognitivists* (pp. 147–151) Oxford: Pergamon Press.

—— (1995b) 'The genealogy of general linguistics', in Kurt R. Jankowsky (ed.) *History of linguistics 1993: Papers from the Sixth International Conference on the History of the Language Sciences (ICHoLS VI) Washington DC, 9–14 August 1993* (pp. 47–54) Amsterdam/ Philadelphia: John Benjamins Press.

—— (1999a) 'Understanding the vernacular turn', in Gerda Hassler and Peter Schmitter (eds) *Sprachdiskussion und Beschreibung von Sprachen im 17. und 18. Jahrhundert* (pp. 11–21) Münster: Nodus Publikationen.

—— (1999b) 'Nebrija's linguistic oeuvre as a model for missionary linguists', in Elke Nowak (ed.) *Languages different in all their sounds ... : Descriptive approaches to indigenous languages of the Americas 1500 to 1850* (pp. 15–29) Münster: Nodus Publikationen.

Pike, Kenneth L. (1947) *Phonemics: A technique for reducing languages to writing*, Ann Arbor: University of Michigan Press.

Pinborg, Jan (1967) *Die Entwicklung der Sprachtheorie im Mittelalter*, Copenhagen: Verlag Arne Frost-Hansen.

—— (1975a) 'Classical antiquity: Greece', in Thomas A. Sebeok (ed.) *Current trends in linguistics: Vol. 13. Historiography of linguistics* (pp. 69–126) The Hague: Mouton.

—— (1975b) 'Introduction to the text', in Karen M. Fredborg, Niels J. Green-Pedersen, Lauge Nielsen and Jan Pinborg (eds) *The commentary on* Priscianus maior *ascribed to Robert Kilwardby* (pp. 1+–11+) Copenhagen: Cahiers de l'Institute du Moyen-âge Grec et Latin.

—— (1982) 'Speculative grammar', in Norman Kretzmann, Anthony Kenny and Jan Pinborg (eds) *The Cambridge history of later medieval philosophy: From the rediscovery of Aristotle to the disintegration of scholasticism 1100–1600* (pp. 254–269) Cambridge: Cambridge University Press.

Pinker, Steven (1994) *The language instinct*, New York: William Morrow.

Plato (1926) *Plato in twelve volumes: Vol. 4,* Cratylus, Parmenides, Greater Hippias, *and* Lesser Hippias (Harold N. Fowler, trans.) Cambridge MA: Harvard University Press (original work *c.* 4th century BCE).

Pocklington, Jackie (1990) *Charles Carpenter Fries: The humanist, the linguist, the teacher; a com- parison with Leonard Bloomfield*, Wilhemsfeld: Gottfried Egert Verlag. 240

Porset, Charles (1979) 'Langues universelles, langues philosophiques, langues auxiliaires au XIXe siècle: Essai de bibliographie', *Romantisme, 25–6*, 209–215.

Priscianus Caesariensis (1855/1859) '*Institutionum grammaticarum libri XVIII* ', in Henricus Keil (ed.) *Grammatici Latini: Vol. 2* (pp. 5–597) and *Vol. 3* (pp. 1–384) Leipzig: Teubner (reprint Hildesheim, Georg Olm, 1961) (original work *c.* early 6th century CE).

—— (1859) '*Institutio de nomine et pronomine et verbo*', in Henricus Keil (ed.) *Grammatici Latini: Vol. 3* (pp. 443–456) Leipzig: Teubner (reprint Hildesheim, Georg Olm, 1961) (original work *c.* early 6th century CE).

Privratska, Jana (1996) 'The pedagogical aspect of Comenius' language theory', in Vivien Law and Werner Hüllen (eds) *Linguists and their diversions: A festschrift for R. H. Robins on his 75th birthday* (pp. 141–150) Münster: Nodus Publikationen.

Pseudo-Albertus Magnus (1977) *Quaestiones Alberti de modis significandi* (Louis G. Kelly, ed. and trans.) Amsterdam: John Benjamins Press (original text *c.* 1285).

Quillien, Jean (1981) 'G. de Humboldt et la linguistique générale', *Histoire Epistémologie Langage, 3*, 85–113.

Quintilianus, Marcus Fabius (1920) *Institutio oratoria: Vols 1–4* (H. E. Butler, trans.) London: William Heinemann (original work before *c.* 96 CE).

Ramat, Paolo (1995) 'Typological comparison: Towards a historical perspective', in Masayoshi Shibatani and Theodora Bynon (eds) *Approaches to language typology* (pp. 27–48) Oxford: Clarendon Press.

Rasmussen, Michael (1997) 'Hjelmslev et le rationalisme', in Alessandro Zinna (ed.) *Hjelmslev aujourd'hui* (pp.

121–139) Turnhout: Brepols.

Reichling, Anton (1948) 'What is general linguistics?', *Lingua, 1*, 8–24.

Reynolds, Audrey (1971) 'What *did* Otto Jespersen say?', *Papers from the Seventh Regional Meeting of the Chicago Linguistics Society* (pp. 519–527).

Riché, Pierre (1979) *Les écoles et l'enseignement dans l'Occident chrétien de la fin du Ve siècle au milieu du XIe siècle*, Paris: Editions Aubier-Montaigne.

Richter, Michael (1975) 'A socio-linguistic approach to the latin Middle Ages', *Studies in Church History, 11*, 69–82.

—— (1980) 'Monolingualism and multilingualism in the 14th century', in E. F. Konrad Koerner, Hans-J. Niederehe and R. H. Robins (eds) *Studies in medieval linguistic thought* (pp. 211–220) Amsterdam: John Benjamins Press.

Ricken, Ulrich (1978) *Grammaire et philosophie au siècle des lumières: Controverses sur l'ordre naturel et la clarté du français*, Villeneuve-d'Ascq: Publications de l'Université de Lille III.

Rieux, Jacques and Rollin, Bernard E. (1975) 'Translators' introduction', in Antoine Arnauld and Claude Lancelot, *General and rational grammar: The Port-Royal Grammar* (Jacques Rieux and Bernard E. Rollin, eds and trans.) (pp. 18–33) The Hague: Mouton.

Rischel, Jørgen (1989) 'Otto Jespersen's contribution to Danish and general phonetics', in Arne Juul and Hans F. Nielsen (eds) *Otto Jespersen: Facets of his life and work* (pp. 43–60) Amsterdam/Philadelphia: John Benjamins Press.

Ritchie, William C. and Bhatia, Tej K. (1996) 'Second language acquisition: Introduction, foundations, and overview', in William C. Ritchie and Tej K. Bhatia (eds) *Handbook of second language acquisition* (pp. 1–46) San Diego CA: Academic Press.

Ritter, Nancy A. (ed.) (2002) 'Special issue: A review of "the poverty of the stimulus argu- ment" ', *The Linguistic Review, 19*.

241 Rivers, Wilga M. (1964) *The psychologist and the foreign-language teacher*, Chicago: University of Chicago Press.

Robins, R. H. (1951) *Ancient and mediaeval grammatical theory in Europe*, London: G. Bell and Sons.

—— (1957) 'Dionysius Thrax and the western grammatical tradition', *Transactions of the Philological Society of Great Britain*, pp. 67–106.

—— (1961) [Obituary for J. R. Firth] *Language, 37*, 191–200.

—— (1970) 'General linguistics in Britain 1930–1960', in *Diversions of Bloomsbury: Selected writings on linguistics* (pp. 155–183) Amsterdam: North-Holland (reprinted from *Trends in modern linguistics* (pp. 11–37) Christine Mohrmann, F. Norman and Alf Sommerfelt, eds, 1963, Utrecht-Antwerp: Spectrum).

—— (1973) 'Theory-orientation versus data-orientation: A recurrent theme in linguistics', *Historiographia Linguistica, 1*, 11–26.

—— (1984) 'The future of linguistics in the light of its past history', *Language Sciences, 6*, 203–216.

—— (1990) 'Constraints and intentions in the organization of the history of linguistics', in Werner Hüllen (ed.) *Understanding the historiography of linguistics: Problems and projects* (pp. 11–19) Münster: Nodus Publikationen.

—— (1997) *A short history of linguistics*, 4th edn, London: Longman.

Romeo, Luigi and Tiberio, Gaio E. (1971) 'Historiography of linguistics and Rome's scholarship', *Language*

Sciences, 17, 23–44.

Rosier, Irène (1983) *La grammaire spéculative des Modistes*, Lille: Presses Universitaires de Lille.

—— (1984) 'Grammaire, logique, sémantique, deux positions opposées au XIIIe siècle: Roger Bacon et les modistes', *Histoire Epistémologie Langage, 6*, 21–34.

Rowe, John Howland (1974) 'Sixteenth and seventeenth century grammars', in Dell Hymes (ed.) *Studies in the history of linguistics: Traditions and paradigms* (pp. 361–379) Bloomington IN: Indiana University Press.

Rusiecki, Jan (1976) 'The development of contrastive linguistics', *Interlanguage Studies Bulletin, 1*, 12–44.

Rutherford, William E. (ed.) (1984a) *Language universals and second language acquisition*, 2nd edn, Amsterdam: John Benjamins Press.

—— (1984b) 'Introduction', in William E. Rutherford (ed.) *Language universals and second language acquisition*, 2nd edn (pp. 1–9) Amsterdam: John Benjamins Press.

—— (1987) *Second language grammar: Learning and teaching*, London: Longman.

—— (1988) 'Grammatical theory and L2 acquisition: A brief overview', in Suzanne Flynn and Wayne O'Neil (eds) *Linguistic theory in second language acquisition* (pp. 404–416) Dordrecht: Kluwer Academic.

—— (1992) 'Foreword', in Larry Selinker, *Rediscovering interlanguage* (pp. ix–x) London: Longman.

Sahlin, Gunvor (1928) *César Chesneau Du Marsais et son rôle dans l'évolution de la grammaire générale*, Paris: Presses Universitaires de France.

Sainte-Beuve, Charles Augustin (1954) *Port-Royal: Vol. II* (Maxime Leroy, ed.) Paris: Galli- mard (original work published 1867).

Salmon, Vivian (1961) 'Joseph Webbe: Some seventeenth-century views on language- teaching and the nature of meaning', *Bibliothèque d'Humanisme et Renaissance, 23*, 324–340 (reprinted in Salmon 1988, pp. 15–31).

Salmon, Vivian (1964) 'Problems of language-teaching: A discussion among Hartlib's friends', *Modern Language* 242
Review, 59, 13–24 (reprinted in Salmon 1988, pp. 3–14).

—— (1969) 'Pre-Cartesian linguistics', *Journal of Linguistics, 5*, 165–187 (reprinted in Salmon 1988, pp. 63–85).

—— (1974) 'John Wilkins' *Essay* (1668): Critics and continuators', *Historiographia Linguistica, 1*, 147–163 (reprinted in Salmon 1988, pp. 191–206).

—— (1975) ' "Philosophical" grammar in John Wilkins' *Essay*', *Canadian Journal of Linguis- tics/Revue Canadienne de Linguistique, 20*, 131–160 (reprinted in Salmon 1988, pp. 97–126).

—— (1986) 'Effort and achievement in seventeenth-century British linguistics', in Theodora Bynon and F. R. Palmer (eds) *Studies in the history of western linguistics: In honour of R. H. Robins* (pp. 69–95) Cambridge: Cambridge University Press.

—— (1988) *The study of language in 17th-century England*, 2nd edn, Amsterdam/Philadelphia: John Benjamins Press.

—— (1996a) 'The universal language problem', in Marcelo Dascal, Dietfried Gerhardus, Kuno Lorenz and Georg Meggle (eds) *Philosophy of language: An international handbook of contemporary research: Vol. 2* (pp. 916–928) Berlin: Walter de Gruyter.

—— (1996b) 'The study of foreign languages in 17th-century England', in Vivian Salmon, *Language and society in early modern England: Selected essays 1981–1994* (pp. 173–193) Amsterdam/Philadelphia: John Benjamins Press.

Salus, Peter H. (1969) 'PRE-pre-Cartesian linguistics', *Papers from the Fifth Regional Meeting of the Chicago Linguistics Society* (pp. 429–434).

—— (1971) 'The modistae as proto-generativists', *Papers from the Seventh Regional Meeting of the Chicago Linguistics Society* (pp. 530–534).

—— (1976) 'Universal Grammar 1000–1850', in Herman Parret (ed.) *History of linguistic thought and contemporary linguistics* (pp. 85–101) Berlin: Walter de Gruyter.

Sampson, Geoffrey (1980) *Schools of linguistics*, Stanford CA: Stanford University Press.

—— (1997) *Educating Eve*, London: Cassell.

Sanchez, Aquilino (1987) 'Renaissance methodologies for teaching Spanish as a foreign language', *Histoire Epistémologie Langage, 9*, 41–60.

Sánchez (de las Brozas), Francisco (1976) *Minerva o De la propriedad de la lengua latina* (Fernando Riveras Cárdenas, trans.) Madrid: Ediciones Cátedra (original work published 1587).

Sandys, John Edwin (1958) *A history of classical scholarship: Vol. 1. From the sixth century B.C. to the end of the Middle Ages*, New York: Hafner.

Saporta, Sol (1994) 'Society, the university, and language: An interview with Noam Chomsky', in *Society, language, and the university: From Lenny Bruce to Noam Chomsky* (pp. 147–186) New York: Vantage Press.

Saussure, Ferdinand de (1966) *Course in general linguistics* (Wade Baskin, trans.) New York: McGraw-Hill (reprint of 1959 edition, New York: The Philosophical Library) (original work published 1916).

—— (1993) *Saussure's third course of lectures on general linguistics (1910–1911)* (Eisuke Komatsu, ed. and Roy Harris, trans.) Oxford: Pergamon Press.

—— (1996) *Saussure's first course of lectures on general linguistics (1907)* (Eisuke Komatsu, ed. and George Wolf, trans.) Oxford: Pergamon Press.

—— (1997) *Saussure's second course of lectures on general linguistics (1908–1909)* (Eisuke Komatsu, ed. and George Wolf, trans.) Oxford: Pergamon Press.

Sayce, A. H. (1879) 'How to learn a language', *Nature, 20*, 93–94.

243 Scaglione, Aldo (1988) 'Dante and the *Ars grammatica*', in Giuseppe Di Scipio and Aldo Scaglione (eds) *The* Divine comedy *and the encyclopedia of arts and sciences. Acta of the Inter- national Dante Symposium, 13–16 November 1983, Hunter College, New York* (pp. 27–41) Amsterdam/Philadelphia: John Benjamins Press.

—— (1990) 'The origins of syntax: Descartes or the *modistae*?', in Hans-Josef Niederehe and E. F. Konrad Koerner (eds) *History and historiography of linguistics: Papers from the Fourth International Conference on the History of the Language Sciences (ICHoLS IV) Trier, 24–28 August 1987* (pp. 339–347) Amsterdam/Philadelphia: John Benjamins Press.

Schachter, Jacquelyn (1993) 'Second language acquisition: Perceptions and possibilities', *Second Language Research, 9*,

173–187.

Schlauch, Margaret (1946) 'Early behaviorist psychology and contemporary linguistics', *Word, 2*, 25–36.

Schlegel, Freidrich von (1860) *The aesthetic and miscellaneous works of Friedrich von Schlegel*

(Ellen J. Millington, ed. and trans.) London: G. Bell and Sons.

Schleicher, August (1971) 'Some observations made on children (1861–62)', in Aaron Bar- Adon and Werner F. Leopold (eds) *Child language: A book of readings* (pp. 19–20) Englewood Cliffs NJ: Prentice-Hall (original work published 1861–1862).

Schwartz, Bonnie D. (1990) 'Un-motivating the motivation for the fundamental difference hypothesis', in Hartmut Burmeister and Patricia L. Rounds (eds) *Variability in second language acquisition: Proceedings of the tenth meeting of the Second Language Research Forum: Vol. 2* (pp. 667–684) Eugene OR: University of Oregon Department of Linguistics.

—— (1998) 'The second language instinct', *Lingua, 106*, 133–160.

Selinker, Larry (1972) 'Interlanguage', *International Review of Applied Linguistics, 10*, 209–231.

—— (1992) *Rediscovering interlanguage*, London: Longman.

Seuren, Pieter A. M. (1998) *Western linguistics: An historical introduction*, Oxford: Blackwell. Sgall, Petr (1971) 'On the notion "type of language"', *Travaux linguistique de Prague, 4*, 75–87.

Sharadzenidze, T. (1976) 'On the two trends in modern linguistics and the two sources of these trends', in Herman Parret (ed.) *History of linguistic thought and contemporary linguistics* (pp. 62–84) Berlin: Walter de Gruyter.

Sharwood Smith, Michael (1988) 'Applied linguistics and the psychology of instruction: A case for transfusion?', in William Rutherford and Michael Sharwood Smith (eds) *Grammar and second language teaching: A book of readings* (pp. 206–223) Boston MA: Heinle and Heinle.

—— (1994) *Second language learning: Theoretical foundations*, London: Longman.

Shaw, Bernard (1995) 'Preface to *Pygmalion*', in Dan H. Laurence and Daniel J. Leary (eds) *The complete prefaces: Vol. 2. 1914–1929* (pp. 260–264) London: Allen Lane (original work published 1916).

Shay, James (1981) 'The past is prologue: Two intellectual ancestors of medieval grammar', *Texas Linguistic Forum, 17*, 89–101.

Sheed, F. J. (1942) 'Foreword', in *The* Confessions *of St Augustine, Books I–X* (F. J. Sheed, trans.) (pp. v–viii) Kansas City MO: Sheed and Ward.

Shumaker, Wayne (1982) *Renaissance curiosa*, Binghamton NY: Center for Medieval and Early Renaissance Studies.

Silvestre de Sacy, Antoine Isaac (1990) *Principles of general grammar* (D. Fosdick Jr, trans.) Delmar NY: Scholars' Facsimiles and Reprints (reprint of 1847 translation, New York: Mark H. Newman) (original work published 1799).

Simone, Raffaele (1998) 'The early modern period', in Giulio Lepschy (ed.) *History of linguistics: Vol. 3. Renaissance* 244
and early modern linguistics (pp. 149–236) London: Longman.

Sisam, Kenneth (1953) *Studies in the history of Old English literature*, Oxford: Clarendon Press. Skiljan, Dubravko (2000) 'The amnesic syndromes of structuralism', in Olga Miseska Tomic and Milorad Radovanovic (eds) *History and perspectives of language study: Papers in honor of Ranko Bugarski* (pp. 85–99) Amsterdam/Philadelphia: John

Benjamins Press.

Skinner, B. F. (1957) *Verbal behavior*, New York: Appleton-Century-Crofts.

Sluiter, Ineke (1990) *Ancient grammar in context: Contributions to the study of ancient linguistic thought*, Amsterdam: VU University Press.

Smith, Neil (1999) *Chomsky: Ideas and ideals*, Cambridge: Cambridge University Press.

—— (2000) 'Foreword', in Noam Chomsky, *New horizons in the study of language and mind* (pp. vi–xvi) Cambridge: Cambridge University Press.

Smith, Robert Leo (1990) *Ecology and field biology*, 4th edn, New York: HarperCollins. Sørensen, Knud (1989) 'The teaching of English in Denmark and Otto Jespersen', in

Arne Juul and Hans F. Nielsen (eds) *Otto Jespersen: Facets of his life and work* (pp. 29–41) Amsterdam/Philadelphia: John Benjamins Press.

Soublin, Françoise (1976) 'Rationalisme et grammaire chez Dumarsais', in Herman Parret (ed.) *History of linguistic thought and contemporary linguistics* (pp. 383–409) Berlin: Walter de Gruyter.

Spence, N. C. W. (1957) 'A hardy perennial: The problem of *la langue* and *la parole*', *Archivum Linguisticum, 9*, 1–27.

Stankiewicz, Edward (1981) 'The "genius" of language in sixteenth century linguistics', in Horst Geckeler, Brigitte Schlieben-Lange, Jürgen Trabant and Harald Weydt (eds) *Logos semantikos: Studia linguistica in honorem Eugenio Coseriu 1921–1981* (pp. 177–189) Madrid: Editorial Gredos.

Stéfanini, Jean (1976) 'Jules César Scaliger et son *De causis linguae Latinae*', in Herman Parret (ed.) *History of linguistic thought and contemporary linguistics* (pp. 317–330) Berlin: Walter de Gruyter.

—— (1977) 'De la grammaire aristotelicienne', in André Joly and Jean Stéfanini (eds) *La grammaire générale: Des Modistes aux Ideologues* (pp. 97–106) Lille: Université de Lille III.

—— (1982) 'Aristotélisme et grammaire: Le *De causis latinae linguae* (1540) de J. C. Scaliger', *Histoire Epistémologie Langage, 4*, 41–54.

Stein, Gabriele (1997) *John Palsgrave as Renaissance linguist: A pioneer in vernacular language description*, Oxford: Clarendon Press.

Steiner, George (1992) *After Babel: Aspects of language and translation*, 2nd edn, Oxford: Oxford University Press.

Steiner, Peter (1982) *The Prague School: Selected writings, 1929–1946*, Austin TX: University of Texas Press.

Steinthal, Heymann (1860) *Charakteristik der hauptsächlichsten Typen des Sprachbaues*, Berlin: Ferd. Dümmler's Verlagsbuchhandlung.

—— (1871) *Abriss der Sprachwissenschaft*, Berlin: Ferd. Dümmler's Verlagsbuchhandlung. Stern, H. H. (1983) *Fundamental concepts of language teaching*, Oxford: Oxford University Press. Stich, Stephen P. (1996) 'The dispute over innate ideas', in Marcelo Dascal, Dietfried

Gerhardus, Kuno Lorenz and Georg Meggle (eds) *Philosophy of language: An international handbook of contemporary research: Vol. 2* (pp. 1041–1050) Berlin: Walter de Gruyter.

Strevens, Peter (1987) '*The linguistic sciences and language teaching* revisited', in Ross Steele and T. Threadgold (eds) *Language topics: Essays in honour of Michael Halliday. Vol. I* (pp. 79–82) Amsterdam/Philadelphia: John Benjamins Press.

Strozer, Judith R. (1994) *Language acquisition after puberty*, Washington DC: Georgetown University Press. 245

Subbiondo, Joseph L. (1992a) *John Wilkins and 17th-century British linguistics*, Amsterdam/Philadelphia: John Benjamins Press.

—— (1992b) 'From Babel to Eden: Comenius and the 17th-century philosophical language movement', *Historiographia Linguistica, 19*, 261–273.

Sullivan, John J. (1980) 'Noam Chomsky and Cartesian linguistics', in R. W. Rieber (ed.) *Psychology of language and thought: Essays on the theory and history of psycholinguistics* (pp. 197–220) New York: Plenum Press.

Swadesh, Morris (1948) 'On linguistic mechanism', *Science and Society, 12*, 254–259.

Sweet, Henry (1964) *The practical study of languages: A guide for teachers and learners*, London: Oxford University Press (original work published 1899).

Swiggers, Pierre (1984) 'Grammaire et logique à Port-Royal', *Sprachewissenschaft, 9*, 333–352.

—— (1988) 'Grammatical categories and human conceptualization: Aristotle and the modistae', in Brygida Rudzka-Ostyn (ed.) *Topics in cognitive linguistics* (pp. 621–646) Amsterdam/Philadelphia: John Benjamins Press.

—— (1989) 'Les grammaires françaises (1562, 1572) de Ramus: Vers une méthod descrip- tive', in Pierre Swiggers and Willy Van Hoecke (eds) *La langue française au XVIe siècle: Usage, enseignement et approaches descriptives* (pp. 116–135) Louvain: Leuven University Press.

—— (1992a) 'Les Pères de l'Eglise', in Sylvain Auroux (ed.) *Histoire des idées linguistiques: Vol. 2. Le développement de la grammaire occidentale* (pp. 76–82) Liège: Mardaga.

—— (1992b) 'Les grammaires françaises "pédagogiques" du XVIe siècle: Problèmes de définition et de typologie; analyse microscopique', in Konrad Schröder (ed.) *Fremd- sprachenunterricht 1500–1800* (pp. 217–235) Wiesbaden: Otto Harrassowitz.

Swiggers, Pierre and Wouters, Alfons (1990) 'Langues, situations linguistiques et réflexions sur le langage dans l'Antiquité', in Pierre Swiggers and Alfons Wouters (eds) *Le langage dans l'Antiquité* (pp. 10–46) Louvain: Leuven University Press.

Taine, Hippolyte (1971) 'Acquisition of language by children', in Aaron Bar-Adon and Werner F. Leopold (eds) *Child language: A book of readings* (pp. 20–26) Englewood Cliffs NJ: Prentice-Hall (reprinted from English translation of 1877) (original work published 1876). Taska, Betty Keene (1973) 'Grammar and linguistics in the *Encyclopédie*', *The French Review, 46*, 1159–1171.

Tavoni, Mirko (1982) 'The 15th-century controversy on the language spoken by the ancient Romans: An inquiry into Italian humanist concepts of "Latin", "grammar", and "vernacular" ', *Historiographia Linguistica, 9*, 237–264.

—— (1990) ' "*Ydioma tripharium*" (Dante, *De vulgari eloquentia*, I 8–9)', in Hans-Josef Niederehe and E. F. Konrad Koerner (eds) *History and historiography of linguistics: Papers from the Fourth International Conference on the History of the Language Sciences (ICHoLS IV) Trier, 24–28 August 1987* (pp. 233–247) Amsterdam/Philadelphia: John Benjamins Press.

—— (1998) 'Renaissance linguistics', in Giulio Lepschy (ed.) *History of linguistics: Vol. 3. Renaissance and early modern linguistics* (pp. 1–108) London: Longman.

Taylor, Daniel J. (1974) *Declinatio: A study of the linguistic theory of Marcus Terentius Varro*, Amsterdam: John Benjamins Press.

—— (1987) 'Rethinking the history of language science in classical antiquity', in Daniel J. Taylor (ed.) *The history of linguistics in the classical period* (pp. 1–16) Amsterdam/Philadel- phia: John Benjamins Press.

246 —— (1996a) 'Roman language science', in Peter Schmitter (ed.) *Sprachtheorien der abendländischen Antike,* revised edn (pp. 334–352) Tübingen: Gunter Narr Verlag.

—— (1996b) *Varro* –De lingua Latina X*: A new critical text and English translation with prole- gomena and commentary*, Amsterdam/Philadelphia: John Benjamins Press.

Taylor, Henry Osborn (1962) *The medieval mind: A history of the development of thought and emotion in the Middle Ages: Vols 1–2*, 4th edn, Cambridge MA: Harvard University Press (original work published 1911, London: Macmillan).

Taylor, Talbot J. (1992) *Mutual misunderstanding: Scepticism and the theorizing of language and interpretation*, Durham NC: Duke University Press.

—— (1996) 'The origin of language: Why it never happened', *Language Sciences, 19*, 67–77. Teeter, Karl V. (1964) 'Descriptive linguistics in America: Triviality vs. irrelevance', *Word, 20*, 197–206.

Telushkin, Joseph (1991) *Jewish literacy*, New York: William Morrow.

Thomas, Margaret (1997) 'Why second language acquisition theory has no sense of its own history, why we should do something about it, and what we should do', in Eliza- beth Hughes, Mary Hughes and Annabel Greenhill (eds) *Proceedings of the 21st Annual Boston University Conference on Language Development: Vol. 2* (pp. 627–638) Somerville MA: Cascadilla Press.

—— (1998) 'Programmatic ahistoricity in second language acquisition theory', *Studies in Second Language Acquisition, 20*, 387–405.

—— (2002a) 'Development of the concept of "the poverty of the stimulus"', *The Linguistic Review, 19*, 51–71.

—— (2002b) 'Roger Bacon and Martin Joos: Generative linguistics' reading of the past', *Historiographia Linguistica, 29*, 339–378.

—— (submitted) 'The significance of Babel in western conceptualization of second language learning'.

Thurot, Charles (1868) *Notices et extraits de divers manuscrits latins pour servir à l'histoire des doctrines grammaticales au moyen âge*, Paris: Imprimerie Impériale (reprinted 1964, Frank- furt am Main: Minerva).

Titone, Renzo (1968) *Teaching foreign languages: An historical sketch*, Washington DC: George- town University Press.

Tooke, John Horne (1829) *Epea pteroenta, or the diversions of Purley: Vols I–II* (Richard Taylor, ed.) London: William Tegg (original work published 1786–1805).

Towell, Richard and Hawkins, Roger (1994) *Approaches to second language acquisition*, Clevedon: Multilingual Matters.

Trentman, John A. (1976) 'Speculative grammar and transformational grammar: A comparison of philosophical presuppositions', in Herman Parret (ed.) *History of linguistic thought and contemporary linguistics* (pp. 279–301) Berlin: Walter de Gruyter.

Tsiapera, Maria and Wheeler, Garon (1993) 'The petites-écoles and the *Grammaire générale et raisonée*', *Proceedings of the XVth International Congress of Linguists: Vol. 4* (pp. 365–368) Sainte-Foy, Canada: Les Presses de l'Université Laval.

Tyler, Andrea and Lardiere, Donna (1996) 'Beyond consciousness raising: Re-examining the role of linguistics in language teacher training', in James E. Alatis (ed.) *Linguistics, language acquisition, and language variation: Current trends and future directions. Georgetown University Round Table on Languages and Linguistics 1996* (pp. 270–287) Washington DC: Georgetown University Press.

Uitti, Karl D. (1969) 'Descartes and Port-Royal in two diverse retrospects', *Romance Philology, 23*, 75–85.

Uriagereka, Juan (1998) *Rhyme and reason: An introduction to minimalist syntax*, Cambridge MA: MIT Press. 247

Vachek, Josef (1966) *The linguistic school of Prague*, Bloomington IN: Indiana University Press.

—— (1972) 'The linguistic theory of the Prague School', in Vilém Fried (ed.) *The Prague School of linguistics and language training* (pp. 11–28) Oxford: Oxford University Press.

Van Lerberghe, Karel (1990) 'Language in Sumer and Akkad', in Pierre Swiggers and Alfons Wouters (eds) *Le langage dans l'Antiquité* (pp. 47–55) Louvain: Leuven University Press.

Varchi, Benedetto (1804) *L'Ercolano: Vol. 1*, Milan: Società Tipographica de' Classici Italiani (original work published 1570).

Varro, Marcus Terentius (1958) *On the Latin language: Vols 1–2* (Roland G. Kent, ed. and trans.) London: William Heinemann (original work *c*. 43 BCE).

Vecchio, Sebastiano (1995) 'Forms of imperfect Augustinianism', in Lia Formigari and Daniele Gambarara (eds) *Historical roots of linguistic theories* (pp. 269–278) Amsterdam/Philadelphia: John Benjamins Press.

Vejleskov, Hans (1989) 'Otto Jespersen's thinking about child language', in Arne Juul and Hans F. Nielsen (eds) *Otto Jespersen: Facets of his life and work* (pp. 123–146) Amsterdam/Philadelphia: John Benjamins Press.

Verhaar, John W. M., S.J. (1971) 'Philosophy and linguistic theory', *Language Sciences, 14*, 1–11.

Versteegh, Kees (1987) 'Latinitas, hellenismos, "arabiyya" ', in Daniel J. Taylor (ed.) *The history of linguistics in the classical period* (pp. 251–274) Amsterdam/Philadelphia: John Benjamins Press.

—— (1990) 'Borrowing and influence: Greek grammar as a model', in Pierre Swiggers and Alfons Wouters (eds) *Le langage dans l'Antiquité* (pp. 197–212) Louvain: Leuven University Press.

Viëtor, Wilhelm (1984) 'Language teaching must start afresh! A contribution to the ques- tion of stress and overwork in schools' (A. P. R. Howatt and David Abercrombie, trans.) in Anthony P. R. Howatt, *A history of English language teaching* (pp. 340–363) New York: Oxford University Press (original work published 1886, under author's pseudonym 'Quousque Tandem').

Vineis, Edoardo (1994) 'Medieval linguistics: Introduction; Linguistics and grammar', in Giulio Lepschy (ed.) *History of linguistics: Vol. 2. Classical and medieval linguistics* (pp. 136–272) London: Longman.

Wall, Derek (1994) *Green history: A reader in environmental literature, philosophy, and politics*, New York: Routledge.

Wardhaugh, Ronald (1970) 'The contrastive analysis hypothesis', *TESOL Quarterly, 4*, 123–130.

Watkins, Calvert (1976) 'Towards Proto-Indo-European syntax: Problems and pseudo- problems', *Papers from the Parasession on Diachronic Syntax* (pp. 305–326) Chicago: Chicago Linguistics Society.

Watts, Richard J. (1990) 'The role of early grammar writers in creating a linguistic tradi- tion', in Ricarda Liver, Iwar Werlen and Peter Wunderli (eds) *Sprachtheorie und Theorie der Sprachwissenschaft: Geschichte und Perspektiven*
248 (pp. 299–315) Tübingen: Gunter Narr Verlag. Wheeler, Garon (1995) 'Port-Royal tradition of general grammar', in E. F. Konrad Koerner and R. E. Asher (eds) *Concise history of the language sciences: From the Sumerians to the cognitivists* (pp. 169–174) Oxford: Pergamon Press.

White, Lydia (1989) *Universal grammar and second language acquisition*, Amsterdam: John Benjamins Press.

—— (1996) 'The tale of the ugly duckling (or the coming of age of second language acquisition research)', in Andy Stringfellow, Dalia Cahana-Amitay, Elizabeth Hughes and Andrea Zukowski (eds) *Proceedings of the 20th Annual Boston University Conference on Language Development: Vol. 1* (pp. 1–17) Somerville MA: Cascadilla Press.

—— (2003) *Second language acquisition and universal grammar*, Cambridge: Cambridge Univer- sity Press.

Whitney, William D. (1872) 'Steinthal on the origin of language', *North American Review, 114*, 272–308.

Wick, Warner (1967) 'Aristotelianism', in *The encyclopedia of philosophy* (vol. 1, pp. 148–151) New York: Macmillan.

Wilkins, John (1668) *Essay towards a real character and a philosophical language*, London: Gellibrand.

Wittgenstein, Ludwig (1958) *Philosophical investigations*, 2nd edn (G. E. M. Anscombe, trans.) New York: Macmillan.

Woozley, A. D. (1967) 'Universals', in *The encyclopedia of philosophy* (vol. 8, pp. 194–206) New York: Macmillan.

Wukitsch, Ephrem Otto, O.F.M. (1942) 'The educational contents and implications of Roger Bacon's *Opus Tertium*', unpublished master's thesis, Catholic University of America.

Zimmer, Karl E. (1994) [Review of the book *Cartesian linguistics*] in Carlos P. Otero (ed.) *Noam Chomsky: Critical assessments: Vol. II. Philosophy* (pp. 856–875) New York: Routledge (reprinted from *Journal of American Linguistics, 34*, 290–303, 1968).

索 引

Aarsleff, 119；笛卡尔语言学 113，114，118，122，128；18 世纪 121-3，127，134；19 世纪，139；207 n. 46，n. 54，209 n. 5
Abelard, Peter, 52
Abraham, W，188
Abril, P.–S. 93
Acquisition, language, 语言习得，6，61，112,114，122；儿童与成人 5，40-1，43，45-6，74，89-91，131，142-4，145，158，175-6，178，184-5，197 n. 24，193 n. 5，197 n . 24；习惯的作用，157，158-9，162，172，176，178，208 n. 62；模仿的作用 39-40，89-90，144-5，147，171-2，176，209 n. 11 参见母语习得；教育学、语言；第二语言习得
Adelung，138
Aelfric，79
Aeschylus，23
Aginsky, B，165
Aginsky, E 165
Ahlqvist, 197 n. 22
Alatis, J. E. 174
Alberti, L. B. 81，83
Alcuin of York, 47-8，51，53
Alexander of Villedieu, 70，202 n. 38，亦即 *Doctrinale*。
Alexandria, 22，196 n. 9
Alford, J. A. 200，n. 4
Allen, W. S. 196，n. 4
Alsted, J. H. 193 n. 1，206 n. 30
Amacker, R. 117–18，198 n. 31
Amsler, M. 10，12
Andresen, J. T. 14，138，208 n. 1，211 n. 39
Andrews, I. 113
Anscombe, G. E. 40
Anselm of Canterbury 52
Apollonius Dyscolus 22，126，196 n. 11
Apostle, H. G. 200 n.6
Arabic language 阿拉伯语 36、60、64、66–7、99、170；翻译 36，53
Arabski, J. 208，n66
Archibald, J. J. 194 n. 11
Arens, H. 25
Aristotle 13，87，126，191，196 n. 4；科学的定义 4，25，53-5；4 个“原因”56，59；语法著作 21，86，196n. 6；10 个“类别”51–2，53，56，59，99；43、53 的译文；共性 24–5，50，196 n. 7
Arnauld, A. 105–8，120，128，134；另见 Grammaire générale et raisonne；语法，一般；语法，理性
artifex 55
Asporius 45
audiolingual method 听说法 173，211，n. 47
Augustine52，105，191，192；语言的概念

39–42，48，117，198 n. 27 认识论 39；人生 29，38–9；母语习得 12，39–40，43，90；第二语言习得 29，68，90，92，148，202 n. 33
Augustus, emperor 29，30
auraicept na aéces 202 n . 32
Aurifaber, Johannes 77-8
Auroux, S. \122，129，194，18，203，12，205，3
Averroes 53
Avicenna 3
Ayers, R. H. 199 n. 9，n. 12

Babel, tower of 巴别塔，5，35–7，82，89，124
Bach, E. 180
Bacon，F. 98
250 Bacon，R. 70，148，191；与 modistae 65–6 相比；语法的定义 65–6，193n . 2；现代声誉 2，3，63–6
Bailey, N. 184，69，212
Bally, C. 149，155
Bar-Adon, A. 209 n. 10
Baratin, M. 200，23
Bardwell, L. V. 192
Bardy, G. 36
Baron, H. 203 n.7
Barsky, R. F. 13，205
Bartlett, B. E. 104，124，125
Baudoin de Courtenay, J. 191
Bayless, M. 48，49
Beauzée, N. 138，148，159；百科全书 121，124；普遍语法 112，118，125；L2 习得；理性主义 124–5，127，134，145，153
behaviourism 行为主义 116，130；
Bloomfield 162–3，167，173，191；对比分析 176–7191；Skinner 168-9；参见唯心主义和反唯心主义
Bembo, P. 81
Bergheaud P. 126，127
Berlitz, M. 143
Bernard of Chartres 69，92
Besnier, P. 132，134
Bhatia, T. K. 194 n. 15，204 n. 29，211 n. 43
Bialystok, E. 31
Bibliander, T. 85
bilingualism 参见 multilingualism 和 bilingualism; diglossia Biondo, Flavio 81
Birdsong, D. 193 n. 5
Bischoff, B. 67-8
Blank, D. L. 196 n. 9
Blatt, F. 204 n. 24
Bley-Vroman, R. 73，212n .
Bloch. B. 172，175，176，177，211 n. 40
Block. D . 190–1，194 n. 17
Bloomfield. L. l 美国结构主义 111，119，149，174，205 n. 10，209 n. 17，211 n. 40；反精神论 156，166–7，168，172；行为主义 162，191；对比分析 173，175；语言学习 171–3，176，177；Saussure 150，209 n. 3
Boas, F. 159，161，164
Boethius 43，51，201 n. 9
Boethius of Dacia 54-5，58，72，126，202 n. 30；跨语言变异 60–1，62；所有语言的一个逻辑 60，62，101，167
Bolinger, D. 175
Bonaventure, Brother 70，72，202 n. 34，n37
Bonner, S. F. 197 n. 16, 197–8 n. 25
Bopp, F. 137，138，152
Botha, R. P. 187
Botterill, S. S . 89–90
Bourgain, P. 64，66，202 n. 28
Bourgain, J. D. 14，171
Bowler, P. J. 194 n. 18
Boyd, C. E. 197 n. 19
Bracken, H. M. 113，206 n. 18

Brekle, H, E. , 7, 23, 118, 204 n. 1, 205 n. 5
Breva-Claramonte, M.：第二语言教学法 93, 97, 204 n. 26；文艺复兴时期的语法 86, 87, 116, 204 n. 19；思辨性语法 63
British Royal Society 98, 99
Brock, S. P. 98 n. 4
Brookes, W. 129-30
Brown, P. 29, 199 n. 9, n. 13
Brown, R. 171, 184, 212 n. 65
Brugmann, K. 137
Bruni, L. 80–2
Bugarski, R. 120, 201 n. 22
Bühler, A. 166
Bühler, K. 209 n. 11
Bullough, D. A. 203 n. 6
Bursill-Hall G. L.：中世纪第二语言习得 71, 72; 中世纪语法手稿 70, 201 n. 12; modistae 学派 201 n . 9；思辨语法 6, 57, 59, 73 201 n. 13, n. 17, 201–2n . 24, 202 n. 34
Burt, M. K. 12, 175, 183–4, 192, 211 n. 43
Butler, H. E. 30, 90, 197 n. 18, n. 23, n. 24, 200 n. 5

Cannon, G. H. 207 n. 46
Caravolas, J. A. 94, 204 n. 26
Cartesian Linguistics《笛卡尔语言学》: 内容 13; 110– 12, 122, 139; 103, 109–10, 147 的影响; 对 112–19 的回应; 参见 Chomsy 语法 201–2 n. 24
Case grammar 201-2 n. 24
case, grammatical：跨语言比较 32, 80, 85, 126, 182；普遍语法 108, 109, 132–3；希腊语 22, 32, 拉丁语 26–7, 32, 44, 47, 92；中世纪语法 58；Varro 的 declinatio 32–3
Catalan language 67
Céard, J. 102
Celce-Mucia, M. 10, 194 n. 13
Chamot, A. U. 204 n. 28
Charlemagne 38, 46, 47
Chase, W. J. 27, 196 n. 12
Chevalier, J. C.：第二语言教育学 128, 130, 145, 204 n. 27, 207 n. 43；普通和理性语法 134, 205 n. 15, 206 n. 31
Chinese language 67, 99, 139, 170, 206 n。32
Chomsky, N.：美国结构主义 162, 167, 168–9, 191；“Cartesian 语言学” 109–20; 生成语法 6, 14, 62, 63, 186; 史学 8, 13, 103, 110, 120, 128, 139, 146, 154, 195 n. 23, n. 27, 210 n. 23, n. 31, n. 33；语言学习 3, 6, 183–4, 185；通用语法 3–4, 13, 147, 149, 182–3；参见“Cartesian 语言学”；语法，生成性；天赋论；理性主义
Christianity and language 35–8, 42, 43, 45, 67
Cicero, M. T., M. T. 29, 81, 129
circumstantiae, 7, 52
Citolini, A. 81-82
Claius, J. 81, 83
Clark, J. W. 197 n. 19
Codex Cumanicus 67
Cohen, M. 207 n. 36；史学 193 n. 9, 206 n. 22；教学材料 134–5；文艺复兴的普遍性 125, 126, 129, 141
Collinge, N. E. 87, 137, 140, 207 n. 52
Comenius, J. A. 95, 98–9, 121, 129
comparative grammar 参见 grammar 和 comparativecomparative-historical linguistics 比较历史语言学 103, 121, 129, 149, 210 n. 29；第二语言教学法 145–7；136–41 的调查 251
comparison, cross-linguistic: 希腊 23–4, 32；罗马 30-1, 32-3, 117-18；中世纪 49, 57–8, 59–60, 64, 71；文艺复兴 85, 92–3, 96；普遍语法 106–7, 125, 130；19 世纪 136-8; Saussure 209 n. 6; 布拉格学派 157–9, 212 n.

54；美国结构主义 164-5，173-5；生成语言学 4，62；另见母语在第二语言的指示、作用；比较—历史语言学；对比分析
Comrie, B. 181–2，212 n. 59，n. 60，213 n. 72
Condillac (E. Bonnot) 122–3，124，126，127，207 n. 38
contrastive analysis 对比分析 173–7，179，181，191；生成批判 178，185，191；欧洲结构主义 173，210 n. 21；相对于创造性建设 175
252 Cook, V. 9，10，195 n. 29
Cooper, D. E. 114-15
Coopmans, P. 187
Cooreman, A. 180
Copeland, R. 92
Copenhagen School 哥本哈根学派 151，155，157
Copleston, F. 200 n. 7
Corder, S. P. 12，178–9，182，183，188，191，192
Cornford, F. M.，24
Corti, M. 88-9
Coseriu, E. 7
Couturat, L. 206 n. 26，n. 27
Covington, M. A.：modistae 评论 77–8；第二语言教学法 71，72；思辨语法 9，52，53，58，201 n. 12，n. 16，n. 24
Cowan, J. M. 170，171
Cowan, M. 144，207 n. 54
Cowan, W. 85
Cowley, S. J. 212 n. 64
Cram, D. 100
creative construction：创意性建设 175，183–4
creativity and language 创造力和语言：17 世纪语法 110-11，113，123；Humboldt 139，144；Jespersen 153；美国结构主义 111，139，176
Cremona, J. 204 n. 21
Croft, W. 180

d' Ailly, Pierre 77
d' Alembert, J. Le Ronde124
Dalgarno, G. 100-1，104，107，121
Danesi, M. 176，204 n. 22
Dante Alighieri 50，88-91，191，192
Danto, A. C. 110，114
Darwin, C. 13，191
Dascal, M. 206 n. 27
data-versus theory-orientation 数据对理论方向 75，103，121；思辨语法 61，73；生成语法 187；美国结构主义 161–3；参见描述与解释的对比
de Rijk, L. M. 59
de Rijk, R. P. G. 39，40
deep versus surface structure 4 深层与表层结构 4；思辨语法 63，206 n. 21；Sanchez 87，109，116；普遍语法 109，111– 12，113，116，124
Dekydtspotter, L. 212 n. 67
Del Rincón, A. 85
Delesalle, S. 134
Desbordes, F. 200 n. 23
Descartes, R. 126，128；身心二分法 111，117；理性主义 104，114，121；普遍语言 98；术语 “Cartesian linguistics” 的有效性 103，110，113，115
description versus explanation 描述与解释：speculative grammar 思辨语法 54，72；普通语法 112，114，116；美国结构主义 163，181；生成语法 187
Dezso, L. 209 n. 13, 213 n. 71
Di Pietro, R. J. 175
diachronic change 历时变化：204 n. 21；欧洲方言 44，67–8，203 n. 4；19 世纪研究 136-8；语言学习 153；语言类型学 181
dialect(s) 22、44；Bacon64，65；Dante88，89

dialectic see logic
Diderot, 124
Didymus 32
diglossia 双舌 28，68；参见 multilingualism 和 bilingualism
Diller, K. C. 128，143，210 n. 24，n. 31，211 n. 42
Dillinger, M. 210 n. 23
Dionysius Thrax 22，26，53，54，196 n. 5
Doctrinale 70–71，78，92，109；请参见 Alexander of Villedieu
Donatus, 43，57；适合第二语言学习者 27，44–5；语法研究 26–7，44，68，72；73，78 的评注；对后来语法学家的影响 70，78，86，92，106，133
Du Marsais, C. C. 123-4，205 n. 15；第二语言习得 132–4，143；与先前作品的关系 118，121，207 n. 38
Dubuisson, M. 28，197 n. 16，198n . 29
Dulay, H. C. 12，175，183-4，192，211 n. 43

Ebbesen, S. 71
Eberhard of Béthune 70，72；请参见 *Graecismus*
Eckman, F. R. 181，182
Eco, U. 37，41，44；普遍语言 5，67，100，206 n. 26
ecology, 13，191 的历史
Edel, A. 200 n. 7
eighteenth century 18 世纪：第二语言习得的概念 128-35；普通和理性语法 120–8，134–5；另见 Beauzée, N；Du Marsais，C. C.；经验主义；理性主义
Elffers (–van Ketel), E. 15，193 n. 9
Eliot, J. 85
ellipsis：普遍语法 107–8，109，111，116，133；Sanchez 87，97，109，116
Ellis, N. C. 6
Ellis, R. 5－6，10，178，187，211 n. 43，212 n. 62
empiricism 经验主义 :Pascal 116；通用语言 98–9；Locke 121–2；Beauzée 125；Harris126；比较历史主义 136，137；结构主义 155，168；相对于理性主义 104，123，127–8，135
Encyclopédie 124，146
English language 英语：127，152，153–4 的分析；与其他语言的对比 126，206 n. 32；母语在第二语言习得中的使用 70–1，73，79；L2 83，181，183Epstein, S. D. 212 n. 68
Erasmus, D. 204 n. 26
Erneling, C. 40 Esper, E. A. 210 n. 27 etymology 词源：古希腊罗马 22，27；在中世纪语法的意义上 56，70；现代意义上 127，168，200–1 n. 8
Eubank, L. 194 n. 14，n. 15，195 n. 22
Eugene IV, pope 80
Ewert, A. 204 n. 20

Faithful, R. G. 81–2
Fellman, J. 206 n. 18
Ferguson, C. A. 174，181，187，195 n. 30，210 n. 33，211 n. 40
First Grammatical Treatise 202 n. 32 253
first language acquisitionRome 母语习得；罗马 28，30，33，52；Augustine 39-42；Dante 和 Varchi 89–91；19 世纪 142，143–4，207 n. 49，209 n. 5；Jespersen 153；布拉格学派 158；美国结构主义 162，175–6；生成语法 3，183，184–6，188；参见 acquisition, language; poverty of the stimulus
Firth, J. R. 82，156－7，201 n. 24
Fisiak, J. 157，173，174，175，210 n. 21，212 n. 54
Fleck, C. 190－2，194 n. 17

Florence 80 - 1，88，90
Flynn, S. 16，175，194 n. 11，211 n. 43，212 n. 68
Fodor, J. A. 40
Fontaine, J. 200 n. 5
Formigari, L. 140，206 n. 28
Foster–Cohen, S. H. 194 n. 16
Foucault, M. 9，131，204 n. 1，205 - 6 n. 17
Fought, J. 20，150–1，208 n. 56；美国结构主义 163，210 n. 22，n. 28，n.Fowler, H. N. 22，24
Fraenkel, G. 141–2
Fredborg, K. M. 55，57，72，201 n. 13
French language 法语：209 n. 5; 分析 73，105–7，93; 与其他语言的比较 71，206 n. 32；母语在第二语言习得中的运用 131 第二语言 83，92，93
Frend, W. H. C. 199 n. 13
Fried, V. 157，158，159
Fries, C. C. 174 - 7，191
Fries, P. H. 176
Fromkin, V. 194 n. 16
Fudge, E. C. 155
functional (versus formal) features of language 功能（相对于形式）特征：86，153–4，157–8；参见 semantics

Gair, J. W. 195 n. 28
Gardner, H. 210 n. 27，n. 28，211 n. 37
Gass, S. M.: 创造性建设 211 n. 43，n. 66；Greenbergian universals in L2 182，187，212 n. 55；第二语言习得历史 10，11，190–2，194 n. 15，n. 17，195 n. 22，n. 28；第二语言习得与其他学科的关系 18
Gavigan, J. J. 43，199 n. 13
Gehman, H. S. 22
Gellius, A. 196 n. 10，197 n. 19
general grammar see grammar, general Geneva School 151，155
‘genius’ of particular languages 123，135，140
Gerard of Cremona 67
German language 30；分析见 134,137；与其他语言对比见 106，206 n. 32; 母语在第二语言中的应用见 70，204 n. 25；第二语言见 83，181; 学习主题见 71，73，81
Gesner, C. 207 n. 52
Giacalone Ramat, A. 212 n. 61
Giard, L. 203 n. 5
Gilson, E. 63，193 n. 2 Ginsberg, R. B. 193 n. 8
glossematics 词汇 155–6
glottochronology 声谱学 167
Godfrey, R. G. 62，63
Gordon, C. H. 198 n. 5
Gouin, F. 142–4
Goyvaerts, D. 180
Grabe, W. 10
Graecismus 70，72，92；见 Eberhard of Béthune
Grammaire Générale et Raisonnée《语法总论与提升》:Chomsky 的注释 103，109–12，113–19；第二语言习得的概念 104，130–2，134；目录 105–8；编辑版本 205 n. 5；以及后续语法 125，138，159；另见 Arnauld, A.; Lancelot, C.；语法，一般；Nouvelle Méthode
grammairien–philosophe(s) 新语法哲学方法论 104，123–5，132
grammar, comparative 比较语法：罗马时期见 27，32–3，34，117–18；中世纪见 60，65，71，74；文艺复兴时期 85，93，96；17 和 18 世纪见 106，108，125，132，134；19 世纪见 136–8；20 世纪见 158，174，180–1grammar, general 普遍语法：17 世纪 103–9，206 n. 30；18 世纪 120–8，134–5；19 世纪 140，141，146；Hjelmslev 155–6；Bloomfield 164–5；定

义见 2，104; 与特定语法对比见 102，108，112，124–5，131，135，140； 与普遍语法对比见 76，98；参见 grammar, universal
grammar, generative 生成性语法 119，144，151，199 n. 18；与思辨性语法对比 61–3；与普遍语法对比 110–12，114–15，119，205–6 n. 17；与美国结构主义对比 160–9，175–7；与 Greenbergian 类型学对比 3，179–80，186–8；原则与参数 4，184–6；最小程序 186；普遍语法 3–4，178，182–3；参见 Chomsky, N.；grammar, universal；poverty of the stimulus
grammar, parsing 解析语法 46，48，49，133
grammar, rational 理性语法 104–9，115，116；18 世纪 120–8；19 世纪 146；与普遍语法对比 104，205 n. 3；参见 grammar, general；language and thought
grammar, speculative 思辨性语法：批判见 77–8；定义见 54–5；见发展 50–6；modi significandi 见 56，58–61，77–8；modistae 学派见 55–6；普遍语法见 56–61，63–6，82，88；与生成性语法对比见 61–3；参见 Middle Ages
grammar, universal 普遍语法：古希腊时期 23 - 5；中世纪 53 - 63，73；Roger Bacon 见 63 - 6；文艺复兴时期 85 - 7，96 - 7，102；17 世纪 103 - 9，206 n. 30；18 世纪 123 - 7，147；19 世纪 136，139，141，145；Saussure 151；Jespersen 153 - 5；Hjelmslev 155–6；London 学院 156–7；Prague 学派 157；美国结构主义 161–6；生成语言学 3–4，178，179–80，182–4，187–8；定义 2–5，6–7，53–4，102，183，187，193 n. 1；与普遍语法对比 2，76，104，187；与特定语法对比 2，55，57，60，76，87，96，102，107，139–40，183； 参见 grammar, general；universals, language
grammatica positiva 55，71，72，73，74
grammatical relations (比如 ‘subject’, ‘object’) 78，182，188 *grammaticus* 55，61
Gratian, emperor 29
Grayson, C. 81，203 n. 9 254
Greece, ancient: classification of knowledge 古希腊的知识分类 23，33；普遍性的概念 24–5；对语言科学做出的贡献 21–22，24–5，50；对外语的忽视 22–4，148，196 - 7 n. 15
Greek language 希腊语：分析 22，23–4，63–6，127，134；与其他语言对比 32，65，70，106，126，203 n. 4，206 n. 32；知识的衰退 29–30，43，66；“希腊语文章的问题” 32，57，100；母语应用于第二语言习得 27；作为第二语言 21–2，28–31，40–1，42；知识性的语言 42，66–7，79；孤立的学习者 22–3，32
Greenbaum, S. 199 n. 18
Greenberg, J. H. 3，149，151，166；第二语言习得 181–2，187–8；与结构主义和生成性语言学的关系 179–80，186–8；类型研究 179–81
Gregersen, F. 145，152
Gregg, K. R. 188，195 n. 29
Gregory the Great，pope 43
Grendler, P. F. 92，95
Grimm, J. 137，152
Guarino Veronese 78，92
Gundissalinus, Dominicus 60

Haarhoff, T. 29 - 30
Haarstrup, N. 82
Haislund, N. 209 n. 8
Hakuta, K. 31
Hall, R. A. 106，170，205 n. 16，210 n. 26，211 n. 40，n. 41
Halliday, M. A. K. 156 - 7，159
Hamilton, R. L. 187 - 8

Hamilton, R. P. 212 n. 57
Hammond, N. G. L. 22，36，197 n. 19
Harms, R. T. 180
Harris, J. 110，125－6，135，139，207 n. 36
Harris, R. 194 n. 18；希腊语 23，196 n. 4，200 n. 23；《圣经》和其他语言 35，36，38；中世纪 200 n. 4，200–1 n. 8；文艺复兴 75，84；17 和 18 世纪 140，205 n. 4，206 n. 29，207 n. 36；Saussure 150
Harris, R. A. 209 n. 12，210 n. 28
Hartlib, S. 129
Hawkins, J. A. 181，182，187，213 n. 72
Hawkins, R. 184，187－8，194 n. 11，n. 15，211 n. 43
Hazlitt, W. 207 n. 37
Hebrew language: 分析 79；与其他语言相比 106，132，206 n. 32；Judaism 36；知识性语言 42，64，66–7，199 n. 13；起源 88
Helias, Peter 55，60
Helwig, C. 96–7，129，130，193 n. 1
Hendrick, R. 201 n. 24
255 Henry, D. P. 201 n. 20，202 n. 39
Herbert of Cherbury 112，114，128
Herodotus 22，42
Herschensohn, J. 184，212 n. 69
Hilferty, A. 14，171
Hirsch, S. A. 63，64，65，66–7，193 n. 2
historical awareness 历史意识：益处 15–17，192；缺失 9–15，17–18，119
historiography of linguistics 语言学史学：20，190–2；Chomsky 118–9，123，128，147，160，169，187；Greenberg 186–7；19 世纪语言学 136，137–8；价值 15–18；种类 8–10，118–19，194 n. 10，193 n. 9，206 n. 22
Hjelmslev, L. 118，151，155－6，157
Hockett, C. F. 111，119，166，167，205 n. 10，210 n. 26，211 n. 42；“中文篇章” 170，211 n. 40；语言的前瞻性理论 163
Hoenigswald, H. M. 207 n. 45，210 n. 22
Hofman, R. 49
Holenstein, E. 157
Holtz, L. 47，51，52，196 n. 12
Homer 22－3，206 n. 34
Hovdhaugen, E. 15；希腊和罗马 21，22，196 n. 6，n. 11，198 n. 28；中世纪早期的语言科学 42，47，55，200 n. 21；Bacon 2，64，65
Howatt, A. P. R. 14；17 世纪教学法 95，207 n. 39；19 世纪教学法 141，142，143；对比分析 173，212 n. 53
Huebner, T. 195 n. 28 人文主义 119，176；文艺复兴 78，85–6，88，203 n. 9
Humboldt, W. von 103，138–41，146，148，149；‘Cartesian’ 语言学家 104，110，112，114，128，139，187，205 n. 14
Hunt, R. W. 72，119，200 n. 4，202 n. 37
Huntsman, J. F. 200－1 n. 8，n. 12
Hyltenstam, K. 182
Hymes, D. 20，150–1，195 n. 27，208 n. 56；美国结构主义 163，210 n. 22，n. 28，n. 32，211 n. 38

idélogues 134
innatism 天赋论：思辨语法 62；17 和 18 世纪 112，114–5，120，121，123–4，126，133；Steinthal 144；生成性语法 3，62，175，178，183–4；参加 empiricism 经验主义；mentalism and anti-mentalism 唯心主义和反唯心主义
Intensive Language Program 强化语言课程 170–3
interlanguage 过渡语 179，182，184–6
Ireland 爱尔兰 45–6，199 n. 16
Irish language 爱尔兰语：分析 73，202 n.

32；与其他语言比较 49，206 n. 32；作为第二语言 83
Isidore of Seville 51，52，53，70；语言习得 42–3，90，148
Italian language 意大利语：与其他语言相比 106，206 n. 32；作为第二语言 68，83；与拉丁语的关系 44，80–2，88–9
Itkonen, E. 7，62，75
Izzo, H. 204 n. 23

Jacobsen, T. 195 n. 1
Jakobson, R. 157–60，161，165，186–7
James, C. 174，176
Jankowsky, K. R. 136，207 n. 52，210 n. 22
Jansen, C. O. 105
Jansenism 105，107，115，117，131，143
Jenkins, J. 180，181
Jerome 42
Jespersen, O. 141，205 n. 10；母语学习 153，159，192；第二语言教学法 142，152，154；Saussure 149，152；普遍语法 153–5，208 n. 65
Jesuits 94，105，132
John of Garland 70
John of Salisbury 57，69
Johnson, S. 127
Joly, A. 118，122，131，193 n. 1，207 n. 38
Jones, D. 209 n. 16
Jones, W. 136，207 n. 48
Joos, M. 3，161，164–6，177，181
Joseph, J. E. 150，194 n. 18，196 n. 4，198 n. 6，211 n. 39
Judaism and language 犹太教和语言 36–7
Juffs, A. 194 n. 15
Juntune, S. 96–7
Juul, A. 209 n. 8

Kaimio, J. 28，30，43，197 n. 19
Kaltz, B. 94
Kaplan, R. B. 10，194 n. 15
Kaplan, S. 192
Kaster, R. A. 28
Katz, J. J. 162，211 n. 37
Keenan, E. L. 181–2
Keil, H. 196 n. 12，n. 14
Kelly, J. N. D. 199 n. 15
Kelly, L. G. 193 n. 1；Augustine 199 n. 10；思辨性语法 52，58，60，200 n. 4，n. 8， 256
201 n. 10，n. 16；思辨性语法和生成性语法的比较 61，63；history of L2 pedagogy 14，143，193 n. 5，194 n. 12，208 n. 64
Kemble, J. M. 207 n. 35
Kemp, A. 21，53，196 n. 2
Kent, R. G. 33
Kerferd, G. B. 200 n. 7
Kibbee, D. A. 84，93，94
Kilwardby, R. 55，57
Kneale, M. 117，120
Kneale, W. 117，120
Knowles, D. 56
Knowlson, J. 98，99，204 n. 31
Koerner, E. F. K.: 19 世纪 137，140，207 n. 51；Saussure 148，150；20 世纪 158，212 n. 70；语言学史学 10，194 n. 18，195 n. 25
Krashen, S. 6，184，211 n. 43
Krebs, C. J. 13
Kretzmann, N. 206 n. 21
Kroeh, C. F. 144，208 n. 59，n. 60
Krzeszowski, T. P. 175，177
Kuhn, T. S. 17，195 n. 27，209 n. 4

L1 acquisition 母语习得：参见 first language acquisition
L1 in L2 acquisition 第二语言习得中母语的角色：中世纪 49，70–1，79；文艺复兴 92，96，97–8，129；17 世纪 95，108–9；19 世

纪 142，143；对比分析 173–5；生成性原则与参数 185–6；参见 comparison, crosslinguistic
L2 acquisition second language acquisition
Lado, R. 173 - 7，179，191
Lakoff, R. 87，108，109，116，205 n. 10
Lamb, S. 167
Lambertini, R. 55，195 n. 26，201 - 2 n. 24
Lancelot, C. 105–9，134； 参 见 *Grammaire Générale et Raisonnée*; grammar, general; grammar, rational; Nouvelle Méthod
Lane, A. 131
Langendoen, D. T. 23，33，156
language and reality 语言与现实：思辨性语法 6，59–60，62，77，200 n. 7，200–1 n. 8；普遍语言 98，99；普遍语法 117；18 世纪 127
language and thought 语言和思想：Augustine 39；思辨性语法 59–60，62，77，167，200 n. 7，200–1 n. 8；17 世 纪 6，98，104，107，117；18 世 纪 110，123–4，125，127，135
language, figurative 语言修辞 27，64，108，109，124，125，202 n. 29
language, origin of 语言起源 122，137，138，144，206 n. 29
language, study of 语言研究：作为科学 25，54–5,73–4，78，112，162–3，166；目 的 22，49，53，94，134；与其他语言的关
257 系 23，50–55，61，71，78，116–17，127，134
language universals 参见 universals, language
langue and parole《语言和言语》150，152，157
Lardiere, D. 211 n. 47
Larsen-Freeman, D.: 对比分析 211 n. 43，47；第二语言习得历史 10，194 n. 14，n. 15，n. 16，n. 17，n. 20
Lasnik, H. 185
Latin language 拉丁语：分析 26–7，32–3，44–6，56，73，86–7，100，127，134；作为第二语言 28，43–6，46–8，68–9，70–2，92，94，108–9，207 n. 42； 与其他语言对比 43–4，79，80–1，102，106，126，206 n. 32；作为知识性语言 38，42，64；与希腊语的关系 25–6，28–31，32；参见 Donatus, A.; Priscian of Caesarea; Varro, M. T.
Lattimore, R. 23
Law, V.: 古代世界 195 n. 1；希腊罗马语法传统 27，48，199 n. 9；中世纪早期语法 44–6，72，198 n. 7，199 n. 14；中世纪后期 51，79，201 n. 12，202 n. 32；文艺复兴 75，76，81，202 n. 35；语言学史学 8–9，87，102，192，194 n. 10，18，197 n. 21；
Leau, L. 206 n. 26
Leckie, G. C. 39，199 n. 10
Leder, N. 190–2，194 n. 17
Lees, R. B. 61，162
Lehmann, W. P. 207 n. 46，n. 47，n. 48，n. 50
Leibniz, G. W. 98，120–1，122，128
Lejeune, M 22–3
Leopold, W. F. 209 n. 10
Leppin, J. 205 n. 14，208 n. 56
Lepschy, G. 194 n. 18
Lessing, H.-U. 208 n. 58
Lewandowska-Tomaszczyk，B. 7–8
Lewis, E. G. 5，195 n. 1
liberal arts 思想开明 50–1，56
Lightbown, P. M. 211 n. 43
Lightfoot, D. 62
Lindberg, D. C. 201 n. 11，202 n. 31
linguistic diversity, awareness of 语言多样性的意识：古代世界 22–3；中世纪 57–8，60–1；文艺复兴 82–5，102；思想启蒙 121，123，125，126，134；19 世 纪

136–8，140；20 世 纪 4，161，164–5，180–1，185
Linguistic Society of America 20 世纪美国语言学会 162，170 中世纪识字率 68；语言练习 28–31，38，106，171–2，200 n. 23
'living' versus 'dead' languages "活"语言对比"死"语言 81–2，89，90，96，207 n. 43
Lo Cascio, V. 132
Locke, J. 121－3，124，126，133，207 n. 38
Loewe，R. 36
logic 逻辑：古代世界 50–1，196 n. 10；中世纪与语法的关系 51–3，59，69；文艺复兴 86，87；17 世 纪 101，116–17；18 世纪 126，127；19 世纪 153；参见 Boethius of Dacia
London School 151，156－7
Long, M. H.: contrastive analysis 对比分析 211 n. 43；第二语言习得的历史 10，194 n. 14，n. 16，n. 17
Love, N. 194 n. 18
Lowth, R. 135
Luhtala, A. 51，52，53
Lull, R. 67，99－100
Lyons, J. 118

Mack, M. 208 n. 61
Mackey, W. F. 14
Mackie, J. D. 102
Macrobius 32
Madden, C. 184
Madsen, H. 14，171
Maierù, A. 60，68，77，78，201 n. 13
Malmberg, B. 130，138，198 n. 28，n. 30，199 n. 9
Marcel, C. 142，208 n. 59
markedness 158，180，181，182，186
Marrou，H. 28－9，31，33－4，38，199 n. 9
Marshall, J. C. 6
Marshall, P. K. 200 n. 2
Martianus Capella 51
Martohardjono, G. 212 n. 68
Mathesius, V. 157
Matthews, P. H. 51，162，165，196 n. 7，210 n. 22
Mazzocco, A. 81，88
McArthur, T. 193 n. 7
McCawley, J. 210 n. 31
McDermott, A. C. S. 54，58，60，72
McIntosh, A. 156－7
McKenna, S. 39
McLaughlin, B. 9，194 n. 14，211 n. 43，212 n. 55，n. 66
McNally, R. E. 199 n. 16
meaning 参见 semantics
Melton, A. W. 190
memory, role of in language learning 记忆在语言学习中的作用：古罗马 27；中世纪 48，69，70；文艺复兴 92；普遍语言 100；17 和 18 世纪 109，129–30，132，133，147；19 世纪 144，147
Mendel, G. 13，191
Mensikova, A. 158
mentalism and anti-mentalism 唯心主义和反唯心主义：中世纪 62–3；18 世纪 120–2；伦敦学派 157；美国结构主义 156，160，162–3，166–9，172；生成性 166–7；参见 innatism
metalanguage, linguistic 元语言 :古希腊和古罗马 qc 21–2，25–6，117–18；Middle Ages 45，47–8，57–9，66，202 n. 28；seventeenth century 105–9，129–30；Prague School 158–9
Middle Ages 中世纪：第二语言习得 66–9；语言教学法 69–74；思辨性语法 55–61；

语法再定义 50–5；Roger Bacon 63–6；思辨性语法和生成性语法相比 61–3；参见 grammar, speculative
Miel, J. 116－17
Migne, J.-P. 200 n. 20，n. 22，n. 5
Miller, L. 193 n. 8
Missionaries 传教士 38，84–5
Mitchell, R. 211 n. 43
modistae 参见 grammar, speculative; Middle Ages
Montaigne, M. de 94，98
Moravcsik, E. A. 181
258 Morphology 形态学：古希腊和罗马 22，26–7，32–3，45–6，48–9；中世纪和文艺复兴 63，80，201 n. 24；19 世纪类型学 140；美国结构主义 161，163: Greenbergian 类型学 180–1
Morpurgo Davies, A. 136，137–41，146
Moss, A. 82，97–8
Moulton, W. G. 170，172–3，175
Moussy, C. 197 n. 17，n. 20
multilingualism and bilingualism 多语制和双语制：古代世界 36；罗马 28–31，43；早期基督教 37–8；中世纪 66–9；文艺复兴 94，97–8；现代世界 193 n. 7；参见 diglossia
Murphy, D. 129
Murphy, J. J. 69，70，72，202 n. 33
Murray, S. O.: 美国结构主义 149，160，167；反唯心主义 210 n. 28，211 n. 36，n. 39；美国军队的语言学家 171，211 n. 40
Musumeci, D. 7, 95
Myles, F. 211 n. 43

Native American languages 美国本土语言 84–5，139，161，162，164，167
'native' versus 'non-native' languages 母语和非母语的对比 74，88–91
'natural' language“自然”语言 25，54，100，145；与“人造语言”对比 88–91，96，122–3，131
Neogrammarians 137，138，145，146，149，152，162
Newmeyer, F. J.: 对比分析 177；209 n. 12，211 n. 43; 生成语言学史学 201 n. 22, 206 n. 24，210 n. 22，n. 24，n. 28，n. 31，212 n. 67，213 n. 72；第二语言习得历史 10，17，178；第二语言理论和教学法 14，16，193 n. 8，194 n. 17
Nickel, G. 174，212 n. 54
Nida, E. A. 174，175，177，210 n. 34，211 n. 42，212 n. 50
Niederehe, H.–J. 194 n. 18
Nielsen, H. F. 209 n. 8
Nietzsche, F. W. 8
nineteenth century 19 世纪：第二语言习得概念 143–6；Humboldt 138–41；语言教学法 141–3；“新语言学”136–8；参见 comparativehistorical linguistics; Neogrammarians; romanticism
Nolan, E. 63，65，193 n. 2
nominalism 唯名论，中世纪 77，78
Noun Phrase Accessibility Hierarchy 名词短语可及性层级 182
Nouvelle Méthode《新方法》105，108–9，116，130；参见 Lancelot, C.; Grammarire Générale et Raisonnée
Nuchelmans, G. 87，203 n. 9

O’Donnell, J. J. 199 n. 12
O’Malley, J. M. 204 n. 28
O’Neil, W. 194 n. 11
Ong, W. J. 94
Orthography 正字法：希腊罗马语法 27，57，125，126；不同语言的信件目录 97，106，161；第二语言习得 142，172；

普遍语言 99–100
Osgood, C. 180，181
Osthoff, H. 137
Otero, C. P. 8，112，118－19，128，193 n. 9, 204 n. 19
Otté, E. C. 146
Ovid 197 n. 22

Padley, G. A. 16世纪 83, 86–7, 88, 96, 193 n. 1，203 n. 7；普遍语言 98，100；普遍语法 107，108，117，131，206 n. 20；18世纪 205 n. 16
Paetow, L. J. 64，72，202 n. 35，n. 36
Palácio, A. 210 n. 23
Palmer, F. R. 209 n. 16
Palsgrave, J. 93
Pariente, J.–C. 104，205 n. 2
Paris 55－6, 105，149，209 n. 5
partes orationis ‘parts of speech’ 演讲词：罗马语法 26–7，44–6，117–8；中世纪 51–2，52–3，56–9，66，69，72，77；“希腊文章问题” 32，57；文艺复兴 86，92，96–7；普遍语言 100；普通语法 106–7，18 世纪 125，126，127，135；美国结构主义 161
Pascal, B. 115－6
Passy, P. 142，152，208 n. 60 Paulinus of Pella 28，29
pedagogy, language 语言教育学：古罗马 28–31；Carolingian 43–8；中世纪 69–73；文艺复兴 91–8，129–30；普遍语法 108–9，130，143，209 n. 15；18 世纪 128–36；19 世纪 141–6；Jespersen 154；Prague 学派 158–9；美国结构主义 169–73；以及语言学习的概念 7–8，12，193 n. 8；归纳与演绎 132–3，141，142，143，172；材料 31，32，44–6，72–3，92–5，133，135，158，170–3；参见 acquisition, language; memory, role of in language learning
Pedersen, H. 207 n. 51
Percival, W. K.: 古代世界 36，196 n. 14，203 n. 4；中世纪 68，203 n. 3；文艺复兴 57，75，78–9，85，86，87，203 n. 13，n. 14；普遍语法 113，114，205 n. 13；Saussure 148，209 n. 4；19 世纪 210 n. 29；语言学史学 9，17–18
Pergamun 22，23，196 n. 9
Peter of Pisa 46–7
phonology 参见 sound system of language
Pike, K. L. 165，166，174
Pinborg, J. 58，59，62，78，196 n. 2，200 n. 7
Pinker, S. 210 n. 31，212 n. 64
Plato 21，22，24–5，120，126，148
Pocklington, J. 176
Polo, M. 67
Porphyry of Tyre 51
Porset, C. 207 n. 44
Port-Royal grammar 皇家港口语法：背景 105；Chomsky 的理解 109–19；重要性 103–4；文本 105–9；参见 Arnauld, A.; Cartesian Linguistics; *Grammaire Générale et Raisonnée*; grammar, general; grammar, rational; Jansenism; Lancelot, C.; Nouvelle Méthode; rationalism
poverty of the stimulus 缺乏刺激 183，184，186，187，188
Prague School 布拉格学派 149，151， 259
157–9，191；对比分析 175，212 n. 54；Jakobson 157–9，160，186
Prendergast, T. 142，144，208 n. 59
Priscian of Caesarea 26，27，51–3，57，78，126，133，201 n. 10；评论 49，55，56，73，79；批判 53，58，61，72，86；第二语言教学法 27，70，92，198 n. 26；*Institutio* 27，44–5，46；*Institutiones*

Grammaticae 27，44，48
Privratska, J. 95
progymnasmata 69
Provençal language 79–80
Pseudo-Albertus Magnus 58

questione della lingua《语言问题》80-2，89
Quillien, J. 207 n. 55
Quintilian: 语法的定义 53；希腊语 / 拉丁语双语制 28，32，94；第二语言习得 90，96；教学法 30–1，69，96，126；修辞 54
Quirk, R. 199 n. 18

Rabanus Maurus 200 n. 5
260 Ramat, P. 212 n. 70
Ramus, P. 86－7，88，96，116－17
Rask, R. 136－7，138，152
Rasmussen, M. 156
ratio: speculative grammar 79；Renaissance 86，87，114；general grammar 114，131，147，205－6 n. 17；eighteenth century 125，126，133
rationalism 理性主义：文艺复兴 87；17 世纪 98，104–5，109，114，115，130–1；18 世纪 120，122，124–5，127–8，130–6；19 世纪 140，144，145，146；Jespersen 152–3，154–5；Greenberg 和 Chomsky 188；定义 104–5
rationality of language 语言的合理性 47，66，87，97，196 n. 9
Ratke, W. 96－7, 130
Reform Movement 142，152－3，155
Reichling, A. 209 n. 6
relative clause 111，113，116，182，188
Remigius of Auxerre 70
Renaissance 文艺复兴：语言多样性的意识 83–5，148；界限 75–6；方言的地位 78–82；早期语法评论 77–8，85–8；基于语法和基于用法的教学法 91–5，130；第二语言习得 95–8；母语和第二语言的概念 88–91，95–6； 参 见 Dante Alighieri; vernaculars, European
Reydellet, M. 199 n. 16 Reynolds, A, 209 n. 9
Rhetoric 修辞 51–3，69，85–6，116–17
Riché, P. 46
Richter, M. 68，198 n. 4
Ricken, U. 124，133，134
Rieux, J. 109－10，205 n. 5，n. 7
Rischel, J. 209 n. 14
Ritchie, W. C. 194 n. 15，204 n. 29，211 n. 43
Ritter, N. A. 212 n. 64
Rivers, W. M. 211 n. 42
Robins, R. H.: 古代世界 25，32，196 n. 5，n. 6，n. 9；中世纪 55，56，79，202 n. 40，206 n. 21；18 世纪 126，127，168；19 世纪 207 n. 45，n. 48，208 n. 57；20 世纪 157，209 n. 16；语言学史学 21，61，75，102，194 n. 18；普遍语法 6–7，104
Rodman, R. 194 n. 16
Rolfe, J. C. 197 n. 19
Rollins, B. E. 109–10，205 n. 5，n. 7
romanticism 浪漫主义 2–3，123，129，135，136
Rome, ancient 古罗马：双语与第二语言习得 28–31；普遍语法 117–18；语法知识 25–7，32–3；希腊的影响 25–6; 参见 Donatus, A.；Priscian of Caesarea; Quintilian; Varro, M. T.
Romeo, L. 15, 196 n. 11
Rosier, I. 59，64，72，201 n. 15，n. 17，202 n. 29
Rowe, J. H. 83－5
Rusiecki, J. 177，212 n. 51
Rutherford, W. E. 10，11，187，194 n. 19，195 n. 24，212 n. 55

Sagard, G. 203 n. 15

Sahlin, G. 124，133

Sainte-Beuve, C. A. 131

Salmon, V.: 普遍语法 2，115，116–7，193 n. 1，205 n. 13，206 n. 30；第二语言习得 92–3，129–30；普遍语言 5，98，100，204 n. 30

Salus, P. H. 24，63，72，115，117，201 n. 24

Sampson, G.: 欧洲结构主义 157，209 n. 16，210 n. 20；美国结构主义 210 n. 33，211 n. 38；生成性语法 195 n. 23，212 n. 64

Sánchez de las Brozas, F. (‘Sanctius’) 87，88，96，97，109，116，126

Sanchez, A. 92，93–4

Sandys, J. E. 43，53，199 n. 16，200 n. 1

Sanskrit language 136，137，149

Sapir. E. 161，167，168，172，174–5，186，212 n. 51

Saporta, S. 112，195 n. 27

Saussure, F. de 3，148–151，152，155，195 n. 23

Sauveur, L. 143

Sayce, A. H. 146

Scaglione, A. 89，206 n. 21

Scaliger, J. C. 86–7，96，107，126，138

Scaliger, J. J. 138

Schachter, J. 16，18，195 n. 22

Schlauch, M. 169，210 n. 27

Schlegel, A. W. 136，138，140

Schlegel, F. 136，140

Schleicher, A. 137，152

Schwartz, B. D. 212 n. 67，n. 68

Scioppius, G. 97，129

Scullard, H. H. 22，36，197 n. 19

Sebeok, T. A. 211 n. 40

Sechehaye, A. 149，155

second language acquisition 第二语言习得：古代世界 35–7；早期基督教 37–8，42–3；罗马 28–32；中世纪 46–8，66–9；文艺复兴 83–8，91–5；17 和 18 世纪 108–9；19 世纪 141–3；定义 5–6；游记 29，67，84–5，94，143second language acquisition，concepts of 第二语言习得概念：古罗马 30–1，40–3；Roger Bacon 64–5；中世纪 71–3，188；文艺复兴 88–91，95–8，102，129–30；17 和 18 世纪 101–2，128–9，130–6；19 世纪 143–6；Jespersen 154–5；Greenbergian 类型学 181–2，187–8；美国结构主义 169–73；生成性语言学 177–9，182–6，187–8；隐性与显性 7–8；word-based 48–9； 参见 acquisition, language; pedagogy, language

Selinker, L.: 创造性建设 211 n. 43，n. 46，212 n. 66；第二语言中的 Greenbergian 普遍性 182，212 n. 55；第二语言习得的历史 10，191，194 n. 15，211 n. 44；中介语 12，178，179，183

semantic roles 语义角色（比如“agent”，“patient”）78

Semantics 语义：第二语言习得 69，95; 结构主义 150，156，157，158，161，166； 普遍语言 99–100；普遍语法与特殊语法 125，153–4； 参见 functional (versus formal) features of language

Seuren, P. A. M.: Hjelmslev 155，156；结构主义 151，210 n. 28，210 n. 22；生成性语法 195 n. 23；20 世纪 149，189

Sgall, P. 187

Sharadzenidze, T. 209 n. 13，n. 19

Sharwood Smith, M. 194 n. 14，195 n. 22，n. 28

Shaw, G. B. 142

Shay, J. 57，196 n. 8

Sheed, F. J. 39，40，41 261

Shumaker, W. 100

Silvestre de Sacy，A. I. 131

Simone, R. 104，118，121，169，203 n.

14，205 n. 4
Sisam, K. 203 n. 6
Skiljan, D. 195 n. 23
Slakter, D. A. 192
slave(s) 28，29，33，94
Slavitt, D. R. 197 n. 22
Sluiter, I. 23
Smith, N. 210 n. 23，n. 31
Smith, R. L. 13
Socrates 22，72
Sørensen, K. 152
Soublin, F. 123，132
sound system of language 语言的声音系统：字母和声音 57，62，73，97，106；语音学 22，142，152；音韵学 64，125，157，158，161，163，165，180–1，212 n. 61；韵律 96，201 n. 14
Spada, N. 211 n. 43
Spence, N. C. W. 151，208－9 n. 3
Sprouse, R. A. 212 n. 67
standardization, language 84
Stankiewicz, E. 80，82
Stéfanini, J. 86，126，196 n. 8
Stein, G. 93
Steiner, G. 4，193 n. 4
Steiner, P. 157，158
Steinthal, H. 141，144－5，148
Stern, H. H.: 教学法历史 14，142，173，195 n. 21，208 n. 60；教学法和语言学 7，8，12
Stich, S. P. 183
Stoic philosophers 斯多葛派哲学家 22，23–4，25，26，126，198 n. 29
Strevens, P. 156－7
Strozer, J. 6，14，160，178，193 n. 5，195 n. 24
structuralism, American 美国结构主义：反唯心主义 162–3，166–9；理论方位 61，161–162，180–1，208 n. 66；对比分析 173–7；语言教学法 158，169–73；语言共性 3，162–6，169；与欧洲结构主义对比 151，156–7；159–60；与生成语言学对比 139，160，166–9
structuralism, European 欧洲结构主义 : 148, 149–52, 155–9, 208 n. 66；普遍性与第二语言习得 159；参见 Copenhagen School; Geneva School; London School; Prague School; Saussure, F. 的国外留学经历 29, 94
Subbiondo, J. 101，204 n. 30
Sullivan, J. J. 206 n. 18
Svetics, I. 194 n. 17，190－2
Swadesh, M. 167，211 n. 40
Sweet, H. 142，145，146，152，172，208 n. 60，209 n. 16
Swiggers, P.: 古代世界 195 n. 1，196 n. 3，199 n. 9；中世纪和文艺复兴 201 n. 24，204 n. 25；17 和 18 世纪 86，107
synchrony and diachrony 同时和历时 150，151，152，155，157，161
syntax 句法：古代世界 22，26，27，117–8，200 n. 23；中世纪 51，56–61，63；文艺复兴 78，86–7；普遍语言 99，100；17 世纪 106–9，111，113，116–18；18 世纪 123–6；Jespersen 153–4；Hjelmslev 155–6；Prague 学派 157–8；美国结构主义 161；生成语法 184，186；参见 deep versus surface structure; word order

tagmemics 法位学 165
Taine, H. 209 n. 5
Tarone, E. 195 n. 22
Taska, B. K. 124，133
Tavoni, M. 79，90，113，203 n. 7，n. 8，n. 11
Taylor, D. J. 26，27，32，33，196 n. 2
Taylor, H. O. 48，200 n. 1，n. 5，202 n. 35
Taylor, T. J. 194 n. 18；a 古希腊 23，196 n.

4，200 n. 23；《圣经》和语言 35，36，38；中世纪 200 n. 4，200–1 n. 8；文艺复兴 75，84；17 和 18 世纪 122，140，205 n. 4，206 n. 29，207 n. 36；Saussure 208–9 n. 3
Teeter, K. V. 210 n. 32
Telushkin, J. 198 n. 3
Thomas Aquinas 126
Thomas of Erfurt 78，200 n. 4
Thomas, M.: 语言学史学 202 n. 25，210 n. 31，210 n. 35，213 n. 63；第二语言习得的历史 190，194 n. 10，n. 17，198 n. 2
Thurot, C. 55，57，70，71，201 n. 14，n. 16
Tiberio, G. E. 15，196 n. 11
Tiberius Claudius（大帝）197 n. 22
Titone, R. 14，93
Tooke, J. Horne 126–7，148，168
Towell, R. 194 n. 15，211 n. 43
Trager, G. L. 172，175，176，177，211 n. 40
transfer, cross-linguistic 参见 comparison, crosslinguistic；母语在第二语言中的应用，翻译的作用 64，138；亚里士多德的角色 43，53，67，202 n. 31；《圣经》的作用 36，38，43，198 n. 8；在第二语言习得中的作用 92–3，96，97–8，129，133，141–2
Trentman, J. A. 57，62，63，77
tres linguae sacrae 36，42
Trissino, G. 89
trivium 51 - 2
Trubetzkoy, N. S. 157，191，209 n. 19
Tsiapera, M. 205 n. 6
Tuscan language 81，83
twentieth century 20 世纪：美国结构主义 159–77；第二语言习得的概念 171–3，177–86；欧洲结构主义 155–9；Jespersen 152–5；第二语言教学法 152，156，158–9，169–71，173–7；Saussure 149–52；参见 behaviourism; Bloomfield, L.; Chomsky, N.; empiricism; grammar, generative; grammar, universal; Greenberg, J. H.; mentalism; Saussure, F. de; universals, language
Tyler, A. 211 n. 47
typology, language 语言类型学：Isidore of Seville 42；18 世纪 134；19 世纪 136–8，139，140，146；Prague 学派 157；Greenberg 3，180–2，186–8；参见 ‘living’ versus ‘dead’ languages

Uitti, K. D. 122，123
universal grammar 参见 grammar, universal
universal language(s) 普遍语言 5，76，98–102，120–1，152，207 n. 44；语法 100；第二语言 262
习得 101–2；正字法 99，100–1
universals, language 语言的普遍性：Varro 32–3；Prague 学派 157–8；物质与形式 62；美国结构主义 161–6，191；Greenberg 3，179–82，186–8；参见 grammar, universal
universities, medieval 中世纪的大学 55–6，67，70
Uriagereka, J. 122

Vachek, J. 157，158
Van Lerberghe, K. 195 n. 1
Varchi, B. 90 - 1，148，191
Varro, M. T. 26，32 - 3，50 - 1，148，200 n. 1
Vaugelas, C. F. de 114
Vecchio, S. 199 n. 11
Vejleskov, H. 153
Verhaar, J. W. M. 113
vernaculars, European 欧洲方言 44；语法 79–84，202 n. 32；地位的上升 70–1，72–3，75–6，78–82，89
Verner, K. 137
Versteegh, K. 194 n. 18，196 n. 3，206 n. 23
Viëtor, W. 142，152，208 n. 60
Vineis, E. 61，71，198 n. 7，202 n. 36
vir utriusque linguae 29 - 30，37，43

Vives J. L. 204 n. 26
von Harff, A. 67
vulgare illustre 88－9

Wall, D. 194 n. 18
Wardhaugh, R. 174，211 n. 43
Watts, R. J. 207 n. 36
Webbe, J. 129－30
Weinberger, S. H.: 对比分析 177，211 n. 43；第二语言习得历史 10，17，178；第二语言理论和教学法 14，194 n. 17
Weiss, A. P. 162
Wheeler, G. 107，205 n. 6
White, L. 184，188，194 n. 11，n. 20
Whitehead, A. N. 168
Whitney, W. D. 139，144－5，159
Wick, W. 196 n. 7
Widdowson, H. G. 194 n. 15
Wilcox, J. 79
Wilkins, J. 2，37，99－100，104，121
William of Conches 53，55，56－7，58，60，61，72
William of Nogent 56
William of Ockham 77
William of Rubruk 67
Wittgenstein, L. 40－1
Woozley, A. D. 24
word order 词序：中世纪 51，71；普遍语言 100–1；18 世纪 123–4，133，134；Prague 学派 157；Greenberg 180–1，187，212 n. 61；生成性语法 184；see also syntax
World War II 159，169–171
Wouters, A. 195 n. 1，196 n. 3
Wukitsch, E. O. 202 n. 27
Wycliffe Bible Translators 威克里夫《圣经》译者 198 n. 8

Zemblidge, J. 194 n. 14
Zeno 23－4
Zimmer, K. E. 113